Konrad Reich Ehm Welk – Stationen eines Lebens

Konrad Reich

Ehm Welk

Stationen eines Lebens

Hinstorff Verlag Rostock

ISBN 3-356-00196-5

7. Auflage 1988. Lizenz-Nr. 391/240/57/88
Printed in the German Democratic Republic
Fotos: Literatur-Archiv der Akademie der Künste der DDR;
auf den Seiten 296, 297, 298, 299, 300, 301, 302 Gisela Pätsch;
auf den Seiten 140, 141, 142, 143 ADN-Zentralbild
Ausstattung: Eberhard Binder
Herstellung: VEB Druckhaus „Maxim Gorki“, Altenburg
Bestell-Nr. 522 243 2
[redacted]

Inhalt

Dort oben, wo die Uckermark ihre nördlichste Spitze weit ins vorpommersche Gebiet vorstößt und an ihrer rechten Flanke ein Bruch mit nach Norden zieht, liegt mein Land: eine meilenweite, rechteckige Schale, deren saatengrüner Boden auf der östlichen Längsseite vom schwarzen Rand eines Höhenzuges, auf der Westseite von hohen Wäldern eingefaßt ist und deren Schmalseiten im Süden und Norden die Ferne als ein samtenes Blau aufwellen lassen. Der silberne Zierat der Bäche, Teiche und Seen und das Riesenkinderspielzeug in Gestalt der kleinen Dörfer, ackernden Bauern und weidenden Herden liegt auf dem grünen Grunde dieser Schüssel. Zwischen ihnen, empfunden von den Männern als Urheber derbtröstlicher Nahrhaftigkeit, von den Frauen als süßerregende Geisterfurcht, von den Kindern geträumt und gesehen als wesenhafte Wirklichkeit, lebten und wirkten aus Märchen, Sage und Geschichte die Geschehnisse und Gestalten einer vieltausendjährigen Vergangenheit.

Erste Station
Die Herkunft und das Land

Als Büdner, Bauern und Garnweber lebten die Welks seit vierhundert Jahren in der wendischen Lausitz am Rande des Spreewaldes, unweit von Berlin. Daß wir die Familiengeschichte über drei Generationen verfolgen können, verdanken wir Gottfried Welk, dem Vater des Dichters, dem Urbild des Gottlieb Grambauer. Er hinterließ uns mit seinen unveröffentlichten Erinnerungen – sie liegen wohlverwahrt im Welk-Archiv – eine höchst aufschlußreiche Lebenschronik. Obgleich es in dieser Handschrift vielerlei Widersprüche und Mehrdeutbarkeiten gibt, ist sie dennoch die wichtigste Quelle, die uns das Leben der Eltern und Voreltern Ehm Welks verstehen läßt. Glauben wir diesen Aufzeichnungen, so vermochten die Welks im 19. Jahrhundert bewußter als die meisten Familien ihrer Umgebung die Wirklichkeit in sich aufzunehmen. Sie sahen, fühlten und erlebten die gesellschaftlichen Widersprüche, so die mit der Industrialisierung einhergehenden tiefgreifenden Veränderungen mit ihren neuen sozialen und wirtschaftlichen Problemen. Auch wenn die „Lebenswege eines alten Praktikus", wie Gottfried Welk seine Erinnerungen nannte, einer poetischen Verklärung und Überhöhung nicht entraten, so deuten doch Stil und Inhalt dieser schriftlichen Aufzeichnungen darauf hin, daß den drei Welk-Generationen ein ungestümer Ehrgeiz, der sich mit einem ausgesprochenen Sinn für Möglichkeiten wirtschaftlichen Aufstiegs paarte, eigen war. Nicht ohne Selbstgefallen betonte der „alte Praktikus" Gottfried Welk diese Besonderheiten, den besseren sozialen Status, die vom Üblichen abweichende Stellung seiner Familie: Selbstbewußtsein als produktive Kraft. Dies alles repräsentiert schon ein 1822 geborener Welk. Grund genug, bei diesem Mann, dem Großvater Ehm Welks, zu beginnen.

Im wendischen Groß-Klessow, zwei Kilometer von Lübbenau entfernt, lebten in der Mitte des 19. Jahrhunderts Christiane und Gottfried Welk. Ihnen wurde dort am 13. Mai 1847 ein Sohn geboren, der wie sein Vater Gottfried hieß. In den „Lebenswegen eines alten Praktikus" zeichnet Sohn Gottfried vom Vater acht Jahrzehnte später das Bild eines arbeitsamen, umsichtigen, strebsamen, braven Mannes: ein „Handwerker für Schemel, Stühle und Bienenkästen", ein Leineweber wie seine Vorfahren, offenbar bildungsbeflissener als sie und einfallsreicher, ein „Mann niedren Standes, aber ein wackeres Männerherz", dessen Energien sich allerdings in der täglichen Mühsal handwerklich-bäuerlicher Arbeit und in ehrgeiziger Sorge um eine angemessene Reputation der Familie aufbrauchten. Zwar gehörten die Welks nicht zum Landproletariat, aber sie waren doch abhängig von der wirtschaftlich starken Schicht der Gutsbesitzer und Großbauern.

Wenn der Sohn Gottfried, unser Chronist, des Vaters gedachte, so geschah es stets mit Ehrerbietung. Nichts tat diesem Respekt Abbruch, auch nicht, daß Vater Gottfried aus Sparsamkeitsgründen den „großen Fehler beging" und die Feuer-Policen nicht erneuerte. Der alte Gottfried verwendete die Versicherungssumme für Handwerksausrüstung und für den Kauf von Boden, glaubte er doch, so am besten zum sozialen Aufstieg seiner Familie beizutragen. Doch die Rechnung ging nicht auf. 1855 legte ein Brand das halbe Dorf in Schutt und Asche. Für die ausreichend Versicherten wurde es ein gutes Geschäft, die Welks aber hatten nur „ein Hemd und das Leben gerettet". Auf die Wohltätigkeiten anderer lange Zeit angewiesen, hauste die fünfköpfige Familie in einem Bretterverschlag auf gepachtetem Acker. Und der preußische Landrat von Calau, „ein Mann von Mitleid und großer Wohltat", gab jedem der Abgebrannten einen durch Unterschrift beglaubigten Bettelbrief, dessen „Inhaber konnte gehen nach welcher Himmelsrichtung er wollte, um zu betteln". Unter solchen Umständen mußte dem vom Schicksal schwer getroffenen Gottfried Welk der gnädige Gutsherr von Bonsdorf als hilfreich, gar selbstlos erscheinen, denn er durfte in dessen Ziegelei im Akkord arbeiten. Für Land und Garten blieb der Abend, für den Neubau eines Hauses die Nacht. Erschöpft starb der Großvater Ehm Welks am 14. Januar 1859, an seinem 37. Geburtstag.

Großmutter Christiane stand mit den drei Kindern nun mittellos da, „arbeiten und schaffen, war unser Los. Wenn andere Kinder noch schliefen", schrieb der Vater Ehm Welks im Jahre 1930 rückblickend auf seine Kinderzeit, „waren wir schon mal müde, dann zur Schule! Oft genug mit einem Stück trockenen Brotes mußten wir abschieben, wie oft, wenn wir unsere Blicke auf das Stück trocken Brot richteten, sagte die Mutter, Kinder, eßt nur, im Bauch ist kein Fenster. Bald aber trat eine Besserung ... ein, wir hatten mehr Vieh im Stall und Glück in der Wirtschaft, auch schöne Ernten in Korn und Gemüse. Oft des Abends, wenn die Mutter uns zu Bett brachte und ihr Abendgebet verrichtete, sagte sie: Witwen und Waisen verläßt der liebe Gott nicht, an diesem Glauben hielt sie fest bis an ihr Lebensende."

Christiane Welks Kinder wuchsen heran, aber nur ein Sohn konnte die kleine bäuerliche Wirtschaft übernehmen. Sie fiel – die Gründe sind uns nicht bekannt – Gottfrieds jüngerem Bruder Gottlieb zu, obwohl sie dem Erstgeborenen zustand. Gottfried sollte einer alten Familientradition folgen und Garnweber werden. Doch die Liebe des Vierzehnjährigen galt vor allem den Blumen. Solche Neigungen waren wirklichkeitsfremde Wünsche: Mutter Christiane durfte sich davon nicht beeindrucken lassen, sie mußte dafür sorgen, daß die Kinder nun endlich selbst ihr Brot verdienen konnten. Für eine Gärtnerlehre, die damals ja zu bezahlen war, vermochte die Mutter das Geld nicht aufzubringen, und so gab sie schließlich dem Drängen eines Tischlermeisters aus Vetschau nach, der auf den jungen Mann, der so schön basteln konnte, aufmerksam geworden war. Für Gottfried Welk war diese Lehre von Hunger und ständigen Demütigungen begleitet. Die blaue Schürze, die ihm der Meister eines Tages nach Lehrbeginn umhängte, glich, wie er meinte, dem

„Joch eines Ziehochsen". Als er Geselle geworden ist, verblassen jedoch die Erinnerungen an die schwere Lehrzeit. Es gilt in der Gesellschaft Fuß zu fassen, und die Zukunft scheint ihm voller Verheißungen. Der Fünfundzwanzigjährige beginnt über sein Leben nachzudenken. Nach dem Sinn des Bisherigen wird gefragt, und es ergibt sich nach „stillem Nachdenken" die Antwort: „Umkehren, noch ist es Zeit!" Umkehren hieß bei Gottfried Welk: die Heimat verlassen, fortgehen. Sein Selbstvertrauen will es mit Berlin aufnehmen, einer Stadt, in der auch nur „Brot gebacken wird". Er war bereit, ganz von unten anzufangen, sich allein und ohne fremde Hilfe „hochzuarbeiten", wie es damals hieß. Doch dem Gottfried Welk machte es die Hauptstadt des Königreiches Preußen und des Deutschen Reiches – nach London und Paris die größte Stadt Europas – schwer. Wenn auch der großstädtische Fassadenglanz einen jungen Mann über manches Üble zunächst hinwegsehen ließ, so verflogen die Träume schnell, und nicht ohne Grund schrieb die lebenstüchtige Mutter Christiane lakonisch: „Mein lieber Sohn, wenn Du kein Geld mehr hast, dann weißt Du doch, wo Deine Mutter ist!"

Das Erlebnis der hektischen Gründerjahre in Berlin hatte für den Vater Ehm Welks eine prägende Wirkung. Er machte sich von nun an seinen eigenen Vers auf die Welt. Es ging ja wohl nicht rechtens zu, wenn er trotz guten Willens und trotz der wirtschaftlichen Konjunktur keine Arbeit fand, wenn in den Versammlungen der Sozialdemokratie, die er besuchte, von sozialer Gerechtigkeit die Rede war, aber die Ungerechtigkeiten immer größer wurden. Diese Welt verstand er nicht. Mit ihr kam er nicht zurecht. Überdruß erfüllte ihn, und er hatte Berlin „satt bis über die Ohren". Die Weltstadt, so gab er zu verstehen, wurde ihm plötzlich zu laut. Er sehnte sich nach Stille, er wünschte sich zurück, er hatte Heimweh nach der Natur. Noch im gleichen Jahr ging er in das großstadtferne Criewen, ganz in der Nähe von Schwedt. Milchkühler wurde sein Beruf, als Angestellter einer Berliner Firma, später dann, auf der Höhe seines Lebens, auf eigene Rechnung die traditionellen Geschäftsverbindungen zwischen

Bauern, Gutsherren und den Stettiner Molkereien mit Umsicht und Vorbedacht erfolgreich nutzend. Zunächst jedoch fiel der Siebenundzwanzigjährige keineswegs in ein gemachtes Bett. Einige Jahre verdiente er dreißig Mark im Monat, hatte allerdings freie Kost, dazu einen Liter Spiritus, acht Pfund Brot, ein halbes Pfund Butter und Schmalz die Woche. Nach der relativ kurzen, aber intensiven Großstadterfahrung wird er vierundfünfzig Jahre auf dem Lande bleiben. Erst als Einundachtzigjähriger – dies sei ein wenig vorauseilend erwähnt – sollte er Berlin wiedersehen. Bei allen guten Vorsätzen lebte sich Gottfried Welk in Criewen, einem „Fleckchen Erde, das seinesgleichen sucht", schwer ein: er verstand die Leute nicht, sie sprachen plattdeutsch, und Milch gekühlt hatte er auch noch nicht. Doch alles wurde anders, als Auguste Wall, Tochter eines pommerschen Schäfers, als neue Wirtschafterin nach Criewen kam, denn tiefe Zuneigung für das neue „Fräulein" erfaßte ihn. 1878 schließlich erfüllte sich seine Hoffnung. In Roderbeck im Kreise Greifenhagen heirateten sie. „Adam und Eva mögen im Paradies nicht glücklicher gewesen sein als ich in dieser Stunde", erinnert sich der alte Mann.

Die ersten Jahre lebten die Eheleute getrennt voneinander, dann wurde Biesenbrow, „die Perle der Uckermark", Arbeits- und Wohnort der Familie – als Kummerow im Bruch hinterm Berge wird es in die Literatur eingehen. Ein unbekannter Chronist des Jahres 1690 beschrieb diese ursprünglich slawische Siedlung wie folgt: „Die Situation des Ortes ist sehr lustig, indem es an der einen Seite einen großen breiten Morast, so unterwärts lauter Wiesen und oberwärts Weide für das Vieh hat und der Welsenstrom fast in der Mitte seinen Fluß hindurch nimmt, und sieht man über dem Bruche Hölzung und Ländereien. Nach der anderen Seite hat es den Acker, und zwar in solcher Gütigkeit, daß darüber nicht abbesser zu wünschen, wie dann an allerhand Korn und absonderlich meist Weizen wird gesät. Und ist das Dorf mit Morast fast ganz umgeben. Wurde auch ein Damm allbie durch das Bruch gemacht, so geht die Fuhre von Prenzlau und den uckermärkischen Dörfern meistens hindurch."

Die terra ukera war ein fruchtbares und schönes Stück Land, das zu besitzen sich lohnte: Während des Dreißigjährigen Krieges besetzten und verwüsteten nacheinander die Kaiserlichen und die Schweden Biesenbrow. Nur wenige Jahrzehnte vergingen, und das Land stand wieder in voller Blüte. Aber fast auf den Tag genau hundert Jahre später ging das Dorf erneut in Flammen auf. Ein eifernder Prediger vermeinte den Grund dafür zu wissen, hatte er doch „von der Heiligung des Feiertages gepredigt, wozu die schändliche Entheiligung dieses Tages an unserem Orte Anlaß gab. Man arbeitete ungescheut, und die jungen Leute hatten fast alle Sonntage im Krug ihren Mutwillen getrieben. In der letzten Predigt führte ich mit an, daß Gott die Entheiligung mit Feuer zu strafen gedroht hätte. Wie nun solches Unglück darauf erfolgte, gab solches eine große Bewegung unter der Gemeinde". Eine nachhaltige Wirkung jedoch scheint das Unglück nicht gehabt zu haben, das „göttliche Wort" war alsbald vergessen, so daß der Markgraf sich nun anschickte, mit Verdikten aller Art seine Untertanen, die es in Glaubensdingen nicht so genau nahmen, zur Räson zu bringen. Prediger, Schulzen und Gerichtsherren sollten ein wachsames Auge auf denjenigen werfen, der den Sonntag mit Springen und Tanzen verbringe, er verdiene „vierundzwanzig Streich von dem Amtsdiener". Noch in der Mitte des 19. Jahrhunderts wurden Verfügungen erlassen, nach denen sich alle Einwohner vom Prediger ihres Ortes im Christentum unterrichten lassen mußten. Diejenigen, die sich dieser „guten und nützlichen" Anweisung widersetzten, waren mit Geldstrafen zwischen zwei und sechs Groschen zu belegen, und „sollten wider Vermuten doch noch böse Gemüter sich widersetzen, so wird die harte Leibesstrafe unausbleiblich erfolgen".

Dieser Exkurs in die „Kirchengeschichte" des Ortes, die der Pfarrer Dr. Friedrich Klappenbach für „Seine Hoheit, den regierenden Herzog Leopold Friedrich von Anhalt als dem Gutsherrn und Patron von Biesenbrow zu Höchst seinem 25jährigen Regierungsjubiläum, 1896" noch einmal sorgfältig abschrieb, verdient deshalb unsere besondere Aufmerksamkeit, weil dies alles, literarisch stilisiert und ironisch gebrochen, in Ehm Welks Kummerow-Büchern eine Rolle spielt. – Als Gottfried Welk mit seiner Familie nach Biesenbrow übersiedelte, war der Kampf zwischen Gottesstreitern und den scheinbar Gottlosen keinesfalls ausgekämpft. Gottfried Welk war kein Kirchgänger, und er verweigerte einem institutionalisierten Christentum die Gefolgschaft. So entstand ein gespanntes Verhältnis zur Obrigkeit, denn Kirche war ja, neben Kaiser und herzoglichem Patron, Obrigkeit. In Biesenbrow (auch wenn wir es nicht mit Ehm Welks Kummerow völlig gleichsetzen dürfen) hatten sich wie in den meisten Gegenden Norddeutschlands heidnische Traditionen bewahrt. Wenn man auch nicht antikirchlich war, so war man doch unkirchlich ganz im Sinne von Gottfried Welk, der einem naiven Pantheismus huldigte, in der Natur seine „Gottheit" sah und dessen ganz und gar irdische „Frömmigkeit" vor allem die Hoffnung auf soziale Gerechtigkeit einschloß.

In seinen Lebenserinnerungen hat Gottfried Welk in Rückschau auf die Zeit um 1885 seine Religiosität zu definieren versucht. Von den drei Grundpfeilern des Christentums: Glaube, Liebe, Hoffnung, bejahte er vor allem die Liebe, die er als Hinwendung zum Menschen und seiner natürlichen und gesellschaftlichen Umwelt verstand und praktizierte. Gewiß, die Philosophie des alten, auf sein Leben zurückblickenden Mannes ist kraus, aber sie ist nicht untypisch für die Bauern und Handwerker dieser Zeit. Die Charta caritatis, ein Grundgesetz der Menschenliebe, erschien als Möglichkeit, wenigstens etwas vom verheißenen Himmel auf die Erde zu holen. Da der Gedanke, daß die Menschheit mittels einer sozialen Revolution zu ändern sei, für ihn außer Betracht lag, sah Gottfried Welk die Chance für eine allgemeine Besserung nur darin, daß sich jeder einzelne Mensch ändere. Die liebevolle Zuneigung, die Gottfried Welk für seine Mitmenschen empfand und die ihn bei allem leitete, sollte sein Sichselbstverändern und das der anderen befördern. Das Ja zum Leben verband sich für ihn mit einem Ja zu einer Gottheit, die sich namentlich in der Natur offenbart, in ihrem Werden und Vergehen, in ihrer fortwährenden Erneuerung. „Die Naturschönheiten der großen Welt Gottes, die Liebe für Blumen und Pflanzen ist für mich heut ein Genuß, Wiesen, Wege und Felder ist für mich auf meiner Wanderung eine Gabe Gottes ... Jedes im Herbst abgefallene Blatt ist Zeuge von Werden und Vergehen, überall, wohin sich meine Blicke wenden, sieht man die Wunder der Natur." Dieses Glaubensbekenntnis wurde 1930 geschrieben, und es war nicht nur für Gottfried Welks Biesenbrower Jahre bestimmend.

Mit solchen Auffassungen verträgt sich gut das bäuerlich-kleinbürgerliche Ideal der „Redlichkeit", dem er huldigte: daß man sich fernhält von schmutzigen Geschäften, aber zugleich das Seine tut, um den kleinen Besitz zu mehren. Dem entspricht auch sein Pflichtbewußtsein, ein beinahe preußischer Sinn für diszipliniertes Verhalten. Nach allem, was wir über Gottfried Welk wissen, über den realen Menschen und sein späteres literarisches Abbild in den Romanen Ehm Welks der dreißiger Jahre, steht der für Biesenbrower Verhältnisse „Welterfahrene", der „Berliner" mit Toleranz und Konsequenz seiner Familie vor. Als „Verfasser" der „Beichte eines einfältigen Herzens" wird er uns als Gottlieb Grambauer wiederbegegnen, als Beobachter und Kommentator eines Jahrhunderts preußisch-deutscher Geschichte, der von einem fernen Dorfwinkel aus bemüht war, *mit zwei offenen Augen dem eigenen Leben und den Menschen, ob sie auf Sesseln oder auf Schemeln saßen, hinter den Brustlatz zu sehen.*

Bescheiden und unauffällig lebte Auguste Welk, eine stille und gütige Frau, an der Seite ihres Mannes und wirkte für die Familie. Sie lebte den Kindern „Arbeit und solide Pflichterfüllung" vor. Sie war sehr fromm und litt ein wenig darunter, daß ihr Mann kaum in die Kirche ging. Zweiundvierzig Jahre, bis zu ihrem Tode im Jahre 1920, währte das gemeinsame Leben im Paradies in Biesenbrow. Ihrer beider viertes Kind wurde dort am 29. August 1884 geboren und am 22. November in der evangelischen Kirche Biesenbrow auf den Namen Emil getauft. Doch lange vor der offiziellen Bestätigung des verkürzten Vornamens im Jahre 1924 hieß der Junge in Elternhaus und Schule Ehm.

Ehm Welks Vater notierte 1930 in seinen Lebenserinnerungen: „Mein Sohn war schon als kleiner Bube aufgeweckt für Schule und Wissenschaft.“ Tatsächlich muß dieser „aufgeweckte Bube“ exzeptionell schnell gelernt haben: mit nicht einmal sechs Jahren konnte er schreiben, lesen und etwas rechnen. Beigebracht hatte es ihm der Vater. Oft saß der Junge allein zu Hause oder im Bruch und las. In der Schule riefen ihn die Kameraden bald respektvoll Dr. Klew, die Umkehrung des Wortes Welk. Er trieb sich aber auch mit seinen Hunden umher oder versorgte das Vieh, er prügelte sich mit Dorfkameraden oder organisierte Kriegszüge gegen die Nachbardörfer. Ehm Welk, liebevoll von der Mutter umsorgt, scheint eine konfliktlose Kindheit verlebt zu haben. Auguste Welk vor allem waren häusliche Behaglichkeit und familiäre Innigkeit zu verdanken; doch die wichtigste Bezugsperson blieb der Vater. Er repräsentierte Sitte und Brauchtum, traf die Entscheidungen, bestimmte Haltung und Einstellung zu Mitmenschen und Umwelt. Immerhin ging es bei

Geburtshaus Ehm Welks 1960

den Welks nicht so unerbittlich patriarchalisch zu wie bei den Nachbarn, wahrscheinlich wurde ein wenig mehr Nachsicht geübt. Für Vater Welk bedeuteten die Arbeit und die Erziehung der Kinder, insbesondere die seines Sohnes Ehm, Lebenserfüllung.

Zweifellos übte der Welksche intakte Familienverband einen großen Einfluß aus. Überhaupt: Während in den Städten des Wilhelminischen Deutschlands Einflüsse der verschiedensten Art, die die verschärfte kapitalistische Ausbeutung, die zunehmende Industrialisierung und die politische Organisierung des Proletariats mit sich brachten, auf Arbeiterfamilien und Arbeiterkinder einwirkten, in der noch immer fast „heilen" Welt des Landlebens und der Biesenbrower Idylle blieben die realen gesellschaftlichen Widersprüche nahezu unbemerkt. Nahezu, denn wie alle Schemata ist auch dieses nur teilweise wahr, wie wir sehen werden.

Gottfried Welk war fraglos ein begabter Erzähler, mit Vergnügen erfand er hintersinnige Geschichten und schmückte Selbsterlebtes phantasievoll aus. Er renommierte ein wenig mit diesem Talent, war es für ihn doch auch ein Spiel. Der Sohn indessen nahm alles sehr ernst. Die heidnischen Mythen, die Sagen und Märchen faszinierten ihn. Und den Zwölfjährigen beschäftigte nichts so sehr wie die Frage nach dem Entstehen der Erde, des Lebens und die Frage nach Gott. Er war zu dieser Zeit Kirchenjunge, aber er führte, sehr zum Verdruß der kirchlich-schulischen Obrigkeit, ein heimliches Doppelleben mit den Göttern Griechenlands und des Nordens. Ehm Welk scheint das gewesen zu sein, was man heute einen Frühreifen nennt, obwohl seine Kindheit nicht von Spannungen und Konflikten mit der Welt geprägt wurde, sondern von den einfachen Dingen des Lebens. Man begreift, daß der erwachsene Mann sich an diese seine Kindheit immer wieder erinnerte; ein Buch schließlich, „Mein Land, das ferne leuchtet", lebt ganz von dieser Erinnerung.

Die kleine, in sich geschlossene Biesenbrower Welt hatte für das Leben des Jungen einzigartige Bedeutung. Fast fünfzig Jahre später wird Ehm Welk in einem epischen

Zyklus heiter-optimistisch die Erlebnisse der Kindheit aufarbeiten, und es wird sich erweisen, daß nichts der Vergessenheit anheimfiel: Biesenbrow bietet den Stoff, aus dem die Kummerow-Romane entstehen.

In dem Dreieck Angermünde – Prenzlau – Schwedt liegt Biesenbrow: das Kummerow der Romane, Kummerow im Bruch hinterm Berge, durchzogen von Bächen, umgeben von Teichen und Seen. Wenn wir dem Schriftsteller Ehm Welk glauben können, so erschien es den Kindern als Paradies auf Erden, ein Paradies, das sich im Wechsel der Jahreszeiten und des Lichtes ständig veränderte. An ihm entzündete sich die Phantasie; Märchenhaftes vermengte sich mit geschichtlicher Überlieferung, die Wirklichkeit verwandelte sich, die Sage wurde zur Realität. Da waren die gekröpften Zauberweiden, die am Tage schliefen und des Nachts die Menschen ängstigten, als Heimstatt von Gespenstern und Geistern; da war das Bruch, ein breites Urstromtal, in dessen Ausbuchtungen vom Frühling bis zum Spätherbst das Vieh sich fett weidete und das bei den Kindern den Glauben nährte, daß geheimnisvolle Kräfte alles ordnen; da waren die heidnischen Überlieferungen, die eine Taufe im unheimlichen Schwarzen See verlangten; Bäume und Sträucher standen teils auf festem,

Biesenbrow, Lustinsel im Schwarzen See

teils auf trügerisch moosigem Grund, Gräser wuchsen und blühten, und auf den Seen schwammen Tausende von Seerosen; da waren die Bewohner des Bruches, Tiere in großer Vielfalt: die schönsten, waren die Kraniche, verehrt fast wie heilige Wesen.

Diese natürliche Umgebung gab dem jungen Ehm Welk in einer seltsam-einfachen Weise Antwort auf seine Fragen nach dem Wesen der Welt. Natur! Das ist das große Zauberwort. Sie ist ein Buch, in dem man nur zu lesen habe (Goethe verwendete oft dieses Gleichnis): Die urgewaltige Natur ist für die Frommen „Gottes Schrift" und für die Heiden die „Gottheit", sie ist zu fühlen und zu fassen und zu sehen, man kann sie mit allen Sinnesorganen wahrnehmen, und man kann sie erforschen, um der geheimnisvollen Kraft, die scheinbar bestimmt und ordnet, auf den Grund zu kommen. *Und obwohl ich fürchtete, es sei Ketzerei und eines Kirchenjungen unwürdig, plagte mich immer wieder die Vorstellung von einem geheimnisvollen, wunderprächtigen Leben in den Jahren vor meinem Bewußtsein und somit wohl auch von einem Leben in den Jahren vor meiner Geburt, und ich glaubte, daß das Paradies nicht nach dem irdischen Leben des Menschen komme, sondern vor der Geburt dagewesen sein müsse, der Mensch also aus dem Paradies stamme und ein Recht habe, auch die Erde zu einem Paradies zu machen,* schreibt Welk in „Mein Land, das ferne leuchtet".

Der Vater Ehm Welks war zu lebensklug, als daß er zugelassen hätte, daß der übliche christliche Mythos durch einen heidnischen Landschaftsmythos ersetzt würde. Wie in den meisten ländlichen Familien geht auch bei den Welks zweierlei Hand in Hand: eine echte Beziehung zu den Schönheiten der Landschaft und den Unwägbarkeiten der Natur. Aber Natur und Landschaft werden auch danach befragt, welchen materiellen Ertrag sie einbringen. Der Aberglaube, die Spökenkiekerei, wird den Welks sowenig fremd gewesen sein wie anderen ländlichen Familien, wohl aber vermochte der achtsame Vater dergleichen in Grenzen zu halten, ohne dabei, wie sich zeigen wird, des Sohnes Talent zum phantasievollen Fabulieren zu zerstören.

Dabei bleibt das Vater-Sohn-Verhältnis von Spannungen nahezu frei. Daraus erklärt sich auch der Umstand – und sicher gibt es darüber hinaus weitere Gründe, die mit der altväterlichen Lebensweise auf dem Lande zu tun haben –, daß in Ehm Welks Büchern keine tyrannischen Eltern und Lehrer zu finden sind, daß in ihnen keine Art von Generationskonflikt ausgetragen wird. Die ziellose Rebellion einer mit suggestiver Gewalt gegen die Väter opponierenden Generation der Söhne, für viele bürgerliche Schriftsteller der Jahrhundertwende ein dominierender literarischer Gegenstand, wird man in Welks Oeuvre vergeblich suchen. Offenbar erzog der Vater den Jungen mit großem pädagogischem Geschick und gab selbst ein gutes Beispiel. Er demonstrierte Sinn für die „einfachen Tatsachen des Lebens", er ging Un-

Die Kirche von Biesenbrow, „Zwischen Himmel und Erde"

gerechtigkeiten nach und distanzierte sich konsequenterweise von staatlichem und kirchlichem Obrigkeitsdenken. Wenn auch die Möglichkeiten des sozialen Protestes gering waren und das Aufbegehren gegen das Unrecht sich auf das beschränkte, was sich im Weichbild des kleinen Dorfes zutrug, so wirkte dies doch prägend auf den Charakter des Jungen. Des Vaters Prinzip, wie er selbst einmal formulierte, immer ein „anständiger Mensch sein zu wollen", wurde auch für den Sohn zur Maxime.

Gottfried Welk war ein körperlich kleiner Mann, mit einem Gesicht, das dem uns später wohlvertrauten Ehm Welks nicht unähnlich war: „Ein Tagebuch des Lebens" nannte der Verleger Peter E. Erichson dieses Gesicht in seiner Rede zum siebzigsten Geburtstag des Schriftstellers, ein Gesicht, „in das alles Erlebte mit unverlöschter Schrift tief eingegraben wurde, das Leid, das Unrecht in der Welt, die Auflehnung dagegen, aber auch die stille Güte, das gütige Verstehen, was wahrhaftig kein Versöhnlertum ist".

Ehm Welks innere Übereinstimmung mit seinem Vater, die ihren schönsten Ausdruck in der „Lebensuhr des Gottlieb Grambauer" finden wird, hat wesentlich dazu beigetragen, daß für den späteren Schriftsteller die eigene Kindheit zur eigentlichen Stoffgrundlage seines Werkes wurde.

Um 1894 wird es gewesen sein, als Kantor Böttcher seinem Klassenersten den „Gesang Weylas" zu lernen aufgab:

Du bist Orplid, mein Land,
das ferne leuchtet!
Vom Meere dampfet dein besonnter Strand
den Nebel, so der Götter Wangen feuchtet.

Uralte Wasser steigen
verjüngt um deine Hüften, Kind!
Vor deiner Gottheit beugen
sich Könige, die deine Wärter sind.

Dieses Gedicht spätromantischer Poesie des fünfundzwanzigjährigen württembergischen Dichters und Pfarrvikars

Eduard Mörike aus dessen erstem Prosawerk „Maler Nolten" wird für Ehm Welk leitmotivische Bedeutung bekommen. Ob schon der Zehnjährige von dem elegischen Grundton und den geheimnisvollen Bildern des Gedichts ergriffen wurde, ist weder zu beweisen noch auszuschließen. Der reife Ehm Welk aber hat gerade Mörikes Orplid in eine gewiß eigenwillige Beziehung zu seiner eigenen Herkunftslandschaft gebracht und den Titel seines späteren Erinnerungsbuches den zwei ersten Zeilen dieses Gedichts entnommen. Nicht Heinrich Heines fernes „Bimini", Mörikes ebenso ferne Trauminsel blieb ihm zeit seines Lebens ein Sinnbild für Heimat und Lebensharmonie. Aber während Mörike seine göttliche Gründung „zwischen dem Stillen Ozean, Neuseeland und Südamerika" ansiedelt, mit der Göttin Weyla als Beschützerin, ist Welks „Orplid" freilich greifbarer als das Traumland Mörikes. Welks Orplid-Bild, das in den verschiedenen Etappen seines Lebens eine weltanschaulich unterschiedliche Ausprägung erfährt, begleitet ihn bis in das Alter: 1952, in dem Erinnerungsbuch „Mein Land, das ferne leuchtet", ist schließlich sein Orplid-Traum abgegolten: Was als Utopie intendiert war, ist zur Realität geworden – die Heimatsuche ist beendet.

Ehm Welks Lebensweg wäre anders verlaufen, hätte nicht Kantor Böttcher, Urbild des Kannegießer in den „Kummerow"-Büchern, ihn von 1890 bis 1898 begleitet. Natürlich konnte die Biesenbrower Dorfschule, ein einziger Raum, in dem zur gleichen Zeit achtzig Kinder im Alter von *sechs bis vierzehn Jahren von einem einzigen Lehrer unterrichtet wurden,* den Wissensdurst des Jungen nicht stillen. Die sehr guten Zensuren des Abgangszeugnisses von 1898: neunmal „gut", damals die beste Note, und einmal „genügend" im Singen, bestätigen zwar des Jungen Begabung, sagen jedoch nichts aus über sein Wissen und Können.

Böttcher, Anhänger der Aufklärung und aufgeklärter Pädagoge, war eine bemerkenswerte Persönlichkeit. Er ging in einfacher und natürlicher Art, in einem Ton ungezwungener Freundlichkeit *auf die Gedanken der Schüler ein und wußte ihre Herzen zu öffnen,* die Zerstörung der Persönlichkeit des

Kindes, die häufig *mit (dem) Schulanfang begann* und *beim Verlassen der Schule* gewöhnlich beendet war, fand nicht statt. Böttcher, der, wie Ehm Welk Jahrzehnte später vermerkte, gern *ein wirklicher Kämpfer für Freiheit und Menschenrecht, ein richtiger Rebell gewesen* wäre, aber eben doch nur ein kleiner, wenn auch sehr belesener und nachdenklicher Dorfschulmeister blieb, kommte das Verdienst zu, daß er mit seiner Menschenfreundlichkeit und mit seinem *hellen Wissen das Licht im Haupte eines Knaben entzündet, genährt und sorgsam gehütet* hat. Ehm Welk war Kantor Böttchers bester Schüler. Die fraglos geringen Bildungsmöglichkeiten, die die Biesenbrower Schule bot, versuchten beide auf andere Weise auszugleichen. Die wichtigsten Anregungen dazu kamen aus der Literatur. Böttcher gelang es, unter Ehm Welks Neigungen das Interesse für Bücher und Literatur in den Vordergrund zu schieben, er vermochte die Leselust des Knaben immer wieder zu schüren. Auch in dem

Biesenbrow, Schule

Jungen wuchs der Wunsch, das Vorhandene auszubauen und sich Bücher von ersparten Groschen selbst zu kaufen oder schenken zu lassen. Lesen glich für Ehm Welk einer Entdeckung der Welt. In einem unveröffentlichten Nachlaßmanuskript schreibt er:

Zwischen meinem vierten und fünften Lebensjahr lernte ich Schreiben und Lesen. Nun, ohne das Schreibenkönnen mochte es gegangen sein; das Lesenmüssen aber steigerte sich von Jahr zu Jahr zu einem mehr als lebensnotwendigen Bedürfnis; ich weiß, ich kann acht Tage hungern, denn ich habe es ausprobieren müssen; ob ich aber acht Tage leben könnte, ohne etwas zum Lesen zu haben, weiß ich nicht. In Fällen, die sich dahin auszuweiten drohten, setzte schon nach zwei Tagen ein Angstgefühl ein, vergleichbar jenem, welches das Haustier empfindet, wenn es eine Viertelstunde länger auf das Futter warten muß. Ich beginne, ungeduldig umherzulaufen, und sitze ich gerade auf dem Bahnhof in Hinterwalden, so nehme ich mir den Hinterwaldener Anzeiger und lese, daß Schuhmacher Lehmann sich den Daumen gequetscht hat, daß bei Ackerbürger Krause Pferdedung abgegeben wird und daß Frau Rieschebieter die Beleidigung zurücknimmt, die sie gegen Fräulein Knüllrich ausgesprochen hat. Finde ich gar die niemals aussterbende Aufforderung an die erkannte Person, die entwendete Gießkanne zurückzubringen, da dieselbe beobachtet und widrigenfalls zur Anzeige gebracht wird, so bin ich mit der Zugverspätung ausgesöhnt. Denn aus jedem geschriebenen und erst recht aus jedem gedruckten Wort spricht noch immer das Leben selbst; wenn nicht aus dem Inhalt des Geschriebenen und Gedruckten, so doch stets aus der Art der Darstellung. Man muß nur gelernt haben, das Leben lesen zu können.

Die ersten Bücher, die ich in die Hand bekam, waren Kalender: „Der Lahrer Hinkende Bote“ und „Das Jahrbuch der Berliner Morgenzeitung“. Der Vater besaß davon eine stattliche Reihe. Mir ersetzten sie zuerst wohl nur die Bilderbücher, die Stadtkinder bekommen; später, als ich lesen konnte, bedeuteten sie das erste Fenster in die Welt. Denn sie waren nicht nur reich bebildert, sie enthielten neben Ge-

schichten auch Jahresberichte über das Weltgeschehen. Daß Geographie und Geschichte meine Passion wurden, führe ich auf die Kalender zurück. Allerdings auch auf meinen ersten Lehrer, den alten Dorfkantor, der eine große Bibliothek besaß, einen Globus und unzählige Atlanten, alles Mittel, die es dem nie aus seinem Dorfe Hinausgekommenen gestatteten, die ganze Welt zu bereisen und als Kenner der Völker und Länder die ganze Welt in seine stille Stube zu holen.

Ich war sechs Jahre alt, als ich mir das erste Buch bei ihm entlieh. Denn als eigene Bücher besaß ich ja nur das Lesebuch, die Bibel und das Gesangbuch. So war es nun mal Übung im Dorfe. Bis ich, sieben Jahre alt, mein erstes selbstgekauftes Buch hatte.

Der Buchhändler war ein Hausierer, der mit einem Korb vor dem Bauch und einer Kiepe auf dem Rücken die Dörfer abging und Leinen, Wolle, Knöpfe und Bänder verkaufte. In einer Ecke seines Korbes hatte er auch Bücher. Oder sagen wir Hefte, sie kosteten ja auch nur zwanzig bis fünfzig Pfennige. Ich hatte Sechser auf Sechser gespart, und als der Mann einmal wiederkam, ging ich ihm nach und bat ihn, mir ein Buch zu verkaufen. Der Hausierer hatte keinen ausgerichteten Buchladen, er verkaufte lediglich nach Preisklassen: Räubergeschichten, Dienstmädchen-Balladen, Traktate und Jugendschriften. So fragte er zunächst, wieviel Geld ich hätte, und als er vierzig Pfennige zusammenzählte, erhielt ich von ihm „Rosa von Tannenburg“, von Christoph von Schmid. Als ich das Büchlein in meinem zwanzigsten Jahre noch in meinen Sachen fand, schämte ich mich und verbrannte es. Als ich in meinem fünfundvierzigsten Jahr in Dinkelsbühl einen Namen an einem Denkmal entzifferte und „Christoph von Schmid“ las, freute ich mich wie ein Kind, sah heiter den gütigen Mann an, ging in eine Buchhandlung und kaufte mir „Rosa von Tannenburg“.

Zwischen meinem sechsten und elften Lebensjahr las ich alles, was mir in die Hände fiel. Zunächst die Zeitungen, Zeitungen lasen bei uns auf dem Dorfe nur der Gutsherr, der Pastor, der Lehrer und mein Vater. Einige Bauern hielten noch das Kreisblatt, das zweimal in der Woche erschien, aber das war für mich keine Zeitung. Es wurde auch bei uns gehalten, dazu aber noch eine Berliner und eine Stettiner Zeitung. An der Berliner lag mir mehr, die Rubrik „Aus aller Welt“ war bei ihr größer, und in dieser Rubrik standen doch die großen Unglücksfälle und Verbrechen. Dann hatte die Zeitung freitags eine vierseitige humoristische Beilage „Das lustige Echo“ und sonnabends eine achtseitige illustrierte Unterhaltungszeitung auf besserem Papier mit Roman, Erzählung, Berichten, Rätseln und so weiter. Die Beilagen wurden das Jahr über gesammelt, dann ließ der Vater sie einbinden. Auf unserem Boden standen ganze Reihen der dickleibigen Bände, und viele, viele Nachmittage habe ich davor gelegen und beim Lichte der kleinen Luke einen Band nach dem andern gelesen.

Das waren meine ersten „Bücher“, denn wirkliche Bücher hatten wir nur wenige, vielleicht zwanzig, in der Hauptsache Reisebeschreibungen, Geschichten aus dem Krieg von 1870, Missionsberichte. Der Besitz von Büchern war auf dem Lande und in den kleinen Städten in meiner Jugend keine Ehre, aber ein Beweis für mangelhafte Berufstüchtigkeit. Wenn er Lust zum Arbeiten hätte, brauchte er die Zeit nicht mit Lesen totzuschlagen! Meinen Vater nannten sie wegen seiner armseligen zwanzig Bücher schon den Professor und mich den Doktor. Das aber war durchaus nicht harmlos oder gar respektvoll gemeint, sie meinten es schon so, wie sie es demonstrierten, wenn sie ihre Kinder mal beim Lesen erwischten und drohten, ihnen das Buch um die Ohren zu schlagen. Gesangbuch und Bibel – mit anderen Büchern hatte der Mensch freiwillig sich nicht zu befassen.

Als ich elf Jahre alt war, besaß ich schon ebensoviel Bücher wie mein Vater; ihre Glanzstücke waren „Mario, der große Doge“, ein Band von Bibelstärke, Gerstäcker, Karl May, Otto Ludwig, und meinen ersten Klassiker. Der Dichter hieß Friedrich von Schiller und sein Werk – nein, nicht „Wilhelm Tell“ oder „Die Jungfrau von Orleans“, sondern ausgerechnet „Der Abfall der Niederlande“. Wie das zuwege kam, weiß ich nicht mehr, nur, daß ich vielleicht diesem Schiller die Lust zum Wandeln in der reinen Geschichtsschreibung verdanke. Damals freilich hielt ich neben dem Abfall der Niederlande unbekümmert auch jenen Abfall in der Hand, den das zum Einwickeln von Heringen benutzte ... Zeitungspapier darstellte. Ich trocknete es am Herd oder in der Sonne und las es vom Vermischten bis zur Erzählung und den Anzeigen, und es machte nichts aus, daß Anfang und Fortsetzung des Romans fehlten. Darüber hatte ich mich nur in den ersten Jahren geärgert, später war es geradezu ein Vorzug, den Weitergang der Geschichte nun selbst ausdenken zu müssen. Ich erinnere mich, zwar immer das Gute belohnt, die Helden in den meisten Fällen jedoch umgebracht zu haben.

Mit vierzehn Jahren besaß ich schon die Fähigkeit, Regale und Schränke der neuen Gönner abzuschätzen. Das heißt, nicht nach ihrem Wert, aber nach der Zeit, die es kosten würde, mit ihnen fertig zu werden.

Bis ich dann die erste wirkliche Bibliothek sah, die Stettiner Stadtbibliothek. Da wurde ich klein wie ein Wurm und wollte schier verzagen, denn um alle diese Bücher zu lesen, müßte ich wohl alle Tage meines Lebens von morgens bis abends nichts anderes zu tun haben. Daran, daß es am Ende in jeder großen Stadt solche Bibliotheken mit immer neuen großen Regalen voll unbekannter Bücher geben könnte, dachte ich damals nicht. Als es mir dann offenbar wurde, haderte ich ernstlich mit dem lieben Gott, weil er den Menschen kein Methusalem-Alter mehr beschied. Es war nur ein schwacher Trost, zu wissen, daß die Männer meiner Familie fast alle achzig und neunzig Jahre alt wurden.

Der begabte Junge, das war der erklärte Wille der Eltern, sollte eine gediegene Ausbildung erhalten. Eine höhere Schule in Greiffenberg, einer kleinen Stadt, die von Biesenbrow nur wenige Kilometer entfernt lag, schien dies zu garantieren. So sicher wir annehmen dürfen, daß Ehm Welk diese Schule besucht hat, so wenig ist uns über den Charakter der Schule und die Leistungen ihres Schülers bekannt. In einem autobiographischen Kurzbericht, geschrieben, als Ehm Welk achtzig Jahre alt war, gab er eine Erklärung, die allerdings nur mit Vorbehalt betrachtet werden kann:

Da wir uns nicht einigen konnten, blieb ich zu Hause und befriedigte meine Lese- und Lernsucht nach einem selbsterdachten System.

In Vater Welks Erinnerungen finden wir den Hinweis: „Ehm blieb ein halbes Jahr in Greiffenberg". Wunschdenken oder Wirklichkeit? Über die Greiffenberger Zeit jedenfalls gibt es keine weitere Kunde, Prüfungsergebnisse sind nicht erhalten. Wahrscheinlich gab Friedrich Klappenbach, promovierter Pastor von Biesenbrow, dem Jungen zusätzlich eine Art Privatunterricht. Der im ganzen unmethodische Unterricht, den der Junge erhielt, konnte nicht ohne Folgen bleiben. So müßig es ist, Spekulationen darüber anzustellen, was aus Welk geworden wäre, wenn er einen regulären Schulunterricht genossen hätte, so sichtbar sind doch die Folgen der planlosen Wissensaufnahme für die Art und Weise der Bildung Welks. In „Mein Land, das ferne leuchtet" hat der fast Siebzigjährige darüber geschrieben: *Eine ähnliche Wandlung durchlebt der Erwachsene, wenn er als Autodidakt über sein aus dem Erfühlen gehobenes Teilwissen den Stolz des vermeintlich geistig Selbständigen breitet. Hier liegen die Dinge allerdings gefährlicher als beim Knaben, da die meisten Autodidakten nicht vermögen, die Verpflichtung zu erkennen, die geistiger Besitz mit sich bringt: diesen Besitz täglich zu erweitern, zu überprüfen und zu erneuern, bis jener Grad des Besitzstandes erreicht ist, der dem Besitzenden gestattet, zu erkennen, daß der Mensch nie genug weiß, und duldsam zu werden.*

Gottfried Welk erwartete, daß sich sein Sohn in der „großen Welt" besser durchsetzen würde, als er selbst es vermocht hatte. Unerklärlich bleibt deshalb, warum der Wunsch der Eltern nach einer gediegenen Ausbildung am Ende doch nur eine Absicht blieb. Finanzielle Gründe spielten keine Rolle, denn als Ehm Welk am 1. Oktober 1900 in der Stettiner Weingroßhandlung P. Puchstein eine kaufmännische Lehre begann, mußte der Milchkühler Gottfried Welk für seinen Sohn Kaution hinterlegen, denn die Lehrlinge kassierten bei den säumigen Rotweintrinkern in Stettin und Umgebung, und dafür verlangte Herr Puchstein eine Kaution als Sicherheit in barem Geld. Ehm Welk hat diese Kurzsichtigkeit seines sonst so lebensklugen Vaters stillschweigend übergangen: War eine Äußerung nicht zu umgehen, dann wurde die leidige Angelegenheit ironisch heruntergespielt. *Denn meine Mutter wollte,* so schreibt der Sohn später in den Notizen über sich, *daß ich Pastor werde, das wollten jedoch mein Vater und ich nicht. Mein Vater wollte, ich sollte Lehrer werden; das jedoch wollten meine Mutter und ich nicht. Ich wollte Seemann oder Maler werden; das wollten mein Vater und meine Mutter nicht.*

Ehm Welk blieb ein Autodidakt. Er wurde ein gebildeter Mensch, und er war sich immer der Verpflichtung bewußt, die *geistiger Besitz mit sich bringt.* Versehen mit einem vortrefflichen Gedächtnis, von dem Freunde sagten, es funktioniere wie eine Enzyklopädie, nahm er fortwährend Wissen in sich auf. Die fehlende Gymnasial- und Universitätsausbildung ersetzte er auf seine Weise: Wo immer ein Buch, eine Zeitung, ein Fetzen bedrucktes Papier sich findet, er wird es lesen. Fast zwei Jahrzehnte liest er, wie es kommt, danach dann, ruhiger geworden und beherrschter, kehrt er immer wieder zu einem vertrauten Autor oder einem bestimmten Buch zurück: Theodor Fontane und Gottfried Keller sind seine Lieblingsautoren, der „Tristram Shandy“ und die Geschichte vom „Sinnreichen Junker Don Quijote von der Mancha“ seine Lieblingsbücher; an Don Quijote und Sancho Pansa erinnert noch ein ungleiches Freundespaar Welkscher Imagination: Martin und Johannes in den „Heiden“ und „Gerechten von Kummerow“.

Kindheit und Jugend gingen dem Ende zu. Es kam der Abschied von der stillen, treuen Mutter, vom fabulierfreudigen Vater und von Biesenbrow im Bruch hinterm Berge. Der erwachsene Mann betrachtete seine Erfahrungen stets im Spiegel seiner Jugend, und ganz verlor sich nie ein sentimentaler Beiklang, wenn er das Thema Heimat berührte. Und viel später, in einem Interview des Senders Schwerin von 1959, gibt Welk mit einer Anekdote zu verstehen, wo er den Ursprung seines schriftstellerischen Tuns sieht: *Wie das zusammenpaßt, mögen Sie beurteilen, wenn Sie das kleine Erlebnis gehört haben, das ich vor einigen Jahren hatte. Ich begleitete einen Freund, der im östlichen Mecklenburg ein Haus suchte. Nach einer längeren Fahrt auf feuchten Lehmwegen waren wir in ein kleines Dorf gekommen. In der Mitte des Ortes zweigte ein anderer lehmiger Weg ab, und dort stand eine gelbe Tafel mit der Inschrift: Nach Pasewalk, 32 Kilometer. Der Freund mußte lachen über den Einfall eines Dorfgewaltigen, in einem weltverlorenen Nest, das vom nächsten ebenso kleinen Nest 9 Kilometer Landweg entfernt war und in das wohl nur gelegentlich das Auto eines Händlers kam, eine Tafel aufzustellen mit dem Hinweis auf eine ferne, größere Stadt, zu der es 32 Kilometer Landweg sind. Da sagte ich zu dem Freund: Vielleicht entzünden sich an solcher Tafel das Herz und die Phantasie eines heute noch flachsköpfigen Dorfbuben, und die Wegtafel wird ihm zum Fenster in die Welt, der Wegweiser wird ihm ein winkender Arm, und er folgt ihm, größer geworden, nach bis Pasewalk und weiter, immer weiter, und es stehen größere Orte um ihn, Städte seines Landes und die fremder Länder, Schiffe rauschen über Ozeane, Flugzeuge brausen über hohe Bergketten, Autos durchkriechen glühende Steppen ..., und zu allem war vielleicht der Ausgangspunkt ein Wegweiser in einem kleinen norddeutschen Dorf, der auf eine ferne Stadt wies, die zwar nur Pasewalk hieß, für die Phantasie aber Paris, Berlin und New York bedeuten kann. Man merkt, sagte der Freund, den Dichter. Vielleicht wurde er damals geboren, antwortete ich.*

Man wird das ziemlich wörtlich verstehen dürfen. Diese Zeit hat der künftigen Entwicklung Ehm Welks die Richtung gegeben. In drei Stunden seines Lebens kehrte er in die engere Heimat zurück: 1917 krank an Leib und Seele, 1935 gedemütigt von deutschen Faschisten und schließlich ein letztes Mal 1953, als das „Unzerstörbare" neu entdeckt wird, die Landschaft und der Gegenstand der Erinnerung: Orplid und die Enkel und Urenkel der Heiden von Biesenbrow.

Viel Leid gibt es in der Welt, viel Unrecht und viel Empörung. Man sagt, alles Leid wolle zusammen, wie das Wasser aus Bächen und Strömen. Es wäre weniger Leid in der Welt, käme auch alle Empörung zusammen.

Zweite Station
Auf der Suche nach der Gerechtigkeit

Ein mittelgroßer, feingliedriger, schlanker Knabe fuhr im ersten Spätsommer des neuen Jahrhunderts nach Stettin. In modisch-vornehmer Kleidung, tailliertes Sakko, enge Hose, hoher Kragen und hochgeschlossene Weste, eine breite Uhrkette zu beiden Seiten, trat der junge Mann in die „große", für ihn noch namenlose Welt. Sein Äußeres, vor allem der Kopf, prägt sich ein: weißblondes Haar, die extrem hohe und breite Stirn, der weichgeschwungene Mund, große fragende grau-blaue Augen: was im Inneren vorgeht, hat seinen Ausdruck auf dem Angesicht. Der Sechzehnjährige scheint aus einer gutbürgerlichen Familie zu stammen, die dem Sohn, mit einem splendiden Wechsel ausgestattet, ermöglicht, Leben und Menschen kennenzulernen. Der äußere Schein trügt über die einfachen Lebensverhältnisse in Biesenbrow im Bruch hinterm Berge hinweg, läßt nichts von Holzpantinen und auch nichts von der einklassigen Dorfschule ahnen. Es war so, als hätten die Vorbereitungen auf Stettin sozusagen über Nacht einen anderen Menschen hervorgebracht.

Alle Kinder Gottes haben Flügel, es gibt kaum eine bessere Umschreibung, kein anderes Motto für die ersten Stettiner Jahre. Was spielte es schon für eine Rolle, daß die Zukunft unbestimmt war, angesichts der neuen städtischen Umwelt. Zwar verflogen die Biesenbrower Träume bald im hellen Licht des Tages, aber es gab Neues und Schöneres zu träumen.

In seinen Aufzeichnungen berichtet der Vater von beabsichtigter, wohl auch begonnener und beendeter Kaufmannslehre des Sohnes, von Fortbildungsschule und Buchhalterdienst. Der Sohn hat sich darüber nie geäußert. Jedenfalls war der profane Beruf von den eigenen Wünschen und Hoffnungen sternenweit entfernt: Maler will er werden, Seemann, Lehrer oder Weltreisender, nicht aber Gehilfe beim Kaufmann Mut oder bei den Herren Puchstein und Söhne. Das Interesse gilt Dingen, die Freude machen und der Mühe wert sind. Der Handel mit Rotwein, Tabak und Gewürzen, mit Kartoffeln und Heringen gehört nicht dazu. Lange bevor Ehm Welk dem deutschen Kaufmannsleben den Rücken kehrt, ist für ihn dieses Kapitel abgeschlossen.

Über die folgenden Jahre wissen wir nicht viel. Es fiel ihm sicher nicht leicht, in Stettin neue Freunde zu finden. Als Ehm Welk jedoch für sich das Theater und die dramatische Literatur entdeckte, ging es besser. Auch das Kaufmannsdasein wurde dadurch erträglich, daß für den jungen Mann einige Male in der Woche am Abend die Lichter in den Theatern angingen. Was er sah und hörte, glich wundersamen Entdeckungen: Holz/Jerschkes „Traumulus"; die „Siebzehnjährigen" von Max Dreyer; Friedrich Hebbels „Agnes Bernauer"; „Elektra" von Hugo von Hofmannsthal; Wagners „Meistersinger" und Hauptmanns „Rose Bernd" in Aufführungen des Apollo-, Zentralhallen-, Bellevue- und Stadttheaters. Ehm Welk war es eine Zeitlang ganz ernst mit dem Theater. Er blieb nicht Zuschauer, sondern er versuchte sich auch selber auf den Brettern, die die Welt bedeuten: Er wurde Mitglied der „Dramatisch-Literarischen Vereinigung" Stettins und Chorist im Schwank „Alt-Heidelberg". Kein Glück wurde je so billig erkauft.

Musische Interessen wollten mehr und mehr befriedigt werden, es war viel nachzuholen. Neigungen, im Ansatz seit frühester Kindheit da, bildeten sich aus. Ein vages Vorspiel für das eigentliche Stück, das Leben und Bewährung heißt. Noch stand der junge Welk abseits, bewundernd überall Neuland entdeckend, doch selbst nicht schöpferisch teilnehmend. Aber die Dinge bekamen Namen, man stellte sich ihnen. Es war viel Bewegung da und Ungeduld. Doch noch wußte er nicht, was und wer er einmal werden würde.

Das weiße Licht in seinem Haupte, das der Mensch Ver-

stand nennt, wächst ebenfalls mit ihm von Jahr zu Jahr, bis er es schließlich für Vernunft oder Einsicht in die Notwendigkeit hält. Es nährt sich meist von den Brocken, die von den Kathedern der Schulen, aus den Bänden der Bibliotheken und den Mündern der Politiker, Wissenschaftler und Priester fallen, und es hängt oft nur von dem Grade seines Begnadetseins ab, ob der junge Mensch resignieren muß oder die Flamme zum Leuchten und Wärmen bringen und an ihr sein Korn reifen lassen kann. So wunderbar hell vermag in der Jugendzeit das weiße Licht des Geistes zu brennen, daß der rote Schein des Blutes weniger oder gar nicht beachtet wird und der junge Mensch nicht nur die Gier nach den Freuden des Erwachsenseins, sondern auch die körperlichen Mühen, die ihm das Leben bereitet, zu vergessen vermag, sogar jene Gefilde, in denen er als Kind zweckfrei einst wandelte und nichts weiter war als ein glückseliges Gefühl. Er muß aus Erkenntnis und innerem Zwang heraus das Licht weitertragen und es benutzen wie ein Schwert zur Befreiung der Umdüsterten und Behinderten. So steht es fünfzig Jahre danach im eigenen Werk. Ehm Welk erinnerte sich also seiner Anfänge nicht ohne Rührung. Gewiß, Stettin war für ihn eine Zäsur, erster Wendepunkt auf einer langen Reise. Seine Bedeutung ist meßbar an dem, was kommen wird.

Fürs erste jedenfalls, so haben wir zu berichten, ergriff Ehm Welk die sich bietenden Möglichkeiten mit beiden Händen. In seinen Erinnerungen heißt es: *... das Lernen fiel mir noch im tollsten Wirbel meiner Gedanken und Gefühle leichter als je, und ich hatte dennoch Zeit, Gedichte zu schreiben und Entwürfe wüster Dramen zu machen.* Die Entwürfe sind nicht erhalten, Briefe und andere Aufzeichnungen existieren nicht mehr, allein ein dem Vater zu dessen siebenundfünfzigstem Geburtstag gewidmetes Gedicht wurde aufbewahrt: anspruchslose Verse, naiv Gereimtes, das sich an die konventionelle Goldschnittlyrik anlehnt. Aus diesem Gedicht mit seinen 48 Zeilen sollen hier Anfang und Ende zitiert werden: *Gib Bursche mir meine Leyer her, / Renne und eile und spute dich sehr, / Bringe mir auch einen Becher mit Wein / Zu dem fröhlichen Tag muß auch ich fröhlich sein. /*

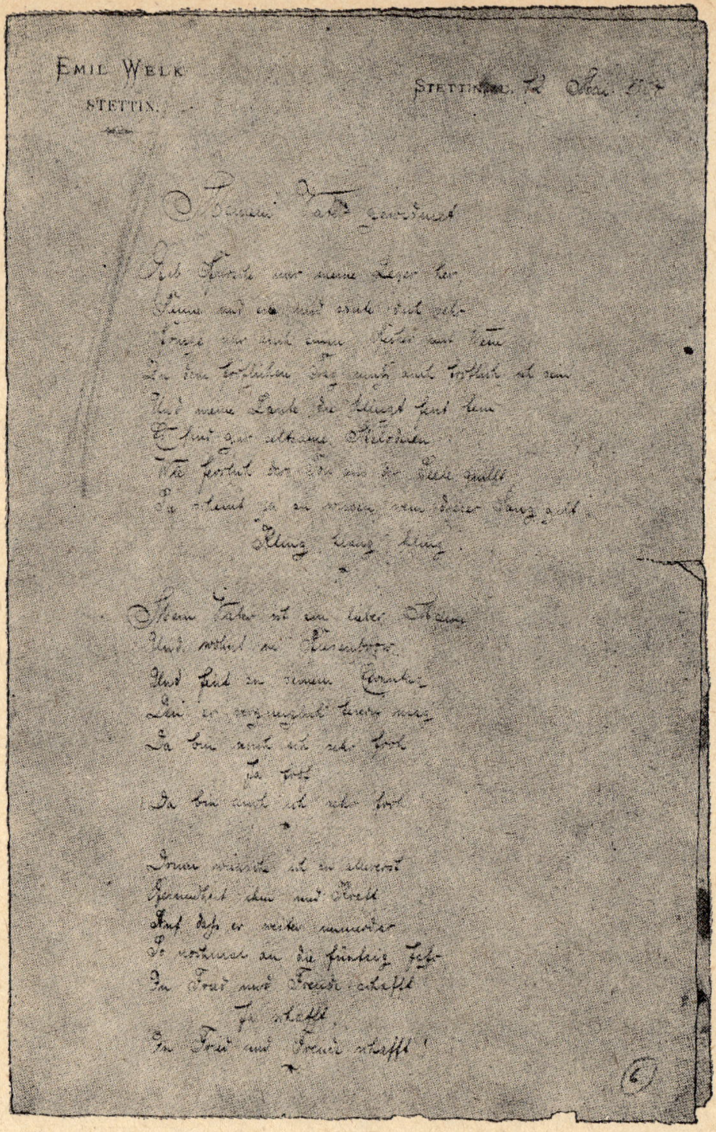

EMIL WELK
STETTIN.

STETTIN,

Meinem Vater gewidmet

Das erste Gedicht,
dem Vater gewidmet

Und meine Laute, die klingt heute fein, / Es sind gar seltsame Melodeien,/Wie herrlich der Ton aus der Seele quillt,/ Sie scheinen zu wissen, wem dieser Sang gilt. / Drum schließe ich jetzt meinen Sang / Und bitte leise Gott: / Daß er uns möge immerdar / Beschützen noch so manches Jahr / Vor Krankheit, Not und Tod.

Der erste künstlerische Wille läßt die späteren literarischen Fähigkeiten des Verfassers nicht erkennen, aber noch einmal läßt er uns etwas über das innige Verhältnis des Sohnes zum Vater wissen. Das Gedicht, feierlich mit *Dein Sohn Emil* unterschrieben, machte im Dorf die Runde, war Gesprächsthema für einen kurzen Sommer und einen langen Winter. Ehm Welk schien es geschafft zu haben: Wer hatte schon mit zwanzig Jahren gedruckte Briefbogen, und wer von den Biesenbrowern schrieb dem Vater Gedichte! Gottfried Welk genoß das Ansehen des Sohnes im Dorfe.

Vier Jahre blieb Welk in Stettin. Er hatte sich eingelebt. Es fehlte nicht an Ablenkung, aber er war ebenso gern allein wie in Gesellschaft. Lebenslust wurde ausgekostet, Liebesleidenschaft erwachte: Lotte Lebeau heißt die Angebetete, sie ist sechzehn Jahre alt, ein paar Jahre jünger als der maßlos Verliebte, Tänzerin am Stadttheater. Die alte und immer neue Geschichte beginnt. Liebesbriefe und Bekenntnisse werden geschrieben. Schlaflos sind die Nächte, heiß die Träume, und die Eifersucht ist groß. Man gerät in die Rolle eines Schmetterlings, der die Flamme für das Glück hält. Die Liebe treibt ihr Spiel mit dem jungen Mann. Noch fünfzig Jahre später schreibt Welk: *Mein Gott, wie liebte ich sie! Wie eben nur ein empfindsamer Jüngling von achtzehn Jahren lieben kann, der zum ersten Male der unbeschreiblichen Zauberkraft erliegt, die darzustellen ihm nicht gelang, obwohl er alle Schönheiten des Himmels und der Erde und Sonne, Mond und Sterne dazu in seine Gedichte zwang, um die heimlich Geliebte zu schmücken. Ich nannte sie Laura, wie Petrarca die seine genannt hatte, von der ihm auch nie Erhörung ward; und dann auch, weil das L in den Überschriften meiner Verse einen schönen Nebensinn bekam.*

Erhört wurde seine Liebe wohl nicht. Die Aussichten, Liebhaberlorbeeren zu ernten, waren schlecht. Lotte Lebeau hatte keinen Sinn für Gedichte, und sonst war bei dem Mittellosen nicht viel zu gewinnen. Für die junge Dame ist Ehm Welk ein „grüner Junge", der ihr nicht imponiert und von dessen platonischer Liebe und idealischen Vorstellungen von der Beziehung der Geschlechter sie nichts hält. So endete die erste Liebe, noch bevor sei eigentlich begonnen hatte.

Viel mehr ist von der Zeit, über die wir erzählen, nicht zu berichten. Fraglos ist aber auch das wenige, von dem wir eingestandenermaßen wissen, für den Fortgang unserer Geschichte unerläßlich. An dieser Stelle wollen wir rundheraus sagen, daß Ehm Welk sehr zurückhaltend bei schriftlicher Selbstäußerung war. Was immer die Gründe sein mögen, Welk hatte seine Vorbehalte gegen die blanke Autobiographie: Gegenüber dem exakten Bericht über die eigenen Lebensstationen bevorzugte er eine freie Gestaltung und anekdotische Aufbereitung des Selbsterfahrenen. Nach seiner Überzeugung habe die Öffentlichkeit kein Recht, sich mit dem Persönlich-Privaten des Schriftstellers zu beschäftigen, dies gehe sie nichts an. *Sie hätten dieses Recht ohne weiteres,* sagt er einige Jahre vor seinem Tode, *wenn sie vermuteten, zwischen dem Leben des Schriftstellers und der Aussage seiner Bücher bestehe keine Übereinstimmung.* Ausweichend antwortet Welk im gleichen (aufgezeichneten) Gespräch auf den Einwurf, daß die Millionen Leser sehr wohl interessieren könne, wie das Leben eines Menschen verlaufen sei, der das alles erlebt, empfunden, geschrieben hat: *Wenn sie Romantik erwarten, werden sie enttäuscht werden, so bewegt dieses Leben auch war.*

Haben wir es mit Vermummung, Mystifizierung zu tun? Der erste Grundsatz jedenfalls lautet lapidar: Das Erzählte allein ist von Interesse. Der Autor will sich nicht fangen lassen. Die Person möge man verschonen, mit der Bekanntgabe detaillierter Vorgänge um diese hält er sich zurück. Die Dialektik zwischen dem wirklichen Geschehen und der literarischen Darstellung sieht er auf seine Weise. Nicht, daß es jeweils so verlaufen ist, hat für ihn Gewicht, sondern daß es so hätte gewesen sein können. Nachträgliche Stilisierungen schlichen sich so freilich wie von selbst ein. So ist denn auch beispielsweise „Mein Land, das ferne leuchtet" keine verläßliche, authentische Autobiographie. An diesem Buch ist nicht so sehr das Faktische wesentlich, sondern die Art und Weise des Blickes auf die Geschehnisse. Insofern ist dieses Buch ein Schlüssel, mit dessen Hilfe mehr Licht in Widersprüchlich-Verwirrendes gebracht werden kann. *Die Wahrheit ist einmalig und absolut, die Wirklichkeit relativ und vielfältig. Darum brauchen Erkenntnisse noch lange keine Teile der Wahrheit zu sein,* so steht es in „Mein Land, das ferne leuchtet". Eine anfechtbare Sentenz, die als schriftstellerische Maxime ihre literarischen Konsequenzen hat. Welche Schwierigkeiten eine solche Haltung, wenn das Autobiographische zur Fiktion und die Fiktion zur Autobiographie wird, für eine biographische Darstellung mit sich bringt, mag das folgende Beispiel erläutern.

Am 15. März 1904 war Ehm Welk, viel zu lange hatte es gedauert, als Volontär in die Redaktion der „Stettiner Abendpost" aufgenommen worden, im Herbst desselben Jahres boten ihm die „Stettiner Neuesten Nachrichten" redaktionelle Arbeit an. Dieses „Zentral-Organ für Stettin und die Provinz Pommern" war eine liberale Tageszeitung, in der die Kaufleute den Ton bestimmten, nicht die pommerschen Junker. Der junge Journalist Ehm Welk versuchte von Herbst 1904 bis Herbst 1905 als fest angestellter Mitarbeiter sein Betätigungsfeld zu erweitern; der „lokale Teil", die redaktionelle Alltagsarbeit also, in der er sich beweisen sollte, bot dafür ausreichend Gelegenheit. Die ersten journalistischen Veröffentlichungen Welks lassen die Gabe zur geschliffenen guten Darstellung und treffsicheren Beurteilung erkennen. Es überrascht, wie gewandt und selbstsicher Welk schon damals die Feder führte.

Die ersten uns bekannten Beiträge des Journalisten, „Stettiner Fasching" und „Generalstreik und Ostseeschiffahrt", zeigen publizistisches Talent. Mehr allerdings als feuilletonistische Gewandtheit galt an dieser Zeitung ein nüchtern-kommerzielles Urteil. Von den zwölf bis sechzehn Seiten gehörte rund die Hälfte den Handelsnachrichten aus aller Welt, allein der Berliner Börse blieb eine ganze Seite vorbehalten. Politische Ereignisse fanden ihren Niederschlag in unkommentierten Meldungen. Die Manipulation der Leser erfolgte im wesentlichen durch die Auswahl der Nachrichten.

Ehm Welk begann seine journalistische Laufbahn zu einer Zeit, als die deutsche Arbeiterklasse, unter dem Eindruck der Revolution von 1905 in Rußland, politisch erstarkte. Die wachsende Überzeugung, daß ökonomische Auseinandersetzungen allein nicht mehr genügten, daß vielmehr der politische Massenstreik als Form des revolutionären Kampfes praktiziert werden mußte, hatte in den Jahren 1903 bis 1905 ungezählte regionale, gut organisierte Streiks zur Folge. Die außerparlamentarischen Aktionen wurden zu einem Bestandteil des revolutionären Kampfes der Arbeiterklasse. Von 1904 an veränderte sich auch in der Stadt Stettin die politische Szene, Streiks der Maurer, Zimmerer, Tischler, Steinsetzer und Hafenarbeiter waren der sichtbare äußere Ausdruck dafür. Es wurde nicht mehr nur für höhere Löhne gestreikt, in vielen Fällen lösten bereits Entlassungen von mißliebigen Arbeitern einen Streik aus.

In einem Kapitel seines Erinnerungsbuches „Mein Land, das ferne leuchtet“ („Wie es zum zweiten Mal geschah/ Navigare necesse est . . .“) erzählt Ehm Welk von einem Seemannsstreik, mit dem er sich journalistisch solidarisierte. Zwar habe er nicht Kopf und Kragen riskiert, aber dafür doch seine Arbeit bei den „Stettiner Neuesten Nachrichten“ verloren. Eine ihm angetragene und in die Feder diktierte „Richtigstellung“ habe er verweigert, weil die verwitterten und erbitterten Gesichter aus der Versammlung vor seinem geistigen Auge erschienen. *Ich hatte mich um den Seemannsstreik bisher nicht gekümmert, mein Streben langte nach der Kunst, dem Feuilleton; nun saß ich unter diesen rauhen Männern, die da streikten, weil sie einen schweren, gefahrvollen und doch so schlecht bezahlten Beruf hatten. Der Hauptredner brandmarkte die Reeder als Ausbeuter, schilderte die unfaßlichen Zustände an Bord der meisten Schiffe, und mein Herz entflammte in Liebe für die Seeleute und in*

Zorn gegen die Reeder. So war denn auch das, was ich darüber schrieb, voll Liebe und Zorn, und ich zeichnete es stolz mit einem großen E. W. Wäre der Lokalredakteur rechtzeitig gekommen, es hätte mein Leben wahrscheinlich einen ganz anderen Verlauf genommen. Aber der Verantwortliche kam nicht, und so gab ich meinen Bericht einfach in die Setzerei. Soweit dieser Bericht. Wie aber sah die Wirklichkeit aus?

Nach einer Verfügung vom 18. Februar 1887 hatten die Landräte für den Regierungspräsidenten sorgfältige Sammelberichte über den „Stand der sozialdemokratischen Bewegung" anzufertigen. Dort heißt es am 12. September 1904, in diesem Jahr habe lediglich der Seemannsverband im Vertrauen auf seine Stärke in diesem Frühjahr einen Lohnkampf begonnen, „welcher nach eintägiger Arbeitsniederlegung mit einem Sieg der Seemänner endigte. Die Reeder haben die Forderungen mit wenigen Ausnahmen bewilligt, hätten die Seeleute weiter gestreikt, so wären auch ihre letzten Forderungen bewilligt worden". Am 15. September 1905 berichtet der Polizeipräsident von Stettin: „Größere Streiks haben im verflossenen Berichtszeitraum nicht stattgefunden. An den kleinen, in 10 Fällen stattgefundenen Streiks sind beteiligt gewesen: 2 × Steinsetzer, Hafenarbeiter, 1 × Schiffszimmerer, Schiffstischler, Erdarbeiter, Schuhmacher, Arbeiter beim Abwracken eines Schiffs, Herrenkonfektionsarbeiter." Vergleicht man damit die Berichte des „Gewerkschaftskartells Stettin und Umgebung" der Jahre 1904 bis 1906, dann wird es zur Gewißheit, daß es im Jahre 1905 keinen Streik der Stettiner Seeleute gegeben hat. Im Abschnitt „Bericht der einzelnen Gewerkschaften über stattgehabte Lohnbewegungen und sonstige Maßnahmen" sind keine Angaben über Streik-, Lohn- und andere Arbeitskämpfe der Stettiner Seeleute enthalten. Zwar befanden sich 1905 zeitweise 18 Gewerkschaftsgruppen im Ausstand, aber nicht die Seeleute. Zudem spricht gegen die Behauptung des Autors auch die Tatsache, daß in keiner Stettiner Zeitung ein mit E. W. gezeichneter Artikel über einen solchen Streik erschien. In der Rückschau des politisch gereiften Autors werden also zwei Erinnerungsbruchstücke miteinander verwoben und zu einer politischen Gesinnungstat verklärt. Da sind die Lohn- und Arbeitskämpfe jener Jahre, die für den vom Lande Stammenden besonders eindrucksvoll gewesen sein müssen. Welk wird auch Streikversammlungen besucht haben, politisch interessiert, wie er war. Zum anderen schrieb er im Januar 1905 über den Streik von 215 000 Arbeitern im Ruhrgebiet den Artikel „Generalstreik und Ostseeschiffahrt". Beides, so können wir annehmen, fügte sich fünfzig Jahre später für ihn zusammen. Welks Erinnerungsbuch, das fraglos auch autobiographischen Charakter trägt, darf, wie das Beispiel zeigt, nicht als authentischer Lebensbericht gelesen werden.

Welk blieb bis zum 31. August 1905 in Stettin. Der Einundzwanzigjährige sah nun im Journalismus seine Zukunft. Was uns heute als fast bruchlose Ereignisfolge erscheint, war in Wirklichkeit ein langsames und mühevolles Vorwärtsgehen.

Die deutsche Bourgeoisie im typischen Stettiner Ausschnitt hatte der junge Journalist kennengelernt, und er wußte jetzt, wie sie politische, ökonomische und gesellschaftliche Probleme zu behandeln pflegte. Wohin sollte jetzt die Reise gehen? Ein Zurück nach Biesenbrow gab es nicht. Ehm Welk wollte mithelfen, die *Verhältnisse menschlich* zu bilden. Sein politisches Bewußtsein war in jenen Jahren allerdings mehr von philanthropischen Regungen als von sozialen Erkenntnissen bestimmt. Er stand hier an einem Anfang. *Denn nun klärte sich auch in meinem Geiste von Tag zu Tag mehr das verworrene Bild, das aus Sage, Geschichte, nationalen Parolen, christlichen Phrasen und angeblichen wirtschaftlichen Notwendigkeiten in aller Welt entstanden war und als die von Gott und der Natur gewollte Einheit des menschlichen Lebens hingestellt wurde, und es trat, erkennbar mit jedem Tag, die wirkliche Wirklichkeit hervor* ... Mit diesen Worten beschreibt Welk in „Mein Land, das ferne leuchtet" seine damalige Situation, und er fährt fort, daß für den jungen Menschen nicht die Enttäuschungen am schwersten seien, die er aus *unerfüllten Hoffnungen, fehlgeschlagenen Unternehmungen und dem Versagen einzelner geschätzter Personen erfährt, sondern jene, die ihm, so nimmt er übertreibend an, die Menschheit bereitet.* Ehm Welk hat eine lange Wanderschaft vor sich.

Welk ist – trotz seiner Jugend – ein überlegter Dahin-Schreiter. Seine Wahl fiel auf Bremerhaven, das damals achtzehntausend Einwohner hatte, eine kleine Stadt also im Vergleich zu Stettin. Die national-liberale „Provinzial-Zeitung", deren bescheidener Name ein beschauliches Blatt vermuten läßt, bot ein neues Betätigungsfeld. Er wurde sogleich zum Chefredakteur berufen, der jüngste auf diesem Posten im damaligen Deutschland. Auch erster journalistischer Ruhm floß ihm bald zu. In der „Unterweserzeitung", einem Konkurrenzunternehmen, wurde ein Roman von Heinrich Binder mit dem Titel „Schiffe, die scheitern" veröffentlicht. Das Thema: die Untreue der Seemannsfrau. Eines Tages riß man sich in Bremerhaven die „Provinzial-Zeitung" aus den Händen. Sie enthielt einen Leitartikel von Welk mit dem Titel „Schriftsteller, die scheitern". Sein Thema: die Ehrenrettung der Frau. „Die Frauen dieser Stadt brachten danach dem Retter ihrer Ehre einen begeisterten Fackelzug: Dir, dessen Vollbart zwar noch mit Halbpetit durchschossen, aber immerhin ein Vollbart war", erinnerte sich Peter E. Erichson in einer Laudatio zum 70. Geburtstag von Ehm Welk. Erichson war zu jener Zeit Buchdrucker in Bremerhaven: vierzig Jahre später wird er einer der Verleger Ehm Welks sein.

Es besteht kein Anlaß, Welks Reaktion auf einen (wie anzunehmen ist) seichten Unterhaltungsroman überzubewerten. Die Gründe für sein Verhalten sind gewiß nicht darin zu sehen, daß er für die damals aktuell werdende „Frauenfrage" – das heißt die Probleme der Gleichberechtigung der Geschlechter – ein besonders starkes Interesse aufbrachte. Bemerkenswerter ist, daß Welk hier ein erstes Mal als streitbarer Polemiker in Erscheinung trat, eine Eigenschaft, die er bis in sein Alter bewahrte.

Was zur alsbaldigen Kündigung Welks führte, ist nicht mehr auszumachen. Möglicherweise genügte seine Weigerung, sich mustern zu lassen, dem Vorsitzenden des Aufsichtsrates der Zeitung, einem Hauptmann von Vangerow, als Entlassungsgrund. 1906 jedenfalls ist er Redakteur in Gardelegen, 1907 Chefredakteur des Stendaler „Altmärker", 1909 Chefredakteur der „Stolper Neuesten Nachrichten" für drei Monate; dann kommt 1910 der Ruf nach Braunschweig.

Am 21. März 1908 hatte Ehm Welk Käthe Levy geheiratet, Tochter eines nicht unvermögenden Schiffswrack- und Zigarrenhändlers – was für eine Kombination – aus Geestemünde. Die Ehe wurde im Jahre 1921 geschieden. Ein Kind, das möglicherweise die Gegensätze zwischen den Eheleuten hätte mindern helfen, starb bald nach der Geburt. Es war sicher nicht die Schuld von Käthe Welk, wenn die Ehejahre freudlos blieben, aber auch Ehm Welk konnte sich Selbstvorwürfe ersparen.

Als Ehm Welk mit seiner Frau am 1. Januar 1910 nach Braunschweig zog und dort zum Chefredakteur des „Allgemeinen Anzeigers" avancierte, zählte die Stadt etwa 100 000 Einwohner. Braunschweig, nordwestlich des Harzes gelegen, war die Hauptstadt eines faktisch bis zum Jahre 1918 existierenden typischen deutschen Kleinstaates, in dem ein Welfenherzog residierte. Eine Stadt voller architektonischer Schönheiten: das gotische Rathaus, das in der Renaissance erbaute Gewandhaus, und eine aufstrebende Industrie. Mehr als zehn Jahre blieb Ehm Welk in dieser Stadt. Seine Hoffnungen, die er auf den neuen Arbeitsplatz und Wohnort setzte, wurden nicht enttäuscht. Der „Allgemeine Anzeiger" war eine liberale Zeitung, die ihren leitenden Mitarbeitern einen gewissen Spielraum ließ. Es entwickelte sich in Braunschweig ein lebhafter persönlicher Verkehr. Man pflegte Geselligkeit und erwanderte mit dem „Klub" zu Fuß oder auf Schiern den Harz. Dabei lernte Ehm Welk Otto Hofmeister kennen, den Leiter eines Betriebes für optische Geräte in Braunschweig. Ihm fühlte er sich bis zu dessen frühem Tod eng verbunden. Für Welk war es wohl die einzige tiefe Freundschaft seines Lebens. Otto Hofmeister hatte 1922, wenige Monate bevor er starb, Agathe Lindner geheiratet, die später Welks zweite Frau wurde.

Vorausblickend auf Künftiges wollen wir ohne Umschweife notieren, daß es in Welks Leben tatsächlich nur wenige

Freundschaften gab, die alle Mißhelligkeiten einer wechselvollen Zeit überdauerten. Nach dem, was wir wissen, lebte Welk bis in das hohe Alter nachgerade in einer Außenseiterposition. Man kann nur bedauern, daß er höchst selten mit kompetenten Kollegen über Fragen, die den Beruf betrafen, über Literarisches und Politisches debattierte, Freundschaften mit Journalisten und später mit Schriftstellerkollegen nicht pflegte, ja sie nicht einmal suchte und so kaum von berufener Seite Lob, Rat oder Tadel erfuhr. Es gibt keine Korrespondenz mit bedeutenden Zeitgenossen aus Politik, Wirtschaft und Gesellschaft, keine Diskussionen oder Gespräche mit werkstattähnlichem Charakter, keinen Kreis, in dem polemisch oder freundschaftlich-offen gefachsimpelt oder gestritten worden wäre. Warum blieben eigentlich solche dialogischen Gespräche aus? Kostete es Welk vielleicht zu große Überwindung, sich anderen zu offenbaren? Fürchtete er, daß die Partner seine Erfahrungen und Kenntnisse nicht nur bestätigen, sondern in Frage stellen könnten? Oder war es Überempfindlichkeit, was ihn zögern ließ, eine Unsicherheit, um die er wußte und die ihn häufig an sich selbst zweifeln ließ? Er brauchte die Nähe und die Zuneigung des anderen Menschen, er brauchte das Gespräch und die Gemeinsamkeit, und doch flüchtete er immer wieder in die Einsamkeit.

Es gelang ihm nicht, die Schranken seines Individualismus zu durchbrechen und Anschluß an jene Klasse zu finden, in der er Solidarität und tätige Gemeinsamkeit hätte erwarten können. So blieb er ein Einzelgänger, der die bürgerliche Gesellschaft mit höchster Reserviertheit betrachtete, ohne jedoch zu ihren konsequenten Gegnern zu finden. Das war, wie Welk viel später einsehen wird, eine verlorene Zeit.

In den Monaten vor dem Weltkrieg reiste der dreißigjährige Ehm Welk erstmalig in ein anderes Land. Die „Eindrücke und Stimmungen eines mit nationalistischen Vorurteilen nicht behafteten Wanderers“ wurden von Welk in seiner Serie von Zeitungsartikeln für den „Allgemeinen Anzeiger“ beschrieben. Sie sind ein bemerkenswerter Reflex auf die allgemeine politische Lage in Europa, ein Schlüsseldokument zum Verständnis von Welks Haltung vor dem Kriege.

Ehm Welk hatte sich in Belgien – wie viele Deutsche – noch an der Schönheit des Landes und an dem Reichtum seiner Kunstschätze erfreuen können. Einige Monate danach aber standen die Deutschen, wie es im Vorwort der späteren Buchfassung dann heißt, *mit dem Schwerte in der Faust in dem besiegten Belgien; aber auch die Sieger von Lüttich und Namur strecken vor der Hoheit der Rubens und Memling die Waffen. Das hindert nicht, daß sie uns jenseits der Maas das Volk der Barbaren schelten; was sie übrigens auch in Friedenszeiten taten. Wie wir Barbaren ihr Land sehen, das mögen, wenn auch nur wenig, die anspruchslosen Skizzen zeigen.* Diese Sätze geben hinreichend Auskunft über den damaligen Standpunkt des Schreibers.

Aus unterschiedlichen ästhetischen, philosophischen oder politischen Motivationen beschworen in Deutschland vor dem August 1914 „Neuromantiker wie Frühexpressionisten, Intellektuelle der gegensätzlichsten Richtungen und Bohemiens der verschiedensten Kreise ... (einen) imaginären Krieg, der den bürgerlichen Alltag zerstören sollte", schreibt Helmut Kreuzer in seinem Buch „Die Boheme". Sie alle sehnten einen Krieg herbei, der die „überaus satte Friedenswelt", deren Zusammenbruch Thomas Mann 1914 in seinem Aufsatz „Gedanken im Kriege" wünschte, hinwegfegen würde. Viele Intellektuelle vermeinten damals unter Verkennung der wirklichen Ursachen, ein Krieg könne sie aus dem öden bürgerlich-kleinbürgerlichen Alltag, aus beengter, hoffnungsloser Gegenwart befreien. Als sie aber an sich selbst den Krieg in seiner Wirklichkeit erfuhren, merkten sie, daß der „Krieg ihrer Träume mit dem Krieg der Realität" nichts gemein hatte, wie Kreuzer weiter ausführt, und als sie überdies erkannten, „daß die Entfremdung zwischen den Intellektuellen und der (imperialistischen) Gesellschaft objektiv durchaus nicht aufgehoben war (und objektiv nicht aufgehoben werden konnte), revidierten sie ihre kriegerischen August-Positionen" rasch und radikal. Die Namenliste der solchermaßen Getäuschten und Desillusionierten reicht von Hermann Bahr, Ernst Barlach, Alfred Döblin bis zu Gerhart Hauptmann.

Für die Emotionen von 1914 gelten noch immer die „Entschuldigungen", die Heinrich Mann ein Jahr später, in seinem den imperialistischen Krieg geißelnden Zola-Essay formulierte: „Vom tragischen Ehrgeiz bis zu elender Eitelkeit, von der Sucht . . ., besonders zu sein, bis zum panischen Schrecken der Vereinsamung und dem Ekel am Nihilismus: die abtrünnigen Literaten haben viele Entschuldigungen. Sie haben vor allem eine in der ungeheuerlich angewachsenen Entfernung, die, nach so langer Unwirksamkeit, die deutschen Geister vom Volke trennt." Heinrich Manns Zorn richtete sich gegen den allgemeinen Kriegsrausch von 1914, dem sich Autoren wie Richard Dehmel, Alfred Döblin, Max Halbe und Arno Holz nicht zu entziehen vermochten. Er verfluchte den „tragischen Ehrgeiz" und die „elende Eitelkeit" jener bürgerlichen oder anarchistischen Intellektuellen aus Literatur und Journalismus, die den Krieg zunächst glorifizierten. Den Braunschweiger Journalisten Ehm Welk hatte die Welle der Begeisterung und des Nationalismus, die den Ausbruch des Krieges begleitete, indes nicht erfaßt. Obgleich Welk durchaus nicht im Sinne Heinrich Manns kämpferisch gegen den Kriegsrausch Stellung nahm, hatte er von Anbeginn eine instinktive Abneigung gegen das vom Imperialismus und insbesondere vom deutschen Militarismus heraufbeschworene Massenmorden.

Welk versuchte in dieser Situation, unverbindliches Lavieren zu vermeiden. Dabei wollen wir nicht vergessen, daß es ein schwieriges Unterfangen war, als Chefredakteur und Verantwortlicher für Politik, Feuilleton und Depesche des „Braunschweiger Allgemeinen Anzeigers" sowohl vor dem Krieg als auch während des Krieges antichauvinistisch-pazifistisch, sozusagen „ausgleichend", zu wirken.

Im September 1914 wurde Welk gemustert, aber wegen körperlicher Schwäche zunächst zurückgestellt. In diesen Monaten war der kriegsbegeisterten, von den ersten Siegen berauschten bürgerlichen Öffentlichkeit der Tauftag des Erbprinzen von Braunschweig noch ebenso wichtig wie die Schlacht an der Marne. Die Toten von Langemarck, die Sinnlosigkeit ihres Opfers beeinträchtigten nicht die Stimmung auf den Künstler- und Pressefesten, und der Flug eines Zeppelins von Braunschweig nach Hamburg bestätigte einmal mehr die „Unbesiegbarkeit des Deutschen Reiches".

Noch vor Ausbruch des Krieges war das „Belgische Skizzenbuch" erschienen. Daß Welk sich entschloß, die Zeitungsartikel über seine Reise nach Belgien vor dem Krieg nochmals als Buch (in einer Art Selbstverlag) vorzulegen, sprach für seinen geschärften politischen Sinn.

Es war, speziell in diesen Wochen und Monaten, schon ungewöhnlich, daß der Chefredakteur einer bürgerlichen Zeitung kritische Feststellungen über politische und ökonomische Verhältnisse traf und auf gesellschaftliche Widersprüche zu sprechen kam. Diese nicht theoretisch, nur emotional geführte Auseinandersetzung führte Welk weit weg von seinen bisherigen, „allgemein menschlichen" Wertvorstellungen. Es finden sich Ansätze einer Kritik an den Rechtfertigungsideologien der bürgerlichen Klasse: das erbärmliche Leben der Proletarier wird dem Leser als ein Ergebnis kapitalistischer Produktionsverhältnisse vorgeführt. Daß die Ausbeutung des Proletariats eine Folge des Grundwiderspruchs

Mobilmachung im August 1914 in Berlin

zwischen Kapital und Arbeit ist, blieb dem Autor aufgrund seines Lebens- und Bildungsweges freilich verschlossen.

„Unter diesem Dreifarbenbanner Westfalens wollte ich einmal mein Brot essen", sagte ich und blickte auf den schönen Braten, den der Kellner eben brachte, „ich freue mich, daß ich in Braunschweig sitze, wo man in wunderreiner Luft über Spargelfelder schreiten und von Leberwurst träumen kann." – „Jedes Land hat seine Schönheiten", sagte die Gefährtin meiner Lebensferienreise, „es kommt nur auf die Umstände an, unter denen wir sie sehen. Sind die rauchenden Feuer der gewaltigen Essen nicht auch weithinscheinende Zeichen menschlicher Kunst und Intelligenz? Geben sie neben ihrem praktischen Zweck nicht auch dem Auge einen Genuß, abends zumal? Es sind eben die Wachtfeuer des technischen Jahrhunderts." – „Kultur-Fanale klingt noch besser", höhnte der andere, „so hat sie nämlich ein Kruppscher Panegyrikus genannt!" – „Goldbacköfen sind's, sagte ich, „und hier wie immer essen die Bäcker das wenigste Brot von dem, das sie backen, aber ihr Gewerbe ernährt sie." – „Wenn dem so wäre", warf der andere wieder ein, „aber der Vergleich hinkt. In den Gruben erzählen sie, die Bergwerke wären die Pfeifen des Teufels, aus denen die Reichen das gedörrte Mark der Armen rauchen. Ich sage es etwas feiner: Scheiterhaufen sind's, auf denen ein gewaltiger Teil der geistigen, seelischen und körperlichen Güter eines Volkes dem Götzen Kapitalismus geopfert wird." – „Sie sind Sozialdemokrat?" fragte meine Frau. „Nein, gnädige Frau", sagte er, „nur ein Mensch."

Schon wollte ich mit irgendeinem Scherzwort die etwas betretene Stimmung wandeln, da sah ich durch ein Loch in dem Regensack ein kleines Gehöft, schwarz von Ruß, und ein paar Bäume, deren Blätter saftlos an entkräfteten Zweigen hingen. Dann kamen endlose, trostlose Häuserzellen irgendeiner Arbeiterkolonie, und die muteten mich an wie des großen Goethe gepriesener Wilhelm Meister. Nur, daß in den Häuserzellen wirkliches, wenn auch winzigeres Leben kroch, das man in den meisten Kapiteln des „Wilhelm Meister" vergeblich sucht. Einige Kinder waren es, mit noch winzigerem Leben auf den Armen. „Da sehen Sie hin", sagte der andere, „da wachsen die Menschen auf, die in der nächsten Generation von Geist und Seele als von Märchen denken werden. Wenn sie wenigstens noch körperliche Kräfte hätten, dann brauchte man nicht zu verzweifeln, daß sie das andere sich erobern würden. Aber so!"

Unschwer ist der kritisch-distanzierte Blick auszumachen, mit dem der Autor die imperialistische Gesellschaftspolitik betrachtete. Die entlarvende Abfuhr von verräterischen Begriffen und Bildern aus verbrämenden bürgerlichen Standardideologien wie *jedes Land hat seine Schönheiten,* die *Wachtfeuer des technischen Jahrhunderts* oder die bombastische Floskel vom *Kultur-Fanal* sprechen da eine deutliche Sprache.

Die Empörung über das „trostlose, winzige Leben" der Armen ist echt. In den von Welk psychologisch gewendeten Attributen erkennen wir deutlich seinen Argwohn, sein Mißtrauen. Schärfer als hierin kann seine damalige vorsichtig-oppositionelle Haltung, der wir in weiten Passagen des „Belgischen Skizzenbuches" begegnen, kaum sichtbar werden. Zum Vorschein kommt ein moralisches Gefühl, das streckenweise unverblümt transparent macht, wie die bestehende Gesellschaft die freie Entwicklung des Menschen verhindert. Zugleich beschreibt Welk die Methoden, mit denen die Arbeiterklasse gefügig gemacht werden soll, und eine Ahnung von der gesellschaftlichen Rolle der „Arbeiteraristokratie" nach Kruppschem Maß überkommt ihn. Um ermessen zu können, wie bedeutsam dies war, muß man daran denken, daß in den Monaten vor dem ersten Weltkrieg chauvinistische und militaristische Presseerzeugnisse und Bücher Deutschland überfluteten. Die Mehrheit der Journalisten und Schriftsteller unterstützte eine reaktionäre Politik. Sie stützten mit dem Wort die politische Herrschaft des deutschen Imperialismus, und sie versuchten die Arbeiterklasse über die wahren Absichten von Militarismus und Imperialismus zu täuschen.

Die deutsche Linke führte mit ihrer publizistischen und journalistischen Arbeit – man muß hier vor allem die „Leipziger Volkszeitung" nennen, die unter Franz Mehrings Chefredaktion in den Jahren 1902 bis 1907 zur Tribüne der sozialistischen Revolutionäre wurde – einen heroischen Kampf gegen den preußisch-deutschen Militarismus und die imperialistische Expansionspolitik. Auch die kritisch-realistische Literatur erlebte in den Jahren von 1912 bis 1914 einen großen Aufschwung. Dennoch konnte diese progressive Entwicklung nicht den ersten großen Krieg des 20. Jahrhunderts verhindern. Die Arbeiterklasse, friedenswillig und bereit zu internationaler Solidarität, wurde in Deutschland von den sozialdemokratischen Führern im Stich gelassen. Obgleich Welks „Belgisches Skizzenbuch" gewiß nicht zu den großen Leistungen antimilitaristischer Propaganda zu rechnen ist und schon gar nicht mit den kämpferischen Bemühungen der linken Sozialdemokraten verglichen werden kann, unterscheidet es sich wohltuend von den nationalistischen Publikationen dieser Jahre. Welk war nationaler Rausch fremd. Die historische Wahrheit, daß der „Hauptfeind des deutschen Volkes im eigenen Land steht", hatte auch er freilich nicht erkannt.

Lesenswert sind heute noch seine Schilderungen geographischer Gegebenheiten und die Beschreibungen der Lebensgewohnheiten im Nachbarland, die historischen, kulturgeschichtlichen und literarischen Exkurse, die Porträts der Städte Antwerpen, Brügge, Brüssel, Löwen und Lüttich. Kommt aber das Reporter-Ich als tolerant-gutwilliger Deutscher zu Wort, der sich im Ausland dennoch mißverstanden und gekränkt fühlt, der es nicht erträgt, wenn sein rechtschaffenes Nationalgefühl von „Pariser Witziers" bespöttelt wird, dann zeigen sich die Grenzen seines lobenswerten Versuchs, die sozialen und politischen Widersprüche der Zeit aufzudecken. Wo kritische Distanz und selbstkritische Prüfung hätten durchgehalten werden müssen, da schränkt nationales Pathos die Objektivität des Dargestellten ein, hebt sie auf oder verkehrt sie gar ins Gegenteil: Aus dem gedanklich wohlgeordneten Text, der zwar erzählerische Mittel kennt, sich aber vor allem als Reisebericht versteht, wird dann mitunter eine ziemlich triviale Rechtfertigung „deutschen Geistes".

Etwas ratlos und verlegen ist der Reporter über das Treiben und Tun seiner *Volksgenossen,* deren *wüster Lärm auf die Hauptstraßen dringt* und die, *eine ganze Korona in langer Reihe,* wieder und wieder „Die Wacht am Rhein" und „Deutschland, Deutschland über alles" singen ... Welks Suchen nach einer Erklärung mündet in dem verwirrenden Satz: *Sie können die Deutschen draußen nicht leiden, überall nicht. Möglich, daß es daher kommt, weil sie die Tüchtigkeit und Gründlichkeit fürchten.* Solche Entgleisungen sind arg, aber sie sind insofern zeittypisch, als sie dem Horizont der nationalistisch erzogenen deutschen Kleinbürger entsprachen, und dieser Ideologie entrichtete auch Welk seinen Tribut. Doch selbst solche „Ausrutscher", selbst die Tatsache, daß die Kapitalismuskritik romantische Züge trägt und sich seine Kritik nicht so sehr gegen das Wesen der inhumanen Gesellschaftsordnung richtet, als vielmehr ihre Erscheinungsformen trifft – all das kann die Redlichkeit des Belgien-Reports und das humane Anliegen des Autors nicht in Frage stellen.

Die Texte weisen einen Verfasser aus, der neben journalistischen Fähigkeiten auch literaturkünstlerische Anlagen zu erkennen gibt. Wie in späteren Büchern Ehm Welks finden sich hier essayistische Einsprengsel, programmatische kulturkritische Passagen, räsonierende oder aufmunternde Auslassungen über Menschen und Tiere, über Leben und Lernen; der einfache, aber eindringliche Stil ist lebendig, geistreich, geschmeidig. Die Sprache ist einfach, plastisch und kompakt, sie ist ironisch-aggressiv: wenn sich das Auge der *rauchenden Feuer* erfreuen soll, läßt der Autor keinen Zweifel daran, daß er dieses Feuer als makabres Symbol unmenschlicher Verhältnisse begreift. Die ganze Problematik seines Welt- und Gesellschaftsverständnisses kulminiert in der folgenden Randepisode: *„Sie sind Sozialdemokrat?"* läßt er fragen. *„Nein"*, lautet die Antwort, *„nur ein Mensch."* Die kritische Zeitbezogenheit weicht also einem utopischen Menschheitsbild, das auch, wenngleich modifiziert, Welks Weltanschauung in den kommenden Jahrzehnten bestimmen wird.

Die individuelle Zeichnung der Figuren und die Anlage der Kapitel weisen bereits auf epische Elemente und Techniken hin, die, in zwar unentwickelter Form, erzählerische Begabung verraten. Situationen und Handlungen werden beschrieben und mit Reflexionen durchsetzt: *Wenn jemand keine Zeit hat, das Leben und die Welt zu bereisen, gehe er auf ein paar Tage in eine große Hafenstadt. Auf engem Raum findet er dort alle Kräfte am Werk, die die Welt bewegen; findet die Produkte dieser Bewegung, wie sie nebeneinander stehen, hart und widerstrebend, und wie sie doch sich verweben zu einem brausenden Akkord: Leben! In viele Häfen habe ich im Laufe der Jahre meinen Kahn einlaufen lassen, habe ihn am Kai festgebunden und bin hungrig und durstig an Land gestiegen – nie noch bin ich so verdrossen meiner Unfreiheit weitergesegelt als an dem Tage, an dem ich Antwerpen verließ.*

Die Natur bietet dem Autor Gelegenheit zu allerlei Betrachtungen, und Erinnerungen an die Kindheit stellen sich ein, es gelingt Welk, mit wenigen Strichen Menschen und Gegenstände abzubilden: der freundliche Reisende spricht von Westflandern als von einem *versunkenen Landstrich in stiller, schwermütiger Schönheit,* Ypern schildert er als eine Stadt, die einzigartige Eindrücke vermittelt, die flandrische Ebene ist für ihn eine mit allen Vorzügen ausgestattete Landschaft. Und es ist typisch für Welk, daß hier – in Erinnerung an das eigene Kindheitsparadies – gleichsam Wunderbares in die Wirklichkeit tritt. Orplid scheint gegenwärtig zu sein, wenn er über Brügge spricht. Diese Stadt wird zur Wirklichkeit eines Traumes *von der fernen Märchenstadt.* Der Traum ist kurz, unwirklich. Als das „Belgische Skizzenbuch" gedruckt vorlag, dauerte es nur noch wenige Monate, bis der erste barbarische Krieg dieses Jahrhunderts die ferne Märchenstadt entzaubert und die still-schwermütige Schönheit des Landes zerstört hatte.

Erst im Sommer 1915 wurde Ehm Welk bei einer Nachmusterung kriegsverwendungsfähig geschrieben. So blieb noch ein Jahr, den Krieg aus der Heimat zu verfolgen. Ihm hatten wenige Monate genügt, um zu erkennen, daß Deutschland den angeblich aus nationalen Interessen geführten Krieg nicht gewinnen würde. Selbst Deutschlands militärische Anfangserfolge irritierten ihn nicht. In den von August 1914 bis Sommer 1915 gedruckten Aufsätzen und Leitartikeln des Journalisten Ehm Welk finden sich die für ihn charakteristischen gedanklichen Momente: pazifistische Sympathie und Solidaritätsbekundungen, soziales Mitgefühl und humanitäre Sozialkritik. Viele Widersprüche in Welks Entwicklung lassen sich aus einer verabsolutierenden Betonung des Ethischen, das er bisweilen scharf dem Politischen gegenüberstellt, erklären. Auch der Welk dieser Jahre betrachtet den Krieg unter einem moralischen (zuweilen auch moralisierenden) Blickwinkel. Wenn daraus auch seine Ablehnung des Imperialismus resultiert, so bleibt doch festzustellen, daß er dessen ökonomisch-politisches Wesen nicht durchschaute. Diese ethisch motivierte antiimperialistische Haltung verfestigte sich in diesen Jahren: Die Welt war zwar ungerecht eingerichtet, und ihre Güter und Schätze waren einseitig verteilt, aber sie war für Ehm Welk nicht die „gräßliche Welt", von der Thomas Mann in seinem Aufsatz „Gedanken im Kriege" von Ende 1914 gesprochen hatte.

Inzwischen, wir schreiben das Jahr 1915, war der patriotische Himmel ganz entgöttert und „alle Rauschromantik zerfleddert". In den literarischen Zeitschriften der Zeit sprachen sich deutsche Schriftsteller, Künstler und Journalisten gegen den Krieg aus: Johannes R. Becher, Lion Feuchtwanger, Leonhard Frank, Oskar Maria Graf, George Grosz, Hermann Hesse, Rudolf Leonhard, Heinrich Mann und andere in dem von Wilhelm Herzog herausgegebenen „Forum", in der von Franz Pfemfert redigierten „Aktion" und in den im Schweizer Exil herausgegebenen und von René Schickele betreuten „Weißen Blättern". Ehm Welk benutzte dazu „seine" Zeitung, den „Braunschweiger Allgemeinen Anzeiger". Wie er vorging, listig und trickreich, zeigt die politisch-satirische Skizze „Hungergespenster oder gegen die Jammerapostel und Schwarzseher" vom März 1915. Unteroffizier Hermann S., eine vom Autor erdachte Figur, „schreibt" dem Chefredakteur Welk. *Mit steigendem Unbehagen lesen wir hier draußen in den heimatlichen Zeitungen, daß unser Volk vor einer Hungersnot steht, wenn nicht ganz strenge Maßnahmen ergriffen werden ... Da haben wir einen Kameraden gefragt, einen Doktor, der das Gebiet studiert hat, und der hat uns gesagt, es wäre eine Schande, daß das Volk so furchtbar in Angst gejagt wird von allen möglichen Leuten. Die Regierung habe nicht schuld, denn diese mahne nur zur Sparsamkeit, aber Leute, die nichts zu tun haben in dieser schweren Zeit, beunruhigen uns und unsere Angehörigen. Sehr oft haben wir uns über diese Sachen unterhalten, und die meisten Kameraden machen sich Sorgen um ihre Lieben, die so schweren Gefahren ausgesetzt sind ... Kann denn die Polizei dergleichen Unfug nicht verbieten? Es war uns egal, wann der Krieg zu Ende geht, nur siegreich muß er sein. Bei solchem Gelärme aber denkt man, wenn nur bald Frieden käme.*

Die Antwort: *Ihr Brief hat ein großes öffentliches Interesse, und darum sei er auch öffentlich beantwortet. Zunächst: die Ernährung des deutschen Volkes ist sichergestellt. Die zwei Millionen Tonnen Weizen, die uns am Brotgetreide fehlen und die wir bisher vom Auslande einführten, holen wir auf durch die ... Verminderung der Branntwein- und Bierproduktion ... Das muß sein, denn wir wissen nicht, wie lange der Krieg noch dauern wird, wissen nicht, wie die nächste Ernte ausfallen wird. Das aber wissen wir: das Gespenst des Hungers wird das deutsche Volk nicht bedrohen! Wer etwas anderes sagt und andeutet, verübt Unfug, sollte gebrandmarkt und unschädlich gemacht werden ...*

An Gesetzen läßt sich nicht drehen und nicht deuteln. An Ratschlägen aber um so mehr. Und so sehen wir denn nun, wie jede Behörde zu den Ratschlägen der Regierung noch weitere Ratschläge gibt und wie jeder Privatmensch dazu noch wieder welche legt. Alles aber geht auf Kosten der ärmeren Bevölkerung. Da werden Kriegsvorträge gehalten und Kochkurse angesetzt, daß man nicht weiß, soll man lachen oder böse sein. Männer, die hohe Gehälter und Pensionen haben, Damen, die nie einem Haushalt vorstanden, geben Ermahnungen, wie die Arbeiterfrau leben müsse, um auszukommen. Diese Vorträge und Kurse sind meist Beleidigungen der Arbeiterfrau, denn diese weiß genau, sehr ge-

nau, wie sie jeden Rest zu verwenden hat, um das Leben zu fristen ... Sieht man denn nicht den Unfug, der darin liegt? Was not tut, sind Vorträge für Hausfrauen der besseren Stände ... Es ist so viel Herzeleid im deutschen Volke, daß es ein Verbrechen ist, ohne Grund es ins Ungemessene zu steigern ...

So, Herr Unteroffizier ..., die Beruhigung dürfen Sie haben: Das deutsche Volk wird nicht hungern! Und nun: Heil und Sieg! Ihr E. W.

Die Aktion veränderte die Perspektiven. Gegenstand der Kritik ist hier nicht die Obrigkeitsbürokratie, sondern die Verhaltensweise der herrschenden, parasitären Schichten. Welk entlarvt diejenigen, die öffentlich Wasser predigen und heimlich Wein trinken. Die Antwort auf diesen fingierten Brief aus dem Felde weist darauf hin, daß Welk auf konkrete politische Situationen einzugehen verstand, sie läßt vermuten, daß er künftig noch wirkungsvoller seine Ansichten vortragen wird. Betrachtet man seine journalistisch-literarische Arbeit in dem Jahrzehnt zwischen 1913 und 1923, so bestätigt sich das. In der Folgezeit lernte er politische und historische Sachverhalte zu analysieren, er griff beispielhaft einige der ihm symptomatisch erscheinenden gesellschaftlichen Tendenzen heraus, er demonstrierte in dieser Phase eine an der „Sache selbst" orientierte Haltung. Die tiefgreifenden Veränderungen während des ersten Weltkrieges, die offenkundigen Widersprüche und Konflikte des imperialistisch gewordenen Kapitalismus beschleunigten bei Welk die Herausbildung eines antibürgerlichen, antikapitalistischen Bewußtseins. Er opponierte gegen den militaristischen Obrigkeitsstaat und begehrte gegen den Absolutheitsanspruch bürgerlicher Kultur auf. Doch damit war auch die Grenze erreicht: auf die Frage, wie „das menschliche Ideal des Reiches der Freiheit" denn nun verwirklicht werden könne, hätte Welk damals nicht geantwortet, daß es dazu der revolutionären Aktion, der Entwicklung des proletarischen Klassenbewußtseins und der Herausbildung einer revolutionären Partei bedürfe.

Nicht die Gefahr drückt den Menschen nieder, sondern das Empfinden der eigenen Ohnmacht. Am 16. Dezember 1915 wurde Ehm Welk zu einer Infanterie-Division einberufen, die dem militärischen Kommando des Balkan-Feldzuges unterstellt war. Als Sanitätshundeführer tat er Dienst. Ein Glücksumstand auch hier: der Soldat Welk mußte die Waffe niemals gegen den verordneten Feind richten. Dennoch erlebt auch er von nun an den Krieg in seiner abstrusen Sinnlosigkeit und im schmerzdurchdrungenen Empfinden eigener Ohnmacht. Am 25. Dezember schickt er Otto Hofmeister ein Gedicht, das wie folgt lautet: *Wenn dereinst nach den letzten Schüssen / gottsgnädig sich wieder die Könige küssen – / wenn die Männer der Kirche und Presse / voll wieder nehmen die große Fresse – / wenn der Frauen und Kinder Gejammer / hinter dem Hauswirt zieht aus der Kammer – / wenn die Gerichtsherrn und Oberlehrer / nicht mehr als deutschen Landes Mehrer / am Kirchenportal und am Stammtisch prahlen, / sondern dreifache Steuern zahlen – / wenn die Männer, die ehemals Helden, / als Krüppel umsonst sich nach Arbeit melden – / wenn auf den Gräbern im Westen und Osten / morschen die Kreuze und Steine und Pfosten – / Freunde, dann rufen wir tief aus der Erde: / Einmal noch Krieg, damit Frieden werde! / Einmal noch Krieg, ein Krieg dem Kriege! / Ein Krieg dem Wahnsinn, ein Krieg der Lüge! / Männer der Arbeit, vorwärts, zum Siege!*

Dieser „Feldpostbrief", so nannte Welk sein Gedicht, ist fraglos ein Appell an die Menschlichkeit. Was sich im „Belgischen Skizzenbuch" ankündigte, gewinnt hier Gestalt, es wird endgültig und unwiderruflich mit dem preußisch-deutschen Nationalismus gebrochen. Die Aufgabe heißt: Krieg dem Kriege.

Aber die Desillusionierung hatte ihren tiefsten Punkt noch nicht erreicht. Die trostlose mazedonische Steinwüste, *die Lautlosigkeit dieser leblosen Natur, die nur aus Geröll, Steinen und dem kalten Totenlicht des Mondes bestand,* brachte Welk an den Rand völliger Erschöpfung. Niemals wieder wird er das Leben so schützenswert und zugleich leicht zerstörbar vor sich sehen, die Verletzbarkeit und die Kraft des

Menschen empfinden wie in den sechs Monaten an der mazedonischen Front. Im Juli 1916 erkrankte er schwer, und es sah so aus, als hätte er nur noch wenige Wochen zu leben. Nur mit Hilfe von Krücken konnte sich der einunddreißigjährige Welk, der noch ganze 108 Pfund wog, fortbewegen. Für den Stabsarzt in Bad Saarow war das Zusammenwirken

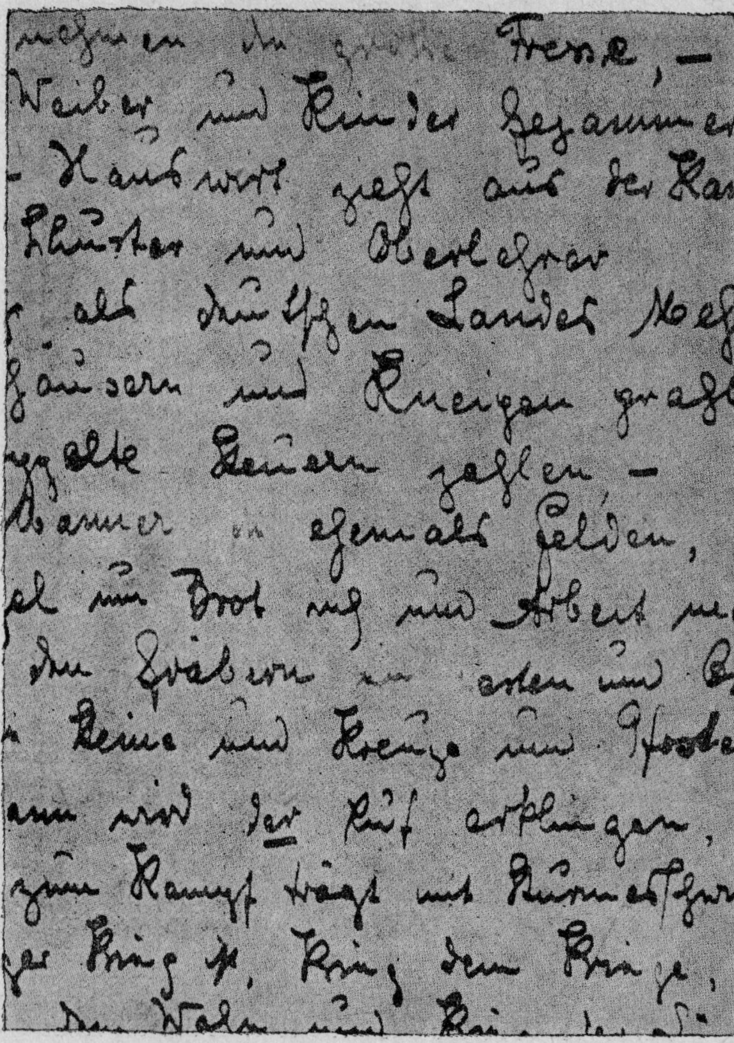

von Malaria und Muskelschwund, einer nicht ausgeheilten Nierenentzündung und tiefer Depression ein zwar medizinisch interessanter, aber menschlich hoffnungsloser Fall. Am 29. Juli 1917 wurde Welk aus der Armee entlassen. Er ging zurück in das Land seiner Kindheit, nach Biesenbrow im Bruch hinterm Berge. Was den Ärzten nicht gelang, Elternhaus und Heimat ließen ihn wieder gesund werden.

Bereits an der Front hatte der Soldat mit der ersten Niederschrift von Erzählungen begonnen. („Grand oder Das große Spiel"; „Der rote Feigenbaum"; „Der Vogel"; „Von Menschen, die Disteln, Rosen und Erbsen redeten"; „Winkelried, ein Erfinder, ein Gelehrter, ein Dichter"; „Der verlorene Sohn" und der „Tanz auf den Gräbern"), in Bad Saarow und zum Teil in Biesenbrow wurde das Begonnene vollendet.

Diese Prosa der Jahre 1916 und 1917 reflektiert die Unbilden seines damaligen Lebens, die hautnahe Berührung mit dem alltäglichen Sterben. Die Geschichten weisen bemerkenswerte Charakteristika auf. Von der Ungerechtigkeit auf dieser Erde wird erzählt, über die Qual zu leben meditiert, über das unverschuldete Unglück des einzelnen, die Irreführung des Menschen. Und Gott, der seine Sache seit ewigen Zeiten so schlecht macht, wird an den Pranger gestellt. Der Mensch muß sich befreien, von Königen und Göttern. Und so heißt die Botschaft: Hoffnung ohne Verblendung, Mut ohne Fanatismus, Güte ohne Nachsicht.

Welk hat diesen Erzählungen den Rang von Antikriegsgeschichten zugesprochen. Sie sind es auch. In allen Geschichten – „Von den Menschen, die Disteln, Rosen und Erbsen redeten" ist eine Ausnahme – wird mit provokanter Attitüde nach dem Sinn dieses Krieges gefragt, nach dem „Warum". Bilder und Visionen, Träume und Eingebungen warnen vor dem Inferno, der absurden und chaotischen Welt des industrialisierten Massenmordes.

In der wichtigsten Erzählung, „Grand oder Das große Spiel", wird das Geschehen als Skatspiel allegorisch stilisiert. Die Menschen sind einem „Schicksal" ausgeliefert, vor dem sie nicht einmal die *unfehlbare Gerechtigkeit* Gottes bewahren kann. Der Verfall der bürgerlichen Gesellschaft findet seine symbolische Entsprechung in dem langen Marsch der Toten und Verstümmelten, in der letzten Entblößung der noch Lebenden, in der totalen Vernichtung allen Lebens:

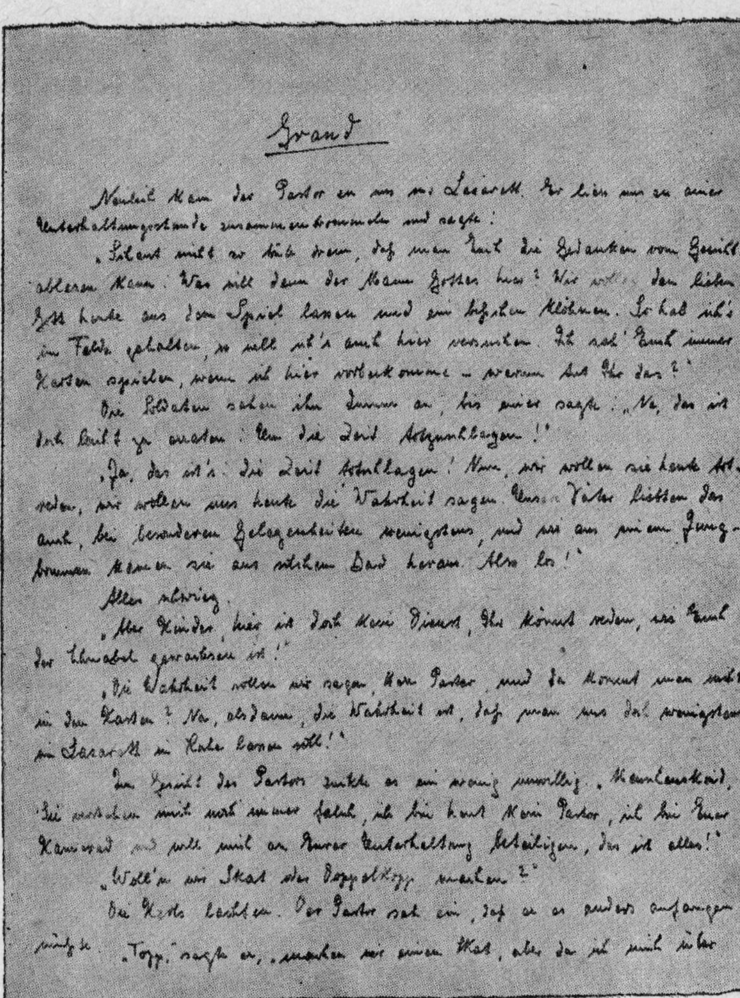

Grand

Neulich kam der Pastor zu uns ins Lazarett. Er ließ uns zu einer Unterhaltungsstunde zusammentrommeln und sagte:

„[illegible], daß man auch die Gedanken vom Gewühl ablenken kann. Was will denn der Mann Gottes hier? Wir wollen den lieben Gott heute aus dem Spiel lassen und ein bißchen klönen. So hab ich's im Felde gehalten, so will ich's auch hier versuchen. Ich seh' Euch immer Karten spielen, wenn ich hier vorbeikomme – warum tut Ihr das?"

Die Soldaten sahen ihn dumm an, bis einer sagte: „Na, das ist doch leicht zu erraten: Um die Zeit totzuschlagen!"

„Ja, das ist's: die Zeit totschlagen! Nun, wir wollen sie heute totreden, wir wollen uns heute die Wahrheit sagen. Unsre Väter liebten das auch, bei besonderen Gelegenheiten wenigstens, und wie aus einem Jungbrunnen kamen sie aus solchem Bad heraus. Also los!"

Alles schwieg.

„Aber Kinder, hier ist doch kein Dienst, Ihr könnt reden, wie Euch der Schnabel gewachsen ist!"

„Die Wahrheit sollen wir sagen, Herr Pastor, und da kommt man nicht in den Kasten? Na, also dann, die Wahrheit ist, daß man uns doch wenigstens im Lazarett in Ruhe lassen soll!"

Im Gesicht des Pastors zuckte es ein wenig unwillig. „Kameradschaft, Sie verstehen mich noch immer falsch, ich bin heut kein Pastor, ich bin Euer Kamerad und will mich an Eurer Unterhaltung beteiligen, das ist alles!"

„Woll'n wir Skat oder Doppelkopp machen?"

Die Kerls lachten. Der Pastor sah ein, daß er es anders anfangen müßte. „Topp", sagte er, „machen wir einen Skat, aber da ich mich über

„Grand", Handschrift aus dem Jahre 1922,
erste Niederschrift Bad Saarow, August 1916

Folterung und Gekreuzigtwerden in einem: *Die Sonne verdunkelte ihren Schein, die Sterne hielten inne auf ihrer Bahn, und der kreisende Erdball stand still: dies war der Augenblick, in dem sich seit vielen, vielen Tausend Jahren das Schicksal der Menschheit zum ersten Male entschleiern, wo es sich erfüllen mußte!*

Die abstrakte Friedenssehnsucht vergegenständlicht sich erzählerisch in einem apokalyptischen Geschehen. Aber noch rückt das Bild vom Frieden in weite Ferne, wenn in der geschilderten Wirklichkeit Soldaten in der untergehenden Sonne rückwärts schreitend *ihre blutigen Eingeweide hinter sich her* schleppen, wenn Greise, Frauen und Kinder die Welt mit Augen sehen, *in denen bittere Klage, tiefer Haß oder greller Wahnsinn wohnten.* Bilder von großer Eindringlichkeit. Assoziierende Funktion haben Begriffe aus dem christlichen Vokabular: *Mit Gott für König und Vaterland – Du sollst nicht töten – Liebet eure Feinde – Lasset die Kindlein zu mir kommen.* Das sprachlich und psychologisch interessante Bild vom *uniformierten Christus* schließlich zeigt, daß Welk auch Gott (sprich: die Kirche) nicht aus der Verantwortung entlassen wollte.

Auch die Geschichte vom „Roten Feigenbaum" wurde in Bad Saarow geschrieben. In ihr wird die Opposition gegen den Krieg am deutlichsten. Welk empfand die Leiden des Krieges so sehr persönlich, daß neben gültigen Erkenntnissen unvollkommene Einsichten nur zu verständlich sind: Auf der einen Seite wird den Voraussetzungen für die Verhinderung von Kriegen nachgespürt, im nächsten Moment freilich glaubt er entmutigt, daß alle Bemühungen, die Menschheit zu retten, das Menschliche zu verwirklichen, sinnlos seien. In solchen Momenten treibt die Kriegswirklichkeit den Schmerz auf die Spitze. Hoffnungslosigkeit und Resignation klingen an, wenn die Frage nach den Ursachen und der Möglichkeit der Verhinderung von Kriegen gestellt wird. Das Gespräch der drei Soldaten (man geht nicht fehl, wenn man den Redakteur eines *kleinen liberalen Blattes* mit Welk identifiziert) in der Erzählung „Der rote Feigenbaum" kreist um das Problem von Schicksal, Schuld und Sühne.

Anscheinend hatte Welk zunächst nichts anderes im Sinn als eine persönliche Bilanz. Die handschriftliche Widmung für Agathe Hofmeister, Weihnachten 1922, unterstreicht dies: *Meine vielliebe Freundin, der rote Feigenbaum ist so, wie Du ihn hier siehst, nicht eigentlich ein Baum, ist nur ein Bündel Zweige jenes Baumes, den ich 1916 aus meinem Hausgarten in den üppig grünenden Eichen-, Lorbeer- und Trauerweiden-Hain des deutschen Schrifttums verpflanzen wollte. Ich habe es nicht getan, weil ich zu bequem und zu feige war. Nach dem Kriege haben ihrer so viele auf ihre Eichen- und Lorbeerbäume rote Feigenreiser gepfropft, da konnte ich schon gar nicht mit ihm hervorkommen ... Ein* Übermaß an Zurückhaltung, das uns heute nicht recht eingehen will. Mit den „Antikriegsgeschichten" nach 1918 nicht *hervorkommen* zu wollen ist eine Haltung, die mit dem Anliegen Welks schwer in Einklang zu bringen ist. Welks Gründe? Eine logische Erklärung läßt sich nicht anführen. Seine eigene romantisch-stimmungshafte Erklärung, so viele schon hätten *auf ihre Eichen- und Lorbeerbäume rote Feigenreiser gepfroft,* trifft gewiß auch nicht den wahren Sachverhalt.

Es bleibt zu bedauern, daß Welks literarischer Versuch einer Bewältigung des Kriegsgeschehens damals nicht gedruckt wurde. Denn vehement polemisierte er in der Erzählung „Der rote Feigenbaum" gegen die sogenannte „Ethik der Tat". Diese geht später in die faschistische Ideologie ein, und in ihrem Namen werden schandbare Verbrechen gegen die Menschlichkeit verübt. Welk läßt keinen Zweifel daran, daß er mit der eindringlichen Verneinung des Kriegs als Tat der Taten die menschenvernichtende Gewaltanwendung schlechthin meint, zum Beispiel, wenn er im „Feigenbaum" parabolisch das Schicksal des jüdischen Propheten Gabirol erzählt, der die Gewaltlosigkeit predigt, aber an der Gewalt zugrunde geht. Die imperative Form, mit der Welk die *Welt der liebenden Vernunft* herbeiwünscht, ist, wenngleich utopisch, so doch einer der Grundsätze seines humanen Anliegens. Von ihr erhielt er jene Impulse, die bestimmend waren für die Niederschrift der Antikriegsgeschichten.

Es kann heute nicht mit Bestimmtheit gesagt werden, ob Ehm Welk die Gedichte, Dramen und Novellen der Kriegsgegner der „Aktion" kannte oder die Appelle Sternheims und Heinrich Manns, Hasenclevers oder Werfels in René Schickeles pazifistischen „Weißen Blättern". Insofern muß die Frage nach literarischen Vorbildern und speziellen Einflüssen weitgehend unbeantwortet bleiben. Dennoch artikuliert sich in Welks Antikriegsgeschichten ein ganz ähnliches Lebensgefühl. Eine besonders auffällige Verwandtschaft besteht fraglos zu Leonhard Frank. Es ist anzunehmen, daß der Chefredakteur einer nicht ganz unbedeutenden Braunschweiger Zeitung die damals aufsehenerregende Novellensammlung „Der Mensch ist gut" kannte. Vielleicht war die Darstellung des endlosen Zuges der gemarterten und verstümmelten Menschen in der Novelle „Kriegskrüppel". eine zusätzliche Anregung für „Grand oder Das große Spiel". Die innere Übereinstimmung ist gewiß augenfällig. Beide Texte bedienen sich einer ähnlichen poetisch-symbolischen Überhöhung, beide Geschichten erschüttern durch ihre geradezu schmerzhafte Unmittelbarkeit. Welk, der das Schreckliche des Krieges hinter sich lassen, der wieder gesunden, der sich messen will mit der Welt, machte in jenen Jahren Leonhard Franks Buchtitel zu seinem eigenen Programm. Es ist zu fragen, woher Welk seinen Glauben an das Gute im Menschen nahm, was ihm die Kraft gab, daran festzuhalten, daß der Mensch von Natur aus nicht mörderisch veranlagt sei, keine Bestia humana. Weder die enervierenden Fronterlebnisse noch die militaristische Konterrevolution Anfang der zwanziger Jahre, weder die amerikanischen Realitäten noch die chaotische Weimarer Republik, keine Weltwirtschaftskrise und nicht das Aufkommen des Faschismus vermochten daran etwas zu ändern. Welks seismographisches Gefühl für Ungerechtigkeiten, Unterdrückungen und Demütigungen, seine Fähigkeit, sich in den anderen hineinzudenken, lassen ihn ein Leben lang immer an der Seite des „einfachen Mannes" stehen, auch wenn er diesen lange Zeit mehr als geschundene Kreatur denn als Streiter für eine gerechte politische und soziale Ordnung gesehen hat.

Obwohl sein Blick für die soziale Wirklichkeit geschärft war, rief Welk nicht dazu auf, die sozialökonomische Basis zu verändern, das imperialistische System zu beseitigen. Mit um so mehr Nachdruck wandte er sich an den einzelnen, versuchte dessen Gewissen zu mobilisieren, Verantwortungsbewußtsein zu aktivieren: Schnöde Gewinnsucht und egoistisches Machtstreben werden verurteilt. Das Gute soll aufstehen gegen das Schlechte. Wenn der einzelne sich ändert, dann wird die Gesellschaft als Summe der einzelnen sich ändern. Das ist Welks Botschaft in diesen Jahren, und wiewohl sie zweifellos humanistisch ist, zeigt sie doch wiederum, daß der Autor mögliche politische Einsichten ethischen Postulaten opfert. Es ist dies eine Art säkularisiertes christliches Erbteil, das der „Heide" Welk über die Jahrzehnte bewahrt.

Ehm Welk hatte als Kind die Fähigkeit zum Lieben und zur Nächstenliebe über die Liebe zu den Eltern, zur Natur und zu den Tieren erworben. Elternhaus, Kindheit und Jugend als Quelle der Kraft und Zuversicht. Doch die Grenzen sind damit wiederum gegeben. „Wenn der Mensch von den Umständen gebildet wird, so muß man die Umstände menschlich bilden", heißt es in der 1845 erschienenen „Heiligen Familie" von Karl Marx und Friedrich Engels. „Wenn der Mensch von Natur gesellschaftlich ist, so entwickelt er seine wahre Natur erst in der Gesellschaft, und man muß die Macht seiner Natur nicht an der Macht des einzelnen Individuums, sondern an der Macht der Gesellschaft messen." Solche Erkenntnisse, die ein tätiges Mitwirken an der revolutionären Veränderung der sozialökonomischen Verhältnisse nach sich gezogen hätten, blieben Welk lange Zeit versperrt. Er war damals keineswegs von der welthistorischen Rolle des Proletariats überzeugt, es fehlte ihm auch die Erkenntnis, daß diese Klasse in Ketten sich nur durch eine Revolution befreien könne. Weder erfüllte ihn die revolutionäre Ungeduld mancher linker Expressionisten, die meinten, die „neue Welt" könnte durch ein großes Ereignis wie Phönix aus der Asche hervorgehen, noch glaubte er an die Möglichkeit, daß die Humanisierung der Gesellschaft allein durch den Kampf des Proletariats unter Führung einer revolutionären

Partei erreichbar sei. Welk sah eine Möglichkeit des Fortschritts in evolutionären Veränderungen.

Mit der Flucht Wilhelms II. nach Holland in der Nacht vom 9. zum 10. November 1918 hatte die Monarchie abgedankt. Ein Krieg wurde beendet, der allein Deutschland fast zwei Millionen Kriegstote gekostet hatte. Die feudale, großgrundbesitzende Aristokratie, Industrielle und Militärs bangten einen langen, historisch unwiederholbaren Augenblick um ihre Existenz, um ihre Zukunft. Sehr zu Unrecht, wie sich zeigen wird. Denn von den Führern der deutschen Sozialdemokratie hatten sie nichts zu befürchten. Diese übernahmen die Macht, ohne die Basis zu verändern, so daß die Überleitung der bürgerlich-demokratischen Revolution in die sozialistische nicht gelang. Die Sozialdemokratie entschied sich, bündig gesagt, für das Alte, gegen das sozialistische Neue. Für die alte Armee der Untertanen, gegen die neue Klasse der revolutionären Arbeiter. Die Erkenntnis vom Möglichen und Notwendigen muß winzig klein gewesen sein. Was kommen wird in den folgenden Jahren, hier liegt der Anfang. 1933 begann schon 1918.

Wir wissen nicht, wie sich Ehm Welk, bei Kriegsschluß wieder Chefredakteur beim „Allgemeinen Anzeiger" in Braunschweig, zu einer siegreichen sozialistischen Revolution in Deutschland verhalten hätte. Gewiß ist, daß auch er Enttäuschung empfand, als in den Monaten nach dem Kriege die längst fälligen sozialökonomischen Veränderungen ausblieben. Fraglos ist er sich aber einer höheren Verantwortung bewußt, jedoch erneut werden wichtige ideologische Konsequenzen vertagt. Johannes R. Becher schrieb 1927 in seinem Aufsatz „Der Weg zur Masse": „Die vollkommene Losgelöstheit der Intellektuellen vom Volk – das ist ihre Tragik, ihre Unfruchtbarkeit, ihr Untergang. Wer hier nicht den Weg zum Herzen des Volkes findet, der ist verloren. Volk? Ich spreche vom fortgeschrittensten und kampfentschlossensten Teil des Volkes, vom revolutionären Proletariat. Nur Schulter an Schulter mit dem revolutionären Proletariat, Intellektueller, kannst du dich auch selbst befreien. Lebst du heute? Nein, du lebst nicht, du gespensterst ... Denn nur die Tat, das Aufgehen in den Reihen des kämpfenden Proletariats, kann retten. Wie schon gesagt: dieses Aufgehen bedeutet zweierlei – ein Sterben, ein Werden."

Welk gehörte nicht zu denjenigen, die sich in das kämpfende Proletariat einreihten. Daß er sich zu diesem Schritt nicht entschloß, machte den großen Widerspruch seiner Persönlichkeit aus, und das gilt nicht nur für die Zeit unmittelbar nach 1918.

Die Erfahrungen des Krieges hatten Welk verändert. Dieser Wandel betraf nicht zuletzt sein Verhältnis zu Vaterland und Heimat. Vor dem Krieg verband sich der Begriff Heimat für ihn vor allem mit der engeren Heimat, mit seiner Herkunftslandschaft. Seit dem „Belgischen Skizzenbuch" sah er manches in anderem Lichte, die Worte Heimat, Vaterland und Nation bekamen eine andere Dimension: sie konnten durch Biesenbrow allein nicht mehr abgedeckt werden. Das Heimat- und Vaterland-Verständnis wurde weitgehend entprovinzialisiert. Welks bislang romantisches und sentimentales Verhältnis zur Familie und zum Land seiner Kindheit erfuhr eine kritische Überprüfung. (Die vorübergehende Abwendung von Biesenbrow im Bruch hinterm Berge erklärt, warum Welk, obschon in besten Mannes- und Schaffensjahren, nicht schon damals Kindheit und Jugend literarisch erschloß und den regionalen Stoff erst zwanzig Jahre später in der großen epischen Form aufarbeitete.)

Welk hat sich zwischen 1918 und 1923 in etwa 350 Leitartikeln und Aufsätzen für die „Braunschweigische Morgenzeitung", den „Braunschweiger Allgemeinen Anzeiger", die „Braunschweigische Landeszeitung", das „Leipziger Tageblatt" und die „Neue Leipziger Zeitung" mit den gesellschaftlichen und politischen Widersprüchen der Zeit auseinandergesetzt. Welks wirklich großes Lebensthema als Journalist und Schriftsteller war die (freilich noch abstrakt verstandene) soziale Gerechtigkeit. Er glaubte damals, daß sie am ehesten in einer sozialen Demokratie zu verwirklichen sei, die sich friedlich herausbilden und zu einer relativ harmonischen Gesellschaft führen könne. Mit anderen Worten: grundsätzliches Ja zu einer sozialistischen Republik, aber gleichzeitig Ablehnung der zu ihrer Errichtung notwendigen revolutionären Veränderungen. Wir wissen nicht zuverlässig, wie die Jahrhundertmeldung auf Ehm Welk wirkte, die Nachricht vom Siege der Großen Sozialistischen Oktoberrevolution. Als aber fast auf den Tag genau ein Jahr später revolutionäre Ereignisse mit unterkühltem, niedersächsischem Temperament vor der eigenen Haustür ablaufen, da ist der politische Journalist zur Stelle. Wir wissen heute, was der revolutionäre November in Deutschland, das Wirken der Arbeiter- und Soldatenräte in Braunschweig, an ihrer Spitze Anhänger der Spartakusgruppe, die Beamten und Militärs absetzten und einen Rat der Volkskommissare einsetzten, bei Welk ausgelöst haben. Die Vorgänge hinterließen einen unauslöschlichen Eindruck. Vierunddreißig Jahre später wird er sich daran erinnern und die Geschichte der mißlungenen Revolution aus Braunschweiger Sicht schreiben.

Im September 1919 hatte Welk den „Braunschweiger Allgemeinen Anzeiger", eine Zeitung vom alten Generalanzeiger-Typ, verlassen, um das Organ jener Partei zu übernehmen, der er nominell von 1919 bis 1922 angehörte, der Deutschen Demokratischen Partei. (Welk selbst erwähnt diese Parteizugehörigkeit nur noch einmal beiläufig im November 1947.) Von Oktober 1919 bis zum September 1920 war er Chefredakteur der „Braunschweigischen Morgenzeitung", die er im Sinne einer bürgerlich-liberalen Zeitung ausbaute. „In seinen sprühend geschriebenen Leitartikeln, die immer eine persönliche Note trugen, verriet Herr Welk ein umfassendes Wissen, das es ihm ermöglichte, aus den vielfältigen politischen und wirtschaftlichen Problemen stets das Wesentliche herauszuheben. In der Parteipolitik erwies sich Herr Welk als schlagfertiger Polemiker." So formulierte es der Aufsichtsrat der Zeitung in einem Zeugnis vom 15. April 1921.

Zum „Wesentlichen" und zur „persönlichen Note" gehörte auch dies: In den frühen Morgenstunden des 13. März 1920 zog die Marinebrigade Ehrhardt mit schwarz-weiß-roten

Fahnen, dem Hakenkreuz am Stahlhelm, in Berlin ein: die Konterrevolution marschierte. Generallandschaftsdirektor Kapp hatte sich an die Spitze eines Putsches gestellt, der die Wiedereinsetzung reaktionärer Monarchisten und Militärs ebenso zum Ziel hatte wie die bewaffnete Niederschlagung des „Bolschewismus". Einen Tag später erschien in der „Braunschweigischen Morgenzeitung" Welks Leitartikel „Der Ausbruch der Gegenrevolution oder Der Sprung in den Abgrund". Mit provokatorischer Absicht wurde formuliert. Er ruft die unterschiedlichen, ja disparaten demokratischen Parteien und Interessengruppen zum Zusammenschluß auf, ungeachtet gegensätzlicher Auffassungen: Die Republik muß gegen die rechten Putschisten verteidigt werden, die konterrevolutionäre Gewalt darf nicht siegen, die Restauration eines abgelebten politischen Machtsystems muß verhindert werden.

Zwei Jahre ist die Republik alt. Sie trägt in sich alle Widersprüche eines imperialistischen Staates, weil es nicht gelungen war, den reaktionären Kräften ihre wirtschaftliche Macht zu entziehen. Die Gemeinsamkeit aller Demokraten unter Führung der Arbeiterklasse ist die vorrangige Aufgabe jener Tage. Welks Leitartikel selbst ist ein Zeugnis dafür. Die straffe Form paßt zum politischen Ernst der Stunde. Der Text ist Anklage und Aufruf zum Handeln zugleich:

Wie ich haben Dutzende von Zeitungsschreibern und Politikern der Linken ihre Hauptaufgabe darin gesehen, immer wieder auf die marschierende Reaktion hinzuweisen ... Wer sich Reichs- und Einwohnerwehr in den letzten Monaten ansah, für den konnte es keinen Zweifel mehr geben, daß in kurzer Zeit dieser Tag kommen mußte ... – Der General von Lüttwitz brach seinen der Regierung geleisteten Eid und rief ... die Truppen zur Meuterei auf ... und setzte den Erzreaktionär Kapp als Reichskanzler ein. Kapp fühlt sich als Diktator, löst die Nationalversammlung auf ... Die Presse wird geknebelt, es dürfen nur Verordnungen des Diktators erscheinen ...

Schuld an den Zuständen tragen sie alle, die nun die Knute des weißen Terrors zu fühlen bekommen. Schuld haben die, ... die Arbeiter entwaffnen und den reaktionären Offizieren die Führung der Militärmacht übertragen ...

Der Diktator Kapp, die Offiziere und die Männer des neuen Ministeriums sind von der allerschwärzesten Reaktion ... Sie werden also einen Kurs steuern, gegen den derjenige von 1848 ein freiheitlicher war ..., sie werden den weißen Terror wüten lassen ... Folgen werden zunächst sein der allgemeine Generalstreik in ganz Deutschland ... – Es gibt nur eins: Zusammenschluß aller Parteien, aller Arbeiter und Bürger, die auf dem Boden der Republik stehen ... Es heißt jetzt, alle Parteiverschiedenheiten zu vergessen und die bedrohte und verratene Freiheit der Republik zu retten. Der Appell an die Gewehre, das Naheliegende, ist zwecklos, denn Noske hat ja die Arbeiter entwaffnet und die Gegenrevolution ausgerüstet ... Wir haben Mittel genug, unbeirrbare Entschlossenheit zu zeigen ... Die Berechtigung dazu gibt uns das Bewußtsein, die Mehrheit des deutschen Volkes hinter uns zu haben ... Wir aber wollen noch nicht verzagen, wollen kämpfen und schlimmstenfalls selbst auf die Trümmer des vernichteten Vaterlandes immer wieder die Fahne der Freiheit setzen. Es lebe die Republik! Nieder mit allen Feinden der Freiheit!

Dieser Leitartikel ist wahrhaftig beste politische Publizistik: sachkundige Information wird gegeben, und zugleich werden Schlußfolgerungen gezogen. Und es zeigt sich Welks Fähigkeit zur kritischen Beobachtung, aber das gesellschaftliche Leben, also auch die Politik, wird von ihm am Erscheinungsbild der Wirklichkeit gemessen. Persönlichste Beobachtungen und Erfahrungen sind haltungsprägend. Ein Hauch von Improvisation liegt über allem.

Nach einem Jahrzehnt journalistischer Arbeit in Braunschweig, wo Welk eine Art Bürgerschreck geworden war, übersiedelte er am 1. Oktober 1920 nach Leipzig. Das „Leipziger Tageblatt und Handelszeitung", eine weithin in Deutschland beachtete Zeitung liberal-bürgerlichen Zuschnitts, verpflichtete ihn als Leitartikler. Nach Stettin, Bremerhaven, den altmärkischen Kleinstädten und Braunschweig war die Berufung zum Leitartikler einer großen Zeitung in einer Weltstadt für den sechsunddreißigjährigen Journalisten eine entscheidende Zäsur. In immer weitere Ferne rückten Kindheit und Jugend. Welks Mutter lebte nicht mehr, zum Vater in Biesenbrow bestanden in diesen Jahren nur sehr lose Kontakte.

Im Dezember 1921 begann vor dem Reichsgericht der Kapp-Putsch-Prozeß; der Kritiker Welk präsentierte sich von seiner konsequentesten Seite. Mit dem Leitartikel „Der General", veröffentlicht am 9. Dezember 1921 im „Tageblatt", setzte Welk beste Traditionen aus der Braunschweiger Zeit fort. Ihm ging es erneut um die Entglorifizierung ultrarechter Repräsentanten und die Abrechnung mit ihren Geschichtsschreibern: General Ludendorff ist für ihn der Grundtyp der Gestrigen.

Bemerkenswert ist zudem Welks Bemühen, reaktionär besetzte Begriffe mit einem neuen gesellschaftlichen Inhalt zu füllen, sie neu zu fassen. *Ich liebe mein Vaterland,* so schreibt er im „General", *aber wenn ich meine Braut liebe, meine Frau, meine Mutter, meine Kinder, so findet das jedermann in Ordnung, und ist keiner, der es anders haben will; liebe ich aber mein Vaterland, auch ohne daß ich das groß betone, so komme ich im heutigen Deutschland leicht in Verdacht, ein Nationalist, ein Chauvinist zu sein. Liebe zum Vaterland ist jedoch auch dann, wenn sie betont wird, wenn sie sich als Nationalstolz zeigt, noch nicht gleichzusetzen (mit) der Überheblichkeit der Nationalisten.* Diese Worte sind an die Adresse derjenigen gerichtet, die sich nach dem verlorenen Krieg zu „Hütern" der Nation und des Vaterlandes ernannten. An die Erfinder der Dolchstoßlegende und des Wir-hätten-doch-siegen-Müssen. Um jeden Zweifel auszuschließen und um der Trägheit des Denkens und individueller Vergeßlichkeit entgegenzuwirken, wird Ludendorff zum Symbol einer moral insanity, zu einem Mann, der weder militärische, politische, wirtschaftliche noch technische Fähigkeiten besaß und dessen tatsächliche Schwäche um so deutlicher wurde, *je mehr ein eigensinniger Trotz, eine herrschsüchtige Engstirnigkeit, eine maßlose Überschätzung des eigenen Wertes und nicht zuletzt eine erschreckende Brutalität seines Charakters*

Unvollkommenheit bis zur Mangelhaftigkeit entblößte ..., im Hintergrund ragt riesengroß ein Berg von politischer Unwissenheit, Leichtfertigkeit und brutaler Herrschsucht, und der Gipfel dieses Berges trägt, wenn auch vorerst schwer erkennbar, die harten Züge des Generals. Armes Vaterland!

Unsere Zitate lassen die moralischen, weltanschaulichen und politischen Maximen Welks erkennen: sein antimilitärischer Humanismus war fast ein Programm. Wann immer Zeitungen in den zwanziger Jahren die Mörder der Ermordeten Liebknecht, Luxemburg, Eisner, Landauer, Gareis, Erzberger und Rathenau decken, verteidigen und zu weiteren Morden aufrufen, dann nennt dies Welk schlicht ein Verbrechen, diese Art von Journalismus ein verbrecherisches Handwerk. Bereits im Gedicht „Feldpostbrief" hieß es, auf die Nachkriegszeit anspielend: *wenn die Männer der Kirche und Presse / voll wieder nehmen die große Fresse,* in der Erzählung „Der rote Feigenbaum" waren es gleichermaßen Politiker wie Zeitungen, die die Völker *beschwatzen und verhetzen,* und in „Winkelried" zahlt das „Berliner Tageblatt" auch für die *inhumanste Angelegenheit zweihundert Mark.*

Einen Tag nach der Ermordung Erzbergers am 26. August 1921 erschien im „Leipziger Tageblatt" Welks Generalabrechnung mit der Reaktion.

Wer seit drei Jahren die Treibjagd auf Erzberger mit ansah und das Wesen der Treiber, Schützen und der Meute kannte, der ist wohl nie im Zweifel gewesen darüber, daß einmal Halali geblasen werden würde. Er konnte um so weniger daran zweifeln, als er Zeuge war, wie die veränderten politischen und wirtschaftlichen Verhältnisse dazu beitrugen, die Verfolger erbitterter und kühner zu machen, ihre Zahl zu vergrößern. Dieser Kampf war für Erzberger keineswegs aussichtslos auf jeden Fall; als Politiker und Parlamentarier verfügte er über ein in unserer Zeit seltenes Maß von Energie und Geschicklichkeit. Deshalb eben trieb bei der skrupellosen Hetze gegen ihn ... alles zu der Wahrscheinlichkeit, daß man ihn mit andren Waffen zur Strecke bringen würde. Die wüsten Beschimpfungen, Verleumdungen, die Brand-

markung als Volksverderber und Reichsverräter unterschieden sich, sittlich bewertet, wirklich nicht von den Revolverkugeln, die das Werk vollendeten.

... zweifelt einer daran, daß gestern in aber tausend Kneipen von aber tausend echt deutschen Männern und Frauen... der Ruf laut wurde: Gott sei Dank, daß der Verräter, der Schurke weg ist!? Nicht alle, die diesen Meuchelmord so gutheißen, sind schlechte und verwahrloste Menschen. Da sie fast ausnahmslos den bürgerlichen Schichten angehören, ist schon anzunehmen, daß sie auf ihre Erziehung, ihre Moral und ihre Religiosität stolz sind. Sie haben daneben noch eine fixe Idee, nämlich ihren sogenannten Patriotismus. Dem opfern sie unbedenklich alle sittlichen Güter, die sie sonst besitzen mögen. Und viele von ihnen opfern sie ihm um so lieber und schneller, je mehr und leichter dadurch ein Schutz der irdischen Güter bedingt erscheint. Gerade hier aber war der Ermordete ein gefährlicher Feind, wenn er den einen als der Urheber des schlechten Friedens erschien und als Vaterlandsverräter, so erschien er den anderen als der Reichsverderber, als die Verkörperung eines römisch-jüdischen-kommunistischen Antikapitalisten ... Da man Erzberger weder einen Vaterlandsverrat noch die Vernichtung des Reiches nachweisen konnte, mußte sein todeswürdiges Verbrechen doch wohl in der Gefahr bestehen, die seine Tätigkeit manchen Kreisen noch hätte bringen können ... Wenn diese kalten Mörder ... wieder einmal die Macht bekommen, dann gnade dir Gott, armes Deutschland! Dem Unheil zu begegnen und es zu bekämpfen ist schwer, denn der wahre Schuldige ist die Presse. Der Kampf gegen die Hetzpresse ist nicht leicht, denn sie ist mächtig. Ihr Geist herrscht in vielen Standesorganisationen und „Ehrengerichten" der Zeitungsschreiber und bringt es fertig, daß die wissentliche Veröffentlichung eines gefälschten Briefwechsels als selbstverständlich erlaubtes Mittel bezeichnet wird, daß wüste Beschimpfungen und Verdächtigungen linksstehender Politiker als erlaubt, die Zurückweisung solcher Angriffe aber als Beweis für die „Unwürdigkeit", der Standesorganisation anzugehören, angesehen wird. Man muß diesen Geist aus eigenem Erleben und

aus eigener Anschauung kennen, um hell und klar das Halali über den Tod Erzbergers aus den verlogenen Klängen zu hören, die heute in jener Presse geblasen werden.

Mit solchen, die konterrevolutionäre Gefahr pointiert beschreibenden Sätzen rüttelte Welk vom November 1918 bis zum April 1923 einen Teil der Öffentlichkeit wach. Welks scharfe Kritik an der rechten „Hetzpresse“ der Weimarer Republik war nur allzu begründet. Er mochte ahnen, daß die *wahren Schuldigen* nicht die Redakteure, sondern deren Geldgeber und Hintermänner waren. Aber da er die politische Verantwortung der Journalisten ernst nahm, sah er ihnen besonders streng auf die Finger. Er kannte ja jene Zeitungen seit langem, die in den bürgerlichen Großverlagen von Mosse, Scherl und Ullstein – auch nach dem verlorenen Krieg – weiter erschienen. Und er hatte miterlebt, wie im November und Dezember 1918 die Reaktion und die ihr hörige Presse zum Morden aufrief: „Schlagt ihre Führer tot! Tötet Liebknecht! Dann werdet ihr Frieden, Arbeit und Brot haben.“ Als dann am 15. Januar 1919 das Abscheuliche geschah, mußte auch Welk mit ansehen, wie die reaktionäre bürgerliche Presse über die Ermordung von Karl Liebknecht und Rosa Luxemburg mit unverhohlenem Triumph und die Tatbestände verfälschend berichtete. Fortan versäumte er keine Gelegenheit, die *kalten Mörder* beim Namen zu nennen.

Die konservativen Zeitgenossen fühlten sich von Welks journalistischen Arbeiten stets herausgefordert. Wer so über Ludendorff und Rathenau, über Versailles und den Kapp-Putsch, über Erzberger und die Kriegsschuldigen dachte und schrieb, konnte nur ein Rebell sein. Jedenfalls genügten dem bürgerlichen „Reichsverband der Deutschen Presse“ einige Zitate jüngster Belege, um am 7. April 1922 vor seinem „Obersten Ehrengericht“ den „Fall Welk“ abzuhandeln. Im Namen der von Ehm Welk „beleidigten Journalisten“ beklagte dies „Ehrengericht“ mokant den „ganzen Zusammenhang“, die schwere Verletzung der Ehre des Standes vor der Öffentlichkeit. „Durch dieses Verhalten“, so heißt es im Protokoll über diese Sitzung, „hat sich der Beschuldigte selber um die Möglichkeit seiner ferneren Zugehörigkeit zur Organisation unseres Berufes gebracht. Er hat in der Tat sich damit als ungeeignet erwiesen, mit so angegriffenen Kollegen noch fernerhin in der Organisationsgemeinschaft belassen zu werden. Eine mildere Bestrafung, als der Ausschluß des Beschuldigten, schien daher auch dem Obersten Ehrengericht in diesem Fall nicht möglich zu sein."

Mit diesem Ausschluß hatten die monarchistisch-profaschistischen Kräfte fraglos einen Sieg errungen. Sie hatten große Anstrengungen unternommen, Welk mundtot zu machen. Die Stimme eines demokratischen, moralisch integren und intelligenten Journalisten verstummte. Für viele war das ein Grund zur Freude. Welk vermeinte, daß in Deutschland das Aufbegehren gegen Veraltetes kaum Sinn habe. Nicht der Verlust einer exklusiven Verbandszugehörigkeit oder gar das Aufgebenmüssen einer materiell einträglichen Tätigkeit bewogen den Journalisten, Deutschland für einige Zeit zu verlassen, sondern seine „Emigration" ist ein (freilich individueller) Protest gegen eine Ordnung, deren herrschende Klasse sich permanent der Lüge und Unaufrichtigkeit bediente. Daß die wirklichen Ursachen für diesen Zustand indes tiefer lagen, sah Ehm Welk nicht. Das Wesen des Klassenstaates, der als „Weimarer Republik" firmierte, hatte sich ihm – trotz allem – nicht völlig erschlossen.

Am 17. April 1923 reiste Ehm Welk mit einer Heuer der United States Lines von Bremerhaven nach Amerika; die für ihn bedeutungsvolle Zeit eines politischen Journalisten war zu Ende.

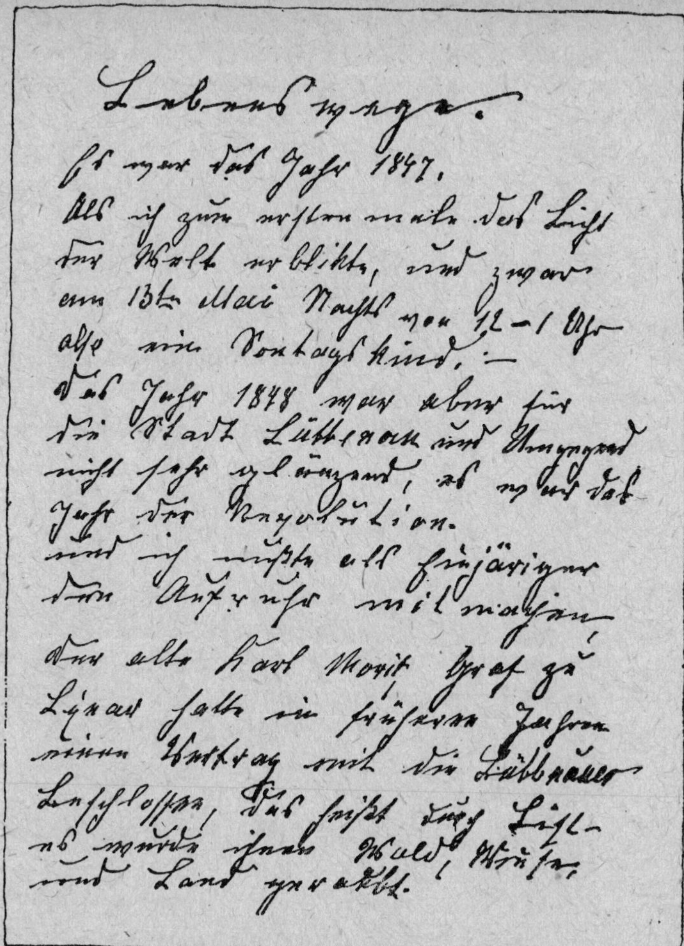
Lebensweg.

Es war das Jahr 1847.
Als ich zum ersten male das Licht
der Welt erblickte, und zwar
am 13ten Mai Nachts von 12–1 Uhr
also ein Sontagskind. –
Das Jahr 1848 war aber für
die Stadt Lübbenau und Umgegend
nicht sehr glänzend, es war das
Jahr der Revolution.
und ich mußte als Einjähriger
den Aufruhr mit machen
Der alte Karl Moritz Graf zu
Lynar hatte in früheren Jahren
einen Vertrag mit die Lübbnauer
Leschlossen, Das heißt durch List-
es wurde ihnen Wald, Wiesen
und Land geraubt.

Gottfried Welk: Der Lebensweg eines alten Praktikus
Handschriftlicher Bericht, 1. Seite

. . . bin hier zum überzeugten Sozialisten geworden.

Dritte Station
Irgendwo hinter dem großen Jam liegt Europa

Szenenwechsel. Amerika. Sechs Monate und vierzehn Tage im Land der unbegrenzten Möglichkeiten. War Ehm Welks Reise nach Amerika ein ernstlicher Versuch, Deutschland für immer den Rücken zu kehren? Jedenfalls wird ihn Amerika enttäuschen: utopische Glücksverheißung zu Beginn, nüchterne Bestandsaufnahme am Ende. Dreißig Jahre später meditiert Welk: *Den schöpferischen Mut, neu zu beginnen, und die berechtigte Hoffnung, Erfolg zu haben, hat wohl immer nur der, der alles verloren hat* – oder, so wollen wir hinzusetzen, alles verloren zu haben glaubt. Die Angelegenheit hatte allerdings auch eine sehr persönliche Seite. Welk liebte seit über zwei Jahren die Ehefrau seines inzwischen von Braunschweig nach Berlin übergesiedelten Freundes Otto Hofmeister: Agathe Lindner. Erst ein Jahr nach dessen Tod im März 1922 sieht er Agathe wieder. Ehm Welk möchte sie heiraten, doch er weiß nicht, ob sie seine Liebe erwidert. Deshalb wagt er es nicht, sich ihr zu offenbaren. Gewiß war dieser Umstand nicht das auslösende Moment für seine Amerika-Reise, zweifellos wird er Welks Entscheidung beeinflußt haben. Doch bereits sieben Tage nach der Abreise ist *diese ganze Amerika-Reise eine verrückte Idee,* und wiederum zwei Wochen später heißt es in einem anderen Brief an Agathe Lindner, es sei verkehrt, *meine und Deine schönsten Jahre in der Trennung zu verleben.* Aber Welk hatte sich erst einmal an die *verrückte Idee* ausgeliefert, und zunächst führte kein Weg zurück. Am 2. Mai, zwischen Nacht und Morgen, sieht er New York, die Metropole der Neuen Welt. *Blasser Nebel lag rings umher. Langsam brannte die Sonne große rote Stellen hinein, die heller und heller wurden und endlich erkennen ließen, daß wir stillagen. Alle Passagiere waren an Deck, des größten Eindrucks der Reise gewärtig: Land! Gelber wurde der Nebel und dünner, Wasser war zu sehen und Schiffe. Dann riß, nach einer Viertelstunde erregten Starrens, der Vorhang jäh auseinander, und aus den Fetzen schälten sich mit jeder Minute mehr die ersehnten Küsten Amerikas ... Und wie Pfeile, Pfeile freilich mit abgeplatteten Spitzen, schwirrten von plötzlich wieder straff gewordenen Sehnen die Blicke der aus Europas Dreckwinkeln gekommenen Zwischendecker durch den goldenen Schimmer: Nun wird er beginnen, der große Kampf, und sie, sie werden ihn gewinnen, denn in diesem Lande ist ja ein Mensch wie der andere, ist man frei!*

Linker Hand die patinierte Freiheitsstatue, jene gewaltige erzene Phrase, die das ritterliche und freiheitliebende Volk der Franzosen dem ritterlichen und freiheitliebenden amerikanischen Volke geschenkt hatte. (Dies ist aus dem offiziellen Führer abgeschrieben.) Hoch reckte sich die Hand mit der Fackel. Im gleichen Blickfelde ragten Hunderte von qualmenden Fabrikschloten auf, und es war fesselnd zu sehen, wie die freiheitsuchenden Europamüden sofort die Göttin vergaßen und von Arbeit und Verdienst redeten. So übersahen sie auch die merkwürdigen Gebäude von Ellis Island, der Einwanderer-Insel, die mehr und besser als alle Forts die Einfahrt ins freie Amerika behüten. Auch die Göttin übersieht die Tränen-Insel zu ihren Füßen, da sie nach Göttinnenart den Blick ins Blaue richtet ..., heißt es in dem unveröffentlichten Manuskript „Ich sah Amerika“, einer Vorstufe zu dem 1950 erschienenen Buch „Der Nachtmann“.

Es genügten wenige Tage, und der Amerikafahrer sah, was der äußere Schein verbarg: die inhumane Wirklichkeit einer spätbürgerlichen Gesellschaft mit ihrer fetischisierten Warenwelt.

Wenn ich von den Verhältnissen sagte, daß sie mir zu schaffen machen, so meine ich innerlich. Nach außen hin, rein beruflich und geschäftlich, werde ich mit ihnen fertig. Innerlich werde ich niemals etwas gemein haben können mit diesen

Menschen, ihrer wahnwitzigen Hast, Geld zu verdienen, ihrer Gleichgültigkeit gegenüber seelischen und künstlerischen Dingen, lautete das erste Resümee.

Welk fährt ein paar Wochen, an Bord arbeitend, mit der „American Legion" nach Buenos Aires, Rio de Janeiro und zu den Bermudas, bis er *die schreckliche Seefahrt satt bis zum Halse* hat. Die Sehnsucht nach der geliebten Frau wurde so groß, daß er *am liebsten sofort auf ein Schiff gegangen wäre für den anderen Tag,* aber dann zweifelte er wieder und fragte sich, *ob es nicht besser ist, ich bleibe als Handwerker in Amerika? Ich finde große Befriedigung in solcher Tätigkeit, denn sie ist, besonders in diesem Land, eine der wenigen anständigen. Deutschland lockt mich und stößt mich ab: Ist der Mensch wert, daß man sein Leben für seine Hebung einsetzt? Und so ertappe ich mich bei dem Gedanken, als Matrose nach Ost-Asien fahren zu wollen. Ich werde es wohl nicht tun, was immer aber ich tun werde – vor Weihnachten gedenke ich nun nicht nach Deutschland zurückzukehren ... Ich bin ein haltlos unbeschreibbarer Weltbummler, der seine Träume mehr liebt als die ihm nächststehenden Menschen. Wo liegt eine Garantie, daß ich, kaum zurückgekehrt, nach zwei, drei Monaten nicht wieder hinausziehe nach dem Osten? Kann Glück in solcher Unzuverlässigkeit liegen?*

Ähnliche Übertreibungen finden wir in allen Briefen aus Amerika. Manches Selbstkritische hören wir das erste Mal, es ist als Ausdruck einer Unsicherheit über den zukünftigen Lebensweg durchaus ernst zu nehmen. Auch mit dem folgenden Brief, vom 21. September 1923, widersprach Welk sich selbst und seinem bisherigen Leben: ... *Groß ist die Sehnsucht nach meinem armen Vaterland und nach Dir, groß die Sehnsucht nach Träumen und geordneter Arbeit. Größer aber der Zug in die Weite ... Was will ich jetzt in Deutschland? Ach, es läßt mich die Vorstellung, die ich mir von China und Japan machte, nicht los. Ich glaube, ich muß da mal hin. Die „Reliance" beginnt schon trips um die Welt am 6. Januar. Wenn ich da mitginge? Alibin, sei nicht böse, ich bin viel zu ehrlich, als daß ich Dich belügen könnte ...* Wenige Tage später, am 27. September, zeichnete sich seine

Rückkehr ab: *Mein einziger Alibin, also dies ist der dritte Brief seit meiner Rückkehr aus den Bergen ... Auf der Post sagte man mir, daß viele Briefe von hier nach Deutschland verlorengingen, in Deutschland, weil Beamte dort annähmen, jeder Brief aus Amerika enthielte Dollars. Darauf ist es wohl zurückzuführen, daß Du, Treuester, ohne Nachricht bleibst ... Nach meinem Abgang von den U.S. Lines war ich beinahe alles: Matrose, Steward, Journalist, Fabrikarbeiter (candies), Maschinist, Gast eines reichen Amerikaners im Pennsylvania-Hotel, Propagandist. Als ich die „christliche Seefahrt" satt hatte – Süd-Amerika ist schön, dauernd nur für reiche Leute –, schrieb ich in New York. Die große Hitze quälte mich, und mit fünfzig Dollar in der Tasche und einem Rucksack (meine Sachen blieben in meiner New Yorker Wohnung) fuhr ich fünf Stunden den Hudson rauf (ich schicke Dir Karten vom „amerikanischen Rhein"), dann drei Stunden mit dem Zug in die Berge, genannt Catskill-Mountains. Mit einer Karte wanderte ich los. Ein Farmer überließ mir eine Hütte, und ich verträumte, weitab von Menschen, eine schöne Zeit. Proviant holte ich mir drei Stunden weit. Schließlich wollte ich arbeiten, ging in einen Sommerkurort, wohnte als Gast in einem teuren, koscheren Hotel und wurde dort – Maschinist. Habe auch mal Geschirr gewaschen. Nun ich weiß, daß Dich das weniger beunruhigt als froh stimmt, schreibe ich es Dir. Ich wollte Chauffeur werden. Meine erste Tour endete damit, daß ich die Karre in den Graben fuhr. Passiert ist aber nichts. Es hat aber keinen Zweck, da ich die Lizenz nur für eigenes Auto erhalte. Als Berufschauffeur muß ich Bürger sein. Nun sitze ich in New York, vielmehr in Hoboken, und warte auf einen Job ... Dann wollte ich wieder zurück zur See, nach Süd-Amerika oder Ost-Asien. Das Schicksal verhinderte es, ich wurde nicht genommen. Da kam Dein letzter Brief, der mir sagte, daß Du meiner harrst, um mich littest ...*

Drei Wochen später entschied sich Welk dann endgültig für ein Leben mit der „Einzigen". Am 20. Oktober 1923 schrieb er nach Deutschland: *Ich sitze noch immer in Hoboken und warte über ein Schiff. Nun kann ich es Dir ja sagen:*

ich wollte Dich überraschen und jetzt schon nach Deutschland kommen. Es ist nichts geworden, weil die Schiffahrt jetzt lahmliegt und keine Möglichkeit für mich besteht, Anstellung zu bekommen. Ich muß also doch bis Weihnachten warten. Vielleicht ist es ja gut so, und ich entgehe den Wirren da drüben. Trotzdem, ich hätte sie nicht gefürchtet, denn die Wirren in meiner Brust sind geschwunden. Alle Stürme und Zweifel haben sich gelegt, und meine Seele leuchtet in Heiterkeit und Frische. Eine unumstößliche Gewißheit zog ein ... Es kam förmlich über Nacht, und ich sehe ein, daß alle die Enttäuschungen, Demütigungen und Verluste notwendig waren, ... ich weiß sehr wohl, daß ich journalistisch und schriftstellerisch allerhand kann. Ich weiß aber auch, daß ich es nicht vollenden kann, weil die Überzeugung in mir von der Nutzlosigkeit solchen Schaffens die angeborene Trägheit, den Hang zum Träumen, zur Erdentrücktheit noch unterstützen. Deshalb habe von hundert Arbeiten keine vollendet. Auch Du konntest mich – bis vor acht Tagen – nicht zu meinem besten Ich zurückführen, des Glaubens war ich. Daher die Fahrt nach Amerika, wo ich mich und Dich suchen wollte. Deshalb die ewige Unruhe, die mich durch Länder und Meere trieb, deshalb die Versuche, in der Hast amerikanischen Geschäftslebens meine Bestimmung zu finden, die Hoffnung, der Besitz von Dollars würde die Erkenntnis fördern, deshalb die Flucht aus der geistigen und kaufmännischen Tätigkeit in die Handarbeit, und deshalb jetzt ein letzter Versuch, wieder aufs Meer mich zu flüchten. ... Nun ist Klarheit in mir und den Dingen. Und nun liebe ich das Dichten wieder. Denn siehe, dies ist das Entscheidende: Ich weiß, daß mir die Energie fehlt, schriftstellerisch etwas zu Ende zu führen. Und daß von allen Menschen nur Du mich dazu anhalten kannst. Deshalb liebe ich Dich doppelt jetzt und werde niemals von Dir gehen, wie auch Du mich nicht verlassen darfst. Eine große Aufgabe hast Du da, mein Alibin, und wenn ich nun auch noch einige Wochen oder Monate warten muß, der Kampf ist entschieden. Ich habe mich, ich habe Dich gefunden. Die Reise mit all ihren Bitterkeiten für uns beide war nicht umsonst ... Ich habe, ich schäme mich fast, sogar schon gedichtet. Amerikanisch gedichtet, in einem Zuge heruntergeschrieben, daher manches nicht einwandfrei. Aber ich lasse es so. Es folgt mit gleicher Post. Schreibe es mal mit der Maschine ab und gehe zu Siegfried Jacobsohn von der „Weltbühne". Sag ihm, ich wäre Leitartikler vom Leipziger Tageblatt und jetzt in Amerika. Wäre Freund von Hans Reimann, Hans Natonek und Arno Voigt. Bei allen könnte er sich nach mir erkundigen (Arno Voigt ist mein Nachfolger). Er soll es drucken und den Leipzigern, seinen treuen Freunden, eine Freude machen. Vielleicht tut er's, wenn nicht, schadet es natürlich auch nichts. Und nun küsse ich Dich innigst Dein glücklicher Ehm.

Hier wird aufgerechnet und der zurückgelegte Weg durchdacht. Das plan- und ziellose Dahinschweben soll ein Ende haben, aktives Wollen das passive Hoffen ablösen. Die Wirren in der Brust sind verschwunden, die *Zweifel haben sich gelegt.*

Es wäre nun freilich allzu personalistisch gedacht und käme einer Verfälschung der damaligen Situation gleich, wenn nur „Alibin", das neue „beste Ich", von dem Welk so überzeugt war, die Umkehr bewirkt hätte. Um das bisherige Leben so kritisch zu überdenken, bedurfte es der räumlichen und geistigen Distanz zu Deutschland. Eine neue Lebenshoffnung wäre nach dem demütigenden Presseverbandsausschluß übergangslos nicht zu gewinnen gewesen.

Amerika schien das richtige Land für den Demokraten Welk zu sein. Dazu trugen auch Klischeevorstellungen bei, denen zufolge die europäische Kultur im Verfall begriffen sei, während die USA ein Land der Jugend, der Vitalität, einer ungebrochenen und ungehemmten Frische seien. Das traf insbesondere für die Zeit vor dem ersten Weltkrieg zu. Die USA waren für das deutsche Kleinbürgertum und Teile der ihr verbundenen Intelligenz eine verschwommene Hoffnung auf ein besseres Leben. Auch wenn es nach dem Kriege nicht mehr uneingeschränkt als das „Land der unbegrenzten Möglichkeiten" galt, war es für viele eine Art Verheißung, denn das Land war von den Schrecken und der Not des europäischen Krieges und Nachkrieges verschont geblieben. (Man vergleiche dazu die Eintragung Bertolt Brechts in „Tagebücher 1920–1922“, erstmals veröffentlicht 1975: „Wie mich dieses Deutschland langweilt, es ist ein gutes, mittleres Land, schön darin die blassen Farben und die Flächen, aber welche Einwohner! Ein verkommener Bauernstand, dessen Roheit aber keine fabelhaften Unwesen gebiert, sondern eine stille Vertierung, ein verfetteter Mittelstand und eine matte Intellektuelle! Bleibt: Amerika!“) Auch Ehm Welk hatte im April 1923 Europa mit solchen oder ähnlichen Vorstellungen verlassen. Amerika schien sich als Alternative anzubieten: Von der amerikanischen Demokratie, die nach landläufigen Vorstellungen jedem ihrer Bürger erlaubte, Tellerwäscher oder Millionär zu werden, mochte sich selbst der aufgeklärte, aber gestrandete Journalist mehr Gerechtigkeit und Menschenwürde versprechen als von der „Alten Welt“.

In Erwartung, Amerikas „Prosperity“ habe für jeden eine glänzende Chance parat, verließen aus wirtschaftlicher Not oder politischer Verdrossenheit über den alten Kontinent in den Jahren nach dem großen Krieg Hunderttausende enttäuscht Europa. Sie kannten allein die Fama, nicht mehr.

Gewiß war Ehm Welk mit der Geschichte und Gegenwart des Landes, in das er „emigrierte“, besser vertraut. Und schon lange vor seiner Reise hatte die auf Amerika gemünzte Formulierung „Gottes eigenes Land“ ihn skeptisch gestimmt. In den ersten Briefen kündigt sich auch die Desillusionierung an, und neun Tage nach seiner Ankunft in New York wird es ihm zur Gewißheit, daß er *mit diesen Menschen* niemals etwas gemein haben werde: ernüchtert sieht er die Kluft zwischen Ideal und Realität. Was ist Amerika? Ein Land mit Vorbildcharakter, ein Land fortschrittlicher Zivilisation? Aber wo ist die menschenfreundlichere Moral? Welk sucht Antworten. Als er sie sich gibt, entspricht, trotz partieller Kompromißbereitschaft, die Härte der Kritik der Größe der Enttäuschung: *Wenn ich, frei von europäischen Beeinflussungen, mit ruhigem Blick aufnehme das brausende Bild dieses Landes und seines gewaltigsten Exponenten New York, diese Fülle der Lichter und Schatten, all das Wilde, Emporstrebende, Unfertige, Kraftprotzige im Stadt-, Land-*

und Menschenbilde, dann kann ich verstehen, daß europäische Dichter empfänglichen Gemüts auch ohne ein Gebot modischen Schreibens erlagen dem Ansturm der gigantischen Ballung unerhörtester und widersprechendster Eindrücke. Es wäre falsch, diese Wirkung leugnen, oder verkennen, oder verkleinern zu wollen durch Anlegung eines aus Europa mitgebrachten ästhetischen Maßstabes.

Aber falsch ist es auch, wenn sie nun alle, die Sänger, Musiker und Schriftsteller, die Dollars gemacht haben, im Auto durch Amerika fuhren oder vom Dachgarten aus New York sahen, wenn sie dem einzigen Walt Whitman die ergriffene Bewunderung nachstammeln für das Gesicht des großen, ungeschminkten Lebens, die dieser Dichter beim Anblick New Yorks empfinden durfte: – ein Kosmos ich, von Manhattan der Sohn! Für den nüchternen Betrachter bleibt dieses Land, das ohne Vorbild, ohne Programm, ohne Kenntnis seiner Kräfte, ohne Wissen um ein Ziel in raschem Wachstum wurde, bleibt, wenn kein Parvenü unter Ländern und Völkern, so doch ein ungeschlachter, unausgeglichener, ungebildeter, durchaus nicht schlechter Bursche, der in der von ihm planlos geschaffenen Welt prahlerisch des Kosmos Sinn erblickt, in seiner Geschmacksleere, seelischen Bedürfnisarmut und jungenhaften Kraftmeierei aber nur den grandiosesten Rummelplatz des Lebens schuf, heißt es in dem Manuskript „Ich sah Amerika".

Vieles von dem, was Welk hier „kritisierte", wird sich in den nächsten Jahrzehnten vor aller Augen offenbaren. Eine „vollendete" amerikanische Demokratie hatte Ehm Welk gewiß nicht vorzufinden erwartet, aber die Tatsachen erschreckten ihn sehr. Tag für Tag sah er in den Städten und auf dem Lande die Symptome eines ihm ganz und gar fremden Lebens, das bestimmt wurde von einem einzig auf das „große Business" abzielenden vulgären Pragmatismus, der, wie Walt Whitmann schon 1867 schrieb, ungeeignet ist, „dem Kranken, Rohen, Abergläubischen in Politik und Gesellschaft" wirkungsvoll zu begegnen. Welk kommentierte 1923 in seinem schon erwähnten Manuskript: *Wohin die kapitalistische Entwicklung in Amerika geht, ist zu sehen, ihr schnellerwerdendes Tempo ist zu konstatieren, nicht aber ist mit Bestimmtheit zu sagen, wann sie ihren Höhepunkt erreicht haben und wie sie enden wird. Ein Erwerbszweig nach dem andern wird von den Trusts geschluckt, und jeder Kampf gegen diese Wirtschaft ist vergebens, auch dann, wenn er einmal ernsthaft unternommen werden sollte. So riesengroß und so reich das Land ist, einmal muß die Zeit kommen, wo trotz aller Tüchtigkeit, Aktivität, Energie und Skrupellosigkeit der Einzelne Werkzeug werden muß der Großunternehmer und Trusts, weil ihm Kapital und Ware und jede Möglichkeit zur Selbständigkeit fehlt. Und weil die Selbständigen ruiniert werden durch die Unterbietung der Trusts.*

Solche Entwicklung wird mit der Erschwerung und Vernichtung der Möglichkeit auch das Verlangen der Arbeitenden nach individueller Austragung des Wirtschaftskampfes dämpfen und die Klassenbildung beschleunigen. Wir sehen es bei den Farmern. Dann naht die Zeit der großen Auseinandersetzung zwischen Kapitalismus und Sozialismus in Amerika. Dieser Kampf aber wird der erbittertste seiner Art sein, denn die Zerstörung des individualistischen Höchstgefühls, die Vernichtung der persönlichen Freiheit zum Geldmachen und der Lust, den Mitarbeiter zu überholen, die Gleichmachung der Arbeitnehmer und der Aussichten, das Bewußtwerden der Versklavung kann nicht ohne Aufwühlung aller Gefühle vonstatten gehen und muß bei diesem Volke ins Extrem umschlagen.

Diese Texte wurden bereits in Amerika geschrieben, einige Abschnitte kamen 1926 in Berlin hinzu. Sie sind in mehrfacher Hinsicht bedeutungsvoll. Ehm Welk sind analytische Fähigkeit und Begabung oft abgesprochen worden, gewiß lagen dort nicht seine Stärken. In Amerika und über Amerika schreibend, bewies er jedoch das Gegenteil. In späteren journalistischen Arbeiten ist die Tendenz vorhanden, Erscheinungen zu verteidigen oder abzulehnen, ohne daß den gesellschaftlichen Ursachen, dem Wesen der Dinge nachgegangen wird. In dem Amerika-Bericht ist dagegen auf bemerkenswerte Weise die Erkenntnis präsent, daß die „politische, rechtliche, philosophische, künstlerische etc. Entwicklung" auf der „ökonomischen" beruht. Zu keiner Zeit hat Welk so eindeutig von Eigentums- und Produktionsverhältnissen gesprochen, vom *Bewußtwerden der Versklavung.* Neue Illusionen traten in diesen Monaten nicht an die Stelle der alten. Und der Deutsche Ehm Welk empfand deutlich den tiefen Graben zwischen dem zivilisatorischen Führungsanspruch Amerikas und der profanen Entsprechung im amerikanischen Alltag. Er wurde gewahr, daß der „American way of life" in die Irre führen muß.

Ein Teil dieser Enttäuschung wird sogleich abreagiert, in dem Gedicht „So stehen wir da: U.S.A.!", das 1924, also ein Jahr nach Welks Rückkehr, die „Weltbühne" des Siegfried Jacobsohn druckt.

Irgendwo hinter dem großen Jam liegt Europa. / Vor langen Jahren lag es ganz nahe an unsern Küsten / von Carolina bis California. / So dicht lag es da, daß wir ohne Willen, / aus Christenpflicht, / retten mußten der Menschheit heiligste Güter vor Tod und Vernichtung. /

Gott schlug Europa mit seinem Zorn, / mit Bolschewisten und Militaristen, / und hob es aus unsern Augen. / Nun liegt es weit hinter dem großen Jam, / vielleicht auf dem Mond oder Mars – / I don't care! / Und außerdem hat es heut Selbstbestimmung. / Und U.S.A. die Monroe-Doktrin. /

Länder und Meere und Flüsse liegen in friedlicher Stille den lieben Sommer. / Glitzernde Fische spielen mit ihrem Schimmer, / wie junge Mädchen spielen mit ihrer Süße. / Vögel sitzen in blühenden Bäumen und singen / wie satte Literaten in Magazinen. / Die Käfer kutschieren auf staubigen Gräsern / – die schwanken in meinem Hauch, im Hauche des müden Wanderers –, / wie kleine Bürger deutschen Geblüts und nordamerikanische Proletarier / kutschieren des Sonntags in billigen Autos von Ford / (dreihundert Dollar das Stück bei wöchentlich fünf Dollar Rate), / zirpend das Lied vom schrecklichen Elend da drüben, / das aber eigentlich selbstverschuldet durch Revolution und Achtstundentag, / und selig im Glauben, / zu gleichen beinahe den sagenumwobenen Riesen aus Wall-Street, / die, / Kirchen stiftend, Schulen, Museen und Trusts, / zertreten und fressen und speien aus / Alles: / Meere und Länder und friedliche Stille und Sturm, glitzernde Fische, / Vögel und Blüten, Politiker, Dichter, Bürger, Proleten, / Kirchen, Museen, Schulen und Trusts, Demokratie und Freiheit zur Selbstbestimmung, das ganze Europa – / und wo sie treten und wo sie fahren, / liegen schimmernde Straßen rund um Amerika, rund um die Erde. / Gesetzesknüppelbewaffnete Polizisten, / Hunderte, Tausende, in jeder Straße, an jeder Ecke, / bemühen sich eifrig, / das Heer der Bürger und Proletarier / und das der Verbrecher / zu halten auf diesen geteerten Straßen der Demokratie und Civiliseeschen. / Sie können die Knüppel zu Hause lassen, / es folgen die Menschen aus eigenem Triebe den goldenen Wagen, / die (hundert Horse-Power, einhundert Pferdeseelen kräftig) / durcheilen die friedliche Stille der summervacation. / Mann aus Europa hört, staunend, sie schnauben / in blauen Gewässern und blühenden Gärten, / in Feldern voll Weizen und murmelnden Farmern, / in Speichern voll Waren, / in Läden voll Weißbrot, Butter und Milch / (jeden Tag frisch, denn es frißt hierzulande kein Straßenköter Sachen von gestern), / in Straßengreueln und Wundern des Eisens, / in Marmorpalästen und dreckigen Gassen, / in Kinos, Theatern, Kirchen und Schulen, / in Modebädern, auf Rummelplätzen, / Picnic-Parties und Baseball-Kämpfen, / in staubigen Fabriken mit zwölfstündiger Arbeit, / im Rascheln der Papers, / im Stammeln kastrierter Arbeiterführer, / im Rauschen der Fahnen und Brausen der Cheers,/ wenn Army und Navy zeigen des Riesen gewaltige Stärke / zum Schutze von Konstitiuschen und Libberty / (except für Cubans und Philippinos), / in Luxuskabinen auf Ozeandampfern / (die, alte Bekannte von Hapag und Lloyd, / tragen die Satten und Frommen nach Deutschland / zu Studienzwecken und lieblichem Grusel und ehrlichem Mitleid), in Fanatismus, in Korruption, / in Prohibischen, Champagner und Mondschein-Whisky. / Die Räder im Lande gehören alle zu goldenen Wagen / und kennen nicht Ruhe bei Tag und Nacht; / in ewigen Donnern jagen Maschinen, / die Menschen aber sind stille im Segen der Fülle, / sie singen und tanzen von Boston bis Frisco / den Yankee-Doodle von vierundzwanzig: / „Yes, we have no bananas today –" / und lärmen nur / beim Hissen von Bannern, bei Fußballkämpfen und Boxer-Fights. /

Im Segen der Fülle kennen wir keine Hungers- und Arbeitsnot / und strafen den Bettler mit langer Haft; / wir haben die riesigsten Hospitäler der Welt / und geben Millionen für Arme und Kranke, / und unter den vieltausend Bänden unsrer vielen Volksbibliotheken / ist auch ein Dutzend von unbequemen Autoren und ruft / (ein Zeichen unsrer Toleranz) / nach seelischen Werten, nach Kunst, Sozialismus. / Von den wenigen Bürgern, die darum wissen, sehen / die einen darin das Morgenleuchten der neuen Welt, / die andern den Abendrotschimmer vom fernen Europa. / Was es bedeutet in Wirklichkeit? / I don't care! / An blauen Himmeln verblassen die Sterne. / Leicht wehen die Schleier von schönen Frauen / starspangled Banners, rulend die Sänger metallischer Minne –, / Frömmigkeit, Nichtstun, Gold und Juwelen, / prunkvolle Weddings, Wohltätigkeiten, / Pferde und Autos, Ehebruch, Scheidung, / lange Berichte mit Einzelheiten über den Beischlaf und großen / Bildern an erster Stelle in allen Blättern, / Tyrannin und Göttin die schlampigste Waschfrau, / die frechste Dirne ein Rührmichnichtan / (zehn Dollar Strafe, mitunter Gefängnis, oft aber Prügel / kostet die Frage von wegen Begleitung, / meist teilen Mädchen und Schutzmann die Beute). / Doch sind wir beileibe nicht impotent / und opfern der Venus nach Strich und Faden, / nur hängt man den Mantel der christlichen Tugend, / den seidenen Mantel aus Großmutters Zeit, / über den Brennpunkt privaten Vergnügens. / Wie man den Mantel der christlichen Tugend, / den wollenen Kittel der Puritaner, hängt vor den Brennpunkt des täglichen Schaffens. / Wie man den Mantel, ein Blatt, eine Blume / hängt vor das Werkzeug irdischer Liebe an nackten Gestalten in den Museen. /

Die Mäntel alle / sind dünn wie die Kleider, in denen die Damen spazierengehen / und die verkünden, was nur gebändigt / durch seidne Gesetze der Kombineeschen: / die gute Verfassung der Bürgerinnen – / die Knöpfchen der Brüste straffen die Seide, / es runden sich plastisch zwei südliche Hälften, / und streng gezogen ist die Caesur, / daß selbst das Auge des Ungeübten / die Grübchen sähe auf dem Popo. /

Im frohen Behagen der Stärke und Fülle / robuster Gesundheit an Leib und Seele / reden wir ehrlich von unsrer Bestimmung: / Vorbild zu sein dem verirrten Jahrhundert. / Alles, was Menschen zum Leben gebrauchen, / gab uns der Himmel im Überfluß, / und da der Reiche, wie's Landes Brauch, / von seinen Schätzen in erster Linie gibt den Verwandten, / so ist bewiesen, was alle Kirchen aller Systeme im Lande beweisen: / Gibt's einen Gott – und wer wollt' es bezweifeln –, / ist er gewiß ein Amerikaner! /

So stehen wir da, / U.S.A., / eine Welt für sich: / Wirklichkeit schaffendes Mittagland, / jenseits der Wunder, /der toten Wunder / des Morgen- und Abendlandes. / Irgendwo hinter dem großen Jam liegt Europa, / vielleicht auf dem Mond oder Mars – / I don't care!

Welks Gedicht erhebt, wohlgemerkt, nicht den Anspruch, als lyrische Leistung gewürdigt zu werden, es erschien ja auch in der „Weltbühne", einer politischen Streit-Schrift, und nicht in einer literarischen Zeitschrift. Es zeigt allerdings gewisse inhaltliche und formale Übereinstimmungen mit „dem gewaltsamsten und monumentalsten Versuch einer poetischen Landnahme Amerikas", dem Werk Walt Whitmans. In „Mein Land, das ferne leuchtet" beschreibt Ehm Welk, daß ihm in Amerika Verse von Whitman durch *Kopf und Herz* gingen. Er las dessen Gedichte, in denen sich ihm allerdings *das Rätsel Amerika noch mehr verrätselte, als die Entwicklung es schon tat,* Verse, deren Entstehung er sich nicht vollends erklären konnte: waren sie aus dem *Kanonendonner, Börsengeschrei oder aus Millionen Vogelkehlen* gekom-

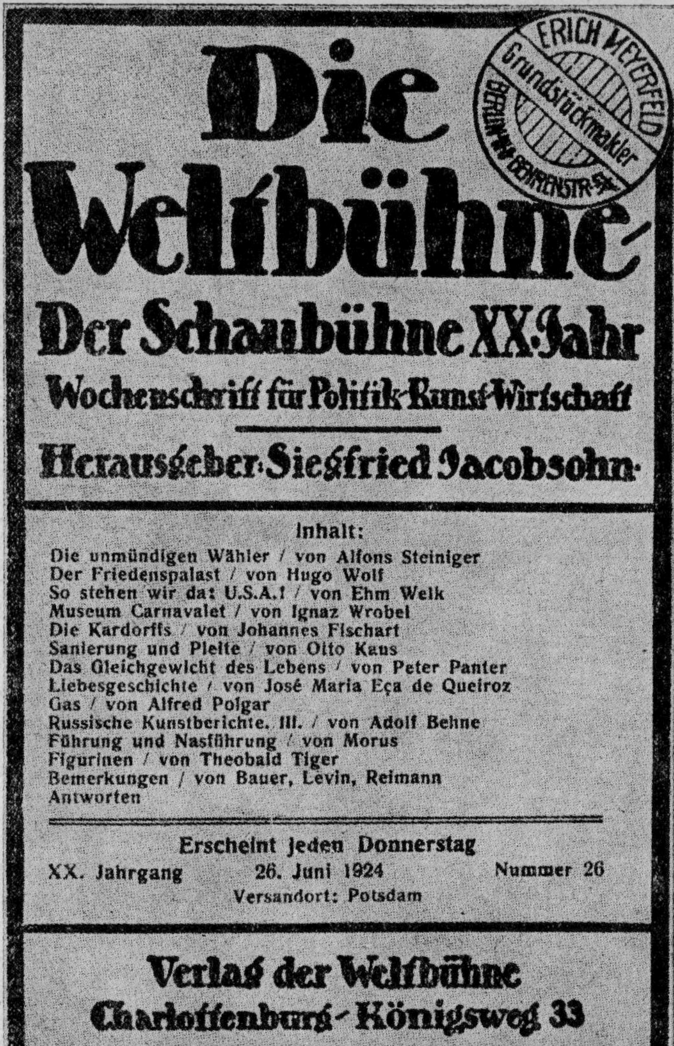

Die Weltbühne

Der Schaubühne XX. Jahr

Wochenschrift für Politik · Kunst · Wirtschaft

Herausgeber: Siegfried Jacobsohn

ERICH MEYERFELD
Grundstückmakler

Inhalt:

Die unmündigen Wähler / von Alfons Steiniger
Der Friedenspalast / von Hugo Wolf
So stehen wir da: U.S.A.! / von Ehm Welk
Museum Carnavalet / von Ignaz Wrobel
Die Kardorffs / von Johannes Fischart
Sanierung und Pleite / von Otto Kaus
Das Gleichgewicht des Lebens / von Peter Panter
Liebesgeschichte / von José Maria Eça de Queiroz
Gas / von Alfred Polgar
Russische Kunstberichte. III. / von Adolf Behne
Führung und Nasführung / von Morus
Figurinen / von Theobald Tiger
Bemerkungen / von Bauer, Levin, Reimann
Antworten

Erscheint jeden Donnerstag

XX. Jahrgang | 26. Juni 1924 | Nummer 26

Versandort: Potsdam

Verlag der Weltbühne
Charlottenburg · Königsweg 33

Titel vom 26. Juni 1924 der noch heute legendären „Weltbühne", Nachfolgerin der von Siegfried Jacobsohn bereits 1905 gegründeten „Schaubühne": neben Ehm Welk Beiträge von Ignaz Wrobel, Peter Panter und Theobald Tiger – drei von fünf Pseudonymen, die Kurt Tucholsky in jener Zeit benutzte.

men? Whitmans eigentliches Lebensthema hingegen hatte ihn 1923 fasziniert: die Gleichheit und Vollkommenheit aller Lebewesen, Paradiesvorstellungen und Welterneuerungsgedanken. Ein Motivkomplex, der Welks Innerstes stets anrührte.

Aus seinem Erinnerungsbuch von 1952 spricht immer noch die enthusiastische Bewunderung für Whitman: den Sänger des großen amerikanischen Traumes, Sänger des Lebens, der Arbeit und des einfachen Volkes, den Menschen, der *einen ganzen Erdteil an seine titanische Brust riß und den Grashalm, die Brombeerranke und den Wurm als gleichberechtigt neben die Sterne setzte.*

Walt Whitman selbst dachte im Alter skeptischer über sein Land und über sein Werk und nannte beides ein Experiment. „Die gemeinsame Luft, die der Erdball badet", verschmutze eine verkommene amerikanische Geschäftswelt, schreibt Whitman 1867, „die Demokratie unserer Neuen Welt ist ... (trotz ihrer) materialistischen Entwicklung ... bisher in sozialer Hinsicht ein fast völliger Fehlschlag ..." Amerika war und wurde nicht, was Whitman von ihm erhoffte. Und das große Beispiel „einer unverwechselbaren amerikanischen Poesie" blieb gesellschaftlich wirkungslos.

Spöttisch-zornig nahm Welk mit seinem auch Geschichte einbegreifenden Gedicht „So stehn wir da: U.S.A.!" von Amerika Abschied, gewollt rhetorisch und provokatorisch, pointiert und effektvoll. Ein großflächiges, aus vielen Eindrücken montiertes Amerika-Bild wurde entworfen: die amerikanische Wirklichkeit des Jahres 1923, durch das Welksche Temperament gesehen. Die metrische Form, freie Rhythmen, ist – vielleicht – eine Whitman-Reverenz. Welks Verse jedoch antizipieren bereits die erst viel später einsetzende allgemeine Amerika-Kritik.

Wenn Ehm Welk mit dieser persiflierenden Zustandsschilderung von dem Gastland Abschied nahm, so war dies – auch in einem politisch-moralischen Sinn – ein Abschied für immer. Der politische und moralische Erosionsprozeß, dessen allmähliches Fortschreiten Welk ein halbes Jahr verfolgte, der Befund, daß in „Gottes eigenem Land" Moral und Politik weit auseinanderklaffen, motiviert die Resignation und die prononcierte Illusionslosigkeit, mit der Welk das Schiff besteigt, das ihn wieder nach Europa bringt.

Ehm Welks Skepsis gegenüber diesem ambitiösen Land, dem schon damals die glitzernden Klischee-Etikettierungen „Neue Welt" der „unbegrenzten Möglichkeiten" versagt wurden, bleibt ein Leben lang in vielen Äußerungen verwahrt und aufgehoben.

Seit ich Manhattan so gesehen habe, meinte Welk sarkastisch 1923, *halte ich den Nebel für eine der kostbarsten Erfindungen Gottes. Und als ich New York kennengelernt hatte von der Verlogenheit seiner gotischen Geschäfts-Kathedralen bis zu der Ehrlichkeit seiner Schmutzhütten auf der East-Side und wieder mich näherte von außen ..., bannte mich immer wieder diese unerhörte Zeichnung in Goldgrau, aber jedesmal mehr anerkannte ich auch die Weisheit Gottes, der zu den Menschen den Nebel schuf.*

Was sich hier noch wie Gesten der Betroffenheit und Irritation ausnimmt, 1950 ist, beispielsweise, dafür kein Platz mehr. Der Schriftstellerin Karla König schreibt der Autor in ein Exemplar seines Buches „Der Nachtmann": *Wäre Goethe 1749 in Amerika geboren worden, hätte die Welt 1949 kein Goethe-Jahr zu feiern gehabt. Gruß an Thomas Mann.*

1923 sprach Welk von seinen mißglückten Versuchen, Amerika zu lieben, das Wesen des amerikanischen Volkes zu erobern: *Dreimal hatte ich den Versuch unternommen, und auf dreierlei Art – dreimal wurde ich abgewiesen oder enttäuscht. Ich bin Gast gewesen bei liebenswürdigen Amerikanern, und sie haben mir voll Stolz ihr Land und ihre Leute gezeigt. Diese Art der europäischen Reisenden, Amerika von oben kennenzulernen, war verkehrt, ich fühlte es.*

Ich bin unter die Arbeiter gegangen im Hafen, in der Fabrik, auf der Farm, in Büros. Diese Art, Amerika kennenzulernen von unten, war besser als die erste, aber wie die Vogelperspektive genügte auch die Maulwurfperspektive nicht, das Gesamtbild und seine treibenden Kräfte zu übersehen und zu erkennen.

Der dritte Weg des ganz auf sich gestellten, tendenzlosen Beobachters und Wanderers, des bewußt Liebenden und unbewußt Leidenden, war sicher der beste; er förderte die Erkenntnis ungemein, die Liebe freilich nicht.

Da stand ich nun noch immer als ein Fremder, angezogen von dem praktischen Sinn, der Urwüchsigkeit und Frische, der Liebenswürdigkeit und Kürze im geschäftlichen Leben, der Aktivität, der individualistischen Einstellung zum Leben, der Demokratisierung der Arbeit, der blendenden Organisation der Wirtschaft, dem Wohlstand und Reichtum; und abgestoßen von der Nüchternheit dieses Treibens, dem materiellen Streben, der Rücksichtslosigkeit, der Seichtheit des Familien- und wirtschaftlichen Lebens und der Bildung, der Weitschweifigkeit im politischen und kirchlichen Leben, der Schamlosigkeit der sexuellen Heuchelei, der Ausbeutung des Arbeiters, des furchtbaren Elends der Schwachen und Alternden.

Dies ist eine Stelle aus dem Skizzen-Buch „Ich sah Amerika“, sie steht neben denjenigen, die wir schon zitierten, und anderen, die ausgespart bleiben können, die aber allesamt immer wieder Welks Enttäuschung über Amerika bestätigen.

Aber da findet sich in einem Brief vom August 1923, aus New York an die spätere Frau gerichtet, auch ein Satz, der nicht überlesen werden darf. Ehm Welk gesteht noch jenseits des Ozeans: *Ich will drüben politisch wirken, bin hier zum überzeugten Sozialisten geworden. Endlich!*

Zunächst jedoch gab es Wichtigeres zu tun. So streifte denn auch der *überzeugte Sozialist* das von Inflation und Krisen durchschüttelte Deutschland nur mit einem Blick. Magisch angezogen wurde er hingegen von der Frau, die bereits in Amerika mit einer Aureole von Glück, Geborgenheit und Erfolg umgeben worden war. Und auch Agathe Hofmeister, geborene Lindner, wartete in Berlin derweil voller Sehnsucht auf den Heimkehrenden. Wen überrascht es da, wenn Ehm Welk, gleich am 3. November 1923, nachdem sein Schiff am Überseekai in Hamburg festgemacht hatte, mit dem nächsten erreichbaren Zug nach Berlin fuhr.

Auf den Tag genau fünf Monate später heirateten in Berlin Agathe Hofmeister und Ehm Welk. Für beide hing von nun an der Himmel voller Geigen. Von den Voraussetzungen her entsprachen und ergänzten sie sich wie wohl selten ein Paar. Um begreiflich zu machen, warum Ehm Welk dieser Frau zeitlebens vollkommen verbunden blieb und warum Agathe Welk ihrerseits voraussetzungslos dem Manne angehörte, sei an dieser Stelle einiges notiert.

Fragen wir uns also, was sie für ein Mensch war, diese Lebensgefährtin Ehm Welks. Wir können es nicht anders ausdrücken: sie war eine ganz und gar ungewöhnliche Frau. Ihr Wesen prägten kühler und scharfer Verstand, Energie und eine bis zum Überschwang gehende Empfindungsfähigkeit. Die Jugend dieser Frau, die am 27. April 1892 in Berlin geboren wurde, war freudlos. Der früh verstorbene Vater, Brauereidirektor, hatte seiner Frau und den vier Kindern so gut wie nichts hinterlassen. Agathe Lindner schreibt über ihr Leben: „Meine Mutter hatte nie einen Beruf erlernt, war aber überaus fleißig, erschreckend ordnungsliebend und ziemlich streng. Eigenschaften, von denen sie mir leider ein gutes Teil vererbt hat. Das hingegen, was man auf Berlinerisch das Köppchen nennt, also das Geistige und der Witz, stammt vom Vater." Die ihr in der Jugend anerzogene Ordnungsliebe ging weit, so weit, daß man im Hause Welk nie nach irgendeinem Gegenstand suchen mußte, es sei denn, er gehörte Ehm Welk. Agathe Welk erleichterte ihrem Mann die Arbeit, und sie war es auch, die schon sehr früh sein Talent als Erzähler erkannt und die ihn veranlaßt hatte, sich ganz der schriftstellerischen Arbeit zu widmen. Zweiundvierzig Jahre von zweiundachtzig lebte Ehm Welk an der Seite dieser Frau, kaum einen Tag während der vier Jahrzehnte wich sie von ihm. Ihr Platz im Leben des Mannes stand sehr bald und unverrückbar fest: die ideale Lebensgefährtin und Frau des Hauses, die dem Ganzen – auch in Repräsentationsdingen – vorstand und dem später namhaften Autor alle Tageslästigkeiten fernhielt; Geliebte, Sekretär, Kamerad und erster Kritiker. Ehm Welks Dasein sollte sich durch diese Verbindung von Grund auf ändern, und für

Agathe begann erst 1924, dem Jahr der Eheschließung, ihre „eigentliche Zeitrechnung", wie sie in einem autobiographischen Manuskript bekennt: Hingabe und Aufopferung, Tätigsein und Duldung. Der Mann bezeugte immerwährende Dankbarkeit. *Ihr, Agathe Lindner, meiner späten Ulrike, Liebsten, Kameradin und Trommlerin, mit innigem Dank dieses Buch, das ohne sie nicht entstanden wäre* liest man als handschriftliche Widmung in einem Exemplar der „Heiden"-Erstausgabe. Und in der Erstausgabe der „Lebensuhr des Gottlieb Grambauer" steht: *Mütterchen Ali, die dieses Buch so nachdrücklich anregte, nun es gelang, sagen wir Dank Dir, die uns zwang, nimm drum als Lohn (hast sie ja schon) Vater und Sohn.*

Agathe Welk schuf das Klima, das Schreiben möglich machte, sie zwang ihren Mann mit milder Gewalt zur Arbeit, trotzdem „blieb nicht aus, daß er, der erfolgreiche Schriftsteller, auch meinen Ehrgeiz entfachte". Tatsächlich waren vier Romane und ungezählte, mit reichlich Begeisterung angefüllte Reiseberichte der schriftstellerische Ertrag Agathe Welks, die noch einmal, 1962, mit ihrem autobiographischen Roman „Juliane Wied" Erfolg haben wird. Diese Lebensgefährtin entsprach akkurat dem Bild, das Ehm Welk sich immer von einer Frau gemacht hatte. In ihr begegnete ihm ein Wesen, dem er sich unterzuordnen freien und frohen Herzens bereit war. Der Mann wiederum entsprach in allem dem Bild, das Agathe sich von ihrem Lebensgefährten gemacht hatte. Sie liebte seinen Ernst, der nicht hochmütig war, seine Zweifel, die nicht aus der Unwissenheit kamen, die Heiterkeit, seine Nächsten- und Wahrheitsliebe. Welk war ein Mann mit Widerspruch, doch seine Frau wußte Gegensätzliches auszugleichen. Sie erwiderte die anhaltende Leidenschaft anhaltend und leidenschaftlich. Ohne daß ihr Mann es spürte, lenkte sie die Geschicke mit kühlem Kopf und praktischem Verstand: sie war die Verwalterin seiner Existenz.

Der Zauber unbeschwerter Liebe eröffnete 1924 eine fruchtbare Schaffensperiode. Inmitten der wirtschaftlichen und politischen Wirrnisse hatte Ehm Welk Muße für eine heiter-ironische, galant-frivole, märchenhaft-phantastische Liebesgeschichte in Versen. Im Rausch des eigenen Glücks fand er – so scheint es – Gefallen daran, mit leichter Hand Zeile um Zeile zu reimen. Noch vor der Hochzeit sollte der Geliebten gehuldigt werden. Tatsächlich hatte der „Wundervogel Buribin" vor allem für die beiden Liebenden Bedeutung. Zweifel an der Treue werden geäußert, zu denen Welk irrigerweise glaubte Grund haben zu müssen, und am Sinn der Ehe. Eifersucht ist im Spiel: Welcher Liebende ist schon überzeugt, daß er mit gleicher Aufrichtigkeit wiedergeliebt wird? Die Unsicherheit ist alltäglich.

Einen Liebesroman in Versen nennt der Autor sein kleines Poem. Der Inhalt ist schnell erzählt: Ein Dichter und ein Maler schwadronieren allein und unbeobachtet, wie sie glauben, nachts in einem Wirtshaus. Mit Liebesaffären wird renommiert und mit Abenteuern geprahlt. Dabei stören sie eine junge Frau, die, wohl neugierig geworden, Stunden später zuerst dem Dichter als Wundervogel Buribin erscheint, ihn liebt und sich lieben läßt. Danach verschwindet sie, aber offenbar auf den Geschmack gekommen, probiert sie es noch einmal beim Maler, der sie auch liebt, sie konterfeit und zudem heiratet. Das Spiel ist aus, aus dem Wunder wird der Ehealltag, Buribin ein Ehehuhn, die Liebe bleibt auf der Strecke.

Ein Stück derb-kräftiger erotischer Literatur hätte daraus werden können, Gelegenheit zu mannigfaltigen pittoresken Reflexionen über die Liebe, die Lust und die Kunst des Liebens. Aber geboten werden im Grunde nachgerade jungenhafte Phantasien über Kunst und Sexualität: Blütenträume eines jungen Dichters, die in der eisigen Luft des Spätkapitalismus bereits zu welken begannen. Ein freundliches Wortspiel, das auf die „Buribin"-Figur, nicht aber auf den Dichter selbst zutreffen mag. Es war immer interessant und wichtig zu zeigen, *wie* in einer bestimmten kunst- und menschenfeindlichen Gesellschaft produktive Phantasien zu Jämmerlichkeiten reduziert und Träume erbarmungslos entzaubert werden, und so ist es durchaus folgerichtig, daß die guten und besten Passagen, die ethisch und ästhetisch überzeugendsten Teile im „Buribin“ jene sind, wo der Autor ironisiert, wo er die Figuren und das Geschehen auf Distanz hält, wo der junge Künstler erkennt, daß sein hohes Kunstideal sich in der bürgerlichen Gesellschaft schließlich als Reklameschild für eine Keksfabrik realisiert und die ideale Geliebte sich in ein frustriertes Ehehuhn verwandelt.

Ehm Welk stand auch nach Amerika am Rande der literarischen Spannungsfelder, so begegnete er am Beginn seiner schriftstellerischen Karriere erstmals *bewußt* dem Expressionismus. Das geschah zu einer Zeit also, als die „O-Mensch-Dichtung“ und das Brüderlichkeitspathos längst verhallt waren. In den Jahren 1923 bis 1928 wirkten auf Welk literarische Richtungen, Tendenzen und Moden ein, denen er sich anschloß, ohne sie für sich kritisch aufzuarbeiten. So läßt denn auch der rudimentäre Expressionismus, auf den wir im „Buribin“ einige Male stoßen, Welk durchaus nicht zu einer Gestalt nach-expressionistischer Literatur werden. Die Verserzählung „Der Wundervogel Buribin“ – einen dionysischen Roman nannte ihn der Autor selbst einmal – ist vielmehr privat-persönlich motiviert; einen Beitrag zu einer Literatur, die von Krisenbewußtsein und heftiger Zeitkritik geprägt wurde, hatte der Autor nicht im Sinn.

Welks technisch bemerkenswert routinierte Geschichte in Versen vom „Wundervogel Buribin“ blieb eine Ausnahme. Er selbst hat kurz vor seinem Tode die einundsiebzig Manuskriptseiten noch einmal korrigiert und nachdrücklich um Veröffentlichung gebeten; eine erneute Verbeugung vor Buribin, der eigentlich Alibin heißen müßte. Um so verwirrender ist indessen die Tatsache, daß der „Buribin“-Autor in keinem seiner späteren Bücher einem echten, großen Liebeserlebnis Raum gab. Die Gründe dafür lassen sich aus seinem Leben bestimmt nicht ersehen. Festhaltenswert bleibt dennoch, daß ein unmittelbarer Widerhall der ersten wie der zweiten Ehe – auch aller anderen Freundschaften und Bekanntschaften – in Welks anderen Werken nicht festzustellen ist, überhaupt gibt es in seinem Oeuvre keine einzige überragende Frauengestalt. Durchgängig lassen sich im Werk deutliche Tabus im erotischen Bereich nachweisen. Die Frau erscheint zumeist als mütterliche Randfigur, das Weibliche wird unterbetont, sexuell-erotische Beziehungen fehlen. Die Liebe wird einmal als etwas biologisch Notwendiges für die Fortpflanzung angesehen und zum anderen in Szenen dargestellt, die fast immer einen komisch-humorigen Einschlag haben: als reine Liebe der Kinder, als unglückliche der Erwachsenen, niemals aber als etwas, das nachhaltig alle menschlichen Beziehungen durchdringt. Freilich sind Ehm Welks literarische Lieben und Ehen frei vom Muff und Mief bürgerlichen Scheins. Man ist sich zugetan und bemüht, die guten und nützlichen Seiten der Persönlichkeit zu entwickeln und ein Leben in Harmonie und gegenseitiger Achtung zu führen. Durch sexuell-erotische Konflikte sind diese Bindungen nie verunsichert.

Der Amerikafahrer hatte eine Handvoll Dollars mitgebracht, und obwohl zwei Wochen nach seiner Rückkehr an die Stelle des wertlosen Papiergeldes neue Zahlungsmittel getreten waren, konnte man noch immer mit einem Dollar die „halbe Stadt kaufen". Die junge Liebe hatte also materielle Sicherheit. Unberührt von der andauernden Krise gingen die Eheleute auf Hochzeitsreise: Verona, Florenz, Fiesole, Rom, Neapel, Capri, Sizilien, Venedig. Erlebtes wurde niedergeschrieben und von deutschen Zeitungen gedruckt. Die romanischen Capricen bereiteten Freude und heitere Stimmung. Von Politik war natürlicherweise nicht viel die Rede, aber der aufkommende Faschismus wurde registriert. (In der Berliner Zeitung „Die Welt", deren verantwortlicher Chef für Politik Hellmut von Gerlach war, schreibt Welk am 7. Juli: *Der Faschismus ist an sich eine ausgesprochen italienische Erscheinung!)*

„Sonnenregen"-Sonette entstanden, Fotos und Hunderte von Feuilletons: die Sonne scheint und der Himmel ist blau, die Landschaft wird erwandert, Bildung erworben mit Fleiß und nach Plan: Frau Agathe ist Schülerin und Lehrerin zugleich. Jeder Tag ist Bestätigung der Harmonie und des Glücks im Alleinsein zu zweit.

Rückkehr nach Berlin, im Mai 1924: Ehm Welk ist freier

Schriftsteller, ab und an schreibt er für Zeitungen und Zeitschriften, weniger für den Broterwerb, vielmehr um journalistisch nicht aus der Übung zu kommen. „Schwarzbrot“ heißen „Vier Kapitel aus der arbeitenden Großstadt“ Berlin, vorgetragen im Leipziger Sender, später Titel eines Schauspiels, das nie aufgeführt wurde. Er schreibt auch Rezensionen, darunter eine von besonderer Bedeutung: Sie gilt dem größten literarischen Repräsentanten der revolutionären Sowjetunion: „Maxim Gorki oder Der Wanderer in den Morgen“. Unter dem Titel „Wanderer in den Morgen“ war 1926 die erste deutschen Ausgabe von Gorkis „Meine Universitäten“ in Berlin erschienen.

Im Oktober 1923 hatte Ehm Welk Konzentrationsmängel und *angeborene Trägheit* beklagt. Nun aber, in Berlin, war er in körperlicher und geistiger Hochform: Mit exorbitanter Arbeitslust machte er sich daran, Deutschlands Hauptstadt zu erobern.

Der fast Vierzigjährige hatte manches hinter sich gebracht, dem großen Lebensziel aber war er noch nicht näher gekommen. Nun wurden ehrgeizige Pläne entworfen, Stücke für das Theater skizziert. Zwischen den Eheleuten wird die Arbeit geteilt: Agathe, gutbezahlte Korrespondentin bei der Berliner Carl Lindström Aktiengesellschaft, bestreitet den Lebensunterhalt in den ersten Ehejahren, Ehm, frei von äußeren Zwängen, liest, recherchiert, konzipiert.

Welks Diktum, in Amerika formuliert: *bin hier zum überzeugten Sozialisten geworden,* mußte nun die Tat folgen, der Vorsatz in Deutschland politisch zu arbeiten, realisiert werden. Ehm Welk ist jedoch, nehmen wir es vorweg, dieser Verpflichtung im folgenden Jahrzehnt nur partiell nachgekommen. Für ihn hieß Sozialismus, *Gerechtigkeit in die irdischen Dinge* zu bringen. Orplid ist dabei im Spiel, die Sehnsucht nach einem leuchtenden Land, das deutlich die Züge einer Utopie trägt. Daß um einer gerechten Ordnung willen die Macht der Bourgeoisie mit Gewalt gebrochen werden muß, kann Ehm Welk – auch nach Amerika – nicht einsehen. Der Notwendigkeit, sich politisch zu organisieren, stellt er den *Ekel vor dem . . . Parteigetriebe* entgegen.

Klassenkampf heißt für ihn „Klassenhaß", der aber ist ihm zuwider.

Kann es ein gewaltigeres und größeres Problem für den Künstler geben, schreibt Welk in der „Braunschweigischen Landeszeitung" im Jahre 1928, *als ... die sozialen Verhältnisse zu verbessern, die Menschheit zu befreien aus persönlichem Eigennutz, aus Klassen- und Rassenhaß, aus Ausbeutung und Knechtschaft und sie emporzuheben zu gesteigertem Kulturgefühl, zur Lebensfreude, zum Gemeinschaftsleben.*

Und: *Damit der Mensch die Schönheit erschaffe in der Natur und in der Kunst, muß er leben! Und damit die Menschen die Schönheit genießen, müssen sie freudig leben. Das Fundament aber aller Lebensfreude ist ein ausreichender Lebensunterhalt, ist die Möglichkeit, freie Zeit und Mittel zu haben, mit den Äußerungen einer gesteigerten Kultur – also auch mit Kunst und Schönheit – bekannt zu werden. Alle Wege führen immer wieder auf den einen Punkt: Man erhöht den Kulturzustand eines Volkes und sein Wohlgefallen am Leben, man erhöht den Stand seiner Kunst und die Fähigkeit sie zu genießen, wenn man den Lebensstand der Menschen erhöht.*

Welks Sozialismus-Vorstellung ist verworren. Sozialist zu sein ist für ihn vor allem eine Frage der Moral, die auf Werten wie Gerechtigkeit, Unbestechlichkeit, Fairneß, Loyalität und Aufrichtigkeit beruht. Moral: das ganz Private, das ganz unpolitisch ist? In Ehm Welks damaliger rigoroser Subjektivität hatte die Erkenntnis, daß das Wesen, die Normen und die Prinzipien der Moral von den jeweiligen konkret-historischen Verhältnissen bestimmt werden, noch keinen rechten Platz.

Auch Berlin führte Welk nicht in den Kampf, an die Seite des Proletariats und dessen Partei. Gleichzeitig aber engagierte er sich mit seiner ganzen Persönlichkeit für das, was er für richtig hielt. Welk war – auf seine Weise – ein „Gefühlssozialist", er wirkte und lebte allein, außerhalb aller Gruppierungen politisch Gleichgesinnter und literarischer Kreise. Sein „Liebesanspruch an die Welt" war größer denn je geworden. Wird er sich erfüllen? Bewegte Jahre stehen ihm bevor. Er wird seine Kraft brauchen, um die Zeit des Lebens in Leben zu verwandeln.

Die Sache der Armen kann nicht gelingen, wenn sie mit Sanftmut geführt wird.

Vierte Station
Versuche mit dem Theater

Ich begann meine Versuche als Dramatiker mit einundzwanzig Jahren, und zwar, wie so viele junge Autoren, mit einem Seeräuberstück, schreibt Ehm Welk im Jahre 1956 an Edith Krull. *Seit meinen Knabentagen hatten mich nämlich die Vitalianer interessiert; aber nicht, weil sie Seeräuber waren, sondern weil sie durch die Gründung eines Bundes und die Beachtung frühkommunistischer Lebensformen versucht hatten, der kapitalistischen Machtpolitik der Kaufleute, also der Hanse, etwas für mein Empfinden ethisch Höheres entgegenzusetzen. Wie die Schriften hießen, aus denen ich meine Knabenweisheit zog, kann ich nicht mehr sagen. Es waren aber Auszüge aus der Hamburger Chronik dabei. Und so schrieb ich also nach Aufgabe meiner ersten Chefredakteur-Tätigkeit, wohnend zwischen Bremerhaven und Cuxhaven, an der Unterweser bei einem Fischer, mein erstes Theaterstück, das damals schon den Namen „Gewitter über Gottland" trug. Es war ... in Jamben gedichtet und trug als einziges modernes Merkmal lange Abschnitte in doppelt gereimten Daktylen.*

Die jugendliche Kapriole von 1906 war nicht vergessen. In Berlin-Friedenau schrieb Ehm Welk von Sommer 1924 bis Frühjahr 1926 zwei Theaterstücke. Das Schauspiel „Gewitter über Gottland" erschien 1926 als Bühnenmanuskript im renommierten S. Fischer Verlag; „Kreuzabnahme", Tragödie in zwei Teilen, veröffentlichte 1927 die Volksbühnen-Verlags- und Vertriebs-GmbH.

Die Jahre zwischen 1926 und 1930 werden im nachhinein oft als die „goldenen Zwanziger" verklärt. Allein, was hier

Gold genannt wird, war in Wahrheit nur der Talmiglanz, den der wiedererstarkende deutsche Imperialismus und das neue Besitzbürgertum um sich verbreiteten. Die schöne „Verbildlichung" soll verdecken, daß diese Republik gekennzeichnet war vom Versagen einer kapitalistischen Wirtschaftsordnung und von der Verelendung der Masse der Lohn- und Gehaltsempfänger und der Proletarisierung großer Teile des Kleinbürgertums. Der in Weimar „gegründete" Staat war der Form nach eine Republik, doch die alte ökonomische Basis blieb erhalten, und der reaktionäre Geist war ungebrochen. Die einzige Alternative bot die Kommunistische Partei Deutschlands. Sie sah ihre Aufgabe darin, die Arbeiter und Angestellten in Stadt und Land, die Kleinbauern und die Intellektuellen vor einem neuen Krieg und dem Untergang zu bewahren, indem sie alle werktätigen Schichten unter Führung des Proletariats mobilisierte, die Illusionen über die bürgerliche Demokratie zerstörte und vor der Gefahr des Faschismus warnte. Sie führte die Massen in einer mächtigen demokratischen Volksbewegung in den Entscheid gegen die „Fürstenabfindung", 14,5 Millionen stimmten 1926 für die Enteignung, das waren vier Millionen Stimmen mehr, als KPD und SPD zusammen bei den letzten Reichstagswahlen bekommen hatten. In der „Antifaschistischen Aktion" schuf die KPD Ende Mai 1932 „ein überparteiliches Sammelbecken" (Ernst Thälmann) für alle kampfbereiten Antifaschisten.

Ende 1923, Anfang 1924 begann jene neue politische Periode, die bis zum Ausbruch der Weltwirtschaftskrise im Jahre 1929 dauerte: die „relative Stabilisierung des Kapitalismus". Der deutsche Imperialismus konnte sich politisch und wirtschaftlich weiter stärken. Der Dawesplan verband die deutsche Wirtschaft mit der amerikanischen und englischen, die Industrie begann wieder aufzurüsten, amerikanische Monopole überfluteten Deutschland, die Arbeiterklasse hatte nunmehr zwei Gegner: die deutsche *und* die ausländische Bourgeoisie. Konjunkturelle Hochzeiten verdeckten alte und neue Widersprüche des Kapitalismus, der Imperialismus maskierte sich, und die Exponenten des rechten

Flügels der SPD-Führung und der Gewerkschaften halfen dabei. SPD-Vorstandsmitglied Friedrich Stampfer, seit Herbst 1916 Chef des Zentralorgans „Vorwärts", sprach es aus: „Die soziale Revolution ist immer nur eine Fortsetzung der bürgerlichen, nicht ihr Widerpart", was im Klartext nichts anderes bedeutet, als daß die Politik der SPD-Führer jene Tendenzen und Kräfte innerhalb der Partei förderte, die auf eine enge Kooperation mit den bürgerlichen Parteien aus waren: also keine Zusammenarbeit mit den Kommunisten, keine definitive Entscheidung über ein Zusammengehen mit ihnen zur Überwindung der Spaltung der Arbeiterbewegung; ja Ablehnung eines Bündnisses auch zu einem Zeitpunkt, als es um die Rettung der bürgerlichen Republik vor der braunen Diktatur ging.

Als Ehm Welk sich Ende 1923 in Berlin niederließ, waren die Zeiten der literarischen „O-Mensch"-Ekstase vollends vorüber. Ein „neuer Realismus", der die Melancholie einer von der Revolution enttäuschten Intelligenz spiegelte, löste den emphatischen Expressionismus ab, er nannte sich „Neue Sachlichkeit", und sein Ziel war die Darstellung der gesellschaftlichen Gegenwart, seine Ausdrucksform war die Dokumentation und seine Schutzgottheit Amerika. Der amerikanische Pragmatismus triumphierte, und die neue Technik wurde angebetet. Die „Entsprechung auf dem Gebiet des Theaters war", wie Ernst Schumacher ausführt, „das Schreiben von ‚Zeitstücken', beispielsweise über die Jagd nach Öl auf den Weltmärkten, Giftgas, Krieg, Frieden, Klassenjustiz, Abtreibung, die Todesstrafe, die bürgerliche Moral".

In der gesellschaftspolitischen Auseinandersetzung jener Jahre war das Theater ein wichtiges Forum. Das sowjetische Theater, mit den Regisseuren Stanislawski und vor allem Meyerhold, hinterließ tiefe Spuren: als Wsewolod Meyerhold anläßlich eines Berliner Gastspiels seiner Truppe die Frage gestellt wurde, worin sich seine Schauspieler von den westeuropäischen unterschieden, antwortete er: „Durch zwei Dinge. Erstens dadurch, daß sie denken können, zweitens dadurch, daß sie materialistisch, nicht idealistisch denken." Auch in Deutschland bildeten sich Ansätze eines proletarischen Theaters heraus. Béla Balázs, Bertolt Brecht, Ernst Busch, Hanns Eisler, George Grosz, John Heartfield, Wolfgang Langhoff, Hans Marchwitza, Otto Nagel, Hans Otto, Erwin Piscator, Hans Rodenberg, Helene Weigel, Friedrich Wolf und andere hatten miteinander und untereinander vielfältige politische und künstlerische Berührungspunkte. Stimulierender Teil ihres ästhetischen Konzepts war, bei allen Unterschieden, die von Karl Marx erschlossene Dialektik von Notwendigkeit und Freiheit, materieller Reproduktion des Lebens und eigentlicher „menschlicher Kraftentfaltung".

An diesem politischen Leben nahm Ehm Welk nicht teil, und auch vom bürgerlichen Kulturbetrieb hielt er sich fern. Beides, fand Welk, war nicht seine Sache. Wohin diese beinahe abenteuerliche Meinung führte, werden wir miterleben. In seinen eigenen Erinnerungen und Betrachtungen, dies soll vorweg doch gesagt werden, liegt das vielverästelte Lebenswerk in diffusem Halbdunkel, vor allem die Zeit bis 1945. Da stimmt das uns Bekannte, wie wir schon einmal rekonstruiert haben, nicht so recht mit der Wirklichkeit überein. Andererseits wollen wir nicht alles gleich wichtig nehmen und auch nicht mit epischer Behaglichkeit erzählen, dennoch hat der Biograph Weiträumigkeit akzeptiert und ein besonderes Maß an Mühe und Aufmerksamkeit gerade auf jene „Stationen" verwandt, deren Konturen bislang von Anspielungen und Mehrdeutbarkeiten verdeckt wurden.

Damit sind wir bei Welks Theater-Ambitionen. Dort geht seine Lebensgeschichte weiter.

Die Leidenschaft und das Selbstvertrauen, mit dem der Unerfahrene sich dem Theater zuwandte, erheischt Bewunderung. 1960 bekannte Welk, daß es für ihn damals keinen *besseren Weg zur Förderung* des Zieles, politisch zu arbeiten, gegeben hätte als das Theater. Und er setzte hinzu: Das Thema, das dem „Gewitter über Gottland" zugrunde liegt, *hat mich, wie Dutzende von Schriftstellern vor mir, ein Leben lang verfolgt.* Welk hatte recht, Theodor Fontane, zum Beispiel, plante etwa ab 1880, „den Störtebeker Stoff episch zu behandeln, und zwar als Novelle in der Nachbarschaft von ‚Grete Minde' und ‚Ellernklipp'. Ein großer parabolischer Roman sollte entstehen, eine poetische Auseinandersetzung mit der Gegenwart. Im Herbst 1894 hatte Fontane in einer seiner letzten Theaterkritiken das Fehlen einer revolutionären Konsequenz in Gerhart Hauptmanns ‚Die Weber' bedauert. Sein eigenes Vorhaben, dessen war er sicher, würde daran nicht kranken: ‚Ich will einen neuen Roman schreiben (ob er fertig wird, ist gleichgültig), einen ganz famosen Roman, der von allem abweicht, was ich bisher geschrieben habe, und der überhaupt von allem Dagewesenen abweicht. Er heißt «Die Likedeeler».'" (Hans-Heinrich Reuter „Theodor Fontane".)

1959 schrieb Kurt Barthel (Kuba) die dramatische Ballade „Klaus Störtebeker", ein Massenspiel, das Traditionen der kommunistischen Agitations- und Spielgruppen der zwanziger Jahre weiterführte. „Kuba folgt in seiner Darstellung Störtebekers einer Überlieferung", schreibt Hans-Joachim Bernhard, „wonach dieser Bauernknecht aus Ruschwitz auf Rügen war. Dieser Ansatzpunkt erweist sich für den realistischen Gehalt der Dichtung als äußerst bedeutsam, denn im Vorspiel der dramatischen Ballade vermag Kuba so die Lage der zahlenmäßig stärksten Klasse jener Zeit, der Bauern, in die Gestaltung einzubeziehen . . ."

Welk folgte dieser Überlieferung in seinem Stück „Gewitter über Gottland" nicht. Er hatte ein anderes Konzept, das er in einer Arbeitsskizze wie folgt umriß: *An den deutschen Küsten der Ostsee und der Nordsee, auf Rügen, in Südschweden, Dänemark und dem Baltenland ist über 500 Jahre unter Fischern und Schiffern das Andenken lebendig geblieben an dunkle Persönlichkeiten, ihren Bund, ihre Taten: an Michelssen, Störtebeker, an die Vitalianer oder Likendeeler. . . . (–) Die Hanse, großmächtiger Bund der Handelsstädte . . ., bestand 400 Jahre: von 1250 bis 1669; der Bund der Vitalianer, grimmigster Feind der Hanse, bestand nur 35 Jahre: von 1390 bis 1425. Von der Hanse ist im Volk nichts übriggeblieben als das Etikett „Hanseatengeist" und die Phrase der Geschichtsbücher, die Hansezeit sei die Blütezeit deutschen Bürgersinns, Städtefleißes, Festigung des neuen deutschen Nationalgefühls und der großen, weit-*

schauenden Persönlichkeiten gewesen. Von den Vitalianern blieb übrig in Sagen und Liedern die Vorstellung wilder, kühner Männer, ihrer Todfeindschaft gegenüber allen Reichen und Mächtigen, ihres Gemeinschaftssinns und ihrer Freundschaft zu Armen und Notleidenden ... (–) Das vierzehnte Jahrhundert, besonders die zweite Hälfte, war ausgefüllt mit schwersten sozialen Kämpfen und blutigen Aufständen. Das Römische Reich deutscher Nation war im Verfall ... Kaiser Karl IV. mehrte nur seine Hausmacht. Ewig in Geldnot, verschacherte er an Kurfürsten und Erzbischöfe deutsches Land. Die Fürsten wieder verkauften Privilegien an die Städte und erpreßten Steuern; die entwurzelte und verarmte Ritterschaft war ein Schrecken des Landes. Aber auch die Städte hatten ihre Not: die Zünfte ... wollten der Willkürherrschaft der Patrizier im Rat ein Ende machen, erstürmten Rathäuser, siegten oder wurden besiegt. Galgen, Rad und Schwert kamen nicht zur Ruhe. Wo sich die Zünfte behauptet hatten, wurden sie fast immer durch Machtspruch der Fürsten aus dem Rat wieder vertrieben und furchtbarer Rache preisgegeben ... (–) Zu Tausenden wurden die Handwerker mit Weib und Kind aus den Städten geworfen. Sie zogen aufs Land und vermehrten das Elend der Bauern. Der Landmangel, die Teilung der Wirtschaften unter den Söhnen hatten ein furchtbares Landproletariat geschaffen. Den Bauern wurden immer mehr Rechte genommen, neue Fronden wurden eingeführt, die Leibeigenschaft vom Grundbesitzer wurde allgemein. In der Ausbeutung des Volkes gingen Städte und Rittertum, sosehr sie sonst Feinde waren, überein ... (–) In diese Zeit warf der englische Priester Wiclif die Saat der kirchlichen Reformation und der sozialen Revolution. Hus in Böhmen nahm die Lehre wieder auf, nach ihm Martin Luther. Wiclif war die stärkere Persönlichkeit, er bestritt der Kirche jedes Recht, Eigentum zu haben. Seine Lehre und die wachsende Erkenntnis, daß das Gerede vom sozialen Wert des Erwerbs bewaffneter, selbstsüchtiger Kaufleute Betrug war und Lüge, daß das Recht des Besitzes allein vom Besitz der Macht abhing, führten dazu, daß das gepeinigte arme Volk aufstand ... Scha-

ren von Seeräubern bildeten sich, und als Fürsten, Länder und Städte, ebenfalls bar aller Gemeinschafts- und Eigentumsbegriffe, gegeneinander im Krieg lagen, nahm immer einer gegen den andern die Seeräuberscharen in Dienst, wofür den Freibeutern von verschiedenen Hansestädten noch besondere „Stehlbriefe" ausgestellt wurden. (–) Bis sich das Blatt wendete: Goedeke Michelssen, ein hamburgischer Schiffsführer, sollte Nahrungsmittel (Viktualien) für die Hanse in das von den Dänen belagerte Stockholm bringen. Er meuterte und wendete sich mit seiner Flotte gegen die Hanse, warf sich auf das verfallende Wisby auf Gotland . . ., eroberte die Stadt und gründete den Bund der Vitalianer. Jetzt wurden die Vitalianer zu gemeinen Seeräubern erklärt, aber alle Versuche der Hanse, sie zu vernichten, schlugen fehl. Als der Bund dazu überging, alle Beute zu sammeln und zu gleichen Teilen zu verteilen (Likendeeler), fand er Zulauf und Unterstützung auch außerhalb Gotlands. Ein ehemaliger hamburgischer Stadtschreiber stellte eine Art Verfassung her und hob den Bund aus dem Räuber- und Rebellendasein zu einer kommunistischen Gemeinschaft . . . (–) Die Vitalianer fanden Unterstützung bei der gesamten Küstenbevölkerung, denn sie gewährten den Armen Schutz, rächten Unbill, verteilten Geld- und Nahrungsmittel. Bald hatten sie Burgen und feste Schlösser auf Rügen, in Mecklenburg, Jütland, Schonen, Hadeln und Friesland. Die Hanse wehrte sich erneut verzweifelt gegen die „Pest des Antichrist", schmähte die Lehre der Gleichheit, der Papst ließ den Bannstrahl fallen, aber Bischöfe hoben ihn wieder auf, Herzöge und Fürsten nahmen die Vitalianer in Dienst und Schutz: Wismar, Rostock und eine Zeitlang auch Hamburg kauften gern das Gut. Einen sicheren Halt hatten die Vitalianer an den friesischen Fürsten, die mit der Hanse in schwerer Fehde lagen. Immer neu erscholl das alte Sturmlied: Morde un de Brand, / den leewen God to Frunde / und aller Werlt Fiand!

Ihr bekanntester Führer, Klaus Störtebeker . . ., wurde am 5. Juli 1402 in der Nordsee von einer starken hamburgischen Flotte überrascht . . ., gefangengenommen und in Ham-

burg mit 150 Bundesgenossen enthauptet ... Auf die Kunde von der Hinrichtung Störtebekers weinte das Volk an den Küsten, betete und begann die Vitalianer und ihre Helden in Liedern und Sagen zu besingen. Die Hamburger aber prägten Siegesmünzen mit dem Bilde Störtebekers und nannten sich Erretter der Christenheit. (–) Die Versuche der Hanse, Wisby wieder zu erobern, blieben noch mehrere Jahre erfolglos. 1427 erst gelang es, die Vitalianer gänzlich zu vernichten. Die Ausrottung ihrer Lehre dagegen, die an den Küsten der Ostsee, Jütlands und Schwedens festen Fuß gefaßt und vom Reiche her durch die ähnlichen Tendenzen der Hussiten Verstärkung gefunden hatte, war viel schwieriger: was sich im Bauernkrieg als treibende Kraft zeigte, nährte sich noch aus diesen Wurzeln ...

Gottes Freund und aller Herren Feinde nennt Ehm Welk die Vitalianer in seiner Skizze, die er am 15. März 1927 in der Zeitschrift des Verbandes der deutschen Volksbühnen, acht Tage vor der Uraufführung, veröffentlichte. Welks Aussagen über den Bund der Vitalianer und die Zuverlässigkeit seiner Interpretation sollen nicht untersucht werden, zumal es hier nur wenig historisch zu beweisen gibt. Es bleibt indes unklar, warum er sich die Mühe machte, seine skizzenhaften Überlegungen an die Öffentlichkeit zu bringen. Nochzumal die formulierten Auffassungen und Tendenzen im Stück, das ja zudem schon gedruckt vorlag, unberücksichtigt geblieben waren.

So wird in dem Aufsatz das Entstehen eines *furchtbaren Landproletariats* am Ende des 14. und zu Beginn des 15. Jahrhunderts betont: das Stück hingegen spart diese Problematik aus; *Gemeinschaftssinn* und ein ideales Zusammengehörigkeitsgefühl werden als das Charakteristische jener Menschen beschrieben, die sich von *1390 bis 1425* in dem Bund zusammenfanden: im Stück sind auf Gottland Führer und Masse roh, selbstsüchtig, mißtrauisch, verräterisch und uneinig; *auf die Kunde von der Hinrichtung Störtebekers weinte das Volk an den Küsten:* im Stück ist der „Held des Volkes" eine Existenz, die gescheitert und heruntergekommen ist, ein überall Händel suchender Junker ohne Grund

und Boden. Ihn leiten keine sozialen Impulse, und er ist zutiefst unsolidarisch, allein persönlicher Haß auf die „Pfeffersäcke“ veranlaßt Claus Störtebeker, sich dem Bund der Gleichteiler anzuschließen.

Mit Welks summarischer Skizze hat das Drama „Gewitter über Gottland“ jedenfalls nur bedingt etwas zu tun. Vergessen wir also das in *Gottes Freund und aller Herren Feinde* Gesagte, und halten wir uns an Welks dramatischen Versuch und den „konkreten“ Fall des Aufstiegs und Untergangs einer urchristlich-kommunistischen Gemeinschaft, eines kommunistischen Staatsexperiments mit demokratischer Verfassung. Der Kampf um Gleichheit, Brüderlichkeit und Freiheit soll beispielhaft an einem historischen Modell gezeigt werden; doch die revolutionäre Idee und die bewegte Klage um die soziale Entwürdigung des Menschen wird von vielerlei programmatischen Darlegungen und religiös-philosophischen Diskursen überdeckt. Wortreich und figurenübervölkert fließt die Handlung in alle Richtungen. Die ursprüngliche Stückidee wird fortschreitend durchlässiger. Am Ende bleibt das, was angestrebt wurde, undeutlich, und es wird zur Gewißheit, daß der Autor den selbstgewählten Stoff nicht in den Griff bekommt.

Ganz offensichtlich hatte Ehm Welk die große Bedeutung des Stoffes für die Herausbildung eines materialistischen Geschichtsverständnisses nicht erkannt. Welk hatte damals eine nur sehr verschwommene Vorstellung von jener fundamentalen Erkenntnis, daß die bisherige Geschichte der Menschheit eine Geschichte von Klassenkämpfen ist. Das ist auch der Grund dafür, daß in „Gewitter über Gottland“ die gegensätzlichen Klassenlinien fehlen und die welthistorischen Ereignisse der Zeit, vor allem die siegreiche Oktoberrevolution, im Stück keine Spuren hinterließen. Andererseits haben wir es aber keinesfalls mit einem konventionellen bürgerlichen Geschichtsdrama zu tun, in dem allein der Widerspruch zwischen einer überragenden Persönlichkeit und dem historischen Prozeß dargestellt wird. Um was also geht es?

In „Gewitter über Gottland“ ist es dem – nach handfesten Intrigen – zum Führer der Vitalianer erkorenen

Claus Störtebeker gleichgültig, auf welcher Seite er kämpft, wenn er nur seine ganz persönlichen Ziele verfolgen kann. Er betreibt seine „Rehabilitierung“ als Junker. Die Hanse und die Patrizier, die Fürsten und den Adel haßt er, solange er nicht zu ihnen gehört. Seiner Karriere ordnet er alles unter, als designierter „Herzog von Gottland“ verhandelt er insgeheim mit den Fürsten und der Hanse; um der Heirat mit des Friesenfürsten Keno ten Brokes Tochter willen verrät er schließlich den Bund. Asmus Ahlerich, Unterführer der Vitalianer, erkennt die Bedrohung. Um den Bund zu retten, paktiert er nun mit der Hanse. Hamburgs „Rat“ geht von vornherein mit der Absicht darauf ein, wortbrüchig zu werden. Ahlerich führt sie zu Störtebekers Schiff, die Mannschaft wird überwältigt und zusammen mit ihrem Führer in Hamburg hingerichtet.

Der große Gegenpieler Störtebekers und der einzige, der Gewalt als Geburtshelfer des Neuen für erforderlich hält, ist dieser Asmus Ahlerich, die politisch klarste Figur des Stückes. Vormals Stadtschreiber in Hamburg, ist er jetzt Gottlands ideen- und wortgewaltiges Gewissen, der wirkliche Held des Stückes (der Regisseur läßt ihn zeitweise mit einer Lenin-Maske auftreten). Er ist der Typ des kompromißlosen Revolutionärs, der weiß, daß *die Gemeinen und Geschundenen nur zu erlösen sind durch den Tod ihrer Feinde:* er fordert und bekennt: *Solange ein Mensch ist, der satt ist und in warmer Kleidung, und weiß, daß um ihn Kinder sind und Alte und Schwache, die hungern und frieren, und er tut nicht alles, ihnen zu helfen ...: – er soll seiner Roheit sich brüsten, wenn er ehrlich ist. Redet er aber von Gesittung und Pflichten der anderen und vergeht nicht in Qualen, wenn er ihnen nicht hilft, und fühlt es nicht faulig im Mund, wenn er frißt: die Menschheit, die das nicht erkennt, ist verflucht!!!*

Welk allegorisiert seine Hauptfiguren. Zu dem Pragmatiker der Macht und dem Theoretiker der revolutionären Idee gesellt sich ein philanthropischer Schwärmer: das Schattenmännlein. Es steht verloren zwischen beiden, will Opfer vermeiden und Kompromisse schließen. Es ist das

Lamm, das den Löwen glaubt durch Demut besänftigen zu können. Der Gewalt soll entsagt werden und den Waffen. Auf seine grüblerischen Fragen und seine utopische Friedensidee gibt es für Ahlerich nur eine Antwort: *Alles, was hat, und wenn es nur Scherben hat, ist Todfeind immer noch dessen, der nichts hat.*

Gödeke Michelssen und Magister Wigbold repräsentieren im Stück zwei andere Gegensätze innerhalb des Bundes. Michelssen, der Begründer des Bundes der Gleichteiler, verliert immer mehr an Einfluß, weil ihn eine von Wigbold geplante und herbeigeführte Verletzung kampfunfähig macht und ihn zwingt, die Führung an Störtebeker abzugeben. Freilich ist auch Michelssen die nur wenig überzeugende Figur eines frühproletarischen Führers. Er gründete den Bund, weil er und seine Mannen *schlagen, beuten und teilen* wollten. Die „Übereinstimmung" zwischen ihm und Störtebeker ist auffallend. Nicht nur ihre Denkweise, die den Wert der Erkenntnis nach ihrer Anwendbarkeit auf das „praktische Leben" bemißt, verbindet sie, sondern auch die Haltung gegenüber Macht, Geld und Gütern.

Wigbold dagegen ist eine theatralisch gelungene Gestalt von mephistophelischer Vieldeutigkeit, politisch ein Mann des „dritten Weges" und ein Taktiker. Die vitalianische Idee ist für ihn eine Farce und der Bund nichts weiter als ein „Bettelreich". Welk läßt ihn sagen: *Da mich kein Kaiser, Papst und reicher Mann mit Ehrfurcht erfüllt, sollen Menschen, bloß weil sie arm sind und hungern, mich blind machen und Verehrung haben? ... Ihr faselt ... von Gleichheit, Recht und Freiheit. Wie ein Krämer von Handel, Ehr und Vaterland. Da wär zu bemerken: Erstens: Gleichheit, das ist ebenso gleiche Knechtschaft wie gleiche Freiheit. Dieweil nun aber die Menschen nicht gleich sind, niemals und nirgends, nicht im Besitz und in Art nicht und Können, wäre, zweitens: gleiches Recht für alle ein Unrecht! Ohne Ungleichheit gäb es überhaupt kein Recht. Somit wäre, drittens: gleiches Recht erste Verletzung der Gleichheit! Könntet ihr sie nun alle gleichmachen, dürfte es von Stund an kein Recht mehr geben.*

Somit würde, viertens: jeder nur sich zu gehorchen haben! Es wäre dann fünftens: jeder Mensch in Wahrheit frei, aber es zerfiele dabei sechstens: Bund oder Staat. Daraus wieder ergibt sich, siebentens: daß es in der Welt überhaupt keine Freiheit geben kann, keine Gleichheit und kein Recht!

Wigbold verkörpert so in „Gewitter über Gottland" die politische Gegenposition. Seine zynische Dialektik demoralisiert den „Bund" und seine Anhänger.

In „Gewitter über Gottland" agieren die „Ritterlichen und Bürgerlichen Leute" nur am Rande. Die Zersplitterung der herrschenden Stände und die föderalistischen Bestrebungen der Fürsten gegenüber der Zentralgewalt des Reiches werden nur angedeutet. Auch die uneinigen Bürger sind machtlos, und die „niedrigen Zünfte" können sich nicht befreien. Allein der Ratsherr Philipp Fölsen, eine vom Autor leider arg vernachlässigte Figur, nimmt jene neuen Ideen voraus, die ein Jahrhundert später zur frühbürgerlichen Revolution führen.

Eine weltanschaulich und theatralisch eindrucksvolle Passage ist der Weltliteratur entlehnt: Die große Rede des Abts gegen Christus und für die Erhaltung institutioneller kirchlicher Macht im IV. Bild, von dem Ehm Welk meinte: *Es kann für die Bühne gestrichen werden,* ist an die Großinquisitorepisode in Dostojewskis „Die Brüder Karamasow" angelehnt. Heißt es bei dem russischen Autor: „... denn nichts ist dem Menschen und der menschlichen Gesellschaft je so unerträglich gewesen wie die Freiheit!", so läßt Welk seinen Abt sagen: *Ewig und unveränderlich ist nur die furchtbare Wahrheit vom Menschen: der Mensch ist aus Finsternis, und seine Seele ist eine schwelende Kerze aus Unschlitt und erleuchtet ihn bloß so weit, daß er seinen Himmel kann sehen in Bildern. Ob er ein König oder Kärrner ist: sein Himmel ist niedrig und ist immer nur Futter für seine Lüste! Darum kann er kein Leben brauchen, das ohne Zwang ist und voll Fülle, damit er sich nicht überfrißt, denn immer wird er versuchen, noch an dem erbärmlichsten Leuchten, das in ihm ist, zuerst seinen Fraß zu braten! Des weiteren muß er einen Herrn haben, weil er jeglichen Tag wäre ein Henker seiner Brüder. Und jeder Herr muß einen Herrn haben, der ihn in*

1898, Biesenbrow
Ehm Welk in der Mitte der vordersten Reihe
Oben im Bild Kantor Böttcher,
Urbild des „Kannegießer"

1904, Stettin,
mit Wilhelm Schmidtsdorff

1905, Bremerhaven

1907, Stendal

1910, Braunschweig

1916, Sanatorium Bad Saarow
Ehm Welk: zweite Reihe,
vierter von rechts

1916, Bad Saarow

1919, nach einem Flug
Berlin–Braunschweig

1920, Gemälde von Adolf Quensen, Braunschweig

Etwa 1923

Etwa 1925
Berlin-Friedenau

Ehm und Agathe Welk in Trient
April 1924

In Taormina

Gottfried Welk in Biesenbrow

Ehm Welks Schwester Anna
mit Vater Gottfried Welk

Agathe, Gottfried und Ehm Welk
Berlin-Friedenau

Farbskizze des bulgarischen Malers Anton Doneff

1929, Porträt von John Daehmcke

Etwa 1930
Porträt von Willi Steinert

1930, in Schottland

Picknick am Loch Lomond

1930, in Schottland

1927, Berlin

„Gewitter über Gottland", Szenenbilder Volksbühne 1927

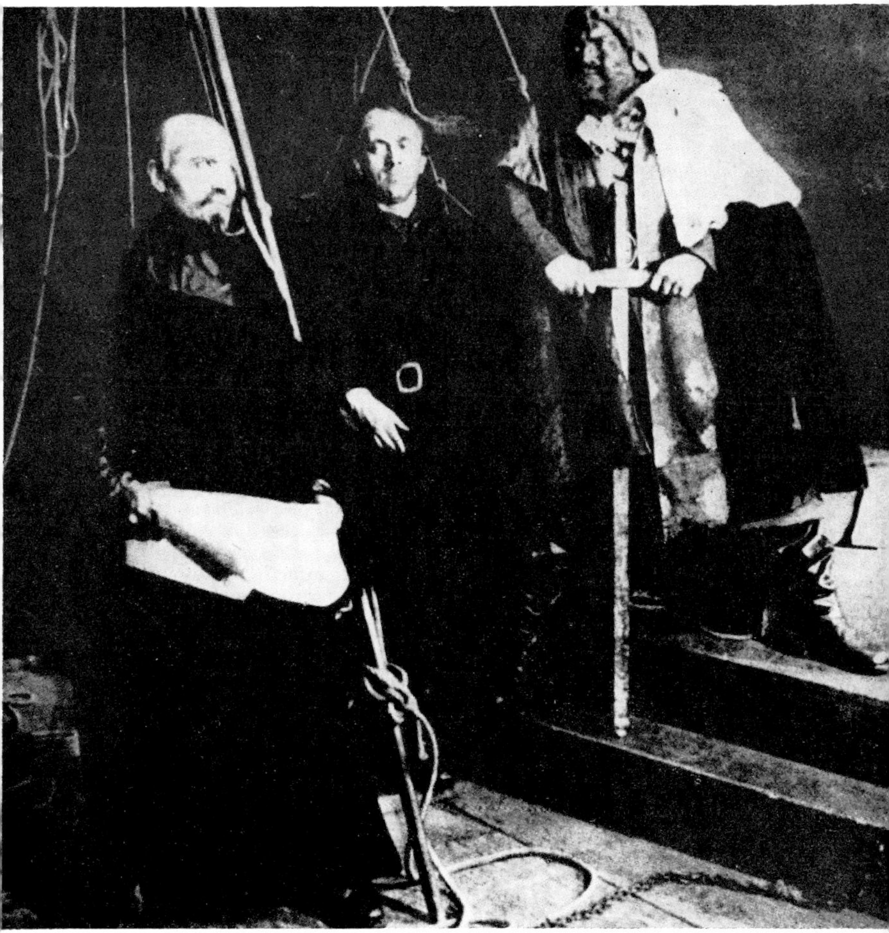

Uraufführung:
Regie Erwin Piscator

Die Eroberung der deutschen Bühne durch die junge Generation

Berliner Illustrierte Zeitung.
4. 11. 1928.

Walter Hasenclever,
…e mit dem Jugenddrama „Der Sohn“ be…ann, dann mit der Heiratsschwindler-Ko…ödie „Ein besserer Herr“ und nun bei …einhardt mit der Komödie „Ehen werden …im Himmel geschlossen“ erfolgreich war.
Phot. Erfurth.

Karl Zuckmayer,
der Dichter des „Fröhlichen Weinbergs“ und des „Schinderhannes“, dessen Artistendrama „Katharina Knie“ mit Bassermann als Zirkusprinzipal zur Aufführung gelangt.
Phot. Binder.

Die jungen Dichter stehen mitten im modernen Leben!

Bert Brecht,
der Autor von „Trommeln in der Nacht“ und „Im Dickicht der Städte“, der jetzt zu einer Musik von Kurt Weill die „Dreigroschenoper“ von Gay modernisiert hat. Brecht zu Besuch bei dem Boxmeister Samson Körner.
Phot. Domker.

In dieser Spielzeit wird man, zwischen Amerikanern, Engländern …d Franzosen, wieder …utsche Dramen an den …ühnen Berlins und …s Reiches sehen; und …ärker als in den letz…n Jahren dringt die …ue Generation vor. …unge Dichter, deren …erarische Geltung …fsicht, und Werdende, …stern noch Unbe…nnte. Walter Hasen…ever, der mit dem …Sohn“ einer der Füh…r des Expressionis…us war, ist jetzt ein …itziger Komödienautor …nd läßt auf den „Besse…n Herr.“ die Komödie „Ehen werden im Himmel geschlossen“ folgen. Leonhard Frank, zum ersten Male auf der Bühne, hat seine Heimkehrer-Novelle „Karl und Anna“ und seinen aufwühlenden Roman „Die Ursache“ dramatisiert. Karl Zuckmayer ist wieder ganz süddeutsch in seinem Schauspiel unter wandernden Zirkusleuten „Katharina Knie“. Brecht hat die exzentrische Kraft und die grellen Rhythmen seiner Songs in die alte englische „Dreigroschenoper“ übertragen. Mit dem Kleist-Preis für 1927 ausgezeichnet, wird „Toboggan“ von Gerhard Menzel gebracht, das Drama vom Fiebertraum des schwerverwundeten Hauptmanns Toboggan, das Erstlingswerk eines Mannes, der noch vor kurzem in Gottesberg in Schlesien ein Kino hatte.

Hans Meisel,
dessen Komödie „Störungen“ das Berliner Staatstheater aufführen wird.
Phot. Lewin.

Richard Duschinsky,
Schauspieler in Berlin, Verfasser des Stückes „November in Oesterreich“, das vom Berliner Renaissance-Theater vorbereitet wird.
Phot. Domker.

Leonhard Frank,
dessen Schauspiel „Karl und Anna“ im Berliner Staatstheater aufgeführt werden wird.

Gerhard Menzel,
der Träger des Kleistpreises von 1927, dessen Drama „Toboggan“ in Berlin mit Rudolf Forster in der Titelrolle gegeben werden wird.
Welt-Photo.

Hans J. Rehfisch,
Dichter von „Wer weint um Juckenack?“ und „Razzia“, der jetzt ein Renaissance-Drama „Aretino“ geschrieben hat.
Phot. Sass Byk.

Ehm Welk,
der Dichter des Schauspiels „Gewitter über Gottland“, dessen Tragödie „Kreuzabnahme“ in der Berliner Volksbühne gegeben werden wird.

Hermann Ungar,
dessen Revolutionsdrama „Der rote General“ mit Kortner in Berlin gespielt wird.
Phot. Binder.

Heute:
Unsere Abenteuer-Serie:
Die Irrfahrt des Major King
Der Wasser-Hunger von New York
Schiff in Not!
Die Eiszeit-Menschen von heute
Gärten neben Schienen
Und noch viele andere Artikel mit interessanten Bildern!

Die Grüne Post

Berlin / 6. Jahr / Nr. 32
Sonntag, 7. August 1932

Sonntag-Zeitung für Stadt und Land

20 Pf.

Die Natur hat tausend Freuden für den, der sie sucht und mit warmem Herzen in ihren Tempel eintritt. Varnhagen

Foto: Agathe Lindner

Ein ? vor, ein ! hinter den Zahlen

Von Thomas Trimm

Berlin, 4. August

I.

Vor dem letzten Sonntag befand das deutsche Volk noch aus lebendigen Menschen, Gestalten aus Fleisch und Blut, deren Verstand oder Gefühl man zu beeinflussen hoffte; heute sind für die Politiker nur noch Zahlen da. Millionenzahlen, Zahlen von Hunderttausenden, Zehntausenden, Tausenden. Die addiert man, mal so und mal so, die Zahlen sollen sich den Hoffnungen und Beschwörungen anpassen, die vor der Wahl auf die Menschen angewendet wurden, aber die Zahlen tun es nicht. Sie haben ihr eigenes Gesetz, und dieses Gesetz kennt in der Prozentrechnung nicht die Zahl 51, oder in Worten: die Mehrheit! Und der Mensch, der Staatsbürger, der soeben noch eins war mit seiner Zahl, steht jetzt daneben und sieht sie an wie einen ausgezogenen Rock, der auf einem Haufen liegt mit Tausenden, mit Millionen anderen Röcken, und mehr oder weniger tüchtige Schneider sind am Werk, Mutter Germania daraus ein Gewand zu machen.

Wird's eine Robe, eine Uniform, ein Gefangenenkleid?

Gebe der Himmel, sie schneidern ihr das, was sie am dringendsten braucht: einen Arbeitsanzug!

II.

Wir, die wir uns auf einer andern Seite des menschlichen Lebens zusammengefunden haben, auf dem Ackerboden für jene Triebe, die man Besinnlichkeit, Verständigungswillen, Natur-, Heimat- und Menschenliebe nennt, wir wollen auch heute nicht politisch werden. Aber wir wollen auch nicht den Mißbrauch gutheißen, den man mit dem Wort „unpolitisch" macht, und der heute beinahe schon so groß ist wie der, den die Parteileute mit dem Begriff „politisch" treiben. Wir sind unpolitisch und wollen es bleiben, aber wir sind es doch nur im Hinblick auf die 12, 22, 32 Parteien und ihre Programme; oder, noch besser: wir sind unpolitisch insofern, als wir uns nicht anmaßen, ein bestimmtes Parteiprogramm zur Richtschnur des

Ich flagge Glück!

VON FELIX LANGER

Freunde aus China schickten mir ein Photo. Es war keines der üblichen Bilder mit zerschossenen Mauern aus den letzten Kämpfen, vielmehr zeigte es eine Straße, vermutlich eine Geschäftsstraße. Sie machte, bewimpelt und mit Fahnen besteckt, den allerfröhlichsten Eindruck, obzwar auch im Fernen Osten die Wirtschaftskrise zu spüren ist und das Gespenst des Krieges mit [illegible] Larve die Stadt umstreicht. Das Bildchen ließ vermuten, es werde grade ein Fest gefeiert, denn auch das (angekreuzte) Haus meiner Freunde war mit Fähnchen geschmückt. Meine Freunde schrieben, daß „die Zeiten" zwar schwer seien, aber man habe die Hoffnung auf bessere nicht aufgegeben. Man richte sich auf kurzfristigere Pläne ein, was vor Enttäuschungen schütze, gleichzeitig aber jedes bißchen Glück mit verdoppelter Freude genießen lasse. Sie hätten ihr Haus [illegible]

Glück ... Ja, ihr lächerlichen Fähnchen in China, dachte ich mißmutig, während ich den Schreiben meiner Illusionen nachsah.

Ich stand am Fenster und die dickgeballten grünen Baumkronen marschierten fröhlich die Straßenzeile entlang, die Luft roch morgendlich feldgewaschen, und der blaue Himmel war von Lämmerwölkchen durchzogen. Ich hielt den ärgerlichen Brief in der Hand, mit galliger Weltanschauung gerüstet für einen verdorbenen Tag. Dieser Morgen aber, mit Farben hingetuscht wie von einem gottbegnadeten Maler, und das Bildchen aus China dazu, gaben mir einen moralischen Ruck, daß ich urplötzlich zum lachenden Philosophen wurde und erkannte: Obwohl die eine Sache schief gegangen ist, an der mein [illegible] Herz und mein [illegible] Geldbeutel [illegible] hing — das Leben ist trotzdem [illegible]

[illegible]

Röten. Wir beweinen die Zukunft schon, bevor wir uns recht in der Gegenwart umgesehen haben, als ob Freude, Glücksgefühl und das Flaggenhissen eines Lächelns Sünde an der Allgemeinheit wären. Und dies war es, diese Erkenntnis, geboren aus einem zauberischen Morgen und lustigen Worten ferner Freunde, die mich antrieb, als ich gerade tun wollte, was diese Zeilen anregen: mißmutig in den hellen Tag zu schauen und verbissene Furchen um den Mund zu vertiefen, weil mir eine verdammt wichtige Sache schief gegangen war. Es gibt tägliches Glück, das wir übersehen und sei es nur der Anblick eines Kindes, das beseligt im Sande spielt, oder eines blühenden Baumes, der wie eine Offenbarung hingebaut ist und blüht und blüht wie Wohllaut des Gesanges aus begnadeter Kehle. Und Abende gibt es, märchenländisch begeisternde Abende, da der Himmel in tönenden Farben aufflammt, die weiche Luft uns wie in Seide hüllt und voll der süßen Düfte ist und die Begriffe Ewigkeit und Zeit für irdisches Fühlen in faßbare Nähe gerückt scheinen.

Das sind Stunden des Glücks, in denen wir flaggen sollten, weil sie unser Lebensgefühl hoch hinausheben über die Niederungen der täglichen Sorgen und uns wieder mutig und stark machen zum Kampf mit dem Drachen Not. Und daß solche glücklichen Stunden fast jedem beschieden sind, wird nur der leugnen, der diese Stunden sich selber verdirbt, indem er sie wegleugnet.

Die Zerstörung der deutschen Literatur

Bücherverbrennung 10. Mai 1933

Konzentrationslager Oranienburg

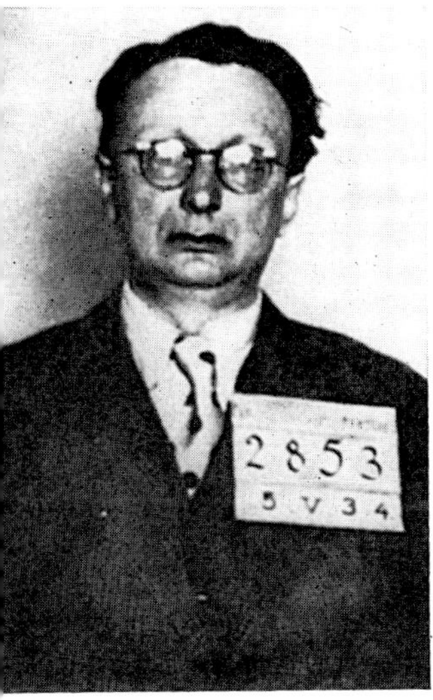

In Oranienburg
Von rechts:
Magnus, Flesch, Giesecke,
Braun, Ebert, Heilmann

Häftling 2853

Der Polizeipräsident in Berlin

An

Herrn Gottfried Welk

in Berlin Steglitz
Spitzstr. 8

Berlin, am 3. 8. 1934.

In Sachen

einer Personenfeststellung

bitte ich um genaue Beantwortung umstehender Fragen und um umgehende Rücksendung unter Benutzung des anliegenden Freiumschlages.

Die Übersendung des Fragebogens erfolgt, um Ihnen zeitraubende Gänge zur Amtsstelle und gegebenenfalls Lohnausfälle zu ersparen.

Im Auftrage

Bülow
Unterschrift

Bearbeitende Amtsstelle:
Alexander Straße Nr. 10
Dienstzimmer Nr. 65
Geschäftszeichen: III 4108/34.

1. Mai 1934: „Schädling am deutschen Volke"
Häftling Nr. 2853

Furcht hält des Leibes oder der Seele. Und der oberste Herr hat auch einen Herrn: die Kirche! Sperr auf dein Ohr, daß du hörst Kirche und nicht Gott! Gott ist ein furchtbares Feuer wie die Sonne, und obwohl sie alle wärmt, kann keiner sie anschaun, noch weiß einer, was sie ist! Aber die Kirche kennt das Licht und Verlangen jeder Seele und gibt jedem nach seinem Bedarf, Schläge oder Liebe, und ist somit gleich darin, so verschieden sie es bemißt!

Anfang März 1927 schrieb Ehm Welk in der Zeitschrift der „Volksbühne": *Die „romantische" Vergangenheit ist grausam nüchtern und gegenwärtig: Was sich heute als kapitalistische Selbstsucht, bürgerliche Republik, als Kommunismus, Sozialismus und pazifistische Ekstase offenbart, als kirchliches Versagen, entwurzeltes Kriegertum, zerfallende Monarchenherrlichkeit, als darbendes, rechtloses Stadt- und Landproletariat, das war in gleicher Weise, nur primitiver begründet und begrenzt, schon vor fünfhundert Jahren Gesicht des deutschen Volkes. So stark war diese Ähnlichkeit, daß sogar der Antisemitismus nicht fehlte.*

Nun gab es in den zwanziger Jahren nicht wenige Stückeschreiber und Erzähler, die den Kampf der Arbeiterklasse, ohne bürgerliche Positionen zu verlassen, mit Sympathie betrachteten oder zurückhaltend bejahten. Aber thematisch beschäftigten sie sich zumeist mit „innerbürgerlichen" Problemen: dem Verfallsprozeß der bürgerlichen Klasse, der materiellen und geistigen Unsicherheit „kleiner Leute", den Lebensverhältnissen der herrschenden Klasse während des Kaiserreiches und in der Weimarer Republik. Für die politische und künstlerische Entwicklung dieser Autoren waren einerseits ihre Hinwendung zu demokratischen Ideen und ihr soziales Mitgefühl charakteristisch, während sie andererseits für die historische Notwendigkeit des Klassenkampfes wenig Verständnis aufbrachten. Aber indem sie sich auf die eigenen, ihnen wohlvertrauten Probleme beschränkten, vermochten sie mit kritisch-realistischer Konsequenz bedeutende literarische Werke zu schaffen. Ehm Welk dagegen griff einen Stoff auf, der im Zentrum sozialer und revolutionärer Kämpfe und Auseinandersetzungen der Vergangenheit und

Gegenwart angesiedelt war (und ist), ohne daß er dafür theoretisch gerüstet war. Die Alternative, die Welk – in abstrakter Form – pointieren wollte, hieß: Selbstsucht oder Gemeinwohl, Realpolitik oder idealistische Traumtänzerei. Ferner ging es ihm um die Frage, wann Gewalt im Namen der revolutionären Gerechtigkeit erlaubt ist. Wer wollte die Brisanz und die politische Aktualität jener Frage bestreiten? Welk selbst unterstrich dies, indem er sein Stück mit einer Zeitangabe versah: *Nicht nur um 1400!* Eine solche Ankündigung ließ vermuten, daß Welk eine Parabel im Sinn hatte, daß er sozusagen ein Modell der Revolution entwerfen wollte. Aber es blieb bei einem abstrakten Versuch, einem Retortenexperiment.

Um an den *Bildern der Vergangenheit Strömungen und Zustände der Gegenwart zu zeigen,* dazu hätte es eines anderen Herangehens bedurft. Welk verneint zwar die Überlebenschance der Revolutions-Idee nicht: Schattenmännlein schleppt sich nach dem Tode von Asmus, die Hände erneut verlangend ausgestreckt, zum Volke hin, aber die Menschen haben nichts anderes im Sinn, als Wein und Fleisch zu plündern. Das Volk gibt sich auf. Das Chaos als Apotheose des Stückes. Im bacchantischen Taumel geht eine Idee unter.

Am Mittwoch, dem 23. März 1927, wurde im Theater am Berliner Bülowplatz, dem edelholzgetäfelten und mit modernstem Bühnenapparat ausgestatteten Stammhaus der Volksbühnenvereinigung, „Gewitter über Gottland“, Schauspiel in zwölf Bildern von Ehm Welk, in der Inszenierung von Erwin Piscator uraufgeführt.

Die Besetzung war glanzvoll, der künstlerische und technische Aufwand außerordentlich. Bedeutende Namen der Schauspielkunst verzeichnet der Programmzettel: Leonhard Steckel als Gödeke Michelssen, Alexander Granach als Asmus Ahlerich, Heinrich George als Claus Störtebeker, Erwin Kalser als Wigbold und Albert Steinrück als Abt. Piscator entwarf Kombinationen von Spielszenen, Filme wurden gedreht, Spielgerüste gebaut, Standprojektionen mit Rahmenbildern und Projektionskulissen installiert. Traugott Müller, neben Caspar Neher der begabteste Bühnenbildner jener Zeit, hatte die Ausstattung übernommen. Die große Bühne war unterteilt in eine „Sprechbühne“ und in ein „Filmbild“:

Gewitter über Gottland

Szenenbild aus Ehm Welks Schauspiel,
das gestern in der Volksbühne seine Uraufführung erlebte.

sechsunddreißig Schauspieler besetzten die Rollen auf der „Sprechbühne", einundzwanzig im „Filmbild". Dazu kamen die Massenszenen: Vitalianer, Fischer, Weiber bei den „Gemeinen Leuten"; Bürger, Zunftgesellen und Frauen bei den „Ritterlichen, Kirchlichen und Bürgerlichen Leuten". Die Musik von Wolfgang Zeller unterstützte das dramatische Geschehen: das Lied der Vitalianer „Siegreich fliegt unser Banner" *(Brüder auf, zu den Waffen, blutig rot steht der Tag! / Mit Händler, Fürst und Pfaffen / zerbricht der Menschen Schmach. / Armer Mann, hör es rauschen, / balde bist du gerächt, / die roten Brüder tauschen / die Herren und die Knecht. / Siegreich fliegt unser Banner, / in den Tod Tyrannei. / Der Bund der Vitalianer / macht alle satt und frei)* übernahm bald nach der Uraufführung der „Deutsche Arbeiter-Sängerbund" in sein Repertoire.

Um die Geschichte dieser Aufführung und schließlich den Eklat zu verstehen, müssen hier einige Bemerkungen über das Theater, das dieses Stück aufführte, eingeschaltet werden. Die „Volksbühne", deren Geschichte hier nicht einmal im Umriß nacherzählt werden kann, war mit der Entwicklung des deutschen Theaters vom Ausgang des neunzehnten Jahrhunderts an eng verbunden. Der „geniale Vollender des großbürgerlichen Theaters" Max Reinhardt, die „farbigste Theaterbegabung aller Zeiten", wie Herbert Ihering ihn bezeichnete, machte Theater für Menschen, die dies Spiel „als Luxus empfanden, als Kostbarkeit, als schönsten Schmuck des Daseins". Die „Freie Volksbühne" hingegen, die sich 1890 konstituierte, wollte, schrieb Erwin Piscator in seinem Abriß „Zur Geschichte des politischen Theaters", „die sozialistische Weltanschauung in geeigneten Werken von der Bühne herab verbreiten", die Idee eines Theaters sollte sich durchsetzen, „das nicht mehr der faden Salongeisterei und Unterhaltungsliteratur, sondern einer nach Wahrhaftigkeit strebenden Kunst" den Vorrang gibt. Das war ein in der Tat ideales Programm, freilich war es nicht nur „ideal, sondern auch idealistisch. Mit dem neuen Kampfruf ‚Die Kunst dem Volke' wird die geistige Plattform der bürgerlichen Gesellschaft nicht verlassen. Kunst, so wie sie von der bürgerlichen

Gesellschaft festgestellt ist, bleibt als Begriff in ganzem Umfange unangetastet . . ."

Gleichwohl gehörte es vor und nach dem ersten Weltkrieg vor allem unter den Mitgliedern der Sozialdemokratischen Partei und ihren Anhängern zum „guten Ton", „Volksbühnen"-Abonnent zu sein. Der „Volksbühnen-Verein" wurde so ein finanziell gut abgesichertes Unternehmen. Schauspieler, Regisseure, Bühnenbildner und technisches Personal brauchten nicht um jene Mittel zu bangen, die die zum Teil höchst aufwendigen Inszenierungen verlangten: die Beiträge der Volksbühnen-Mitglieder, deren Zahl von 1920 bis 1924 noch stieg, waren ein sicheres Polster – hundertvierzigtausend Mitglieder brachten Geld in die Kasse. In der Zeit nach dem ersten Weltkrieg bis zum Jahre 1924 hatte dieses Theater in der Tat eine geradezu exzeptionelle ökonomische Unabhängigkeit. Seit langem verbraucht dagegen war der politisch-weltanschaulich motivierte Wille zur Veränderung. Das Repertoire bestand nach wie vor aus den Stücken progressiver bürgerlicher Autoren, die dreißig Jahre zuvor schon durch die „Freie Volksbühne" durchgesetzt worden waren (Ibsens „Die Stützen der Gesellschaft", „Nora", „Gespenster" und „Ein Volksfeind"; Gogols „Revisor"; Zolas „Thérèse Raquin"; Sudermanns „Ehre" u. a. m.). Die das Leben und die Gesellschaft wirklich prägenden revolutionären Vorgänge, die Sozialistische Oktoberrevolution, die Novemberrevolution, die Gründung der Kommunistischen Partei Deutschlands, der Mord an Karl Liebknecht und Rosa Luxemburg, die Räterepubliken in München und Bremen, der Sturm auf Essen und der Hamburger Aufstand, alle diese Ereignisse fanden in den Spielplänen der „Volksbühne" keine Entsprechung. Jene Gegenwartsstücke, die aus den Lebensbedingungen einer werktätigen und ausgebeuteten Masse ihre Stoffe nahmen und die in ihrem ästhetischen Ausdruck von revolutionären Bewegungen und Aktionen beflügelt wurden, erlebten anderenorts ihre Aufführung. Die „Volksbühne" war von der Revolution „geistig unberührt" geblieben, sie hatte nicht zum „sozialen Engagement ihres Ursprungs" zurückgefunden. In den Jahren eines komplizierten und schweren politischen Kampfes der Arbeiterklasse fehlte ihre Stimme. „Wo ist die Dramatik, wo sind die Stücke“, fragt Piscator 1929, „die diese Bühne hätte schaffen können mit den mächtigen finanziellen Mitteln, die ihre nach Hunderttausenden zählende Mitgliedschaft ihr an die Hand gab? Wo war die blanke Waffe, geschmiedet, um den gordischen Knoten der kapitalistischen Widersprüche und ihres eigenen Elends zu zerhauen? ... Die Volksbühne hatte den letzten Rest kämpferischer Einstellung verloren, war aufgesogen, verdaut vom bürgerlichen Theaterbetrieb.“

Erwin Piscator hatte im Frühjahr 1924 das Stück „Fahnen“ von Paquet in der Berliner Volksbühne inszeniert und dabei „wesentliche Elemente seines ‚politischen Theaters‘ vorweggenommen“. Diese Inszenierung (zufällig war kein Regisseur da, der ein ebenso zufällig angenommenes Stück von Alfons Paquet, betitelt „Fahnen“, hätte inszenieren sollen, schreibt Piscator ironisch 1929) gilt als der eigentliche Beginn eines neuen „Zeit-Theaters“. Paquet, der den antagonistischen Widerspruch zwischen Kapital und Arbeit zeigte – das Stück spielt in den achtziger Jahren des vorigen Jahrhunderts in Chicago, wo die Arbeiter die erste Schlacht für den Achtstundentag schlugen –, hatte Dokumentarisches wie Reden und Presseveröffentlichungen wörtlich in einer bis dahin unüblichen Weise in sein Stück aufgenommen. Das Lichtbild – Fotografien von Arbeiterführern, Trustmagnaten und Polizeifunktionären erschienen auf einer Leinwand – wurde zum ersten Mal in einer Theaterinszenierung verwandt. Die Inszenierung entkleidete den Stoff seiner historischen Unmittelbarkeit, die bestimmenden sozialen und wirtschaftlichen Hintergründe wurden aufgehellt. Paquets „Fahnen“ stand am Beginn von Piscators Volksbühnenarbeit, die mit dem Stück über die Vitalianer von Ehm Welk endete.

In diesen drei Jahren eines „politischen Theaters“ stand die „Volksbühne“ unablässig im Kreuzfeuer der Kritik. Sie, „deren Träger die Arbeiterschaft ist, muß in einem lebendigen, zielbewußten Spielplan eine klare Gesinnung zum Ausdruck bringen ... Da das Theater ein wichtiges Instrument im Befreiungskampf der Arbeiterklasse ist, muß die Bühne den Willen und das Leben des um die Neuordnung der Welt kämpfenden Proletariats widerspiegeln", erklärten am 14. März 1927, neun Tage vor der Uraufführung von „Gewitter über Gottland", die versammelten Mitglieder der Jugendabteilungen der Volksbühne. Freilich hatte diese Jugend ganz und gar nicht die Sympathie des Volksbühnenvorstands, der vielmehr verlautbarte, sie möge sich gefälligst aus der Volksbühne hinausscheren, wenn sie in den Stücken nicht jenes Erleben finde, „das nach der Ansicht des Vorstandes für jedes Mitglied allgemeingültig ist: weil die Volksbühne neutral sein und bleiben" wolle. Kein Zufall also, daß der Kampf bei so sichtlich kontroversen Auffassungen mit aller Heftigkeit ausbrach. Der politisch zwiespältige Volksbühnenvorstand konnte nicht mehr ausweichen, er mußte sich nun stellen.

Piscators Inszenierungen zwischen 1924 und 1927 (beispielsweise „Das trunkene Schiff" von Paul Zech; „Segel am Horizont" von Rudolf Leonhard; Maxim Gorkis „Nachtasyl"; Paquets „Sturmflut"; Eugene O'Neills „Unterm karibischen Mond"; „Wer weint um Juckenack?" von Rehfisch und Friedrich Schillers „Räuber"), die auf politisch Aktuelles abzielten und auch Klassiker in diesem Sinne „umfunktionierten", hatten Widerspruch, aber auch viel Zuspruch gefunden. Einer radikal veränderten Lage sah sich der Volksbühnenvorstand indessen in dem Augenblick gegenüber, als die Diskussion um Piscators politisches Theater aus der Ebene der Theorie und der unverbindlichen Diskussion in die „Niederungen des politischen Tageskampfes" gezogen wurde. Nun konnte niemand mehr die Probleme zudecken oder beschönigen. Drei Jahre hatte man die politische Provokation einfach nicht zur Kenntnis genommen und über den politischen Charakter der Inszenierungen Piscators „hinweggesehen". Doch der radikale Gegensatz zwischen der Forderung nach dem Zeitstück, nach dem politischen Theater und der vom Volksbühnenvorstand postulierten „Neutralität der Kunst" erlaubte weder Versöhnung noch Annäherung der Standpunkte. Als schließlich dann eine breite Öffentlichkeit die Piscatorschen Inszenierungen als eine Linie begriff, die mit Konsequenz und Beharrlichkeit ein politisches Gesinnungstheater zum Ziel hatte, da fielen die Würfel. Die Gegensätze prallten aufeinander. „Doch theoretisch konnte der Kampf, der da entbrannt war, nicht durchgefochten werden. Der Vorstand der Volksbühne erkannte, daß er der Revolte seiner Mitglieder Rechnung tragen müsse. Natürlich nicht nur durch eine klare Entscheidung", kommentierte damals Erwin Piscator, „sondern nach altbewährtem Muster durch eine Konzession, die, so spekulierte man, die Opposition besänftigen würde." Fraglos verstand es der amtierende Vorstand von 1927, „besänftigende" Kompromisse zu machen. Er bewies einmal mehr, daß man das, was Menschen sagen, immer an dem prüfen soll, was sie tatsächlich tun. Besaß der Volksbühnenvorstand – kunstverwaltende Sozialdemokraten und rechte Gewerkschaftler, überzeugt von der Notwendigkeit, „Kunst dem Volke" zu bringen – geschichtliche Verantwortung? Kannte er überhaupt die Probleme, auf die tagtäglich die Mehrheit aller Volksbühnenmitglieder eine Antwort zu finden versuchte? Bestenfalls ahnte er einiges davon. Vieles von dem, was der Volksbühnenvorstand auch in den ergiebigen Theaterjahren von 1924 bis 1927 unternahm oder unterließ, war schlimm genug: es war eine Verleitung des Publikums zur politischen, moralischen und ästhetischen Indifferenz gegenüber den Fragen und Kämpfen der Zeit. Eine Summe unüberwindlicher Hindernisse tat sich auf, ein grimmiges Mißverständnis zwischen Mitgliedern und Vorstand, zwischen dem gesellschaftlich Erforderlichen und dem kulturpolitisch Geleisteten.

In dieser Situation erschien Welks „Gewitter über Gottland" als ein geradezu ideales Stück, dessen Annahme und Aufführung die Kritiker – so hofften Intendant Fritz Holl und seine Vorstandskollegen – zum Schweigen bringen werde: vom Volksbühnenvorstand bestens prädikatisiert, sollte es beweisen, wie ungerechtfertigt die Vorwürfe – angemaßte Autorität und politisch wie ästhetisch reaktionäre Beckmesserei – in Wahrheit doch waren. Denn im Gegensatz zu Piscator sah der Volksbühnenvorstand in Ehm Welks „Gewitter über Gottland" ein Stück ohne allzu gefährliche

Aktualität. Freilich hatte der Regisseur jene bedeutsame Kleinigkeit nicht übersehen, die der Autor formuliert hatte: Auf dem Titelblatt seines Stückes stand: *Nicht nur um 1400!* Nach der Uraufführung lastete der Vorstand am 11. April 1927 dem Regisseur dann auch „folgerichtig" einen „Mißbrauch der Freiheit" an: „Das Stück Ehm Welks, dessen Annahme nicht wegen einer bestimmten Tendenz, sondern wegen seiner dichterischen Werte erfolgte – selbstverständlich unter voller Würdigung der Beziehung seines Stoffes zu Problemen der Gegenwart –, fand durch die Inszenierung Erwin Piscators ... eine tendenziös-politische Um- und Ausgestaltung, zu der keinerlei Notwendigkeit vorhanden war. Der Vorstand der Volksbühne E. V. stellt ausdrücklich fest, daß die Auswertung des Werkes zu einer einseitigen politischen Propaganda ohne sein Wissen und Wollen erfolgt ist und daß diese Art der Inszenierung im Widerspruch mit der grundsätzlichen Neutralität der Volksbühne steht, die zu wahren er verpflichtet ist. Er hat bereits Maßnahmen getroffen, um seiner Auffassung von den Aufgaben der Volksbühne die notwendige Geltung zu sichern." Der kleinbürgerliche Kurs der Volksbühne ist eindeutig und unmißverständlich. Aufs Prinzip gebracht hieß das: Piscator sollte zur Aufgabe seiner politischen Konzeption vom Theater gezwungen, mit administrativen Maßnahmen ausgeschaltet werden, und die Basis für ein klassenkämpferisches Theater sollte zerstört werden. – Welks Äußerungen aus den Jahren 1927 und 1928 lassen den Schluß zu, daß es zwischen ihm und Piscator über den Weg und das Ziel des Theaters keine Übereinstimmung gab. Wollte Piscator den „Standpunkt fixieren", um das „Wesen der Epoche" herauszuarbeiten, meinte rückblickend Welk in seinem Aufsatz „Die schöne Kunst", daß politische Kunst und politisches Theater *nicht heißt, ein Parteiprogramm zu unterstützen und auszubeuten, Parteiangelegenheiten und Tagesfragen künstlerisch gestalten zu wollen. Das Gemeinschaftsleben ist kein Parteiding, wie Wahlreform und Achtstundentag; es ist eine Weltanschauung, eine hohe sittliche Aufgabe, und der Weg zu ihrer Erringung ist das brennende Problem der Menschheit geworden.* So ließ sich schwerlich Gemeinsamkeit mit einem Regisseur finden, der Theaterarbeit als gesellschaftliche Aktion definierte und der das Theater als ein Medium begriff, das die politischen Probleme des Tages zu beeinflussen habe.

Es bleibt indes zu fragen, ob dem Regisseur Piscator am Ende nicht doch eine „Vergewaltigung" des Welkschen Bühnenerstlings angelastet werden muß. Für diese Frage gibt es einige Gründe. Der wichtigste ist gewiß jener, der im Zusammenhang mit der Inszenierung von Paquets „Fahnen" bereits erwähnt wurde. Paquet hatte in seinem Stück die Wurzeln des antagonistischen Widerspruchs zwischen Kapital und Arbeit dargestellt, so daß Piscator fort- und weiterführend die sozialen, historischen und wirtschaftlichen Hintergründe „nur" noch aufzuhellen brauchte. Ehm Welks Stück „Gewitter über Gottland" hatte freilich diese politisch-ideologische Qualität nicht, es war unschärfer und vieldeutiger als Paquets „Fahnen". Piscator war dies nicht verborgen geblieben. Er veränderte das Stück Ehm Welks „nicht nur textlich, sondern auch dramaturgisch".

Zunächst folgte der Autor willig den Vorschlägen seines Regisseurs: Randszenen, Nebenfiguren und Dialoge faßte er neu, Piscators schwelgerische Arrangements, seine Fähigkeit, in Handlungen zu denken, die Idee, Projektionsbilder und Film zu verwenden, dies alles wurde dankbar und ohne Widerspruch hingenommen. Als jedoch Piscator während der Arbeit an dem Stück den ganzen Umfang der Unzulänglichkeiten erkannte und danach dem „Autor nahelegte, das Stück zurückzuziehen", war der Augenblick gekommen, in dem Ehm Welk Piscator verließ und der Weg beider sich trennte. Aus Zeitmangel gab es dann nicht einmal eine Generalprobe, keinen kompletten Durchlauf also. („Mit Argumenten", resümierte Piscator nach der Uraufführung, „die ich im Augenblick nicht veröffentlichen möchte, wurde mir die Notwendigkeit der Einhaltung des Termins aufgezwungen.") Improvisationen ersetzten letztendlich Sorgfalt und Genauigkeit. Bei allem Respekt vor dem genialen Piscator und allem Verständnis für die Zeitnot eines Theaters, dies war ein Verhalten, das nicht zu rechtfertigen ist.

Nicht nur um 1400!, so lautete Welks Interpretationshinweis, gleichwohl wußte Piscator, wie er zwei Jahre nach der Uraufführung schrieb, daß der Autor, der sein Drama durchaus als Zeitstück verstanden wissen wollte, aus dieser „Erkenntnis die dramaturgischen Folgerungen zu ziehen verabsäumt hatte. Das Drama war in der Sprache und in der Diktion im mittelalterlichen Historiendrama steckengeblieben, der Kampf zwischen der kapitalistischen Hanse und dem kommunistischen Bund der Vitalianer war nicht in seiner Beziehung und Bedeutung für die Gegenwart offenbar gemacht. Eine Kluft ging durch das Werk, der Bruch zwischen den Absichten, der geistigen Linie des Werkes und seiner ‚dichterischen' Verwässerung."

Das ist eine treffende Beschreibung der Schwächen im Welkschen Stück. Wir können nur bedauern, daß der politisch erprobte Regisseur und der politisch engagierte Autor nicht zwei Jahre zuvor dort mit der Arbeit begonnen hatten, wo die künstlerischen und ideologischen Schwächen lagen: bei Welks Unklarheiten über Geschichte und Gegenwart. Vielleicht wäre damals eine Fassung entstanden, die mehr derjenigen des Jahres 1960 entsprochen hätte. In dieser nämlich werden Aufstand und Niedergang der Vitalianer als ein geschichtlich-sozial bedingter Prozeß verstanden, der wesentliche Revolutionserfahrungen enthält. Welk war – das dürfen wir vermuten – willens, sich dem berühmten Regisseur „unterzuordnen". Doch Autor und Regisseur standen Rücken an Rücken und entfernten sich dann immer mehr voneinander. Hätten Piscator und Welk zueinander gefunden, vielleicht wäre damals dem immer noch suchenden Dichter der lange Weg einer Selbstbefreiung, der siebzehn Jahre dauern sollte, verkürzt worden.

In der Tat, „Gewitter über Gottland" vertrug die stückerweiternde Regie nicht. Was Piscator „hervorzauberte", war durch die Intentionen des Autors nicht gedeckt. „Ich hob", schrieb Piscator 1929, „die einzelnen Figuren des Dramas ins Typische, indem ich die verschiedenen Helden in ihrer sozialen Funktion deutlich machte, dem Gefühlsrevolutionär Störtebeker, der heute Nationalsozialist sein dürfte, den nüchternen Tatsachenmenschen Asmus entgegenstellte, den Typ des Verstandesrevolutionärs, wie er am reinsten durch Lenin verkörpert wird. Und ich ließ auch Asmus in der Maske Lenins auftreten, ich ließ Störtebeker und seine Mitkämpfer im Film auf die Zuschauer losschreiten, während gleichzeitig sich ihr Kostüm wandelt und so der Zuschauer die Gesetzmäßigkeit der Revolution und ihrer Exponenten in wenigen Sekunden durch den Ablauf der Jahrhunderte verfolgen kann bis auf den heutigen Tag ..., vom Jahre 1400 bis zum März 1927". Allein dies Konzept hatte mit dem Welkschen Stück kaum noch etwas zu tun. Aufmerksame Beobachter der Uraufführung sind vor allem jene Berliner Theaterkritiker, die damals selbst mit der Entwicklung des Theaters der Weimarer Republik engstens verbunden waren.

„Was Erfolg hatte", schrieb Herbert Ihering am 24. März 1927 im „Berliner Börsen-Courier", „lag zwischen den Szenen ... Der Verfasser Ehm Welk ist viel herumgekommen. Er hat die Welt gesehen und Geschichte erlebt ... Von dieser menschlichen Erfahrung und politischen Erkenntnis hat sich im Drama ... wenig niedergeschlagen. Geschichtliches und Persönliches hat sich in den banalsten Historienstil verflüchtigt ... Das ist im treuherzig veraltetsten Ritter- und Zunftdeutsch geschrieben ... Es ist das monotonste Stück, das ich kenne. Den Stil kann man ändern; Wiederholungen und Bombast streichen. Aber über den monotonen Lärm kommt kein Regisseur hinweg ... Manches schien auch noch nicht zu Ende geprobt zu sein ... Eine großartige Aufführung in den Intentionen des Regisseurs. Aber am ungeeignetsten Objekt ... Es bleiben die Bilder ... Es bleibt nicht das Stück."

Monty Jacobs resümierte in der Ullsteinschen „Vossischen Zeitung": „An diesem lauten, lehrreichen, deprimierenden Premierenabend war vom Autor nicht viel die Rede ... Ehm Welks Schauspiel erzählt leise und anspruchslos ... Erwin Piscator aber, der Spielleiter und der eigentliche Autor des Abends, ruft schrill und gellend die Parteischlagworte von heute ins Haus hinein. Sie klingen schlecht zusammen, die beiden Stimmen, und die Zuhörer haben wenig Freude daran gefunden ... Ein Regisseur aber, der dem Geiste unserer Zeit dienen will, dürfte das ‚Gewitter über Gottland' überhaupt niemals donnern lassen. Piscators Sündenfall beginnt bei dieser Wahl, der die innere künstlerische Ehrlichkeit fehlt. Denn nicht der Künstler, sondern nur der Parteibeamte konnte hier einen Fund wittern. Gleichteiler, eine Brüderschaft mit kommunistischem Ideal – das Stichwort ist da ... Ein Stichwort, das freilich in eine neue Unredlichkeit hineinführt. Denn Welks ehrliche Naivität hat ja im Grunde ein Tendenzdrama gegen die Vitalianer geschrieben."

Den sechshunderttausend zumeist sozialdemokratisch orientierten Käufern der „Berliner Morgenpost" erklärte Moritz Loeb, daß der Dichter sich hoffentlich darüber klar wäre, „daß der Mann, der fast vier Stunden hindurch ein längst verschollenes, halb sagenhaftes Geschichtskapitel unter Hochspannung zu halten versteht, nicht Ehm Welk, sondern Erwin Piscator heißt, ohne dessen rücksichtslos zupackende Regie das Stück ein totes Buchdrama geblieben wäre, „doch der Regisseur ist noch weiter gegangen", indem er mit Hilfe des Films „eine politische Tendenz gewaltsam aufgepfropft hat".

Der Kritiker des Zentralorgans der Sozialdemokratischen Partei Deutschlands, Max Hochdorf, attestierte dem neuen Dramatiker Welk, es sei „kein sehr starkes Werk. Es ersäuft in Worten. Die Tendenz klebt manchmal so offenbar an den Szenen, daß man glauben mag, der schon reife Mann sei eben erst in die Sturm- und Drangjahre hineingekommen. Man wird es lieben, wenn man die verkündete Gesinnung liebt, man wird es kühler betrachten, wenn man dem Gedankenkreis des Dichters fernsteht. Aber das Geheimnis Piscators ist es eben, daß er die redseligen Szenen des Schauspiels aus einer moralisch angreifbaren Sphäre in eine theatralisch unbedingt wirksame hineingetrieben hat".

Die politische Leistung des Regisseurs würdigte das Zentralorgan der Kommunistischen Partei Deutschlands. In der „Roten Fahne" vom 25. März 1927 lesen wir: „Unter seiner Inszenierung verschwand – buchstäblich – Ehm Welks unreife und naivschemenhafte Tragödie, und aus ihrer Asche entstand der Phönix der Weltrevolution, der in den sozialen Kämpfen des Mittelalters seine ersten Schlachten schlug, in der Sowjetunion seinen ersten Sieg errang, im Fernen Osten mächtig vorwärtsschreiten und bald die ganze Welt umspannen wird. Piscator überwindet auch den Mißgriff, den der Dichter beging, als er eine Episode, die in keinem direkten Zusammenhange mit den großen sozialen Kämpfen der Zeit, in der sie spielt, steht, als Stoff für sein Drama wählte – eine Episode, deren soziale Bedeutung beschränkt und zufällig ist ... (Die) Inszenierung des ‚Gewitters über Gottland' ist ein erster, und man kann ohne die geringste Übertreibung sagen, der erste gelungene Versuch, die Geschichte für die Gegenwart lebendig zu machen."

Für die Monarchisten, Militaristen und Faschisten war es ein Skandal, daß eine – nach ihrer Auffassung – derartig freche und herausfordernde Umsturzpropaganda betrieben werden durfte. „Ist denn Deutschland schon völlig zur Domäne bolschewistischer Volksverhetzung und -verrohung geworden?" fragt ein Anonymus in „Der Reichsbote". „Die hemmungsloseste, unverschämteste Hetzpropaganda für den Bolschewismus, deren sich bis jetzt ein Deutscher auf einem deutschen Theater unter Vergewaltigung deutsch-mittelalterlicher Geschichte erdreistet hat", glaubt Kurt Aram für die „Tägliche Rundschau" entdeckt zu haben. Alfred Mühr nennt in der faschistischen „Deutschen Zeitung" Werk und Inszenierung am 24. März 1927 schlicht „Deutscher Kulturbolschewismus ..., wehe dem Volk, das sich nicht zu wehren weiß. Wehe den Bürgern, die keine Kulturabwehr mobilisiert haben. Wehe den Bauern und Adligen auf dem Lande, die sich dann der Kultur und Kunst entzogen haben. Sie sind dem Bolschewismus, der weltanschaulich und künstlerisch begründet ist, ausgeliefert".

Der zu Invektiven neigende Alfred Kerr, neben Herbert Ihering *die* Instanz der Theaterkritik in Deutschland, gefürchtet von Schauspielern und Regisseuren – er schätzte Piscator, den politischen Antipoden, und bekämpfte Brecht –, schrieb im „Berliner Tageblatt": „Eines von den erschütternden Filmbildern, ... wie dort irgendein Lenin allemal wieder enthauptet wird ... und allemal wieder enthauptet wird ... und allemal in neuer Gestalt, in neuer Wirkung zurückkehrt. Ja, so schrieb ich, beim Sterben dieses Mannes, für sein russisches Gedenkbuch Wort für Wort: ‚Dieser Tote wird immer wieder auferstehn – in hundert Formen –, bis im Chaos der Erde Gerechtigkeit herrscht.' So stand er hier auf. (–)Was heute sich bei Welk-Piscator Bolschewismus nennt; was bei Friedrich Schiller anders hieß und doch ein Teil davon war: das kann ich selber nicht vertreten, selber nicht verantworten, ich möchte nicht getan haben, was ‚die' tun: doch ist es tiefes Daseinsglück, zu wissen, daß Menschen leben, die es tun ... (–) Als auf der Kinowand jetzt vollends Schanghai erschien, brach ein Sturm los, von unten bis hinauf zu den Rängen, ohne Beispiel – aus dem Bewußtsein dieser Läufte, Niegesehenes zu erleben. Wie einer politisch dazu steht, fällt kaum noch ins Gewicht. Die Gefühlstatsache redet, redet, schreit. Der tapfere Piscator forcht sich nit. Er ficht für seinen Glauben. Das tun viele. Doch er ist ein Regisseur. (Was seltener vorkommt.) Wie wundervoll: diese menschlichen und atmosphärischen Stimmungen in der Sehnsucht alter Fischer hinüber gen Gottland, wo ein irdisches Recht neu gesetzt wird. Sonst ist vieles auf Masseneffekt gestellt. Ohne Maß. Mit Übergebrüll. Wenn man schon zutut, muß man auch schneiden. Wenn einer den Autor nur als Substrat benutzt: warum da nicht Steigerung einpfropfen; etlichen Bau: Wichtiges der Dramatik? Es wär' ein Aufwaschen ... Zischende gab es auch. Zuletzt Ermüdung. Man kann diesen Abend mißbilligen. Aber man wird immer an ihn denken."

Mit dem letzten Satz sollte Alfred Kerr recht behalten. Im Gedächtnis einer aussterbenden Generation und in der Theatergeschichtsschreibung lebt „Gewitter über Gottland" weiter als wichtiges Ereignis in einer an Theatergeschehnissen nicht gerade armen Zeit. „Piscators Aufführung des ‚Gewitter über Gottland' ", schrieb Herbert Ihering, „hat die Geister geschieden. Diese Scheidung darf nicht zerredet werden." Aus der latenten Krise des Theaters der Weimarer

Republik wurde der offene politische Konflikt. Was so lange heimlich hinter den Kulissen schwelte, brannte – um im Bilde zu bleiben – nun lichterloh im Parkett. Der politisch-künstlerisch spektakulärste „Skandal" jener Jahre schied in der Tat die Geister. In die „Volksbühne" kehrte das unverbindlich-unterhaltsame Theater zurück, Stücke, die die „Seele nicht stören". Die politische Gegenwart wurde erneut von der Bühne verbannt. Daß das Theater ein „wichtiges Instrument im Befreiungskampf der Arbeiterklasse" zu sein habe – eine Forderung, die unter anderen die Mitglieder der Jugendabteilungen der Volksbühne erhoben hatten –, erfüllte sich nicht. Weil das Verhältnis des Volkes zur Kunst ein Teil des Verhältnisses des Volkes zur Macht ist, mußte die herrschende Klasse versuchen, das Verhältnis der vielen, die „Kunst als Waffe" zu gebrauchen begannen, zu brechen. Dabei konnte sie sich auf die opportunistischen Funktionäre im Vorstand der „Volksbühne" stützen. Er protestierte gegen die Inszenierung. Alle wesentlichen Filmteile, besonders jene, die den Revolutionsprozeß symbolisierten, wurden herausgeschnitten, die Aufführung wurde verstümmelt: die vierte stand das Ensemble nur noch mit Mühe durch. Die Schauspieler mobilisierten die Öffentlichkeit, und Piscator erklärte: „Ich stehe nach wie vor zu meiner Inszenierung, die als Gesamtwerk gedacht war und aufzufassen ist."

Die demokratisch gesinnte Intelligenz übte Solidarität: Johannes R. Becher, Erich Engel, Lion Feuchtwanger, der Verleger S. Fischer, George Grosz, Herbert Ihering, Alfred Kerr, Fritz Kortner, Heinrich und Thomas Mann, Alfons Paquet, Max Pechstein, Ernst Rowohlt, Ernst Toller, Kurt Tucholsky und Paul Wiegler verurteilten den Versuch des Vorstands, die Inszenierung zu torpedieren, „sein rigoroses Vorgehen gegen den lebendigsten und zukunftsreichsten Künstler und Kämpfer in seiner Mitte". Grundsätzliche politische Neutralität zu üben, so schrieben sie, widerspreche dem Geist, aus dem die Volksbühne geschaffen wurde.

Wenige Tage nach der Uraufführung, am 30. März, versammelten sich etwa zweitausend Menschen im ehemaligen Berliner „Herrenhaus", die Auseinandersetzung hatte ihren

Höhepunkt erreicht. Erwin Kalser, Ernst Toller, Leopold Jessner, Karlheinz Martin, Erwin Piscator und Kurt Tucholsky sprachen. Arthur Holitscher leitete die Kundgebung und sagte: „Die Volksbühne ist eine Kulturwaffe, wir lassen uns diese letzte Waffe nicht aus der Hand reißen!"

Gemeinsamkeit, Solidarität, aber einer stand außerhalb. Er wurde allein gelassen und wollte allein gelassen werden. Getroffen und tief verletzt, beendete Ehm Welk auf seine Weise am 4. April 1927 die Diskussion mit einem Brief an den Vorstand des Verbandes deutscher Volksbühnen. Er fühlte sich ausgestoßen, und er war zu stolz, irgendwo und bei irgendwem zu antichambrieren. Dem „Gefühlssozialisten" streckte niemand eine Hand entgegen, auch nicht, als der Kritiker Alfred Weidner am 4. April in der „Welt am Mittag" schrieb, Ehm Welk habe mit seiner Frau in dem Augenblick die Uraufführung verlassen, als am Schluß ein leuchtender Sowjetstern am Theaterhimmel aufging: Manifestation des Sieges der Weltrevolution. Welk war überrascht, verblüfft und enttäuscht von dem, was sich bei der Uraufführung vor seinen Augen vollzog, denn er sah das Stück zum ersten Male auf der Bühne. Er fühlte sich von seinem Regisseur überlistet und entzog sich dem Drängen einiger Herren der S. Fischer Theaterabteilung, die wünschten, er möge auf der Bühne mit Piscator Ovationen und Mißfallen sich verbeugend hinnehmen: Als der Vorhang fiel, verließen Ehm und Agathe Welk dagegen sogleich das Theater.

Etwa zehn Aufführungen erlebte Welks „Gewitter über Gottland". Am 9. April 1927 wurde das Stück vom Spielplan abgesetzt.

Am 23. April 1927, genau einen Monat nach der Uraufführung von „Gewitter über Gottland", schrieb Ehm Welk für die „Vossische Zeitung": *Sie wünschten von mir eine Erklärung zum Fall Volksbühne – Piscator. Ich wollte eine derartige Erklärung nicht abgeben, denn dieser Fall geht mich wenig an, ich sehe in ihm mehr eine Privatangelegenheit Vorstand – Regisseur. Da aber auf beiden Seiten das Bestreben offenbar wird, mich hineinzuziehen, sei gesagt: Ich mißbil-*

lige den Protest des Vorstandes gegen den Regisseur, weil er aus politischen Gründen erfolgt ist. Ich habe das „Gewitter" als politisches Stück geschrieben und habe einer politischen

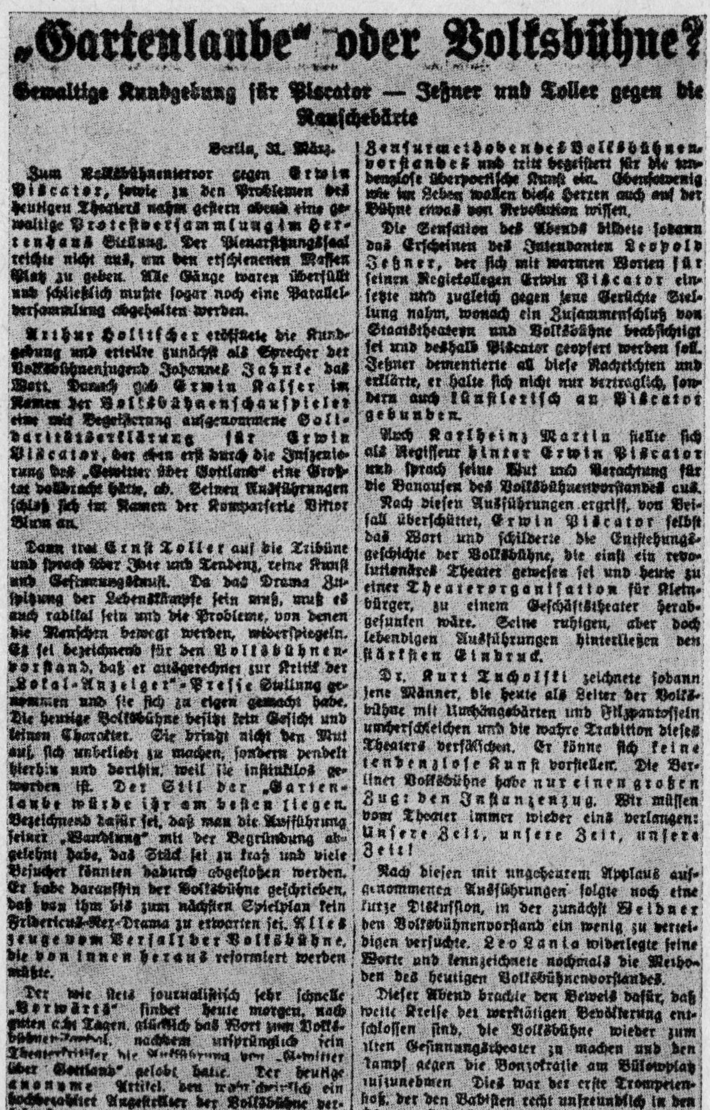

„Gartenlaube" oder Volksbühne?

Gewaltige Kundgebung für Piscator — Jeßner und Toller gegen die Rauschebärte

Berlin, 31. März.

Zum Volksbühnenterror gegen Erwin Piscator, sowie zu den Problemen des heutigen Theaters nahm gestern abend eine gewaltige Protestversammlung im Herrenhaus Stellung. Der Plenarsitzungssaal reichte nicht aus, um den erschienenen Massen Platz zu geben. Alle Gänge waren überfüllt und schließlich mußte sogar noch eine Parallelversammlung abgehalten werden.

Arthur Holitscher eröffnete die Kundgebung und erteilte zunächst als Sprecher der Volksbühnenjugend Johannes Jahnke das Wort. Danach gab Erwin Kalser im Namen der Volksbühnenschauspieler eine mit Begeisterung aufgenommene Solidaritätserklärung für Erwin Piscator, der eben erst durch die Inszenierung des „Gewitter über Gottland" eine Großtat vollbracht hätte, ab. Seinen Ausführungen schloß sich im Namen der Komparserie Viktor Blum an.

Dann trat Ernst Toller auf die Tribüne und sprach über Idee und Tendenz, reine Kunst und Gesinnungskunst. Da das Drama Zuspitzung der Lebenskämpfe sein muß, muß es auch radikal sein und die Probleme, von denen die Menschen bewegt werden, widerspiegeln. Es sei bezeichnend für den Volksbühnenvorstand, daß er ausgerechnet zur Kritik der „Lokal-Anzeiger"-Presse Stellung genommen und sie sich zu eigen gemacht habe. Die heutige Volksbühne besitzt kein Gesicht und keinen Charakter. Sie bringt nicht den Mut auf, sich unbeliebt zu machen, sondern pendelt hierhin und dorthin, weil sie instinktlos geworden ist. Der Stil der „Gartenlaube würde ihr am besten liegen. Bezeichnend dafür sei, daß man die Aufführung seiner „Wandlung" mit der Begründung abgelehnt habe, das Stück sei zu kraß und viele Besucher könnten dadurch abgestoßen werden. Er habe daraufhin der Volksbühne geschrieben, daß von ihm bis zum nächsten Spielplan kein Fridericus-Rex-Drama zu erwarten sei. Alles zeuge vom Verfall der Volksbühne, die von innen heraus reformiert werden müßte.

Der wie stets journalistisch sehr schnelle „Vorwärts" findet heute morgen, nach guten acht Tagen, glücklich das Wort zum Volksbühnen-Konflikt, nachdem ursprünglich sein Theaterkritiker die Aufführung von „Gewitter über Gottland" gelobt hatte. Der heutige anonyme Artikel, den wahrscheinlich ein hochbezahlter Angestellter der Volksbühne verfaßt hat, verteidigt die unerhörten Zensurmethoden des Volksbühnenvorstandes und tritt begeistert für die tendenzlose überparteiische Kunst ein. Ebensowenig wie im Leben wollen diese Herren auch auf der Bühne etwas von Revolution wissen.

Die Sensation des Abends bildete sodann das Erscheinen des Intendanten Leopold Jeßner, der sich mit warmen Worten für seinen Regiekollegen Erwin Piscator einsetzte und zugleich gegen jene Gerüchte Stellung nahm, wonach ein Zusammenschluß von Staatstheatern und Volksbühne beabsichtigt sei und deshalb Piscator geopfert werden soll. Jeßner dementierte all diese Nachrichten und erklärte, er halte sich nicht nur vertraglich, sondern auch künstlerisch an Piscator gebunden.

Auch Karlheinz Martin stellte sich als Regisseur hinter Erwin Piscator und sprach seine Wut und Verachtung für die Banausen des Volksbühnenvorstandes aus.

Nach diesen Ausführungen ergriff, von Beifall überschüttet, Erwin Piscator selbst das Wort und schilderte die Entstehungsgeschichte der Volksbühne, die einst ein revolutionäres Theater gewesen sei und heute zu einer Theaterorganisation für Kleinbürger, zu einem Geschäftstheater herabgesunken wäre. Seine ruhigen, aber doch lebendigen Ausführungen hinterließen den stärksten Eindruck.

Dr. Kurt Tucholski zeichnete sodann jene Männer, die heute als Leiter der Volksbühne mit Umhängebärten und Filzpantoffeln umherschleichen und die wahre Tradition dieses Theaters verfälschen. Er könne sich keine tendenzlose Kunst vorstellen. Die Berliner Volksbühne habe nur einen großen Zug: den Instanzenzug. Wir müssen vom Theater immer wieder eins verlangen: Unsere Zeit, unsere Zeit, unsere Zeit!

Nach diesen mit ungeheurem Applaus aufgenommenen Ausführungen folgte noch eine kurze Diskussion, in der zunächst Weidner den Volksbühnenvorstand ein wenig zu verteidigen versuchte. Leo Lania widerlegte seine Worte und kennzeichnete nochmals die Methoden des heutigen Volksbühnenvorstandes.

Dieser Abend brachte den Beweis dafür, daß weite Kreise der werktätigen Bevölkerung entschlossen sind, die Volksbühne wieder zum alten Gesinnungstheater zu machen und den Kampf gegen die Bonzokratie am Bülowplatz aufzunehmen. Dies war der erste Trompetenstoß, der den Babisten recht unfreundlich in den Ohren gellen dürfte.

Inszenierung zugestimmt. Ich habe auch der Forderung des Regisseurs nach einer klareren Herausarbeitung der revolutionären Idee gern nachgegeben und gegen die Verwendung von Licht und Film keine Einwendungen gemacht, ich habe sogar eifrig daran mitgearbeitet. Auch die Umstellung einiger Szenen habe ich gutgeheißen und mich, nach längerem Widerstreben allerdings, mit der Einfügung neuer Szenen einverstanden erklärt. Ich habe dagegen protestiert, energisch und unmißverständlich, beim Dramaturgen Dr. Kayser, auf Proben und in Briefen an Herrn Piscator: gegen die Verschlampung und Verhudelung des Textes; gegen den Schauspieler George, der in ganzen Szenen kein Wort des Manuskriptes sprach, sondern Quatsch, Kitsch und Unsinn redete, wie: „Ei, gucke mal da! Ei, du griene Neine! Kamerad in Not und Tod!" und hundert dergleichen Lächerlichkeiten mehr. Gegen den der Regisseur nicht nur nicht einschritt, dem zuliebe sogar umwälzende Änderungen vorgenommen wurden. Ich habe protestiert gegen das Überwuchern des Films und des szenischen Beiwerks; gegen die Durchsetzung des Textes mit Banalitäten, Parteischlagworten und Funktionärphrasen: gegen das Übermaß revolutionärer Prophezeiungen. Genau gesagt, also nicht gegen eine politische Inszenierung – ich wollte die denkbar größte Schärfe –, sondern gegen die zum politischen und künstlerischen Selbstzweck gewordene Art der Inszenierung, durch die Regie und Stück getrennt wurden, durch die die Regieleistung zu einer rein optischen, vom Stück unabhängigen, ja das Stück vernichtenden Wirkung gebracht werden mußte. Diesem Ziele wurde alles geopfert, was irgendwie die handelnden Personen zu vertiefen geeignet war, so daß nur ein hohles Ritterschauspiel übrigbleiben konnte. Es wurde, wie einige Kritiken richtig sagten, eine grandiose Regieleistung, eine Kolossalregie gegen ein Stück. Sie war, absolut betrachtet, hochkünstlerisch, sie war stärker und künstlerischer als das Stück, aber sie war künstlerisch anfechtbar, führte man sie aus ihrem Herrscherdasein zurück zum Dienst an einem Bühnensprechstück. War das Stück wirklich schwach, so konnte eine solche Regie es nicht stärken, sondern nur vernichten. Auch kein „Florian Geyer", keine „Räuber" und kein „Eduard der Zweite" hätten – den Text als unbekannt vorausgesetzt – diese Ablenkung und Fortführung der Zuschauer vertragen.

Ich habe nicht die Absicht, nach diesen Erfahrungen an meiner Gemeinschaftsgesinnung das geringste zu ändern. Ich stehe auch zu den Theaterzielen, die Erwin Piscator in seiner sachlichen Rede im Herrenhaus proklamiert hat. Wenn diese mit der Praxis der Inszenierung des „Gewitters" noch nicht ganz in Einklang zu bringen sind, so ist das eine Nebensächlichkeit. Und wenn ich mich jetzt nicht als Schild vor den Piscator des „Gewitters" stellen will, so will ich noch viel weniger als Sturmbock gegen ihn benutzt werden. Die Gründe dafür habe ich dargelegt. Man kann ohne bösen Willen nicht sagen, daß ich mit solchem Verhalten den Mantel nach dem Winde hänge: Dieser Mantel – habe ich je solch Dekorationsstück getragen – liegt seit dem 23. März in der Gosse. Ich gedenke, ohne ihn wiederzukehren. Da ich mich nicht zum Wort gemeldet habe, lasse man mich mit dem Streit über die Bedrohung von Kunst und Künstler in Ruhe. Damit ich mich über den Frühling freuen kann und über den Marsch der chinesischen Südarmee.

Die abwehrenden Gesten erklären sich aus Welks damaliger Verfassung: er war – verständlicherweise – erregt, empört und verletzt. Einige Monate blieb er in diesem Zustand, um dann, attackierlustiger denn je, wieder ganz dazusein. Der Volksbühnenvorstand hatte gerade wegen seiner nach der „Gottland"-Uraufführung angetretenen Flucht ins Unverbindliche, Zwielichtige, politisch „Neutrale" die Gemüter nicht beruhigen können. Mitte Februar berief der Vorstand Carl Zuckmayer, Wolfgang Goetz und Ehm Welk in den einflußreichen künstlerischen Ausschuß der Berliner Volksbühne. Nur Ehm Welk nahm die Berufung an, um in diesem Gremium, wie wir heute wissen, über die Probleme des Gesinnungstheaters und „über die Bedrohung von Kunst und Künstler" eine Generaldebatte in Gang zu bringen. Dieser Versuch zeugt ebenso von spontaner Empörung wie von politischer Ratlosigkeit. Die Presse meldete damals wortkarg: Ehm Welk wurde in dieser Debatte völlig isoliert. Er werde an den Sitzungen des Ausschusses nicht mehr teilnehmen. Gegen welche Irrwege der „Gottland"-Autor polemisierte, welche Vorwürfe er erhob und was er verteidigte, wissen wir nicht. Auf dem 9. Volksbühnentag im Juli 1928 bekam er allerdings Gelegenheit, „Ein Manifest" öffentlich vorzutragen, von dem wir annehmen dürfen, daß es im wesentlichen dem entspricht, was zuvor im Volksbühnen-Ausschuß diskutiert worden war. Welk formulierte: *In einer Zeit, in der das Theater aller Länder schwere Krisen durchlebt, kann auch jene theaterliche Institution, die wir „Die Volksbühne" nennen, nicht davon verschont bleiben. Und stünden selbst ihre geschäftlichen und organisatorischen Fundamente unverrückbar fest – im ewigen Flusse des sich erneuernden Geschehens muß auch die Idee der Volksbühne gewandelt werden, soll sie nicht leblos werden. Die Krise, in der das Theater steht, hat zum mindesten auch den Volksbühnen-Gedanken erfaßt. Die Zeit der sogenannten freien und souveränen Kunst neigt sich dem Untergang. Eine wirklich freie und souveräne Kunst hat es zwar niemals gegeben – immer waren Künstler und Kunstwerk gebunden an eine von unkünstlerischen Kräften beeinflußte reale Umwelt. Aber Malerei, Musik und Dichtung führten doch ein relativ freies, wenn auch nicht sich selbst bestimmendes Dasein. Jene Kunst jedoch, die vom ersten Tage ihres Daseins an nicht aristokratisch gewesen ist, sondern demokratisch, die aus dem Volksleben kam und zum Volke ging, die Theaterkunst, entbehrte auch noch des Wahns vom souveränen Kunsttum dort, wo ihn Persönlichkeiten hatten und predigten, die diese Kunst ausübten. Das Theater ist eine unverfälschte Äußerung des Zusammenlebens, und Bühne, Kino, Tanzsaal, Stadion und Fliegerempfänge sind nur verschiedene Äußerungen ein und desselben Schau-Verlangens. So wird das Theater dauern, solange der Mensch dauert, und ein Ende nehmen wird nur jene Art Theater, die sich als „freie und souveräne Kunst" drapiert und um ihrer selbst willen dasein will.*

Es ist viel Unfug mit dem Begriff „politisches Theater" getrieben worden, in Berlin und im Reich. Weil Piscator sein politisches Theater als eine kommunistisch-bolschewistische

Einrichtung installierte, machten literarische Revolutionshelden der Kaffeehäuser und Snobisten in Zeitungsredaktionen daraus eine Sensation: eine Sensation für den Amüsier-Theatergast. Piscator selbst machte aus seinem Theater durch die parteipolitische Einstellung eine Enttäuschung für alle, die im politischen Theater ein Mittel sahen zur Aufrüttelung lauer Menschen, zur Erweckung und Förderung des sozialen Ideals. Im Reich aber sah man nun gleich alles als moskowitisch an, was die Forderung vertrat, daß die Kunst sich nicht nur mit Politik befassen dürfe, daß sie sich sogar in erster Linie damit zu befassen habe.

Die Opposition in der Volksbühne, die diese Forderung vertritt, wurde nicht zuletzt durch die oft schulmeisterliche Art, in der der Vorstand das Problem behandeln zu können glaubte, zur Gegnerschaft gezwungen. Sie mußte sich schon aus diesem Grunde mehr den Leuten zuneigen, welche die Idee verwirklichen wollten; auch wenn sie dabei Mißbrauch trieben. Die Opposition ist keine Berliner Einrichtung; auch in den Vereinen des Reiches ist sie vorhanden. Sie ist eine lebendige und gesunde Erscheinung, und es wäre zu wünschen, daß endlich die gönnerhaften Entstellungen aufhörten, mit denen auf Verbandstagen und in den Organen des Verbandes das ernste Wollen und die Verantwortungsbewußtheit der Vertreter der Opposition behandelt werden.

Was denn will die Opposition? Sie will nicht die Spielpläne der Volksbühne für politische Propaganda reserviert wissen, aber sie will: den Volksbühnen-Gedanken aus dem papiernen Gewande einer verbilligten Theaterkarte befreien und in den Dienst am Ideal eines neuen Gemeinschaftslebens stellen; sie will verhindern, daß unverbrauchte Seelen das Märchen aufnehmen von der „freien und souveränen Kunst“, die über dem Wirklichkeitsleben thront, und will ihnen dafür als Kunstideal geben die Auffassung, daß auch der Künstler gebunden ist an das reale Leben um ihn und daß die gesteigerten Äußerungen selbst des Genies fruchtbar sind nur dann, wenn sie die Entwicklung der Menschheit beschleunigen; sie will, daß dieser Volksbühnen-Gedanke in Vorträgen und Zeitschriften verbreitet und so Erziehungs-

arbeit geleistet wird, die dem unverbildeten Mitglied gestattet, im Theaterbesuch mehr zu finden als ein persönlich gefärbtes Erlebnis; sie will ein Theater überall im deutschen Land, das in seinen Vorstellungen den Kampf unterstützt, den die arbeitende Menschheit zur Befreiung aus geistiger, seelischer und wirtschaftlicher Bedrückung führt.

Was kann denn die Opposition dafür, daß die regierende Majorität in der Volksbühne das als Politik ansieht, was der geängstigte Kleinbürger dafür ansieht: Eintreten für irgendein Parteiprogramm? Was ist Politik für uns? Der Versuch, mit Mitteln, die möglichst wenig das Eigenleben des Einzelnen beeinträchtigen, dem größtmöglichen Teil der Menschheit das größte Maß von Wohlergehen zu bereiten! Kann es eine schönere Aufgabe für einen Menschen geben als diese? Wir haben alle nur dies eine Leben, und wir haben nicht nur das Verlangen, dieses Leben nicht als schwere Last zu schleppen, sondern wir haben das Recht, dieses Leben zu fordern als eine erfreuliche Angelegenheit.

Vieles von dem, was Ehm Welk forderte, ist abwegig, politisch verworren. Das „Manifest" zeigt einen gewissen Pessimismus, und doch erweckt es Anteilnahme. Sosehr aber das subjektiv-ehrliche Wollen zu würdigen ist, dies Programm ist idealistisch, romantisch, wirklichkeitsfremd.

1930 äußerte sich der Stückeschreiber, der inzwischen zum weitbekannten Journalisten geworden war, in der Zeitschrift „Die Volksbühne" ein letztes Mal zu „Gewitter über Gottland". Nun richteten sich seine Angriffe gegen ein vom Regisseur allein bestimmtes Theater sowie gegen die Theaterkritik, deren Integrität er bezweifelte. Er nannte die Theaterregie einen Selbstbetrieb, einen Betrieb, *den der Regisseur um sich, mit sich und für sich selbst macht. Schuld hat die Theaterkritik. Für den politischen und wirtschaftlichen Befreiungskampf nicht geeignet, half sie, um wenigstens eine revolutionäre Mission zu erfüllen, das Theater zu entfesseln und die Ketten dem Autor anzulegen. Sie war sehr stolz auf die Entfeßlungskünstler ... Darunter verstanden sie die Hervorholung und Anwendung aller technischen Bühnenmittel. Das Publikum, schaulustig und technikbegeistert, folgte gehorsam. Theaterabende hießen in den letzten 10 Jahren nicht nach Shakespeare, Schiller, Hauptmann, Kaiser, Zuckmayer, sondern nach Reinhardt, Engel, Martin, Piscator, Hilpert, Fehling ... Dies ist das Wesentliche: Das Wissen, daß ein Stück, je dünner es ist an Geist, Sprache und Tendenz, sich um so besser zum Mittel einer für das Auge arbeitenden Theaterkunst eignet. Der Regisseur braucht nur über seinen technischen Apparat Bescheid zu wissen, braucht nur Tricks zu ersinnen, um das Publikum zu verblüffen, und die Kritik zu befriedigen. „Was hat er aus dem schlechten Stück nicht alles gemacht?" fragen sie, und nicht mit Unrecht. Und setzen hinzu: „Was würde er erst machen, wenn ihm gute, richtige Stücke zur Verfügung stünden!" ... Jedes sprachlich gute, geistvolle Stück setzt der spielerischen Entfesselung der technischen Bühnenmittel Widerstand entgegen ... Der Regisseur nun, der zuerst sich und sein Werk in der Aufführung sieht, wird versuchen, den inneren Widerstand des Stückes zu brechen ... Womit wir beim Kern der Sache sind: Wie weit dürfen die Kompetenzen eines Regisseurs gegenüber dem Bühnenwerk, das ihm der Autor zur Aufführung übergeben hat, gehen? ...*

Der Regisseur darf von einem Stück streichen, soviel er für gut hält; er darf aber nicht eine Zeile ohne Zustimmung des Autors hinzudichten. Nicht im Text hinzudichten, nicht im Spiel, nicht in der Dekoration.

In meinem „Gewitter über Gottland" gebar sich Erwin Piscator nach endlos verschleppten Proben unter Blitz, Donner, Film, Flammenschrift, Plakaten, betrunkenen Schauspielern, selbstgedichteten Personen und Szenen in fünfstündigen Wehen eine Popularität und eine Stellung als Deutschlands kühnster Theaterdirektor. Dem Autor, der lachend im Zirkus dieser verrückten Aufführung saß, verging das Lachen, als anderntags von der Kritik die herrlichen Zudichtungen des Regisseurs ... dem Autor als unmögliche Banalitäten angerechnet wurden.

Wenige Monate nach dem „Gottland"-Debakel reiften bei Erwin Piscator Pläne zu einem eigenen Theater nach dem Vorbild der Volksbühnenbesucherorganisation. Noch 1927 entstand die „Piscator-Bühne Berlin". Aber der Autor von „Gewitter über Gottland" und sein Regisseur haben sich nie wieder zu einer gemeinsamen Arbeit gefunden.

1959 schreibt der acht Jahre zuvor aus dem Amerika-Exil heimgekehrte Piscator an Welk: „... es ist mir leider entgangen, daß Sie Ende August Ihren 75. Geburtstag hatten. Verspätet zwar, aber um so herzlicher hinke ich mit meinen Glückwünschen nach. Die Glückwünsche beziehen sich auf ein volles und reiches Leben, das Sie hatten und haben mögen, solange es nur irgend geht. Wir sind zwar zehn Jahre auseinander, aber wir haben doch miteinander einen sehr schönen und wichtigen Teil der deutschen Theaterentwicklung und der deutschen Literatur erlebt, und ich habe die Hoffnung, wir haben uns auf der Höhe gehalten." Und handschriftlich fügt er hinzu: „Sie sind mir nicht mehr böse? Ach du griene Neine (Heinrich George in ‚Gewitter über Gottland')."

Ehm Welk antwortete sofort: *Es ist so schön, daß Ihr Glückwunsch zu meinem Geburtstag mir eine sehr große Freude bereitete. Die Zeit Ende der zwanziger Jahre muß zwangsmäßig immer wieder aus der Vergangenheit in die Gegenwart treten, wenn wir voneinander und miteinander sprechen. Bleiben Sie gesund und weiterhin gewogen Ihrem Ehm Welk und seiner Frau Agathe.*

Die „Kreuzabnahme" lag schon als Bühnenmanuskript auf dem Tisch der Volksbühne, als Erwin Piscator „Gewitter über Gottland" inszenierte. Herbert Ihering schreibt in seiner „Gottland"-Rezension lakonisch, es wäre besser gewesen, die Volksbühne hätte Welks „Kreuzabnahme" angenommen, „ein der Bearbeitung bedürftiges, aber auch bearbeitungswürdiges Stück. Es ist in der weltpolitischen Kampfstellung klarer, technisch einfacher und leiser". Iherings Kritik der „Kreuzabnahme" in der Berliner Aufführung, zwei Jahre später, ist sehr viel strenger.

Die publizistischen und politischen Nachwirkungen des Volksbühnen-Debakels hatten Ehm Welk über Nacht zu einer umworbenen Figur des Theaterbetriebs gemacht. Um

Popularität brauchte er sich nicht mehr zu sorgen. Die „Gottland"-Aufführung öffnete Welk die Türen zu allen Theatern. Daß die „Volksbühne" bereits ein halbes Jahr danach wieder einen Welk auf den Spielplan setzen würde, konnte von vornherein ausgeschlossen werden. So viel Schneid hatten nicht einmal die hochgemuten Herren des Vorstands, obwohl sie um die Zugkraft des Namens wußten, der mit dem größten Skandal ihres Hauses verbunden war.

In dieser Situation bemühten sich das Mannheimer National-Theater und das Stadttheater Altona um die Uraufführungsrechte der „Kreuzabnahme". Am 12. September 1927 erlebten Mannheim, in der Regie von Heinz Dietrich Kentner, und Altona, in der Inszenierung von Richard Dornseif, die Erstaufführungen von Ehm Welks zweitem Drama.

Zwei Tage zuvor bat die Mannheimer Sektion der „Freien Volksbühne" zu einem „Einführungsabend". Welk war, wie die Presse meldete, der Einladung zu diesem Abend gern gefolgt, sah er doch eine Möglichkeit, die *verworrenen Begriffe „politisches Stück und politisches Theater" klären zu helfen.* Das Manuskript des Mannheimer Vortrages blieb nicht erhalten. Ehm Welks Rede wurde indessen von einer Mannheimer Tageszeitung ausführlich zitiert, so daß wir sie ziemlich wörtlich wiedergeben können. Was dabei auch hier sofort auffällt, ist dies: Welk hatte trotz der vielen Diskussionen und Debatten keinen neuen Denkansatz gefunden. Die alten Irrtümer zeigten sich in neuem Gewande: die Gesellschaft komme ohne politische Parteien nicht aus, aber Parteipolitik, so argumentierte Ehm Welk, sei unerfreulich, unanständig, langweilig; Politik müsse mit Mitteln, die möglichst wenig das eigene Leben beeinträchtigen, dem größtmöglichen Teil der Menschen das größte Maß an Wohlergehen und Glück bereiten; die Grundanschauungen in der Politik seien diktiert vom Wesen des Menschen; jeder solle nachdenken, ob er sein Leben leben will als stolzer Aristokrat oder Anarchist oder ob er das Leben als Gemeinschaftswesen leben will, als Sozialist; wolle aber der Mensch von seinem einmaligen Leben soviel wie möglich leben, dann müsse er mithelfen, die Verhältnisse entsprechend zu verändern. Dahin führten drei Wege: die freiwillige Unterordnung unter einen mächtigen Führer, zweitens die Entfaltung der eigenen Kraft zum Vorwärtskommen, zu größerer Macht und größerem Wohlgefallen, oder drittens das selbstgewählte Gemeinschaftsleben. Der erste Weg sei eines aufrechten Menschen unwürdig, der zweite verleite den unvollkommenen Menschen zum Mißbrauch seiner eigenen Kraft. Der dritte Weg sei allein der richtige, denn ein Volk, das gemeinschaftlich denkt und handelt, habe eine hohe Stufe der Sittlichkeit erstiegen. Ein solcher Zustand gleiche schon einer gewissen Kreuzabnahme.

Nun war Ehm Welk in der zweiten Hälfte der zwanziger Jahre gewiß nicht der einzige, der trotz eines Bekenntnisses zur politischen Kunst einer parteipolitischen Bindung zu entgehen suchte. Als Peter Martin Lampel „Vaterland" schrieb, das an die Rechtfertigung des Fememordes grenzte und 1931 im Berliner Komödienhaus aufgeführt wurde, erklärte er: „Weg mit der Parteipolitik, weg mit dem parteiisch zurechtgebogenen Menschen, weg mit den parteimöglichen, die stets edel und tapfer sind, während die anderen bösartig, albern und dumm sind."

Parteipolitische Ungebundenheit für Künstler und Schriftsteller als eine der Voraussetzungen für künstlerisches Wirken – diese Meinung herrschte unter zahlreichen bürgerlichen oder auch linksorientierten Intellektuellen vor. Ganz so empfand Welk am Ende der zwanziger Jahre. Er unterschied, wie wir aus seinem Volksbühnen-„Manifest" wissen, zwischen Politik und Parteien, zwischen einem „politischen" und dem „parteipolitischen Theater". Johannes R. Becher schrieb 1928 in seinem Aufsatz über „Partei und Intellektuelle": „Das, was die meisten Intellektuellen von der Partei abstößt: das Mitgehen mit dem Proletariat, nicht nur in den großen und heroischen Augenblicken, sondern auch in den kleinsten Alltagsfragen: gerade diese Kleinarbeit ist es, die unmerklich und dauernd den Intellektuellen umformt, ihn restlos von der alten Vergangenheit ablöst, ihn immer unlösbarer, zwingender mit der neuen Klasse, in deren Dienst er sich gestellt hat, verbindet."

Der Dramatiker Welk vermochte in der Arbeiterklasse nicht das historische Subjekt zu sehen, das allein den Fortschritt der Gesellschaft garantiert. Er bekannte sich zum Sozialismus, er wollte die „Idee“, aber er fand nicht den Mut, sich in die parteipolitische Praxis zu begeben. Welk wollte Hilfe leisten. Doch in seinen Vorstellungen von einem *selbstgewählten Gemeinschaftsleben* und in seiner Maxime vom *gemeinschaftlichen Denken und Handeln* spukte der Orplid-Traum, steckte Utopie, die mit den realen sozialen Kämpfen wenig gemein hatte: Irgendwo in der leuchtenden Ferne liegen Verheißung und Glück: der Mensch brauchte sich nur mit seinem ganzen sittlichen Wollen auf den Weg zu machen.

Ehm Welk hatte große Pläne. Die „Kreuzabnahme“, so vertraute er in Mannheim der Presse an, sei erst das zweite einer aus vier Stücken bestehenden „Schicksalstragödie“. Vorausgegangen sei „Gewitter über Gottland“. Dort sterbe der Führer durch die Masse, in der „Kreuzabnahme“ ende er durch sich selbst. Dies wiederhole sich in allen sozialen Befreiungskämpfen, denn nur der *gemeinschaftlich denkende und handelnde Mensch* könne das Werk vollenden. Schon die Angabe des Generalthemas charakterisiert die politische und ästhetische Problematik von Welks Bühnenwerk. Im einzelnen sah der Autor sein neues Stück so: *Das Drama zerfällt in zwei Teile. Der erste behandelt Leo Tolstois allgemeines Schicksal, seine Lehre der Armut; er will das Gemeinschaftsleben der Russen und der Menschheit erreichen mit den Mitteln der christlichen Demut, mit Bedürfnislosigkeit und in Armut. Die Kirche exkommuniziert ihn, der Staat läßt ihn überwachen. Seine Ehe zerbricht. Dreißig Jahre lang hat er das Martyrium seines Familienlebens ertragen. Ist der erste Teil mehr eine individuelle Darstellung der Persönlichkeit Tolstois, so ist der zweite Teil Lenin gewidmet. Auch dem zweiten Teil liegen Vorgänge der Wirklichkeit zugrunde. Beide Teile wollen zeigen, daß der soziale Kampf keine Parteiangelegenheit, sondern die Bestätigung einer großen sittlichen Idee ist. So ist der rote Soldat im Stück auch nur der Begriff einer sich vorwärts bewegenden Idee: Rot ist die Farbe der Freiheit und Menschlichkeit. Die roten*

Soldaten marschieren, und keine Macht der Welt kann diesen Marsch mehr aufhalten. Sie marschieren durch die Köpfe und Herzen der Masse, durch die Lieder, die aus den Tiefen des Volkes dringen. Sie marschieren, um mit allen Mitteln Gerechtigkeit zu bringen in irdische Dinge. Diese Feststellungen, die dem Mannheimer „Stadt-Anzeiger" vom 10. September 1927 entnommen sind, müssen ergänzt werden: Ehm Welk hatte mit der „Kreuzabnahme", der allerdings keine „Schicksalstragödien" mehr folgten, wieder ein Revolutionsthema aufgegriffen, die Darstellung zweier konträrer Ideen und Aktionen zur Befreiung des russischen Volkes. Konfrontiert werden sollten Tolstoi und Lenin. Doch das dramatische Geschehen rückt nicht diese Persönlichkeiten in den Mittelpunkt, sondern die Konfrontation besteht in einer Antithese der Ideen: Demut *oder* Tat, christliche Liebe *oder* bolschewistische Gewalt, Individuum *oder* Masse, Führer *oder* Volk.

Welk schrieb, kein Zweifel, wieder ein Ideendrama. Er sah ganz offenkundig abstrakte Ideen als weltbewegende Tendenzen an und stellte sie abrupt und metaphysisch einander gegenüber. Im Mittelpunkt steht die alles überragende Gestalt des Weisen von Jasnaja Poljana und seine Lehre von der Armut: Welks Tolstoi verachtet das Kirchenchristentum, das seine geschichtliche Mission nicht erfüllte, er eifert gegen falsche Menschheitsbeglücker und proklamiert eine kommunistische, dem Urchristentum nahestehende Gemeinschaft, eine Synthese aus Religion und Sozialismus. Die Intrigen und Kämpfe zwischen der Familie und den Schülern Tolstois lassen Jasnaja Poljana zur Hölle werden. Tolstois Liebes- und Leidensbereitschaft zerbricht am Egoismus: die eigene Familie stellt sich gegen ihn, und die Schüler verfallen dem Zweifel. Tolstoi erkennt, daß derjenige, der im eigenen Hause das Banner des Friedens und der Gerechtigkeit nicht hissen kann, als Vorbild und Weltverbesserer keine Chancen hat. Dies bewegt den alten, müden und total erschöpften Tolstoi zur Flucht. Er unternimmt mit dieser Flucht auch einen letztmöglichen Versuch, Leben und Lehre in eine gewisse Übereinstimmung zu bringen. Als er, die Inkarnation des Duldens, der Askese und der Selbsterniedrigung, auf dem verlassenen

Bahnhof Astapowo 1910 stirbt, wandern seine Muschiks ans Sterbebett, um Abschied zu nehmen. Noch einmal ermahnt Tolstoi die Bauern: *Sä Liebe in jeden Acker und frage nicht, wessen er ist! ... Brüder ihr alle: geschundene Bauern in Rußlands unendlicher Steppe – hungernde Hindus auf den Reisfeldern Indiens – stöhnende Kaffern in afrikanischen Minen – fluchende Kinder in den Schächten Ohios – wir kommen – wir kommen ...* Tolstois letzte Worte werden übertönt von den Schüssen einer beginnenden Revolution. An die Stelle des Duldens tritt das Handeln, an die Stelle des Gedankens die Tat. Es scheint so, als wenn nun der leidenden Menschheit das Kreuz abgenommen wird: über den toten Tolstoi schreitet der lebende Lenin hinweg. Aus Tolstois Lieblingsjünger wird der Kommissar der Revolution: Wladimir B. Nowikow, ihr Führer.

Aber auch Nowikow scheitert. Nachdem er alle Formen und Einrichtungen des gesellschaftlichen und sozialen Lebens hat zerschlagen lassen, wird er selbst ein Opfer der „Idee". Die neue „Freiheit" geht rücksichtslos über das Leben der Menschen hinweg, wenn es das Wohl der Gesamtheit zu verlangen scheint. Jeder muß sich opfern, wenn es die Sache gebietet. So unterwirft sich der Kommissar Wassilij Litwinow freiwillig dem Todesurteil, was zuvor sein Bruder Iwan als öffentlicher Ankläger von ihm fordert. Wassilij Litwinows Schuld? Ein Sympathiereflex hatte ihn veranlaßt, hungernden Arbeitern Lebensmittel zu geben, die ihnen nicht zustehen. Der Revolutionär muß sterben, damit die Masse an der Reinheit und Unbestechlichkeit ihrer Führer nicht irre wird. Dieser politisch wohl wichtigste Gedanke wird in der folgenden Szene aus dem 2. Akt vorgeführt:

Wassilij Litwinow: *Aufgebauscht das alles und umgelogen, um mein Ansehen beim Volk und bei Wladimir Iljitsch zu untergraben, um mich zu verderben.*

Iwan Litwinow: *Wegen dieser Angelegenheit ist das Volk wankend geworden in seinem Vertrauen zu den Führern – das entscheidet!*

Nowikow: *Wassilij, du weißt, daß ich dich liebe. Nie lebte ein reinerer Mensch in der Bewegung als du, nie ein mutigerer. Aber nicht darauf kommt es an, ob du rein bist, sondern darauf, ob die da draußen dich noch für rein halten! Diese lächerlichen Kleinigkeiten sind für sie Unregelmäßigkeiten eines Kommissars, sie tuscheln und bröckeln den Kalk aus den Mauern unseres Turmes, und keine Feststellung von uns wird die da draußen von der Geringfügigkeit der Sache überzeugen. Was sollen wir tun? Wir haben zu wählen zwischen dir und dem Vertrauen der Masse! Du weißt, daß wir Erschütterungen ausgesetzt sind – noch ein Tropfen, das Maß ist voll, und sie glauben uns nicht mehr! Schlimmer noch: sie folgen uns vielleicht nicht mehr! Dieser Tropfen bist du geworden, ob schuldig oder unschuldig. Du sagst, daß du dein Leben nicht willst, sondern nur den Sieg der Sache: Wassilij, du mußt es beweisen!*

Wassilij Litwinow: *Aber meine Ehre, Wladimir Borissowitsch, ich bin unschuldig, meine Ehre als Revolutionär.*

Nowikow: *Rede nicht von Gefühlen hier – es ist eine Tat zu tun! Die Ehre eines von ihnen draußen mag geartet sein wie die Ehre eines kaiserlichen Offiziers und mag sein Eigentum sein, die Ehre eines Führers aber in der Revolution hat nichts mit seiner Person zu tun, er hat keine persönliche Ehre zu haben, nur eine Ehre der großen Sache! Die aber fällt, wenn du stehen bleibst, und sie steht, wenn du fällst! Das zu erkennen und zu billigen an sich selbst, so furchtbar es auch ist, das ist eben das Neue und Große und Gewaltige, das sie nicht verstehen, das aber uns befähigt und ermächtigt, dies ungeheure Geschehen der Menschheit – Gerechtigkeit zu führen, zu vollbringen und zu verantworten.*

Wassilij Litwinow: *Mascha – die Kinder – wer wird sie noch achten?* – Nowikow: *Es geht um die Sache, nicht um deine Familie!* – Wassilij Litwinow: *Ich bin bereit!*

Nowikow: *Ich wußte es. Höre nun, was wir uns gedacht: Du bist unschuldig, und wir brauchen nicht dein Leben. Wir brauchen nur deine Ehre, um sie zu beruhigen. Das Urteil werden wir also fällen, aber nicht vollstrecken. Du erhältst Pässe auf anderen Namen und verschwindest für immer in Asien. Dort sollst du wirken für die Sache. Sie aber werden glauben, daß du den Tod durch Erschießen erlitten.*

Wassilij Litwinow: *Nein – keinen Betrug – ich will sterben! Ich muß sterben! Keinen Betrug, ich will das tun für die Sache – ich will fallen als einer der Namenlosen – in Schande hinsinken – eine Aufgabe, so groß, so neu – sterben verachtet, – und mich zudecken mit der höchsten Ehre.*

Hier wird in konzentrierter Weise das Thema des Lenin-Teils der „Kreuzabnahme" behandelt. Man könnte einen Augenblick denken, dies sei die Vorwegnahme der Problematik eines im Dezember 1930 aufgeführten Lehrstückes von Bertolt Brecht. Die „Maßnahme" indessen war der Versuch, „typische Erscheinungen" des Kampfes „um eine Veränderung der Gesellschaft innerhalb des subjektiven geschichtlichen Faktors, der proletarisch-revolutionären Partei, darzustellen, und zwar mit Hilfe der materialistischen Dialektik". Brechts Versuch blieb unvollkommen, „statt von einer realen historischen Situation auszugehen, nahm (er) einen bestimmten aktuellen Vorgang ... und demonstrierte an ihm das alte Problem des Einverständnisses, das bis zur Bereitschaft des Sterbens gehen müsse ...". (Ernst Schumacher)

Doch es zeigt sich bald, daß Welks Ideendrama kein „Vorläufer" der „Maßnahme" ist. Die Revolutionäre in der „Kreuzabnahme" sind Zyniker, gebrochene Existenzen, Landsknechttypen: Sie haben keinerlei Tugenden. Sie ähneln dem Bild von Welks Claus Störtebeker. Kommissar Iwan Litwinow sagt einige Tage vor seinem Tod: *Es gibt für mich in der Revolution keine Bagatellen – es gibt nur eine Aufgabe, das ist der Sieg der Sache, und nur ein Mittel dazu, und das heißt : Hart sein gegen die Feinde, härter gegen die Freunde, unerbittlich gegen die eigene Familie und grausam gegen sich selbst!*

Und Wladimir B. Nowikow? Ihn beschäftigt eine Liebesaffäre mit Marfa, der Frau Dmitri Gubanews, eines Verwandten Tolstois, der sich aber bereits in stürmisch-revolutionärer Jugendahnung von diesem losgesagt. Nowikow läßt Gubanew wegen einer Belanglosigkeit erschießen, Marfa, die nicht ganz zu Unrecht vermutet, daß dies ihretwegen geschah, wird dem Gericht zugestellt. Nowikow aber, als er merkt, daß auch das Volk ähnlich denkt, erschießt sich unverzüglich, während draußen vor der Tür *die roten Soldaten marschieren.* Die Regieanweisung des Autors für den Schluß des Stückes lautet: *Brausender Jubel, ein Name, hundertfach, tausendfach, wie ein flammender Sturmwind, Lenin! Die Marseillaise zuckt auf. Das Gesicht Nowikows verklärt sich. Er stirbt.*

Ratlos und betroffen bleibt der Leser der Urfassung, blieben in Mannheim, Altona, Braunschweig und Berlin Zuschauer und Kritiker zurück. Für die einen war es ein Grund zur Freude, für die anderen ein Ärgernis, wenn in dem 1926 geschriebenen und 1927 aufgeführten Stück der Widerschein eines inzwischen zehnjährigen sozialistischen Aufbaus in der Sowjetunion gänzlich fehlte, die geschichtlichen Erfahrungen einer Periode also ausgespart wurden, in der die russischen Arbeiter und Bauern unter Führung der Partei trotz mancher Rückschläge einen sozialistischen Staat aufbauten. Während das persönliche Schicksal Tolstois, der in Welks Stück häufig die authentischen Tagebuchaufzeichnungen des großen Dichters „spricht", detailliert ausgebreitet wird, fehlt jede Bezugnahme auf den Marxismus-Leninismus. Tolstoi sagt in der „Kreuzabnahme" (wie in der Wirklichkeit): *Nur die Liebe und Demut kann Rußland und den Muschik retten – Gott wird Rußland helfen – Rußland ist groß in seiner Demut – Eines Tages wird Gott das gewaltige Kreuz aus dem Schmutz erheben und aufrichten im russischen Land, bis an den Himmel wird es langen, und Erlösung wird strahlen aus dem Leib des Muschik über die ganze Welt!* Im zweiten Teil, „Lenin" überschrieben, wird darauf nicht geantwortet. Es ist nicht mehr recherchierbar, was den Autor dennoch bewogen hatte, den zweiten Teil so zu nennen. Vielleicht wollte er seinem inzwischen gewonnenen Ruf als „Revolutionsdramatiker" treu bleiben. Jedenfalls hat erst die zweite Fassung, nach der dann in Mannheim und Altona gespielt wurde, den Tolstoi- und den Lenin-Teil. In der Zwischenzeit war „Gewitter über Gottland" uraufgeführt worden.

Für Braunschweig, Erstaufführung am 16. März 1928, arbeitete Ehm Welk „zum Teil sein Stück um". Nach der Berliner Aufführung in der Regie von Paul Bildt am 22. Februar 1929 meldeten die „Dramaturgischen Blätter" der

VOLKSBÜHNE
Stadtbahn Alexanderplatz
Theater am Bülowplatz
Untergrundbahn Schönhauser Tor
Anfang 7½ Uhr
Freitag, den 22. Februar 1929, zum 1. Male
Ende 10½ Uhr
Kreuzabnahme
Regie: Paul Bildt
Bühnenbilder: Traugott Müller
I. Teil: TOLSTOI
II. Teil: LENIN
Ab Sonnabend, den 23. Februar 1929, täglich 8 Uhr: Kreuzabnahme

Volksbühne: „Das Drama von Ehm Welk wird von dem Volksbühnenverlag jetzt in einer neuen Fassung vorgelegt . . ., die beiden Teile ‚Tolstoi' und ‚Lenin' sind jetzt mit einer Schärfe gegeneinandergestellt, die die Idee der Dichtung mehr heraushebt. Außerdem ist in die Mitte des zweiten Teils eine neue Szene gesetzt worden, die die Zustände des revolutionären Rußlands schärfer beleuchtet und die äußere Haltung des zweiten Teils klarer und spannender durchführt. In dieser Fassung wird das Stück vermutlich auch in anderen Städten seinen Berliner Erfolg wiederholen können." Diese Fassung kann zum Vergleich nicht herangezogen werden, sie existiert nicht mehr.

Gewiß hatte Welk ziemlich intensiv Materialien und Biographien studiert. Doch das Stück zeigt, wie einseitig die Auswahl gewesen sein muß. Die Tagebücher Tolstois wurden erkennbar eingearbeitet, mit ihnen wurde zum Teil generös umgegangen. Die Tolstoi-Biographien von Löwenfeld und Birjukow muß der Autor der „Kreuzabnahme" ebenfalls gekannt haben: die Überbetonung der religiös-ethischen Seiten im Leben Tolstois hat er von dort übernommen. Tolstois letzte Lebensjahre, die Motive und Anlässe seiner Flucht, die Familientragödie, die Darstellung der Sophia Andrejewna und die Gestalt Wladimir G. Tschertkows, das waren die beherrschenden Themen der bürgerlichen Tolstoi-Literatur. Doch diese Biographen, schreibt Wolf Düwel, hatten, ohne es zu merken, ihren Lehrer „idealisiert", indem sie es „vermieden, die Äußerungen des Dichters anzuführen, die nicht in das gezwungene und armselige Schema hineinpaßten. Beim Lesen Birjukows erinnert man sich an die Worte Lenins über die russische und ausländische Nachfolge Tolstois, die gerade die schwächste Seite seiner Lehre in ein Dogma verwandelt hat. Wie bei farbigem Glas, das ausschließlich nur . . . die blauen Lichtstrahlen und keine anderen durchläßt, so wurde von den Schöpfern des Heiligenbildes Tolstois alles beiseite getan, was nicht diesem künstlich geschaffenen Bild entsprach".

Wir können mit einiger Sicherheit annehmen, daß der Nowikow des ersten Teils ein Porträt Wladimir G. Tschertkows ist. Tschertkow, engster Freund und Mitarbeiter Tolstois, Gutsbesitzer und Gardeoffizier, hatte die Tolstoijanische Lehre beharrlich zu praktizieren versucht. Er gab seinen Besitz auf und lebte mit den Bauern in einer Gemeinschaft bereits zu einer Zeit, als Tolstoi selbst wieder und wieder zweifelte und sich nicht entschließen konnte, dem eigenen Postulat zu folgen.

Wenn man die Sophia Andrejewna im Stück betrachtet, möchte man annehmen, daß Ehm Welk auch Tschertkows Buch über Tolstois Frau, das 1922 erschienen war, kannte. Den richtigen Blickwinkel für die Einschätzung der „Tragödie von Jasnaja Poljana" kann man aber nur finden, „wenn man diese Tragödie im Zusammenhang mit der Weltanschauung Tolstois und den Ansichten seiner Angehörigen, ihrer Einstellung zu dem sie umgebenden Leben untersucht. Ein solches Herangehen hilft die Einseitigkeit zu vermeiden, die in der Vergangenheit viele dazu gebracht hat, als Ankläger oder Verteidiger entweder der ‚Partei von S. A. Tolstoja' oder der ‚Partei von Tschertkow' aufzutreten und die Flucht Tolstois entweder durch den ‚unausstehlichen Charakter' von

Sophia Andrejewna oder durch die ‚Ränke Tschertkows' zu erklären. Das Wesen der Widersprüche zwischen Tolstoi und seiner Familie besteht darin, daß der Schriftsteller nach dem ‚Umbruch' entschieden mit seiner Klasse, mit den Sitten, Ansichten, Gewohnheiten des Milieus, in dem er geboren und aufgewachsen war, gebrochen hatte. Dabei blieb aber die eigene Familie im Grunde ein miniaturhaftes Teilchen des Milieus, von dem er sich lossagte". (Wolf Düwel)

Die scharfsinnige Deutung Tolstois durch Lenin, die Grundlage des marxistischen Tolstoi-Bildes, seine philosophischen Befunde und differenzierten Analysen wird Ehm Welk nicht zur Verfügung gehabt haben. Dort hätte er gefunden, wie dieser des Dichters schwache und starke Seiten abwog: Tolstois „glühender, leidenschaftlicher, nicht selten schonungslos-scharfer Protest gegen den Staat und die polizeilich-fiskalische Kirche . . ., (die) Berge von Erbitterung und Haß aufgetürmt hatten", und andererseits die Verständnislosigkeit des großen Gesellschaftskritikers „für die Ursachen der Krise und die Mittel der Abhilfe gegen die Krise". Lenin verehrte Tolstoi, aber: „Das russische Volk wird sich erst dann seine Befreiung erkämpfen, wenn es begreift, daß es nicht von Tolstoi zu lernen hat, wie man sich ein besseres Leben erkämpft, sondern von der Klasse, deren Bedeutung Tolstoi nicht verstanden hat und die allein fähig ist, die Tolstoi verhaßte alte Welt zu zerstören – vom Proletariat." *Vorgänge der Wirklichkeit* lägen auch dem Lenin-Teil der „Kreuzabnahme" zugrunde – einigermaßen unbekümmert gab dies Welk öfter mündlich wie schriftlich zu verstehen. Beweise dafür enthielt er vor.

Nein, die „Kreuzabnahme" ist ein ziemlich lebloses Stück, sein Geist ist auch dann nicht zu retten, wenn wir uns nur an die Buchstaben halten. Das Mannheimer, Braunschweiger und Berliner theaterinteressierte Publikum hörte, wie sich Ehm Welk als ein *Überparteilicher* legitimierte, er wollte nicht *parteilich befangen sein:* weder nach *rechts noch nach links schauen,* sondern nur *ein Mensch* sein. Ein „Bolschewistenstück" sei die „Kreuzabnahme"? fragt ein Journalist Welk. Das ist ein Irrtum! Ein über den *Parteien stehendes*

Weltanschauungsdrama, trotz Lenin, trotz der marschierenden roten Soldaten, antwortet der Autor. Nach dem 2. Volksbühnen-Autorenabend Ende November 1927, zwischen dem Auftreten Zuckmayers und Andersen Nexös, schrieb „Die Rote Fahne“, allerdings etwas undifferenziert und vorschnell: „... sobald man schärfer hinhört, spürt man die Unsicherheit und Unklarheit Ehm Welks, der doch nur ein Bürger ist.“

Ehm Welk war gewiß bestürzt über die erneute zwiespältige politische Wirkung, die sein Stück hervorrief. Die Theaterkritik der Zeit hatte aufmerksam der Uraufführung entgegengesehen. Was danach dann *„geschwätzt“* wurde, war ärger als erwartet. Die Theaterkritik einer Zeitung sei das Feld, schreibt Welk, *auf dem sich ein Mann blamieren darf, ohne daß es ihm bewiesen werden kann. Ja, ohne daß sich einer die Mühe der Beweisführung macht.* Und er fügt im April 1929 resignierend hinzu: *Da habe ich nun insgesamt 86 Kritiken über mein Stück „Kreuzabnahme“ gelesen ... Von diesen 86 waren ganze acht, welche verrieten, daß ihre Verfasser mit den zu behandelnden Fragen sich beschäftigt hatten ... Die übrigen 78 waren entweder übliches Feuilleton, wohlwollend in althergebrachten Wendungen, oder saudumm, oder witzelnd kreisend ums eigene Ich ... Aus der sich so ergebenden Anschauung sage ich zum ... Wert und Unwert von Pressekritiken: Sie helfen nicht, sie stören nicht. Ich lese sie ohne Ingrimm, ohne Überheblichkeit, denn sie sind interessant auf jeden Fall in der – Zusammenstellung.*

Eine von den acht (solideren) Kritiken schrieb Norbert Falk in der „BZ am Mittag“ vom 23. Februar 1929: „Starker Theatererfolg, der nicht allein von der Doppelgesinnung des Werkes ... angefeuert ist. Hervorrufe von Darstellern, Autor und Regisseur. Die Volksbühne hat ein Stück, das viel redet, das zwei Weltanschauungen einander gegenüber stellt, ohne sich für die eine oder die andere zu entscheiden, das kaum den Versuch einer Synthese unternimmt, dessen Atmosphäre aber eine große Hörerschaft den Hauch der Epoche atmen läßt und zum Denken über die Probleme der Zeit aufrüttelt.“

Eine andere, auf die der Autor hindeutet, stand in der „Berliner Börsen-Zeitung“: „Sicherlich wiegt sich der Verfasser in dem Wahne, die russische Revolution, wenn nicht in ihrem Verlaufe dargestellt, so ganz gewiß von ihren Anfängen her erklärt zu haben. Will man ihm glauben, so ist der Urheber kein anderer als Tolstoi. Indessen in dem Sinne, daß die Revolution eine Reaktion auf Tolstois Ethik ist.“

Die „Germania“, eine „Zeitung für das deutsche Volk“, kommentierte genüßlich: „Wir erleben, wie einer seinen Bruder um der Sache willen hinopfert, wir erleben sogar, wie der Bruder von der Möglichkeit, sich der Füsilierung auf geraden Wegen zu entziehen, keinen Gebrauch macht – aus leninscher Konsequenz! – Man fragt sich, bei aller Achtung vor diesem falsch verstandenen Heldentum, was damit gewonnen sein soll. Tolstois Liebesangebot ... umspannte immerhin noch lebende, fühlende, sich sehnende, leidende Menschen. Diese Leninisten aber werden eingetaucht in die Eiswasser einer Doktrin und erfüllen ein Programm, das sie vorher umgebracht hat. Wenn nur das Programm lebt, sie wollen sich ihm gern als Tote und Halbtote opfern.“

Vom sozialdemokratischen „Vorwärts“ erfuhr der Autor in einer wieder von Max Hochdorf geschriebenen Rezension, daß er sich in gewaltige Probleme hineingewühlt habe: „Er hat das Sterben Tolstois und das Ringen des russischen Volkes und seiner Führer wie ein tiefbewegter Schiedsrichter geprüft. Doch er sah nur den abstrakten Vorgang ... Trotzdem ist zu sagen: die Tolstoitragödie und die Lenintragödie, die beide mit dem Untergang des Propheten enden, sind Beweisstücke dafür, daß der Dichter mit gleicher Objektivität an die Seele der Selbstquäler gelangen wollte.“

Vier Stimmen von acht. Vier von insgesamt sechsundachtzig. Waren sie gescheit, kenntnisreich, gedankenvoll, klarblickend? Hatte Welk nach der Aufführung von „Gewitter über Gottland“ das Regie-Theater angegriffen, so beklagte er nach der Berliner Aufführung der „Kreuzabnahme“ den grotesken Kult um die großen Kritikerpersönlichkeiten, die selbst zum *Hauptzweck fast aller Theaterkritik geworden* waren. An die Adresse von Herbert Ihering, Monty Jacobs,

Siegfried Jacobsohn, Arthur Eloesser, Alfred Kerr und Paul Wiegler ist Welks Vorwurf gerichtet, an eine harte und oftmals erbarmungslose Kritik, die in der Tat eine geradezu verwegene Marktfunktion hatte und gewiß nicht selten neurotisierend auf Regisseure, Schauspieler und Autoren wirkte, auch auf Welk, der sich hinreißen ließ, die „Theater-Reporter" in Bausch und Bogen zu verdammen. Achtzig Prozent aller *Journalisten, die in Deutschland das Amt des Kritikers verüben,* ließen Bildung vermissen, und gerade diese schrieben Theaterkritiken: *Was soll ein Autor, der das Wasser kennt, mit dem sie kochen, von ihnen gewinnen für seine Arbeit?*

Schließen wir mit einem Zitat. Im „Berliner Börsen-Courier", der wegen seines vergleichsweise „linken" Kulturteils zu den wichtigsten Zeitungen Berlins gehörte – Brecht, Bronnen, Oskar Loerke und Gustav Landauer hatten dort ihr Forum –, ging Herbert Ihering differenziert und scharfsinnig-kritisch auf Ehm Welks neues Stück ein. Der Autor, so argumentierte Ihering, führe „die Gedankenschlachten auf der Ebene privater Gefühlserlebnisse, nicht in der objektiven Wirkung auf den Gegner. Tolstoi – ja, hier ist es gegeben, daß die Auseinandersetzung innen, in der Seele des Dichters selbst sich abspielt. Tolstoi – hier ist die Selbstzerfleischung, der psychologische Kampf dramatisches Motiv. Denn es handelt sich eben darum, daß Tolstoi zwar kritisch den Gefahrenzustand des verkommenen Zarenreichs erkennt, daß er aber die Mittel zur Änderung des Zustandes nicht finden kann, weil er immer wieder in sich selbst zurückkriecht und das seelische Problem der Demut und des Urchristentums wälzt. Wenn Ehm Welk dieser Welt der Selbstvernichtung, die in ein Nichts hinein philosophiert, in Lenin die Welt der Selbstvernichtung um eines praktischen Zweckes willen entgegenstellt, so hätte er gerade hier den Kampfplatz von innen nach außen verlegen müssen. Ehm Welk sieht im Leninismus eine psychologische Tragödie. Er zeigt nicht die Schwierigkeiten, die Lenins Staats- und Volksidee durchzumachen hat ... Er zeigt die Schwierigkeiten, die der Einzelne in seinem Privatleben, in seinem Liebesleben hat, sich mit der Staatsidee abzufinden. Das ist aber der älteste Konflikt, den das Drama überhaupt kennt. Diese Kämpfe zwischen Pflicht und Liebe könnten ebenso im Preußen des Alten Fritz ... sich abwickeln. Sie sind nicht bezeichnend für das Rußland Lenins und deshalb im Mittelpunkt einer Auseinandersetzung mit der politischen Anschauung Lenins überflüssig und komisch. Ehm Welk dramatisiert in der alten Weise Episoden aus dem neuen Rußland, statt für eine geänderte, umgestülpte Welt eine neue Form zu suchen. Er versetzt bürgerliche Tragödien ins sowjetische Rußland. Er bringt deshalb bei ‚Lenin' im Grunde nur eine Fortsetzung des Teils ‚Tolstoi'. Dieselbe Selbstauflösung, nur um anderer Gedankenkreise willen ..."

„Lieber Ehm Welk", schreibt Arbeiterastronom und Altfreund Bruno H. Bürgel am 5. April 1929 aus Neubabelsberg, „... in dem vollbesetzten Haus, in dem wohl 90 Prozent Arbeiter und kleine Leute saßen, in dem (wie Beifall an gewissen Stellen zeigte) eine ziemlich radikale Gesinnung herrschte, kam mir blitzartig der Gedanke, wie verantwortungsvoll es doch eigentlich ist, diese Probleme vor breiten Massen zu behandeln ..."

Eine lange Pause liegt zwischen „Gewitter über Gottland" und der „Kreuzabnahme" einerseits und der Komödie „Michael Knobbe oder Das Loch im Gesicht" andererseits. 1931 erschien – als Manuskript vervielfältigt – die *wahre Geschichte des Zeitgenossen Michael Knobbe, der sich vermaß, den Geist der Zeit zu bessern, und es ist nichts gelogen in dem Stück, keine Person und keine Handlung und Einrichtung, außer der vom Verfasser mit Fleiß genährten Annahme, daß es die Privatgeschichte des Herrn Michael Knobbe sei.*

Das politische Versagen großer Teile der deutschen kleinbürgerlichen Intelligenz in den letzten Monaten der Weimarer Republik bildet den Hintergrund für Welks Stück. Knobbe, geadelt mit dem Beinamen „Geist von Weimar", Chefredakteur der unparteiischen, deutsch-nationalen thüringischen Landeszeitung ÜBER ALLES, proklamiert seine

Theorie der „Verhinderung durch Gewährung“ (Pazifisten sollen Kriegshetzer unterstützen, Demokraten Mussolini besuchen, Bankdirektoren mit Hitler frühstücken, der Kurfürstendamm soll in revolutionäre Theater gehen, der eifersüchtige Ehemann soll die Liebhaber seiner Frau mit ins Haus nehmen) und seine Idee von einer Universalpartei, die links von Thälmann und rechts von Hitler steht. Unerschrocken greift Knobbe seiner bevorstehenden Entfernung aus der Redaktion durch einen großspurigen Abgang vor, da ihn, wie er meint, in Berlin nach der Uraufführung seines Dramas „Geist von Weimar“ eine steile Karriere erwartet. Sie verläuft indessen nicht nach oben, sondern nach unten. Enttäuscht vom bürgerlichen Kunstbetrieb – sein Stück fällt durch –, wendet sich Knobbe den Arbeitern zu, um hier seine Heilslehren an den Mann zu bringen. Aber es gelingt ihm weder bei dem Lumpenproletarier und angehenden Nazi noch bei dem KPD-Genossen. So landet er schließlich in den weitgeöffneten Armen einer *christlich-bürgerlichen, nationalen Heimatschriftstellerin.* Der „große Geist“ schwimmt fortan im Sog des Völkischen: Knobbes Aufstieg ist unaufhaltsam.

Es lebten in Deutschland um 1930 wahrlich schon viele Knobbes, sie wirkten an Universitäten und Schulen, in Kauf-, Bank- und Gotteshäusern. Sie trugen als Abzeichen einer Zusammengehörigkeit durchaus noch nicht alle ein Hakenkreuz, wohl aber fast alle ein übereinstimmendes Kennzeichen im Gesicht: das Loch, den ständig geöffneten und bewegten Mund, der zu dauernden Heil-Rufen imstande war. Insofern wollen wir dem Autor gern bestätigen, daß nichts erfunden werden mußte in dem Stück, *keine Person und keine Handlung und Einrichtung.* Allerdings ist es nebensächlich, ob Fabel und Charaktere erfunden oder vorgefunden wurden, belangvoll ist aber die Frage, ob Welks Stück damals antifaschistische oder emanzipatorische Impulse zu geben vermochte, um möglicherweise die *Löcher in den Gesichtern* zu schließen. Brecht formulierte Ende der zwanziger Jahre das Wesen der dramaturgischen Anstrengungen: „Das neue Theater ist einfach ein Theater des Menschen, der angefangen hat, sich selber zu helfen." Welks Stück über den phrasenschwätzenden Knobbe gehörte, trotz zahlreicher zeitgeschichtlicher Anspielungen, nicht zu diesem „neuen Theater".

Das Ganze ist nicht ohne Witz und – wie immer bei Welk – mit bäuerlich-komischen Einfällen durchsetzt, doch um Probleme der Intelligenz sichtbar zu machen, hätte es einer schärferen satirischen Zuspitzung bedurft.

Ehm Welk verabschiedete sich als Bühnenautor mit dem Schauspiel „Schwarzbrot", 1932 geschrieben, noch Anfang 1934 von Samuel Fischers Berliner Verlag veröffentlicht. Es hätte wenig Sinn, den Berg von einander widersprechenden Ansichten und Theorien zu durchwühlen, denen wir noch einmal in diesem niemals aufgeführten Stück begegnen. Bei aller Begabung und Anstrengung war es Ehm Welk nicht beschieden, aus der Fülle erfahrener Wirklichkeit das gesellschaftlich Wesentliche herauszuarbeiten. „Schwarzbrot" ist dafür ein besonderes Beispiel. Statt einer Analyse der wirklichen Verhältnisse finden sich Postulate: Mit „Schwarzbrot" wollte Welk *die Zwietracht zwischen den sozialistischen Arbeiterparteien,* zwischen den Arbeitern und Bauern ausräumen helfen. Es ist zweifellos ein Verdienst Welks, die Spaltung der Arbeiterklasse als einen wesentlichen Hinderungsgrund für die Veränderung der gesellschaftlichen Verhältnisse erkannt und sich an einer dramatischen Gestaltung dieses Themas versucht zu haben. Jedoch sollen deshalb die Unzulänglichkeiten des Stücks nicht verschwiegen werden. Wenn es im Stück heißt, *ein Arbeiter ist für mich ein Volksgenosse wie ein Bauer, ein Handwerker . . . und auch wie ein Unternehmer,* so ist das freilich ein gefährlich-harmloses Vor-sich-her-Denken. Hier wird die „Bündnisfrage" sozusagen ins rechte Fahrwasser umgelenkt. Schon der Begriff „Volksgenosse" bringt Welk in fatale Nähe demagogischer Argumentation der Völkischen. In diesen Jahren ging es darum, alle Kräfte für die Rettung der Republik vor der Gefahr des Faschismus zu sammeln. Da war eine breite Mobilisierung aller Republikaner erforderlich, aber auch eine

Abgrenzung von den Faschisten, die auf einen Sturz der Republik aus waren. Diese Jahre der Weltwirtschaftskrise und der großen Klassenauseinandersetzungen sind der zeitgeschichtliche Hintergrund des Schauspiels „Schwarzbrot". Doch Spuren dieser Ereignisse suchen wir auch in diesem Stück vergeblich. „Ich glaube", schrieb Friedrich Wolf 1935, „daß ein realistischer Dramatiker keinen Stoff zur Bearbeitung anfassen darf, den er nicht bis in die Fingerspitzen – bis ins kleinste Detail – beherrscht."

Aber was auch immer an Kritischem vermerkt werden mußte – Ehm Welk hat seine Versuche gewiß niemals mit leichter Hand geschrieben. Gerechtigkeit, Nächstenliebe, über nur weniges wurde so oft nachgedacht wie über diese Worte. Trotz mancher philosophischer und poetischer Gekünsteltheit ergreift und überzeugt Welks aufrichtiges humanistisches Wollen. Ein neues, besseres Zeitalter der Menschheit wünschte sich der Autor herbei, eine Erde, die von Elend und Schmerz befreit ist. Das alles ist in Sätzen enthalten, die Welk den Revolutionär W. B. Nowikow im Lenin-Teil der „Kreuzabnahme" sagen läßt: *Wenn Gewalt und Schrecken seit Jahrhunderten im Lande herrschen, so haben doch nicht die Armen und Geknechteten die Gewalt und den Schrecken ins Land gebracht! Aber alle paar Jahrhunderte kommt einmal den Völkern ein Augenblick wie dieser. Ihn versäumen, wäre verbrecherisch! Es müssen zerschlagen werden alle Formen des bisherigen staatlichen und sozialen Lebens, und ihre Trümmer müssen zermahlen werden und der Staub zerstreut, und es muß Obacht gegeben werden, daß sich im Schlamm der menschlichen Seelen nicht neu bilde die alte zwiefache Gestalt des Lebens: eines, das thront, und eines, das kniet! Und wenn einer die Hand erhebt und sagt, das sei keine Nächstenliebe, will ich ihm zuschreien: Nächstenliebe? Für die Fernsten zu kämpfen, mit Beil selbst und Schwert, und stürben dabei Tausende der Nächsten im Kampf – dafür Frieden und Leben zu fordern und zu setzen: Dies ist die größere Liebe zu den Menschen. Dahinein wird das Neue, Herrliche wachsen: der Mensch, der gemeinschaftlich ist!*

Alles, was den Menschen angeht, geht auch „Die Grüne Post“ an.

Fünfte Station
Herr Reichsminister, ein Wort, bitte!

1926, noch während Ehm Welk an den Stücken arbeitete, kehrte er zu seinem alten Metier zurück und wurde Wirtschaftsredakteur der „Berliner Allgemeinen Zeitung". Das Blatt gehörte dem Ullstein-Konzern, dem Welk bis 1934 verbunden blieb. Um Einblick in die neue Lebenssphäre des Journalisten Welk, der dem Theater am Ende der zwanziger Jahre den Abschied gegeben hatte, zu gewinnen, wollen wir einen Blick auf die Geschichte dieses Imperiums für Druckerzeugnisse werfen.

Am 14. Juli 1877 verkauft die Berliner Firma Stahl & Aßmann an Leopold Ullstein „die ihnen gehörige in der Zimmerstraße 94 befindliche Druckerei, insbesondere das ‚Neue Berliner Tageblatt' nebst sämtlichem im Geschäftslokal befindlichem Inventar, überhaupt wie alles steht und liegt, zum Preise von 60 000 Mark". Fünfzig Jahre später ist das „Haus Ullstein" ein weltbekanntes Zeitungs- und Zeitschriftenunternehmen und ein gigantischer Buchverlag.

Leopold Ullstein, 1826 in Fürth geboren und von Haus aus Papiergroßhändler, hatte in Berlin sehr schnell gelernt, daß mit bedrucktem Papier, namentlich mit Zeitungen, zumal wenn sie mit bezahlten Anzeigen gefüllt waren, sehr viel mehr Geld ins Haus kam. Noch 1877 wurde die „Berliner Zeitung" hinzugekauft: in den folgenden Jahren waren es vornehmlich Redakteure dieses bürgerlich-liberalen Blattes, die, um ein Beispiel zu nennen, Bismarcks Kulturkampf kritisch verfolgten und den „Eisernen Kanzler" bisweilen auch zurechtwiesen. Für die deutsche Sozialdemokratie, die während der Zeit des Sozialistengesetzes von 1878 bis 1890 keine eigene legale Presse hatte, war vor allem Ullsteins „Berliner Zeitung“ ein unerläßliches Informationsmittel. So profitierte Leopold Ullstein auch von der Verfolgung der Arbeiterbewegung. Aber selbst die sich als liberal verstehende Presse wurde oftmals von den kaiserlichen Behörden als staatszersetzend betrachtet, und ungezählte Male konnte man lesen: „Infolge behördlicher Konfiszierung kann die Nummer des Vortages den Abonnenten nicht zugestellt werden.“ Gleichwohl grenzte sich die „Berliner Zeitung“ von Bismarcks reaktionärer Innenpolitik ab und griff das preußische Dreiklassenwahlrecht an, das die Arbeiterklasse und das Kleinbürgertum zur politischen Einflußlosigkeit verurteilen sollte. Ihren bürgerlich-liberalen Kurs formulierte sie 1878 in einer programmatischen Erklärung: „Die Berliner Zeitung will eine konstitutionelle Regierung, keinen Kanzler-Absolutismus. Sie verlangt, daß das deutsche Volk frei sei und nicht wie eine besiegte Nation behandelt wird.“ Ein Vierteljahrhundert später allerdings, als die zweite Ullstein-Generation die Geschichte des Konzerns bestimmte und auch entscheidende Wandlungen auf dem innen- und außenpolitischen Feld sich vollzogen hatten (Aufhebung des Sozialistengesetzes, Anwachsen der Sozialdemokratischen Partei, verstärkte Aktionen der Arbeiterklasse), wurde deutlich, daß allein Geschäftsinteressen die Politik des Hauses bestimmten.

Der Journalist und Schriftsteller Richard Katz schreibt dazu in einem Rückblick: „Ullsteins hatten eine feine Nase dafür, was ihrer Kundschaft gefiel. Lange bevor Amerika die ‚Marktforschung‘ erfand, war sie das tägliche Brot des Ullsteinhauses. Da blieb kein Leserbrief unbeachtet, kein Lob und kein Mißfallen, und sei es einer Scheuerfrau oder eines Botenjungen. Der Ullstein-Verlag hatte zwei Grundsätze, von denen er nicht abwich: eine saubere demokratische Gesinnung und literarisch ein Niveau der Sprache, das nicht unterschritten werden durfte. Innerhalb dieser Grenzen aber gab er seinen Mitarbeitern jeden Weg frei, der zum Ziele führte. Und sein Ziel hieß: Erfolg. Nur dieser galt.“ (Richard Katz reflektierte freilich die Zeit und die politisch-ökonomischen Zusammenhänge wie ein blinder Spiegel. In Wahrheit propagierten Ullsteins Erzeugnisse, wie andererseits die von August Scherl, Rudolf Mosse und August Huck, vom Beginn ihrer eigentlichen Machtentfaltung zu Anfang dieses Jahrhunderts an ausnahmslos den Imperialismus. Der im Prinzip gleiche Klassenstandpunkt setzte freilich nicht in allen Fragen Einmütigkeit voraus. Differenzen – ausgenommen die Berichterstattung über außenpolitische Vorgänge – wurden untereinander in oftmals künstlich hochgepeitschten Wort-Duellen ausgetragen. Die Publizität, die solchen Gefechten zuteil wurde, ließ in der Öffentlichkeit die Illusion aufkommen, daß es so etwas wie politische Meinungsfreiheit gäbe. Doch es ging immer nur um Varianten der bürgerlichen Ideologie, niemals um das In-Frage-Stellen von Grundsätzlichem. Diese Sachlage gestattete es, daß Zeitungen eines Besitzers in ihrer Vermittlung herrschaftsstabilisierender Ideologien gewisse unterschiedliche Tendenzen pflegen konnten. Wir wollen uns vor Augen halten, daß – zum Beispiel – im Hause Ullstein neben der großbürgerlichen „Vossischen Zeitung“ die mit den rechten Sozialdemokraten sympathisierende „Berliner Morgenpost“ erschien. Und es widerspräche aller geschichtlichen Erfahrung, wenn die Herrschenden nicht gleichzeitig zur Täuschung und Tarnung mit Vorliebe Begriffe wie „liberal“, „politisch unabhängig“, „neutral“, „objektiv“ und „überparteilich“ für den Kopf ihrer Zeitungen verwendet hätten. Tatsächlich nahm die bürgerliche Presse gezielt und geschickt manipulierend Einfluß auf das Bewußtsein ihrer Leser im Sinne einer Verherrlichung der bürgerlichen Klassengesellschaft oder wenigstens einer Verschleierung ihrer antagonistischen Widersprüche. Sie stellte ihre ökonomische Macht politisch in den Dienst der herrschenden Ideologie: die Arbeiter sollten ihre Klasseninteressen aufgeben, sollten entpolitisiert und von sozialistischem Gedankengut abgehalten werden. Das Klassenprinzip galt es zu zersetzen: romantische, abstrakt formulierte Sehnsüchte – zum Beispiel nach mehr sozialer Gerechtigkeit und ethischer Vervollkommnung – und ganz allgemeinmenschliche Zielsetzungen traten an die Stelle materiell und gesellschaftlich konkreter Interessen der Arbeiterklasse.)

Derjenige, der den Grundstein zum Erfolg legte, war Leopold Ullstein, ein Mann, der seinen Konkurrenten geschäftliche Geschicklichkeit und vor allem Spürsinn für neue Techniken voraushatte. Als der technische Apparat mit der morgens erscheinenden „Berliner Zeitung" nur zur Hälfte genutzt war, gründete Ullstein die gewinnbringende „Berliner Abendpost"; als ein schlesischer Kaufmann 1890 ein Wochenblatt mit dem Namen „Berliner Illustrirte Zeitung" auf den Markt brachte, mit ihm hinfort aber nichts Rechtes anzufangen wußte, kauften Ullsteins und ein Dr. Eyßler 1894 die Anteile.

Nach kurzer Zeit gab auch Eyßler auf. Leopold Ullstein war von nun an Alleinbesitzer einer nie versiegenden Geldquelle. Zudem hatte der findige Gründerzeitkapitalist die Bedeutung der Fotografie für die Zukunft der Zeitungen – lange vor anderen – erkannt und aufmerksam die Entwicklung der Illustrationstechnik verfolgt. Als Ullstein die „Berliner Illustrirte" erwarb, hatte sie vierzehntausend Bezieher, 1899 bei seinem Tode eine Million Auflage, 1930 waren es über drei Millionen.

Leopold Ullstein hatte das „visuelle Zeitalter" und das wachsende Bedürfnis nach schneller und knapper Information vorausgeahnt. Das Rückgrat aller Zeitungen ausgangs des 19. Jahrhunderts war der betrachtende, zumeist weitschweifige, Sachkenntnis voraussetzende Artikel. August Scherl, Ullsteins ernstzunehmender Konkurrent, gründete 1883 den „Berliner Lokal-Anzeiger". Leopold Ullstein zog 1898 mit der „Berliner Morgenpost", der späteren SPD-nahen Zeitung, nach. Beide Zeitungen, mit zusammen einer halben Million Auflage, waren die Prototypen einer manipulativen „Massenpresse" im Stil des Generalanzeigers. Von nun an löste die Nachricht den Kommentar alter Prägung ab, dessen Ursprung in der didaktischen Wochenschrift der bürgerlichen Aufklärung lag. Das Lokale für den kleinen Mann und die telegrafische Nachricht aus der weiten Welt, scheinbar eine solide Hausmannskost, fraglos aber geschickt zubereitet und gut verpackt. Für jeden etwas und für alle dasselbe immer wieder anders, heißt die Devise.

Nach Leopold Ullsteins Tod im Jahre 1899 führten fünf geschäftstüchtige Söhne das Unternehmen weiter. Als 1904 in Deutschland der Straßenverkauf von Zeitungen und Zeitschriften erlaubt wurde, erschien die traditionsreiche „Berliner Zeitung" als „Berliner Zeitung am Mittag", abgekürzt „BZ am Mittag". Uniformierte Zeitungsverkäufer, „BZ am Mittag" – Autos und eine für damalige Zeiten ganz ungewöhnlich kräftige Reklame sorgten dafür, daß Deutschlands erstes Boulevard-Blatt an die Spitze aller Zeitungsunternehmungen katapultiert wurde. Die „BZ am Mittag" wurde auch zur schnellsten Zeitung der Welt. „Als Friedrich Ebert am 6. Februar 1919, dem Tage der Nationalversammlung, nachmittags in Weimar die Treppe zum Theatersaal hinaufsteigt, um seine Eröffnungsrede zu halten, wird ihm von einem Zeitungsjungen die ‚BZ' mit der schon vorgedruckten Rede zum Kauf angeboten. Man war mit der eigenen Ullstein-Flugzeugstaffel soeben aus Berlin gekommen." Für diese Art von „Bravour"-Stücken wurden keine Kosten gescheut. Ullsteins superschnelles Angebot an Sensationen, Nachrichten und Sport war schon damals, so scheint es, ein die Käufer magnetisch anziehendes Mixtum compositum.

1913 kauften die Ullsteins die älteste und renommierteste Zeitung Berlins: die „Vossische Zeitung", genauer: die „Königlich Privilegierte Zeitung von Staats- und Gelehrten Sachen", eine täglich zweimal erscheinende „freisinnige" Zeitung mit einer Sonntagsbeilage, die den Namen „Vossische Zeitung" seit 1785 führte. Lessing redigierte zwischen 1748 und 1755 den literarischen Teil, und Theodor Fontane war von 1871 bis 1889 ihr Theaterkritiker, um nur zwei berühmte Namen ihrer ehemaligen Mitarbeiter zu nennen.

„Ehrenhalber", als „Feder am Hut", wurde die „Vossische Zeitung" erworben, Tradition und Ansehen dieser Zeitung konnten Weihrauch über Kommerz und Cleverness streuen. „Liberal", „demokratisch" und „überparteilich" gaben sich alle Produkte des Hauses Ullstein, wirtschaftlich erfolgreich waren sie immer: die Kinderzeitung „Der heitere Fridolin" und die nach amerikanischem Vorbild geschaffene Monatsschrift „Uhu", die eiligen Lesern die Stunden verkürzen wollte, die populär-wissenschaftliche „Koralle“, der literarisch-künstlerische „Querschnitt“, die das bourgeoise Leben und die extravagante Mode illuminierende „Dame“, das snobistische Gegenstück zu den jährlich zweitausend mit je einer halben Million Exemplaren produzierten Schnittmusterbögen: „Sei sparsam Brigitte, nimm Ullstein-Schnitte“, Modelle in Standardgrößen, für die von Luxus nicht verwöhnte Frau der Weimarer Republik. Im wohlverstandenen Eigeninteresse vermied man innerhalb der Grenzen bügerlich-kapitalistischen Denkens jede Festlegung auf eine bestimmte Partei. „Man brach“, schreibt Ullstein-Verlagsleiter Emil Herz, „mit dem in der deutschen Presse noch immer als heilig angesehenen Grundsatz, alle Formen des politischen und kulturellen Lebens in ein weltanschauliches System zu pressen.“ Eine vornehme Umschreibung für die Tatsache, daß es Ullstein immer nur um Geld ging: die „Berliner Zeitung“ mit der zuweilen engagierten politischen Publizistik gehörte der Vergangenheit an, das neue Presse-Ideal des Hauses Ullstein beschrieb Carl von Ossietzky in der „Weltbühne“ am 5. Januar 1932 so: „Ein ‚Völkischer Beobachter‘ mit der Genehmigung des Rabbinats, von Brüning ebenso geschätzt wie von Barun und auch von den Kommunisten auf der Straße gekauft; ein Bastard von Goebbels und der Tante Voß“. Etwas mehr als ein Jahr wird es noch dauern, und die „Ullstein-Schnitte“ hießen fortan „Ultra-Schnitte“, und in Ullsteins Druckhaus Tempelhof wurde Josef Goebbels' „Das Reich“ gedruckt: das „Haus Ullstein“ gab es nicht mehr.

Zu den auflagenstärksten Presseerzeugnissen Ullsteins gehörte „Die Grüne Post“. Allerdings ist nicht Ehm Welk, wie häufig angenommen wurde, der „geistige Urheber“ dieser „Sonntags-Zeitung für Stadt und Land“. Den Anspruch auf diesen Ruhm hat der 1887 in Prag geborene Journalist und Reiseschriftsteller Richard Katz. „Überdrüssig des herrschenden Intellektualismus und mehr noch des politischen Parteigezänks“, reiste er für das „Haus Ullstein“ durch die Welt und schrieb über die von der „Zivilisation“ noch unberührten Länder und Erdteile vielgelesene Aufsätze, Serien und Bücher, die in Ullsteins Zeitungen, Zeitschriften und im

Buchverlag erschienen. Berichte und Bücher weisen Katz als Meister der Vereinfachung mit schlichtem Gemüt aus. Seine Neigung, komplizierten Sachverhalten aus dem Wege zu gehen, und das Haus Ullstein paßten vorzüglich zusammen.

Als Katz von einer Weltreise zurückkam, baten die Ullsteins ihn, „Weltkenntnis und Welterfahrung" in rentables Futter für Rotationsmaschinen umzusetzen. Der opportunistische, mit einer biederen Kleinbürgermoral ausgestattete Katz schien der rechte Mann für die neue Wochenschrift, für deren Titel und Inhalt die Ullsteins ihm freie Hand ließen. Katz erinnert sich in seinen nach dem zweiten Weltkrieg veröffentlichten Memoiren „Gruß aus der Hängematte", wie er damals drauflosimprovisierte. Sein Konzept: „Muße statt Hast; Freude an der Natur statt am Kino; Wandern statt Autofahren; Liebe zum Detail – und sei es die rechte Art, Kaninchen zu züchten – statt Obenhindudelei über Weltpolitik."

Wer waren nun die Redakteure, die dieses kunstlose, politisch aber ganz und gar nicht harmlose „Programm" realisieren halfen? Journalisten, die in ihrer Selbstverleugnung so weit gingen, sich in dem, was sie mitzuteilen hatten, nicht für „klüger zu halten als ihre Leser", sondern als bescheidene „Fachmänner" wirkten, die den Leser „respektierten" und sich in „saubercr Sprache verständlich" machen konnten. Katz wollte nur „ehrliche Demokraten" um sich, die keiner Partei angehörten und die nicht so taten, „als ob sie die politische Weisheit mit Löffeln gefressen hätten", die Herren Redakteure sollten ein „klares Resümee der politischen Ereignisse" schreiben können, ohne sich damit zu brüsten, um „wieviel klüger sie entschieden hätten". Richard Katz ist aufs Wort zu glauben, wenn er dreißig Jahre später schreibt: „Wie war es doch schwer, diese Redakteure zu finden!"

Dreiundzwanzig Tage vor der Uraufführung von „Gewitter über Gottland" schließt die „Ullstein Aktiengesellschaft" mit Herrn Ehm Welk, Berlin-Friedenau, Laubacher Straße 16, einen Dienstvertrag: „Ab 1. März 1927 hat Herr Welk als Redakteur der Ullstein'schen Tageszeitungen, und zwar speziell der ‚Grünen Post', monatlich achthundert Mark, postnumerando zahlbar, zu beanspruchen. Die grundsätzliche Einstellung des Verlages oder die Richtung der Zeitung ist: demokratisch".

Die Ullsteins hätten ihre oft beteuerte demokratische Gesinnung unter Beweis stellen können, wäre der „Dienstvertrag" nicht zum 1. März, sondern am 1. April auszustellen gewesen. Obschon es dem Haus Ullstein mitunter nicht sensationell genug hergehen konnte, bleibt anzuzweifeln, ob auf dem Höhepunkt des „Gottland"-Streites der von rechts als „Kulturbolschewist" apostrophierte Ehm Welk ins „demokratische" Haus Ullstein eingelassen worden wäre. Ein paar Monate später tilgten sowohl der wirtschaftliche Erfolg des neuen Wochenblattes als auch Welks wachsendes Renommee jeden denkbaren Vorbehalt: die Uraufführung der „Kreuzabnahme" im September 1927, die Aufführungen in Braunschweig und Berlin und nicht zuletzt seine Wahl in die deutsche Gruppe des PEN-Clubs. Im übrigen mag gerade diese Wahl für Welk eine tiefe Genugtuung gewesen sein. Auch wenn man unter den Mitgliedern die Namen Bechers, Brechts, Feuchtwangers und denjenigen Arnold Zweigs vergeblich suchen wird, so sorgten doch Mitglieder wie Gerhart Hauptmann, Alfred Kerr, Alexander Roda Roda, Ernst Wiechert und andere für gesellschaftliches Ansehen. Das Haus Ullstein wußte die Ehrung seines Redakteurs zu schätzen und zeigte bereits 1928 „die Freude", Gehalt und Dienstaufwandentschädigung auf eintausendsiebenhundert Mark monatlich erhöhen zu können. Der Weg nach oben war finanziell gut gepflastert.

Im April 1927 erschien die erste Nummer der „Grünen Post". Ehm Welk ist Landwirtschaftsredakteur: ein Bauernsohn, „der Schriftsteller geworden war, ohne doch seine Vorliebe für Feld und Vieh eingebüßt zu haben", mit diesen Worten begründete Richard Katz seine Wahl. Offenbar wußten beide schon seit Jahren, was sie voneinander zu halten hatten. Welks Arbeiten während seiner frühen Journalistenjahre waren im „Leipziger Tageblatt" veröffentlicht worden, dem er ja als Leitartikler und Redakteur angehört hatte. Wir wissen aber nicht, warum Welk seine früheren Beziehungen zu Richard Katz nirgendwo erwähnte. Katz war nämlich in Welks Voramerika-Zeit Verlagsdirektor jenes „Leipziger Tageblattes". Beide werden also bereits in den Jahren 1920 bis 1922 in Kontakt gestanden haben. (Während dieser Zeit muß Welk auch Erich Kästner begegnet sein, der 1922 wegen der satirischen Glosse über die zunehmende Geldentwertung, „Max und der Frack", vom „Tageblatt" als Redakteur engagiert worden war.)

Der Leitartikel der ersten Nummer der „Grünen Post", verfaßt von Richard Katz, umriß noch einmal das Programm der „Muße und Naturfreude", das dem eher sensationeller Berichterstattung zuneigenden „Haus Ullstein" zu widersprechen schien. Direktion und Redakteure des „Hauses" spotteten: da schrieb ein Ernährungsfachmann eine volle Seite darüber, daß Schwarzbrot bekömmlicher sei als Weißbrot; Fotos zeigten Rehe in freier Wildbahn; eine Seite war den hornlosen Milchziegen vorbehalten, und auf einer anderen wurden Wanderfahrten mit dem Fahrrad beschrieben. „Die Natur hat tausend Freuden für den, der sie sucht und warmen Herzens in ihren Tempel eintritt", Varnhagen von Enses gefühlvolle Sentenz wurde von der Redaktion als Arbeitsmotto oft zitiert. Mochte sich die zeitkritische Öffentlichkeit in der Hoffnung wiegen, „Die Grüne Post" werde spätestens in einem Jahr vom Markt verschwunden sein. Sie irrte sich, und auch den smarten Ullstein-Direktoren und spottenden Journalisten verging der Spott. „Die Grüne Post" wurde der sensationellste und schnellste Erfolg der kapitalistischen Zeitungsgeschichte: im Mai 1928, ein Jahr nach der Gründung, wurden bereits eine Million Exemplare gedruckt und verkauft. Angestellte und Akademiker, Bauern und Bürger lasen und abonnierten sie, und Exemplare des Blattes lagen ebenso in Kneipen wie in den Lesezimmern der Luxushotels. Zehntausende Abonnenten gab es im Ausland. Am stärksten hatte „Die Grüne Post" das flache Land für sich einnehmen können, das seit langem eine Domäne nationalistischer Gruppen und Parteien aller Schattierungen und seit dem Ende der zwanziger Jahre das bevorzugte Betätigungsfeld der Nazis war. Diese gründeten alsbald eine ziemlich vulgäre Nachahmung, die „Braune Post", um die Landbevölkerung mit der faschistischen „Volk ohne Raum"-Ideologie zu irritieren. Freilich war die „Braune Pest", wie sie damals oft genannt wurde, 1928 für das Ullstein-Organ keine wirkliche Konkurrenz.

Bis in unsere Tage fand der „Grüne Post"-Typ im Zeitungswesen viele Nachahmungen. Sie war schon 1927 eine relativ perfekte Hervorbringung kapitalistischer Bewußtseinsindustrie. Und so gilt im Prinzip auch heute noch das Schema: Möglichst wenig konkrete gesellschaftliche Wirklichkeitsbezogenheit und politische Information, viel Ablenkung und Zerstreuung; wenn gesellschaftliche Probleme nicht zu umgehen sind, dann sind sie als „allgemein menschlich" darzustellen; alles, was dieser Zeitungstyp bringt, ist eine Ersatzbefriedigung für die vitalen Bedürfnisse, die von der Wirklichkeit real nicht erfüllt werden können. Die kleinbürgerlichen und bäuerlichen Leser sollten freiwillig auf „Großstadtgenüsse" verzichten, in der Zufriedenheit mit sich und ihren Verhältnissen bestärkt werden, noch empfänglicher gemacht werden für die „Wunder der Natur".

„Die Grüne Post" hatte vieles von den Mitte des 19. Jahrhunderts weit verbreiteten Volkskalendern übernommen: billiger Preis und weiteste Verbreitung mit Hilfe eines niemand verletzenden Inhalts; viel Natur mit Haus-, Garten- und Landwirtschaft; Hunde-, Bienen-, Kaninchen- und Taubenzucht; ein spannendes Feuilleton; Kochrezepte und Rätsel; Berichte aus „aller Herren Länder"; Humor und Gerichtsreportagen; populäre Naturwissenschaft. Die politischen Ereignisse erscheinen als chronologische Aufzählung, in der „Grünen Post" unter der Rubrik „Das Wichtigste" zusammengefaßt: unkommentierte Nachrichten hintereinanderweg.

Katz verpflichtete die Redaktion von der ersten Nummer an, den Lesern alles leicht faßlich mitzuteilen, weil „unsereiner ja doch nichts ändern kann". Er forderte seine Redaktion auf, Beunruhigendes – das heißt, was dafür gehalten wurde – vom Leser fernzuhalten: „Wenn die Menschen bei ihren großen politischen Plänen nicht immer den kleinen Alltag ihres privaten Lebens vergäßen, wir wären weiter. Als Volk und als Staat." Daran hat sich die Redaktion bis 1934 strikt gehalten. Der unterhaltende, ablenkende Lesestoff dominierte: die Welt war schön für „Die Grüne Post" und damit für alle Menschen, „die guten Willens sind". Als Katz 1929 wieder „auf Reisen" ging, wurde Ehm Welk zum führenden Kopf der Zeitung. Er bestimmte von nun an ihr Gesicht, aber auch er ließ nach dem Gesetz, daß nichts erfolgreicher ist als der Erfolg, dies „Rezept" unangetastet.

Am 6. Juli 1928 veröffentlichte „Die Grüne Post" den ersten Leitartikel von Thomas Trimm, von nun an Welks „aggressiverer Zwillingsbruder", sein Pseudonym als Journalist. (In der Seemannssprache gibt es für *ver-trimm-en* zwei Deutungen: die Ladung ordnungsgemäß verstauen und jemanden verprügeln.) In den folgenden fünf Jahren erschienen rund dreihundert Leitartikel und Berichte unter diesem Namen. Thomas Trimm, der wöchentlich zu etwa drei Millionen Lesern sprach, wurde bekannter, als es Ehm Welk je geworden war. (Noch 1965, als der Hamburger Rowohlt Verlag eine Taschenbuchausgabe der „Heiden von Kummerow" ediert, lesen wir in einem Geleitwort: „Ehm Welk, der mit bürgerlichem Namen Thomas Trimm heißt ...")

Im April 1929, als „Die Grüne Post" zwei Jahre bestand, erschien sie in einer Auflage von 1 027 626 Exemplaren. Ein nicht unbedeutender Teil des Volkes, das durch Krieg und Inflation hindurchgegangen war, kaufte Nummer für Nummer Woche für Woche. In gefälligem, ja verführerischem Gewand verbreitete die Wochenzeitung die Botschaft vom „einfachen Leben", das sogar schön sein könne, wenn man sich der „Gehässigkeit" enthalte. Charakteristisch für eine solche Haltung ist ein Artikel von Anfang 1929. Der Journalist Thomas Trimm geht an einem Vorfrühlingstag „vor die Tore" und nimmt dabei seine Leser an die Hand, ein Gleichnis zu suchen: *Erst, wenn der Mensch fühlt und bekennt, daß er nur ein Teil ist des allgemeinen Lebens, ob dies im Augenblick nun Pflanzen sind, Tiere, Landschaften oder Volkheit und Menschheit, erst dann kann er zum wirklichen Genuß und zur Erfüllung seines Daseins kommen. Denn dann wird seine Freude herrlicher, seine Arbeit fruchtbarer, und sein persönliches Leid wird leichter, weil es trotz aller Schwere vor solch gewaltigem Feld zusammenschrumpft ... Der in der Welt einzig dastehende Zeitungs-Erfolg läßt uns gewiß nicht kalt, aber er wäre eine seelenlose Angelegenheit, trüge er nicht untrennbar die Erkenntnis mit sich, daß die letzten Ursachen des beispiellosen Erfolges in den Volkskräften zu suchen sind, die von jammernden Pessimisten und von zynischen Anklägern gern als ausgestorben oder veraltet bezeichnet werden. Jene Volkskräfte nämlich, die wir den gesunden Sinn nennen könnten und das unverdorbene Verlangen, im entfesselten Lärm des Parteilebens, in materialistischer Verflachung oberflächlicher Vergnügungssucht, in der Hast und Hetze des Erwerbs doch die bespöttelte Welt der Gefühle aufrechterhalten zu sehen! Und die das unbeirrbare Bestreben äußern, vor die grünen Gärten unserer inneren Entwicklung den Wächter zu stellen, der da heißt: Besinnlichkeit!*

Wir müßten nicht im politisch zerrissenen Deutschland leben, wenn selbst solche Arbeit hätte unverdächtigt und ungeschmäht bleiben können. Hoffart, Gehässigkeit, Blindheit, zage Hoffnungslosigkeit und schließlich sogar armseliger geschäftlicher Neid standen in der ersten Zeit bellend am Wege. Sie haben uns nicht aufgehalten und haben das deutsche Volk nicht irremachen können. Über politische Programme und den Hochmut gewisser Bildungsphilister hinweg baute sich die Brücke zwischen Stadt und Land ...

So führen wir also den Erfolg zurück auf das freundliche Wesen der „Grünen Post" und auf ihr freundliches Gesicht. Und auf ein möglichst großes Teil Wahrhaftigkeit in der Einstellung zu den Menschen und ihren Einrichtungen. Das Publikum hat freudig ein Blatt aufgegriffen, das endlich einmal nicht um jeden Preis „geistreich" räsoniert. Das nicht erregt Partei nimmt und den Andersdenkenden nicht mit dem Knüppel auf den Kopf schlägt; das es sogar vermeidet, die Weltanschauung anderer Menschen zu ironisieren und aktuellen Kleinkram zu Sensationen aufzubauschen. Das Publikum hat aufgeatmet, als es mit der „Grünen Post" ein

Blatt in die Hände bekam, das in Aufmachung, Gebärde und Ton ruhig und ohne Schwulst, aber trotzdem kritisch und freimütig den wichtigsten Ereignissen, Erscheinungen und Strömungen hinter die Stirn zu sehen versucht. Das dem Leser planvoll, aber frisch und lebendig durch die vielen und vielseitigen Dinge um uns führt: plaudernd, überlegt, ohne sich wichtig zu machen, ohne dem Leser die eigne Meinung aufzwingen zu wollen. Eine Zeitung, die ohne Voreingenommenheit und Überheblichkeit menschlich von und zu Menschen, Tieren, Völkern und Rassen spricht ...

Aufschlußreich an diesem Artikel ist der Beigeschmack von Illusion und Wirklichkeitsfremdheit, sind die „Rechtfertigungsthesen", der unverhüllte Stolz auf eine Auflagenhöhe, die aus dem „sozialpädagogischen" Wirken hergeleitet wird. Den Glauben an das Volk, an seine urwüchsige Kraft wird man dem Leitartikler Thomas Trimm abnehmen, obgleich sein Volksbegriff etwas Mystisches mit sich trägt. Man traf damals überall auf durch Krisen verschreckte Menschen, die sich nach Besinnlichkeit, Unbeschwertheit und Ruhe sehnten. Ja selbst zwölf bekannte und durchaus nicht anspruchslose Männer der Kunst, Wissenschaft und des öffentlichen Lebens fanden Lobesworte für die „Grüne Post". „Ich kenne ‚Die Grüne Post', lese sie immer wieder gern, wenn sie mir in die Hände fiel, und habe meine Freude an dem umsichtigen Reichtum ihres Inhalts, an ihrer gesunden Vorurteilslosigkeit, ihrem freien und versöhnlichen Geist", schrieb zum Beispiel Thomas Mann in der Geburtstagsausgabe vom 7. April 1929, und Walter von Molo, Präsident der Sektion Dichtkunst der Akademie der Künste, rühmte diese „volkstümliche Zeitung", die eine wahrhaft grüne sei, eine hoffnunggebende Post für alle. Ihr Welterfolg zeige, „daß Besinnlichkeit als tiefe Sehnsucht in allen Deutschen lebt, daß alle Teile unseres Volkes zu erkennen beginnen, daß wir eine Einheit sind, in der jeder jeden braucht, daß es wohl Unterschiede der Hirne und Entwicklungen, nie aber der Herzen gibt, gleichgültig, ob diese in der Stadt oder auf dem Lande, in dieser oder jener Landschaft, im Büro, bei der Feldarbeit oder in den Fabriken schlagen".

Der Leitartikler Thomas Trimm und die Mitarbeiter der „Grünen Post“ mochten sich bestätigt fühlen, auch wenn ihr Blatt zuweilen von linken Presseorganen attackiert wurde. Während die Organe der KPD, die ihr nahestehenden Publikationsmittel und Zeitschriften wie „Die Weltbühne“ einen entschiedenen Kampf gegen die faschistische Gefahr und gegen die Remilitarisierung führten, orientierte „Die Grüne Post“ ihre Leser auf Naturverbundenheit und ein abstraktes Menschheitsideal. Und doch war „Die Grüne Post“ so etwas wie eine Ausnahme unter den bürgerlichen Publikationen. Sie druckte Romane von Jack London und Erzählungen von Maxim Gorki, veröffentlichte am 27. April 1933 einen Artikel zum 70. Geburtstag von Arno Holz und ließ noch im Mai des gleichen Jahres Oskar Maria Graf zu Wort kommen, wenn auch mit einer harmlos-feuilletonistischen Geschichte. Andererseits nahm sie den psychischen und physischen Terror der faschistischen „Bewegung“ einfach nicht zur Kenntnis. Journalistisch unverarbeitet blieben auch die sozialen Auseinandersetzungen zwischen Kapital und Arbeit, die im Herbst 1927, als „Die Grüne Post“ erstmals erschien, neu aufflammten: der Streik von etwa 80 000 mitteldeutschen Bergarbeitern, einer der bedeutendsten Lohnkämpfe jener Jahre, blieb ungenannt, Heinrich Manns Wort zum Jahrestag der Oktoberrevolution, daß die „aufgeklärte Hälfte des deutschen Volkes dem neuen Rußland eine außerordentliche Wißbegier“ entgegenbringe, fand in der „Grünen Post“ ebensowenig Erwähnung wie die von der Kommunistischen Partei Deutschlands im August 1928 organisierten Antikriegstage („keinen Pfennig für Panzerkreuzerbau“). Den Aufruf „Für Fortschritt und Kultur! Für Beseitigung sozialer Not und Ungerechtigkeit! Gegen Panzerkreuzerbau!“ unterzeichneten Hunderte Angehörige der deutschen Intelligenz: Barlach, Einstein, Kellermann, Kerr, Kollwitz, Heinrich Mann, Pechstein, Werfel, Zille, Arnold Zweig. Auch der „Grüne Post“-Mitarbeiter und Welk-Freund Bruno H. Bürgel war unter ihnen: die Namen der Redakteure Katz und Welk suchen wir vergeblich. Sie verhielten sich neutral. „Die Grüne Post“ spiegelte ihren Lesern sieben Jahre lang zwar keine heile Welt vor, wohl aber die einfältige Illusion, daß nur guter Wille dazu gehöre, um sie zu verwirklichen. Die betuliche Unverbindlichkeit der „sozialen Bekenntnisse“, denen wir hier begegnen, das Streben nach einer ausgleichenden „Gerechtigkeit“ für alle, machte dieses Wochenblatt zum Vorläufer jener „Regenbogenpresse“, die ihre Existenzberechtigung aus der Behauptung ableitet, sie erhielte ihren Auftrag, ihre Legitimation durch die Millionenzahl der Käufer.

Ehm Welk schrieb im Oktober 1929: *Die Schaffung einer persönlichen, anständigen Gesinnung ist des privaten Menschen ureigene und erste Aufgabe. Diese Gesinnung nach außen hin zu bestätigen, im Beruf und in der Öffentlichkeit, ist die zwangsläufige Auswirkung eines ehrenhaften Charakters. Solche Bestätigung wird bei aller Selbsterhaltungspflicht niemals zur Schädigung anderer Menschen und Schichten führen; sie wird vielmehr das Gefühl der Pflicht lebendig halten, in allem öffentlichen Tun das Volksverbindende zu suchen und zu stärken, wo es auch wachse.* Und kurz nach dem „schwarzen Freitag“ am 29. Oktober 1929, der von New York aus die weltweite Krise der kapitalistischen Wirtschaft einleitete, verlautbarte der Leitartikler: *Im Staub des unaufgeräumten, mit Gerümpel bestellten Hausbodens liegt das köstliche Samenkorn des menschlichen Lebens: der Wille, persönlich friedfertig zu sein! Ein Gut, das, gereinigt und ausgesät auf den Äckern des häuslichen und beruflichen Lebens, nach und nach auf den Feldern des öffentlichen Wirkens die Erfüllung reifen lassen kann.*

Lieber Herr Trimm, schrieben Leser, Sie sind ein unverbesserlicher Optimist. Ja, antwortete dieser, ich bin *ein unverbesserlicher Optimist, unbekehrbar in seinem Glauben an das Überwiegen des Guten im Menschen, unbeirrbar in seiner Freude an der Schönheit des Lebens; ohne daß er seine persönlichen Verhältnisse zum Maß der Dinge macht. Warum also soll er verbessert werden? Verbessert werden müßte doch der Pessimist, der alles grau und traurig sieht und sich und anderen das Leben erschwert; der Optimist aber könnte nur „verbessert“ werden, indem er noch mehr ge-*

stärkt würde. Mag er gelegentlich den Weg unterschätzen. Er ist der Mann, der auch im Regen gelassen bleibt und um Mitternacht zuerst an den kommenden Morgen denkt und nicht an den vergangenen Abend.

Von Anfang 1930 an deutete alles darauf hin, daß das Ende der Weimarer Republik nahte. Sie torkelte von einer Krise in die andere. Und doch gab es unter den bürgerlich-liberal Gesinnten die durchaus richtige Meinung, daß noch nichts verloren sei. Besonders in den beiden letzten Republik-Jahren versuchten Literaten, Theater- und Filmleute, das, was angeblich nur Unvernunft verschuldet hätte, durch Vernunft zu retten. Die „nationale Bewegung", der deutsche Faschismus also, erschien vielen als eine schnell vorübergehende, allgemeine Krankheit. Das Wort ging um, man solle den Nationalsozialismus nur an die Regierung lassen, dann werde er sich schon „abwirtschaften".

Doch die Ereignisse der letzten Krisenjahre der Weimarer Republik zeigen, daß sich der Staat auch gegenüber einer „nichtbürgerlichen Literatur und selbst einer radikal-demokratischen Publizistik" zunehmend repressiv verhielt. Seien in den Jahren zuvor vorwiegend kommunistische Autoren und Journalisten diffamiert und verfolgt worden, schreibt Hans-Albert Walter, „so dehnte sich diese Praxis im Verlauf der ökonomisch-politischen Krise wachsend auf die Repräsentanten der bürgerlichen Linken aus . . . Im gleichen Maße, wie die faschistische Herrschaft als Möglichkeit bereits in den letzten Jahren der Republik angelegt war, bestanden auch Vorformen der kulturellen Unterdrückung und der entsprechenden Anpassungsbereitschaft im deutschen Bürgertum . . . Das Anwachsen der faschistischen Massenbasis bewirkte bei nicht-faschistischen Bürgern und bei vielen Intellektuellen eine Vorsicht und Zurückhaltung", die den Faschisten gelegen gekommen sei. Diese „Zurückhaltung der nichtfaschistischen bürgerlichen Presse ebnete fraglos den Nationalsozialisten den Weg zur Macht. Sie ließ jede Art von Kampfgeist vermissen, selbst zu einer Zeit, als der einfache Selbsterhaltungstrieb eine Generaloffensive gegen den Nazismus" verlangt hätte. Diese Feststellung von Franz Schoenberner, der in jenen Jahren den „Simplicissimus“ leitete, wird durch die Untersuchungen von H.-A. Walter erhärtet: „Wer publizistisch gegen den Faschismus kämpfen wollte, mußte notgedrungen sowohl die Schichten des Bürgertums und Institutionen des Staates angreifen, die ihn unmittelbar unterstützten, als auch jene, die für eine autoritär-konservative Staats-

Nr. 2

20 Pfennig

Die Grüne Post

Sonntagszeitung für Stadt und Lan

Berlin

Sonntag

Gruppenaufn

Der Mann, der die Glücklich ma

Von Max Hayek

An einen Schönling –
Bücher gibt es und Bücher,
für diesen und jenen Gebrauch –
Apollo hat Menschengestalt,
Schuhmacher Lehmann auch!

verfassung eintraten ... Angesichts des Notverordnungskatalogs war damit gewiß ein beachtliches Risiko verbunden. Auch für das Inseratengeschäft ... wäre eine solcherart konsequente Politik nicht ohne Folgen geblieben ... Wie immer man ein solches Verhalten moralisch werten mag, politisch gesehen, war es kurzsichtig ..., und es zeugte nicht einmal von kaufmännischem Weitblick, weil die politischen Perspektiven falsch eingeschätzt wurden ... Das vorsichtige Taktieren ist vielfach gar nicht einmal Ausdruck besonderer geschäftlicher Durchtriebenheit gewesen, sondern einfach das Resultat mangelnder Phantasie im Bezug auf die Praxis eines an die Macht gelangten Faschismus."

Für das finanzstarke „Haus Ullstein", das allein aus seiner „Berliner Illustrirten Zeitung" einen Jahresgewinn von neun Millionen Mark zog, gab es gewiß keinen ökonomischen Grund für ein „maßvolles" Verhalten gegenüber dem Faschismus. „Wenn einmal versucht wird", schrieb ein unbekannter Autor in der 1934 schon im Exil erscheinenden Zeitschrift „Das Neue Tage-Buch", „alle Katastrophen zu registrieren, die den Ausbruch der Hitler-Katastrophe vorbereitet haben, so wird man an Ullstein nicht vorüberkommen ... Der Ullstein-Verlag wurde von der deutschen Rechten und speziell von den Nazis zeitweise sehr heftig attackiert. Aber man kann nicht sagen, daß er sich das verdient hatte. Den Vorwand für nationale Angriffe gegen die Ullsteins haben zumeist auffällige ‚Entgleisungen' gegeben – wie die Entdeckung Remarques, der zuletzt sehr unbeliebt bei seinem Verleger war, obwohl er ihm das größte aller Buchgeschäfte gebracht hatte. Mit Bewußtsein hat sich die Firma jedenfalls nie in Kampfposition begeben ... Man konnte sogar die Sozialdemokraten und die Gewerkschaften nicht unnett behandeln: denn die 600 000 Käufer der ‚Morgenpost' waren zumeist Genossen ... Die Rücksichten gegenüber der Rechten und der goldenen Mitte waren natürlich noch bei weitem zwingender, und im Laufe der Jahre wurde ihnen immer bereitwilliger Rechnung getragen ... Tatsächlich hätten es die geschäftlichen Leiter des Warenhauses schon vor Jahren am liebsten gesehen, wenn sich mit dem übrigen Teil des Geschäftes auch die Herausgabe eines rentablen Nazi-Blattes hätte vereinbaren lassen. Mangels solcher Möglichkeiten wurde als Ideal proklamiert, daß gewisse Verlagsprodukte von den Nazis mit ebensolchem Vergnügen gelesen werden müßten wie von Kommunisten und politisch farblosen Bürgern. Deutschlands größter Zeitungsverlag wurde so zu einer physiognomielosen, verwaschenen Druckfabrik ... Und hätte doch gegen die Hitler und Goebbels den stärksten Propagandaapparat einsetzen können, den es in Deutschland gab ... Aber beste Repräsentanten des deutschen Bürgertums, die sie sind, haben die Ullsteins bis zur letzten Neige ausgeschöpft, was nur immer an Charakterlosigkeit, Feigheit und Instinktlosigkeit in dieser Schicht steckte."

Dem Unheil zu begegnen und es zu bekämpfen ist schwer, denn der wahre Schuldige ist die Presse, schrieb der Leitartikler Ehm Welk im „Leipziger Tageblatt und Handelszeitung" am 26. August 1921, als er die *kalten Mörder* von Liebknecht, Luxemburg, Eisner, Landauer, Gareis, Erzberger und Rathenau anklagte: *Gnade dir Gott, armes Deutschland,* wenn sie *wieder einmal die Macht bekommen.* Am 29. Januar 1933 beklagt Thomas Trimm die *politische Ohnmacht und Unfruchtbarkeit des Staates, der die Bauernhöfe nicht sichert vor Untergang und Desolatheit, weil nur dort die Wurzeln des deutschen Volkstums* zu finden seien.

Und vier Tage nachdem die größte und blutigste Gewaltherrschaft unter der Regie der deutschen Monopolbourgeoisie ihren Anfang genommen hatte, meldete Ehm Welk in seiner Zeitschrift: *Das energische Vorgehen der „Grünen Post", gemeinsam mit den jagdlichen Organisationen, hat zum Ziel geführt: Das Reichs-Wirtschaftsministerium hat endlich die Länder angewiesen, Tanzbären-Führern keine Wandergewerbescheine mehr auszustellen. Damit hat der Unfug ein Ende.*

Nachdem mit der NSDAP jene Partei die Macht in Deutschland übernommen hatte, die mit ihrem Chauvinismus und Revanchismus, mit ihrem Antikommunismus und ihrer nationalen Demagogie am meisten den reaktionären Gruppen aus Industrie und Wirtschaft entsprach, schrieb

Thomas Trimm in der „Grünen Post“: *Auch durch den Nebel einer gerissenen Diplomatie und den Lärm einer gehässigen (Auslands-)Presse wird der junge Glaube eines Volkes das von einem kraftvollen Willen gesteuerte Schiff treiben! Und prophezeien kann man, daß dieses Schiff noch in vielen Ländern der Erde anlegen und seine Ladung löschen wird. Eine Ladung, die nicht aus Bomben besteht, wie man der Welt glauben machen will, sondern aus dem für alle internationalen Störenfriede weit gefährlicheren Gelöbnis: Frieden! Ehre! Arbeit!*

Seine „unpolitische“ Haltung verführte Welk zu einer solchen Äußerung, die nicht aus einem kalkulierten Opportunismus, sondern aus Unverständnis resultiert. Das eindrucksvollste Beispiel für solcherart Unverständnis ist Ehm Welks Buch über den deutschen Afrikaforscher Dr. Eduard Schnitzer, geboren 1840 in Oppeln, gestorben 1892 in Kanema (Zentralafrika).

Schnitzer, der unter dem Namen Emin Pascha in die Geschichte imperialistischer Kolonialexpansion einging, stand einige Zeit im Dienst anglo-ägyptischer Kolonialpolitik. Er war Oberstabsarzt und um 1886 Gouverneur eines Gebietes am Oberen Nil. Beim Einmarsch des Mahdi (arabisch: der gut Geleitete; hier Muhammad Ahmad Abd Allah) wurde Schnitzer von der Außenwelt abgeschnitten. 1888 erreichte ihn eine Expedition des Engländers Henry Morton Stanley, doch Schnitzer lehnte es ab, sich ihr anzuschließen. Bei Ausbruch einer Meuterei floh Schnitzer zur ostafrikanischen Küste und kehrte 1889 nach Deutschland zurück. In Begleitung des Arztes Dr. Stuhlmann versuchte er um 1889/90 noch einmal, nun für das Wilhelminische Deutschland – Zentralafrika zu kolonisieren. An einem Fluß im Norden des Kongo wurde Schnitzer zwei Jahre später von einem Araber getötet.

„Die schwarze Sonne. Leben, Schaffen und Sterben deutscher Kolonialhelden“ erschien im Sommer des Jahres 1933 im Ullstein Verlag. „Die Grüne Post“ hatte den Text bereits als Fortsetzungsserie vorabgedruckt. Er ist, sagen wir es gleich, kompromittierend und literarisch wertlos. Der semi-dokumentarische Stil gaukelt Realismus vor, im Text wimmelt es von nachlässigen Wortwiederholungen und „schiefen“ Wendungen. Das – und vieles andere – könnte bei einem Buch, welches im Gesamtwerk des Autors ohne Bedeutung ist und nur eine Auflage erlebte, toleriert werden. Ärgerlich und unverständlich bleibt der Tatbestand, daß Welk mit diesem Buch 1933 als ein Mann erschien, der einer „humanen Kolonisierung“ das Wort redete, der unter der Flagge „Kampf gegen Sklavenhandel und Verbreitung einer europäischen Zivilisation“ die Eroberung afrikanischer Gebiete guthieß. Trotz der Kritik an Gewaltmethoden – attackiert werden die Engländer, die Deutschen Peters und Wissmann, zwei berüchtigte Kolonisatoren, bleiben verschont – ist Ehm Welks „Schwarze Sonne“ eine einzige Beschönigung des Kolonialismus. *Was den Pascha zerbrach,* lesen wir auf der letzten Seite, *war jedoch mehr als eine falsche Methode: es war ein menschliches Schicksal von antiker Größe, Verstrickung und Tragik, das sich am 23. Oktober 1892 am Kongo vollendete.* Ein allzu sorgloser, holpriger und metaphysischer Schluß, vorbeigeschrieben am Thema. Wo über ein „Nacherleben“ hinaus neue historische und humanistische Dimensionen hätten gewonnen werden müssen, versagte Ehm Welk damals hoffnungslos.

Am Ende des Jahres 1933 schien „Die Grüne Post“ sich ganz der „neuen Zeit“ angepaßt zu haben. Aber nicht einmal ökonomisch zahlte sich dieses Sich-selbst-Gleichschalten aus: im Januar 1934 betrug die Auflage 753 000. Es wurden fünfhundert Exemplare weniger verkauft als im gleichen Zeitraum des Vorjahres, und Woche für Woche ging die Auflage zurück. Es war eine schlechte Zeit für Ullstein-Optimismus, für Weekend, hornlose Milchziegen und angewandte Lodenfreyheit. Hinzu kam, daß zahlreiche Abonnenten es nun „vorzogen“, Bezieher einer Zeitung zu sein, die mit parteiamtlicher Billigung erschien. Die nazistische „Braune Post“ fing die Abwandernden auf.

In den kommenden Wochen ging es nur noch um den ebenso gradlinigen wie mutigen Versuch eines Mannes, die Nazis exakt beim Wort zu nehmen. Es ist das Schlußkapitel im Leben des Journalisten Welk, der seinen berühmtgewordenen „Schuß“ auf Goebbels abgab. Es begann mit der „Grünen Post“ Nummer Eins des Jahres 1934, in deren Impressum erstmals Ehm Welk als „Hauptschriftleiter“ genannt wurde. (Er war widerruflich eingetragen in die „Berufsliste der Schriftleiter“ beim Landesverband Berlin im Reichsverband der Deutschen Presse.) Und es endete am 3. Mai 1934 mit der „Löschung“ der „widerruflichen Eintragung, nachdem der Herr Reichsminister für Volksaufklärung und Propaganda gegen eine endgültige Aufnahme in die Berufsliste der Schriftsteller Einspruch erhoben hat“.

Was war geschehen? Im Frühjahr 1934 waren die meisten Zeitungen Deutschlands bereits so sehr „gleichgeschaltet“, daß Goebbels, ein „Freund der schönen Künste und des freien Wortes“, wie er sich nannte, in einer Rede der Presse „charakterliche Gleichförmigkeit und Langweiligkeit“ vorwerfen zu müssen glaubte. Er sagte: „Ich kann doch nichts dafür, wenn Zeitungen, die früher gegen die nationalsozialistische Bewegung Sturm gelaufen sind, heute päpstlicher sein wollen als der Papst. Wir zwingen sie doch nicht zur Charakterlosigkeit. Wir verlangen doch nicht, daß sie hurra schreien, wenn ihnen nicht zum Hurraschreien zumute ist. Wir verlangen nur, daß sie nichts gegen den Staat unternehmen. Es wäre uns durchaus recht, wenn sie für das jeweils wechselnde Publikum eine jeweils wechselnde Nuance hätten. Der Vielgestaltigkeit der öffentlichen Meinungsbildung ist durchaus kein Hindernis entgegengesetzt. Es liegt nur an der Phantasie und Begabung jedes einzelnen Schriftleiters, von diesem Recht Gebrauch zu machen. Wenn er es nicht kann, nicht will, und wenn er sich in den öden Lobeshymnen wohler und sicherer fühlt, als in einer aufrichtigen und charaktervollen Haltung, so ist das seine Sache.“

Der Zynismus war kaum noch zu überbieten, aber man war eben erst am Anfang des „Dritten Reiches“: der deutsche Faschismus wollte salonfähig werden und brauchte eine wohlwollende Weltmeinung. Die damals im Propagandaministerium Versammelten und von Goebbels derart Angesprochenen klatschten so begeistert Beifall, daß Ehm Welk, angewidert, mitten in der Rede des Herrn Reichsministers den Saal verließ. Die große hohe Eichentür fiel hinter ihm – unbeabsichtigt, wie wir wissen – mit dumpfen Knall ins Schloß. Welk ging, ohne zögern, in seine Redaktion und erklärte: *Nun mache ich mit ihm die Probe aufs Exempel.* Die „Probe" wurde ein journalistischer Meisterschuß, und er traf den „Löwen" mitten in das weit aufgerissene Propagandamaul. Am 29. April 1934 erschien Ehm Welks letzter Leitartikel:

Sie haben, Herr Reichsminister Dr. Goebbels, sich kürzlich in einer großen Rede vor Presseleuten über die Presse beklagt: über ihre Gleichförmigkeit, ihre Langweiligkeit, über den Verzicht auf Kritik, über den Mangel an Mut. Und Sie haben an jenem Abend etwas erlebt, das dem Verfasser des „Mucker-Briefes" sicher ein Schmunzeln entlockt hat: Sie erlebten, daß die von Ihnen nicht gerade Gestreichelten durch lauten Beifall die Berechtigung Ihrer Unzufriedenheit anerkannten. Glauben Sie aber bitte d e s h a l b nicht, daß der Fall Presse nun wirklich, wie Sie annehmen, „für diese Generation hoffnungslos ist"!

Er ist nicht hoffnungslos, weil uns die alte Erkenntnis vom Menschen sagt, daß der Mensch einmal j e d e neue Erscheinung gern vervielfältigt, ohne um die Gleichheit der K r ä f t e besorgt zu sein, welche die Erscheinung bedingen und bewegen; daß er zum andern aber auch bemüht ist, allen aus der gleichen Kraft wachsenden Erscheinungen das gleiche G e s i c h t zu geben. Für diesen Zweck vergewaltigt er eine Zeitlang sogar gern das Leben und die Natur. Bis die bunte Vielfältigkeit des Lebens sich als mächtiger erweist und auf Tausenden und Millionen von v e r s c h i e d e n e n Gesichtern den e i n e n mächtigen Lebenswillen und die eine geistige Kraft eines erwachten Volkes offenbart. Und so darf ich von m e i n e m Redaktionstisch aus die Gleichförmigkeit der Presse auch so sehen: Wir gaben der Grünen Post als der ersten großen deutschen Sonntagszeitung einen bestimmten Inhalt und eine bestimmte Gestalt. Einen Inhalt, der sich im Kampf für den großdeutschen Gedanken, in Heimat- und Tierliebe, in der Pflege deutschen Brauchtums und deutscher Sitte kundtat. Wenn man heute in so vielen deutschen Län-

dern die von uns gefundene F o r m des Blattes bis in zufällige Einzelheiten kopiert und den I n h a l t zu kopieren versucht und so eine traurige Gleichförmigkeit auch noch der Sonntagszeitungen in Deutschland schafft – Herr Reichsminister, sollen nun wir wieder eine neue Form suchen?

Ein Zweites: Wenn man sieben Jahre lang für die Beseitigung der Kluft zwischen Stadt und Land gekämpft hat; rücksichtslos war selbst gegen Kleinigkeiten, wie gegen das meist gedankenlos gebrauchte Wort „Bäuerlein"; wenn man die heimatliche Ackererde an den Schuhen noch über den Asphalt der Großstadt trug – Herr Reichsminister, dann empfand man es schon vor Ihrer Feststellung als öde Gleichförmigkeit, wenn nun jedes Blatt in jeder Nummer von „Blut und Scholle" redet und so tut, als wäre der stadtgeborene Mensch zweitrangig. Menschen, von deren Vorfahren väterlicher- und mütterlicherseits nie einer in der Stadt zur Welt kam, dürfen die literarischen Versuche, aus Bauern besondere Tugendhelden und Engel zu machen, schon belächeln; sie dürfen bei der Flut dieser bombastischen Schollen-Literatur an den Vergleich denken, den sie früher bei der Asphalt-Literatur mit einem landwirtschaftlichen Produkt zogen. Tatsächlich kam mal ein Mann und offerierte: „Ich kann Ihnen alles liefern, was heute geht, alles so mit ‚tum' und ‚brauch'!" Können wir das Übel abstoppen? Es muß sich von selber totlaufen. Unsereins freilich ist gezwungen, in seinem Blatte liebgewordene Sachen abbremsen zu müssen. Zur Vermeidung der Gleichförmigkeit.

Ebenso ist es nun plötzlich mit dem Auslandsdeutschtum. Ihr Ministerium, Herr Reichsminister, weiß, wie sehr dieses Blatt sieben Jahre lang für Hunderttausende im Ausland die Brücke zur Heimat war. Aus welchem Grunde es ja auch in vielen Ländern verboten wurde. Schon damals, vor Jahren. Wenn nun heute für jedes Blatt das Auslandsdeutschtum Trumpf geworden ist, so wirkt das wohl nur dadurch eintönig, daß nicht der Atem der Heimat mittelbar durch Veröffentlichung deutscher Volks- und Landschaftsschilderungen übermittelt wird, sondern daß der propagandistische Wille oft zu plump und zu uniform sichtbar gemacht wird.

Sie sind, Herr Reichsminister, ein Freund des Witzes und der Ironie. Wer so arbeitet, wird nicht leicht gleichförmig. Unsere Grenzen sind da aber enger gezogen. Früher, da konnten wir z. B. diese geistige Übung gelegentlich auch an behördlichen Maßnahmen und behördlichen Personen erproben – Herr Reichsminister, bei aller Aufforderung von Ihnen: ich weiß nicht recht – –

Vielleicht kenne ich Sie zu wenig. Aber das ist nicht meine Schuld. Sie gehen zwar immer wieder unters Volk, aber mit uns, den Angehörigen der Nichtparteipresse, kommen Sie nicht so sehr in Berührung, denn mir scheint doch, wir sind alle ohne Unterschied für Sie die „alte Presse". Da ich aber auch nicht zu Ihnen kommen kann, denn Sie wohnen in einem großen Haus mit tausend Zimmern, da sitzen tausend Männer drin, und tausend Vorzimmer sind da, da sitzen wahrscheinlich schon zehntausend Menschen drin, schrieb ich das hier auf.

Es soll Ihnen eigentlich nur ganz respektvoll sagen, daß auch diesseits des Tores der Boden unseres Vaterlandes mit der gleichen innigen Liebe zum Volk betreut wird wie jenseits des Tores. Und daß es nicht immer Mangel an Mut ist, wenn man den eigenen Spaten weglegt und mit dem behördlich gelieferten gräbt. Das Entscheidende ist doch: das Saatgut!

Einen Tag nach der Veröffentlichung dieser Zeilen wurde „Die Grüne Post" – für drei Monate – verboten. Wenngleich, wir zitieren das „Prager Tageblatt" vom 5. Mai 1934, das Zentralbüro des Ullstein-Verlages eilig mitteilen ließ: „Im Ausland sind Gerüchte über den Verlag Ullstein aufgetaucht, nach denen er einige seiner Blätter an andere Verlage abgeben wolle. Derartige Gerüchte und auch andere irreführende Behauptungen über das Ullsteinhaus entbehren jeder Grundlage. Es handelt sich offensichtlich um böswillige Ausstreuungen."

Die „böswilligen Ausstreuungen" entsprachen der Wahrheit. Die Wahrheit aber ist, daß der Konzern der Herren Hans, Louis, Franz, Rudolf und Hermann Ullstein in jenen Stunden bereits Zeitungsgeschichte geworden war. Einschneidende Veränderungen standen bevor. Nachdem man schon in den zurückliegenden Jahren politische Enthaltsamkeit geübt hatte, wurden nun – per Direktoriumsbeschluß – Tageszeitungen und Zeitschriften zur Gänze entpolitisiert. Die wichtigsten Tagesnachrichten erschienen in der offiziellen Fassung des „Deutschen Nachrichten-Bureaus", auf redaktionelle Kommentare verzichtete man. Die Politik überließ man den NSDAP-Zeitungen und der regierungsoffiziösen Presse. Doch der von Goebbels wohleinkalkulierte und gutgezielte wirtschaftliche Todesstoß besiegelte das Schicksal des einst so mächtigen „Hauses", das ohnedies von heftigen Auseinandersetzungen privatpersönlicher Natur erschüttert war. Überraschend nur, daß die NS-Presse – Nachfolger und Eigentümer des Ullstein-Konzerns war ab 1936 der parteiamtliche Eher-Verlag – dem Inhaber des größten Zeitungsverlages in Deutschland 6 Millionen Reichsmark Abfindung zahlte. Es ist der Nachwelt nicht verwehrt, darüber nachzudenken.

Ehm Welk demissionierte als Hauptschriftleiter der „Grünen Post", wenige Stunden nachdem sein Leitartikel veröffentlicht war. Ungerufen war er bei den Ratlosen im Direktorium des Hauses Ullstein erschienen und hatte – wie Wilhelm Schmidtsdorff berichtet – gesagt: „Meine Herren, ängstigen Sie sich nicht! Dies ist meine persönliche Sache, ich allein trage die Verantwortung. Erklären Sie der Wahrheit gemäß, daß Sie von nichts wußten, und rücken Sie mit Entrüstung von mir ab." Für Goebbels aber war Welks „offenes Wort" ein Anlaß, auf den er im Grunde nur gewartet hatte. Nun konnte er mit den Ullsteins Fraktur reden, und er konnte die allgemeine Zensur schärfer handhaben. Offenbar hatte Welks naive Ironie den faschistischen Propagandaminister persönlich getroffen. Die hektische Reaktion hingegen hatte vor allem ein innenpolitisches Motiv. Das nur noch kleine Häuflein von journalistischen Widersachern sollte ein letztes Mal belehrt werden. Eine „Botschaft", die gewiß von allen verstanden wurde, die es anging. Es sei, so schrieb die „Deutsche Zeitung" am 5. Mai 1934, „hohe Zeit, solchen Schädlingen, die das Dritte Reich allzulange geschont hat, endgültig das Handwerk zu legen". Dazu gehörte eben auch jener, der den „witzigen“ Reichsminister beim Wort genommen hatte. Dieser „Schädling“ mußte es sich gefallen lassen, als „Asphaltbauer“ von der faschistischen Presse apostrophiert zu werden. Er galt von nun an als ein Journalist, der eine Zeitung für „Laubenkolonisten“ und „Friseurläden“ redigiert hatte, als ein Mann, der sich anmaßte, ein Fürsprecher deutschen Bauerntums zu sein, der seine „stark betonte Schollenverbundenheit“ dadurch bekundete, daß er die „Tochter eines jüdischen Zigarrenhändlers aus Geestemünde geheiratet hatte“, der nach seiner „geistigen Einstellung noch immer ein ausgesprochener Kulturbolschewist war“.

Das von Juden und anderen „Volksfeinden“ gesäuberte, nicht mehr unter Theodor Wolffs Leitung arbeitende, nunmehr „gleichgeschaltete“, ehedem so namhafte „Berliner Tageblatt“ brachte die „amtliche Begründung“ bereits sechsunddreißig Stunden später: „Die im Verlag Ullstein erscheinende Zeitung ‚Die Grüne Post‘ ist auf die Dauer von drei Monaten wegen des Artikels ‚Herr Reichsminister, ein Wort, bitte!‘ von Thomas Trimm in der Ausgabe vom 29. April 1934 verboten worden.“ Und weiter heißt es: „Hierzu wird von zuständiger Stelle erklärt, daß dieses Verbot notwendig war, um die Autorität der nationalsozialistischen Regierung zu wahren. Außerdem soll durch dieses Verbot die ehrliche Arbeit der deutschen Schriftleiter um die Hebung der deutschen Presse vor Schädlingen des Berufsstandes geschützt werden. Der Artikel stellt eine einzige verantwortungslose Verunglimpfung der Absicht des Reichspropagandaministers Dr. Goebbels dar, die Gleichförmigkeit in der deutschen Presse aufzulockern. In keiner Zeile zeigt der Verfasser den Willen, das Seine zu diesem angestrebten Ziele beizutragen, wie das etwa zahlreiche andere Schriftleiter durch Artikel zum Thema getan haben, die im Ton maßvoll, manchmal sogar scharf, aber im Inhalt ihrer Ausführungen ein aufrichtiges Ringen um die Probleme erkennen lassen. Der Verfasser des Artikels ist zu feige, mit seinem wahren Namen an die Öffentlichkeit zu treten. Er gebraucht ein Pseudonym, das schon im Gleichklang der Anfangsbuchstaben an die üblen Zeiten der Peter Panter, Theobald Tiger usw. erinnert.

Der wahre Name des Verfassers ist Ehm Welk. Dieser Mann ist Hauptschriftleiter einer Zeitung, die in erster Linie für das Landvolk bestimmt ist. Durch gekünstelte Wortbildungen versucht er in diesem Artikel, nationalsozialistische Begriffe, die heute jedem deutschen Bauern heilig sind, zu verdrehen und lächerlich zu machen. Darüber hinaus wagt es dieser Mann, ein Ministerium, das stolz darauf ist, in besonderem Maße volkstümlich zu sein, in der Öffentlichkeit dadurch herabzusetzen, daß er es so darstellt, als ob eine direkte Verbindung zwischen Volk und Ministerium nicht möglich sei. Anstatt dazu beizutragen, diesem nur für das Wohl des Volkes Tag und Nacht arbeitenden Ministerium und seinen Beamten die Arbeit zu erleichtern und aufklärend dahin zu wirken, daß es eben ohne eine gewisse Ordnung nicht geht, spricht dieser Mann in seinem Artikel von tausend Zimmern und tausend Vorzimmern, um damit dem Reichsministerium artfremden Bürokratismus zu unterstellen. (–) Das Verbot ist weiter dadurch gerechtfertigt, daß auch nach Erlaß des Schriftleitergesetzes die Verlage durch zweckbewußte Personalpolitik die Pflicht haben, für die Gesamthaltung ihrer Verlagserzeugnisse in ihrer Arbeit für den nationalsozialistischen Aufbau Sorge zu tragen. Der Verlag Ullstein ist dieser Aufgabe nicht nachgekommen, als er einen Mann wie Ehm Welk zum Hauptschriftleiter ausgerechnet einer Landzeitung bestellte."

Als die „National-Zeitung Basel" am 3. Mai 1934 unter der Überschrift „Die Probe aufs Exempel" berichtete, daß Ehm Welk im deutschen Rundfunk angeprangert worden sei, bemerkte sie gleichzeitig, „daß heute niemand in seiner Haut stecken möchte". Aber dieser „Schädling am deutschen Volke" hatte schon keinen Namen mehr, er war zur Nummer geworden, zum Häftling 2853.

Am 28. April 1933 hatte Thomas Trimm seinen Lesern erzählt, was im Laufe des Jahrhunderts alles in den Mai hineingelegt worden sei. Dieser Monat, der noch das *verzagte Herz mit dem Grün der Hoffnung* schmücke, springe allen, die trotz Lärm und Staub *einer hastenden Zeit der Natur verbunden* geblieben seien, *entgegen wie ein lebendiger Quell am taufrischen Morgen.* Auf den Tag genau ein Jahr später, morgens 1 Uhr 30 am 1. Mai 1934, dem zweiten faschistischen „Feiertag der nationalen Arbeit“, wurde Ehm Welk in seiner Wohnung verhaftet.

Lediglich ein kleiner Teil der Weltpresse, die „Neue Züricher Zeitung“, die holländische „Haags“, die französische „Le Temps“, das „Prager Tageblatt“, die „New Yorker Staatszeitung“ und „The Manchester Guardian Weekly“, nahm von Welks Inhaftierung Kenntnis. Noch reagierten die führenden Zeitungen des Auslandes recht unterschiedlich auf die so anderen politischen Konstellationen. Sie druckten zumeist nur nach, was die „neue Presse des Reiches“ partei- und regierungsamtlich verkündete. So war es auch im Fall des gestürzten Journalisten Ehm Welk.

Über vierzig Jahre liegen zwischen uns und jenen historischen Ereignissen. Damals, mit Respekt und Verständnis sei es gesagt, hielt die Mehrheit der bürgerlich liberalen antifaschistischen Demokraten sträflich lange an ihren Illusionen und Fehlprognosen fest. Erst der Aufmarsch eines Millionenheeres uniformierter und nicht uniformierter Nazis ließ Optimismus und Selbsttäuschung jeweils in richtigem Licht erscheinen. Doch diese Erfahrung nutzte nicht mehr, es war zu spät. Hunderttausende wurden alsbald, wie Welk, über die wirklichen Verhältnisse in Zuchthäusern und Lagern belehrt. Das Refugium einer verblendeten Hoffnung und naiven Zuversicht erwies sich als ein Depot menschlich-existentieller Sorgen.

Bereits Ende 1933 gab es in Deutschland 4 500 000 SA-Leute, und der damalige Chef dieser wegen ihrer Brutalität gefürchteten Landsknechtstruppe, Ernst Röhm, war Minister ohne Portefeuille in Hitlers Kabinett. Die SA richtete auch die ersten Konzentrationslager ein. Dort beglich sie auf blutige Weise ihre „Rechnungen“ und liquidierte ihre Gegner, Kommunisten, Sozialdemokraten, aber auch politisch wenig profilierte, zu Tode erschrockene Leute und unbequem gewordene Komplicen von gestern. Das bekannteste Lager in jener Zeit war Oranienburg. Zu seiner Verwaltung gehörten Beamte der Gestapo. Und die Gestapo schickte fast alle ihre

Gefangenen dorthin: auch den Journalisten Ehm Welk. Erich Mühsam, Häftling Nummer 2651, der wenig später bestialisch ermordet wurde, Friedrich Heilmann, ehemaliger Reichstagsabgeordneter der KPD, und Friedrich Ebert waren zur gleichen Zeit in Oranienburg. Sie hatten bereits Monate der Haft hinter sich. Ehm Welk blieben Folterungen und Mißhandlungen erspart. Bereits am 7. oder 8. Mai 1934 durfte er das Lager verlassen. Wem er dies zu verdanken hatte, blieb ungeklärt. Fortan galt Ehm Welk im Lande und in seinem Metier als unerwünschte Person. Das offizielle Berufsverbot, von Goebbels verhängt, war da nur eine Formsache. Am 15. Mai 1934 brauchte mithin „Die Brennessel", ein zum Eher-Verlag gehörendes antisemitisches Hetzblatt, keine Skrupel mehr zu haben, sich folgendermaßen an Ehm Welk zu wenden: „Lassen Sie uns zurückdenken bis in das Jahr 1927, da Sie noch als zukunftsträchtiger Poet Moskaus am Theaterhimmel der Berliner Volksbühne strahlten. Dort starteten Sie Ihr Drama ‚Gewitter über Gottland', suchten das Land der Sowjets mit der Seele und mußten es doch erleben, daß Erwin Piscator Ihrem gesinnungsträchtigen Bilderbogen einige grandiose Einfälle aus seiner Klamaukkiste zusetzte. Entsinnen Sie sich? Es wurde ein Zahlabend-Gaudi. Noch sehe ich den kleinen Ostjuden Granach in der Maske Lenins, tragisch umwittert, an die Rampe marschieren. Es war bitter. Ihnen gefiel deshalb auch Ihr eigenes Stück nicht. Sie ließen einen Angriff gegen den biederen S.P.D.-Vorstand der Volksbühne los und beschwerten sich gekränkt über des Dilettanten Piscator Rummel-Regie. Wenn Sie diesen offenen Brief aus dem Jahre 1927 aber noch einmal durchlesen, so werden Sie finden, daß Sie es trotz aller künstlerischen Einwände an einem Bekenntnis zur kommunistischen Weltanschauung nicht fehlen ließen. In der Hinsicht wollten Sie keinen Irrtum aufkommen lassen. Und so haben Sie es gehalten, bis Sie im Jahre 1929 Ihr zweites Stück in der ‚Volksbühne' zur Debatte stellten. Sie nannten es ‚Kreuzabnahme' und feierten Lenin als den folgerichtigen Überwinder Tolstois. Dann wurde es still um Sie; nur in der Erinnerung derer, die schon damals den Volksbühnen-Kämpfen Krieg bis aufs Messer angesagt hatten, schlummerte Ihr Name. Ein Name, der, sobald er laut wurde, auch den Gutmütigsten zur Abwehr rufen mußte. Und er wurde laut. Es trat ein Mann auf, der einen offenen Brief an den Reichsminister Dr. Goebbels schrieb und in diesem Schreiben für sich und sein Blatt Reklame machte. Der da behauptete, er habe den Kampf für Blut und Scholle bereits früher entdeckt, der der nationalsozialistischen Presse ganz unverblümt den Vorwurf der Nachahmung machte, der auf öffentlichem Markte sein Ideal der Annäherung zwischen Stadt und Land als das oft Kopierte, nie Erreichte pries. Und der Künstler, der das getan, hieß – Ehm Welk. Jawohl, wir wissen, daß Sie bereits im Jahre 1928 für Blut und Scholle geschrieben haben, aber es wäre sowohl uns wie den Gebrüdern Ullstein aufgefallen, wenn Sie diese Tätigkeit im Zeichen des Hakenkreuzes betrieben hätten. Was wir von je unter Blut und Scholle verstanden, kann unmöglich mit Idealen übereinstimmen, die Sie einst gemeinsam mit Ihrem Redaktionskollegen Katz betrieben und noch im Jahre 1929 auf der Bühne am Bülowplatz durch den Marsch der roten Bataillone bekräftigten. Sie haben Herrn Dr. Goebbels mißverstanden, als er im Preußenhaus vor der Presse sprach und Ihren Mangel an Mut bedauerte. Nur der besitzt Mut, der mit dem Rüstzeug einer moralischen Berechtigung zu den Fragen der Gegenwart aufbauend Stellung nimmt; wer aber die Dinge auf den Kopf stellt, wie Sie es getan haben, wer einst im Lager der Katze und Cohne Ullsteinsche Agrarpolitik betrieben hat, der darf nicht aufstehen und weltanschauliche Grundsätze des Nationalsozialismus als längst bekannte, stets vertriebene Artikel aus eigenen Lagerbeständen erklären. Das war nicht Mut, sondern *Unverfrorenheit.*“

Ehm Welk hatte gewiß nichts mit der Blut-und-Boden-Ideologie zu tun, und er hatte auch nicht die Grundsätze nazistischer Agrarpolitik verkündet. Seine unreflektierte Liebe zur Natur und zum flachen Land, seine Verbundenheit mit den bäuerlichen Bevölkerungsteilen und ein gewisser Vorbehalt gegen die großstädtische Zivilisation aber legen das Mißverständnis nahe, daß er sich mit seinen Artikeln zeitweilig in den Umkreis völkischer Ideologen begab. Sein Wirken in den Jahren von 1927 bis 1934 zeigt, daß ein sozialer Gerechtigkeitsanspruch ohne gesellschaftspolitische Konsequenzen nicht verwirklicht werden kann. Wer den Grundkonflikt im internationalen Klassenkampf, den ideologisch wie ökonomisch unüberbrückbaren Gegensatz zwischen Kapitalismus und Sozialismus, unterschätzt oder gar nicht erkennt, der wird am Ende nicht wissen, wohin er gehört. Ehm Welks Glaube, eine Art „überparteiliche" Klassenharmonie mitschaffen zu können, seine Illusion, durch Flucht ins Reich der Natur die soziale Wirklichkeit vergessen zu können – dies alles führte schließlich zu dem persönlichen Debakel des Jahres 1934.

Die kritische Distanz zu dem Welk der voraufgegangenen Jahre darf uns allerdings nicht übersehen lassen, daß er trotz aller Irrtümer nie im Lager der Antikommunisten stand. Entsprechendes gilt für seine redaktionelle Verantwortung innerhalb der „Grünen Post" generell. Wenn in fast allen bürgerlichen Blättern der Weimarer Republik angesichts der wachsenden Kraft und Macht der KPD beispielsweise dazu aufgerufen wurde, mit staatlicher Gewalt gegen die siebenunddreißig Tageszeitungen der KPD vorzugehen, wenn mehr oder minder offen gegen die Sowjetunion und gegen die KPD gehetzt wurde, wenn die arbeiterfeindlichen Notverordnungen Franz von Papens gerechtfertigt wurden, dann wird man Welks „Grüne Post" in diesem Chorus vergeblich suchen.

Das ist der biographisch-politische Hintergrund. Wir wollen nun diese „Station" hinter uns lassen. In einer nicht für die Nachwelt bestimmten, ganz für den eigenen Gebrauch geschriebenen „Tagebuch"-Notiz Brechts vom 1. Juli 1920 lesen wir: „Es gibt drei Wege, zu einer großen Ansicht zu gelangen. 1. Man macht den Zwiespalt zwischen dem einfachen inneren Leben und den äußeren Zufälligkeiten (der ‚Politik') zum Hauptkonflikt. 2. Man stellt nur das innere Leben dar, losgelöst und einsam, hart, stimmungslos, aufrührerisch und doch zustimmend. 3. Man beweist, daß es das innere Leben (und die großen Konflikte) nicht gibt, und gibt das äußere. – No 1 ist Journalistenarbeit. Es ist schwer, Tendenzen hier zu unterdrücken. Gelänge es, den Helden selbst als nicht fordernd darzustellen – so bliebe immer noch der Schein, als hielte man den Menschen für etwas übertrieben Wertvolles, das nur durch Ungunst der Verhältnisse etc. beengt wird. Aber er schafft doch seine Verhältnisse selber oder erleidet nur einen Zufallstod, wird von den anderen ermordet." Soweit der zweiundzwanzigjährige Brecht. Ehm Welk hat Jahre nach dessen Tagebuch-Eintragungen ziemlich exakt solcherart „Journalistenarbeit" gemacht. Die „Tendenz"? Dem schönen „einfachen Leben" wurde gehuldigt, und beschrieben wurde in Tausenden von Zeilen der „Zwiespalt zwischen dem einfachen inneren Leben und den äußeren Zufälligkeiten". Das allein aber war keine gute Basis. Enttäuschungen stellten sich ein, unweigerlich und folgerichtig, Eigenerfahrungen zeigten sich in buntschillernder, schwer durchschaubarer Vielfalt, und Angst, sich zwischen Überangepaßtheit und Unangepaßtheit im Konformismus zu verlieren, erfaßte Welk. In dieser zwanghaften Situation schließlich und endlich der Versuch, die neuen, noch instabilen gesellschaftlichen Normen eines faschistischen Totalitarismus zu durchbrechen. Tapfer war der Mann immer gewesen. Und so können wir davon ausgehen, daß sich Welk beim Schreiben des Leitartikels „Herr Reichsminister, ein Wort, bitte!" der möglichen Folgen bewußt war. Mehr noch, es hat den Anschein, als habe er die offene Konfrontation mit den Faschisten gesucht. „Grüne Post"-Redakteur Wilhelm Schmidtsdorff war Augenzeuge einer Redaktionssitzung, die unmittelbar nach der Drucklegung des an Goebbels gerichteten „Wortes" im großen Konferenzzimmer des Ullstein-Hauses stattfand. Er erinnert sich: „Als Welk das Zimmer betrat, erhoben sich spontan alle Anwesenden. Da sagte er, und es schwang ein tiefer Ernst in seinem immer leicht sarkastischen Ton: Meine Herren, ich danke Ihnen! Obwohl es nichts Besonderes ist, was Sie tun, denn man erhebt sich ja stets zu Ehren der Toten. Eine wirkliche Freude wäre diese Ehrung für mich aber, sähe ich Sie in acht Tagen noch einmal so dastehen". Agathe Welk gibt eine Bemerkung ihres Mannes vom 30. April wieder: *Was soll ich noch tun? Es kann höchstens einen Ausschluß geben. Auf diese Weise ist endlich Schluß mit der Presse, und ich kann mir leben!* Und zu Schmidtsdorff: *Wenn sie mich verhaften, werde ich endlich wieder ein freier Mann.* Hinter solchen – den Sachverhalt ein wenig verunklärenden – Aussagen steht das Bewußtsein, daß ihm in der „reichsdeutschen" Presse keine Tätigkeit mehr möglich war, die seiner Persönlichkeit und seinen Absichten entsprach. Aber es steht wohl auch die Erkenntnis dahinter, daß er in den zurückliegenden Jahren manches falsch gemacht hat. Ganz zuletzt wurde Ehm Welks Elan vom Ergebnis seiner Vergeblichkeit erstickt.

Ehm Welks Scheitern kennzeichnet zugleich das Ende einer Epoche. Nach dem 29. April 1934 wird – in Deutschland – Herr Goebbels von niemandem mehr „auf ein Wort" gebeten. Die Bahn ist endgültig frei für die faschistische Presse. „Die Grüne Post" des „Deutschen Verlages" erschien in kleiner Auflage noch bis 1944. Von Ehm Welks Mitarbeitern ist nur einer bis zuletzt dabei: Bruno H. Bürgel, dessen populärwissenschaftliche Beiträge weitaus das Beste sind, was diese nun ganz bedeutungslos gewordene Zeitung zu bieten hatte.

In Welks Erinnerungsbuch stehen die folgenden Worte: *Die wenigen, die das Verderbliche sich hatten entwickeln sehen, ließen ab von ihrem verzweifelten Nachsinnen, wie ihm auszuweichen oder zu begegnen sei. Ihr Bemühen war aussichtslos geworden, ein ganzes Volk schien mit dem Sehen und Hören auch das Fühlen verloren zu haben.*

Eberhard Binder:
Isaak Newton und sein Kater

An diesem ersten Tag des Kornmähens fand ich Kummerow wieder.

Sechste Station
Der Heide von Kummerow

Nachdem Ehm Welk aus dem Konzentrationslager entlassen worden war, blieben er und seine Frau noch ein knappes Jahr, das für beide sehr bitter gewesen sein muß, in der Hauptstadt. Ehm Welk war ein arbeitsloser Journalist, der als Gebrandmarkter leben mußte, dem niemand Arbeitsmöglichkeiten anbot und der sich auch gar nicht um Arbeit bemühte. Es ist verständlich, daß er nach seinen Oranienburger Erfahrungen nicht länger im Zentrum der faschistischen Macht leben wollte. Seinen Verzicht auf Berlin und seinen Abschied von der hauptstädtischen Öffentlichkeit begründete er – ein wenig ironisch – mit den folgenden Worten: *Ich habe in den Jahren so viel Ackererde unsichtbar an meinen Füßen mitgeschleppt, daß es besser ist, der Acker holt mich aufs Dorf, als daß ich mich weiterhin quäle, den Acker in die Stadt zu holen!* Biesenbrow war ihm immer nahe geblieben, sei es auch nur dadurch, daß Vater Gottfried schon seit Jahren gemeinsam mit Agathe und Ehm Welk in der großstädtischen Wohnung lebte. Und bedenkt man zudem Welks Anhänglichkeit an die Heimatlandschaft, wie sie auch in den Artikeln für „Die Grüne Post" zum Ausdruck kam, so ist es nur folgerichtig, daß er sich aufs Land sehnte.

Ein Bauernhaus wird gesucht, mittelgroß, mit etwas Land drum herum, das allein bearbeitet werden kann. Nach Biesenbrow wollten Vater und Sohn nicht zurück, nicht unter diesen Umständen, nicht in dieser Situation. Irgendwo im Spreewald wünschten sie zu leben. Der Sohn überläßt die Suche nach einem geeigneten Hof dem Vater, der alte Bindungen neu zu knüpfen versteht. Agathe und Ehm Welk verlassen währenddessen Berlin und durchwandern noch einmal die Lüneburger Heide, die Holsteinische Schweiz, den Breisgau und das Sauerland. Es scheint so, als wollten sie von einer Lebensetappe Abschied nehmen.

Doch alle Pläne, ein Anwesen zu erwerben, waren wie Rechnungen, die man ohne den Wirt macht. Und der Wirt war in diesem Fall der Nazistaat. Der von Vater Welk ins Auge gefaßte Bauernhof durfte nicht erworben werden. Der „Reichsnährstand" lehnte es ab, den Kaufvertrag zu bestätigen. Das Hin und Her um die Bewilligung beendete der Sohn rasch. In der Spreewaldstadt Lübbenau wurde eine kleine Wohnung gemietet, die die Welks am 1. April 1935 bezogen. Fünf Jahre lebten sie dort. Alle, die Welk kannten, wissen, wie wenig Bedeutung er zeitlebens den materiellen Gütern beimaß. Er gehörte zu den Menschen, die Luxus verachteten, auch wenn er ihn sich leisten konnte, der es vorzog, schlicht und „natürlich" zu leben. Reichtum bedeutete ihm wenig, wahre Lebensfreude alles: sie *ist keineswegs ab-*

Im Spreewald

hängig vom gesicherten Wohlleben, sie ist fast immer Äußerung persönlicher Eigenschaften. Die äußeren Lebensverhältnisse haben damit sehr wenig zu tun. Diese Selbstanzeige ist von ziemlicher Ausschließlichkeit. Solche Worte sind oft leicht hingesprochen, wenn man nicht gezwungen ist, das Los der Armen zu teilen. Und die Mahnungen zum einfachen Leben kommen meistens von denjenigen, die selbst im Wohlstand leben. Tatsächlich aber hat Welk seine Herkunft nie verleugnet, und seine Lebensweise stimmte mit den verkündeten Maximen stets überein.

Seit Mitte des Jahres 1934 hatte sich Welk, seinen Neigungen und seinem Temperament folgend, auf ein bescheidenes kleinstädtisch-ländliches Leben eingestellt. Die Gurkenstadt Lübbenau, so wird sich erweisen, war eine gute Wahl. Der Wechsel vom großstädtischen Berlin in das idyllisch-behagliche Lübbenau brachte für Welk keine Komplikationen mit sich. Er zählte nicht zu denen, die tatenlos darauf warten, daß sich persönliche Widerwärtigkeiten von selbst klären. So dauerte es nur ein paar Monate, und der Schock, den die Lebensbedrohung herbeigeführt hatte, war überwunden. Ohne Zaudern begann Welk in der zweiten Hälfte des Jahres 1935 zu schreiben. Er begann, genauer gesagt, Bücher zu konzipieren, von denen er nicht wußte, ob sie je würden erscheinen können.

Im Gegensatz zu der großen Zahl deutscher Schriftsteller und Journalisten, die das Land bereits unmittelbar nach Hitlers Machtantritt verließen, dachte Welk offenbar niemals daran, zu emigrieren. Für ihn, der ja bis zum 29. April 1934 relativ ungestört weiter wirken konnte, traf nicht zu, was für die sozialistischen und den weitaus größten Teil der bürgerlich-demokratischen Schriftsteller und Publizisten galt. Sie hatten nach dem 30. Januar 1933 keine andere Wahl, als zu emigrieren. Ein Verbleiben in Deutschland hätte totales Schreibverbot, Verhaftung oder Tod bedeutet. Bis Mitte 1934, nach mehr als einem Jahr Nazidiktatur, hatten etwa 65 000 Deutsche ihr Land verlassen. Dann verschlechterten sich die Fluchtmöglichkeiten derart, daß es nur noch wenigen gelang, den braunen Verfolgern zu entkommen. Ende 1934 war der Raum, den die humanistische Traditionen bewahrende und weiterführende Literatur in Deutschland ausgefüllt hatte, fast leer. Die antifaschistischen Schriftsteller deutscher Zunge, seit dem I. Internationalen Kongreß zur Verteidigung der Kultur, der vom 21. bis 25. Juni 1935 in Paris stattfand, nun auch mit der internationalen antifaschistischen Bewegung verbunden, wirkten in Paris, Moskau, Prag und Mexiko. Die Werke der Emigranten, die zumeist gleichermaßen von unversöhnlichem Haß gegen die Faschisten wie von tiefer Liebe zum deutschen Volk erfüllt waren, wurden zum bestimmenden Teil der deutschen Nationalliteratur. In Deutschland stand die antifaschistische Literatur vor fast unüberwindlichen Schwierigkeiten. In den ersten Jahren arbeitete der Bund proletarisch-revolutionärer Schriftsteller im Untergrund weiter, illegale Zeitungen und im Ausland erscheinende Zeitschriften aktivierten den literarischen und politischen Widerstand, Schriftsteller wie Adam Kuckhoff und Günter Weisenborn hatten Kontakte zu antifaschistischen Widerstandsgruppen. Für die Literatur wie für das politisch-literarische Leben hatten diese mutigen Aktionen nur in Ausnahmefällen größere Bedeutung.

Die Zahl namhafter Schriftsteller, die völlig – oder zeitweise – zu Parteigängern der Nazis wurden, blieb gering. Nicht von ihnen soll hier gesprochen werden, sondern von denen, die zwar im Lande verblieben waren, die aber in geistiger Isolation lebten und in ständiger Angst, daß auch sie Opfer des faschistischen Regimes werden könnten, von denen also, die später (mit einem bedenklichen Begriff) einer „inneren Emigration" zugezählt wurden. Gemeint sind diejenigen, die dem Faschismus nicht erbötig waren. War es politische Indifferenz, latente oder gar offene Anpassungsbereitschaft oder die Hoffnung, das faschistische Regime werde sich nicht lange halten, was Bernhard Kellermann und Hans Fallada, die Katholiken Werner Bergengruen, Reinhold Schneider, Stefan Andres und Elisabeth Langgässer, die Protestanten Ernst Wiechert und Rudolf Alexander Schröder, bürgerlich-demokratische und antifaschistische Autoren wie

Ricarda Huch, Adam Kuckhoff, Oskar Loerke, Wilhelm Lehmann, Erich Kästner und Ehm Welk ernsthaft vom Verlassen Deutschlands abhielt? Viele der Daheimgebliebenen haben damals vom „Glück und vom Unglück" der Vertriebenen gehört, von den unzähligen Demütigungen, die deutsche Dichter in den westlichen Emigrationsländern hinnehmen mußten, von dem Kampf um eine Wohnung und ums tägliche Brot, von der Angst um die gültigen Papiere. Andere, auch Ehm Welk, wußten, daß sie in einem anderen Sprachraum nicht überlebt hätten. Tatsächlich haben nicht wenige in Deutschland verbliebene Schriftsteller gehofft, dem Exil oder der Todesdrohung entgehen und doch die faschistischen Machthaber schwächen zu können. Hier mögen als Beispiel Zeugnisse zweier antifaschistischer Künstler stehen.

Am 9. April 1933 ließ Ricarda Huch den damaligen Präsidenten der Akademie der Künste, Max von Schillings, wissen: „... Was die jetzige Regierung als nationale Gesinnung vorschreibt, ist nicht mein Deutschtum. Die Zentralisierung, den Zwang, die brutalen Methoden, die Diffamierung Andersdenkender, das prahlerische Selbstlob halte ich für undeutsch und unheilvoll." Ernst Barlach schrieb ein Jahr später dem NSDAP-Gauleiter von Mecklenburg: „Ich bitte Sie nun, Herr Reichsstatthalter, sich zu vergegenwärtigen, welcher Ratlosigkeit ich in bezug auf Rechte, die ich als Bürger dieses Landes habe, anheimfallen muß. Hinsichtlich dieser Rechte drängt es mich, von Ihnen ein offenes Wort, eine Bestätigung und unmißverständliche Stellungnahme zu erfahren. Ich glaube, hierauf einen Anspruch zu haben, da ich für meine Person so fest im Lande verwurzelt bin, daß der Gedanke, fortzugehen, mein Heil als Emigrant zu suchen, mir himmelfern steht. Ich werde auf meinem Platz aushalten, wie es auch immer kommen möge ..."

Ricarda Huch, Ernst Barlach und anderen kann gewiß keine Komplizenschaft mit den Nazis nachgesagt werden. Allerdings sind auch hier die Grenzen fließend, neben unzweideutigen Zeugnissen politischer Integrität und Widerstandskraft finden sich, auch bei wichtigen Schriftstellern wie zum Beispiel bei Gerhart Hauptmann, Momente der Anpassung, sei es aus Schwäche, sei es aus Gründen der Opportunität.

Der Begriff der „inneren Emigration", der nach der Niederschlagung des Faschismus von Frank Thieß, Walter von Molo und Manfred Hausmann in Umlauf gebracht wurde und gegen die „äußeren" Emigranten, wie Thomas Mann, ausgespielt wurde, bleibt nicht fragwürdig, weil ihm der Makel seiner Geburt aufgeprägt ist, sondern weil mit ihm zweierlei angedeutet werden soll. Einmal eine Art innerer literarisch-politischer Widerstand, den es fraglos – wenn auch in bescheidenem Umfang – gegeben hat, zum anderen aber – gemäß einer idealistischen deutschen Tradition – die Flucht in einen seelisch-geistigen Innenraum, der sozusagen als das Bessere und Höherwertige gegenüber der kritischen Auseinandersetzung mit der Gesellschaft erscheinen soll. Daß es trotz aller Schwierigkeiten eine nicht-nazistische Literatur in Deutschland gab, kann nicht bestritten werden. Darauf hat der sowjetische Literaturwissenschaftler Ilja Fradkin in einer ausführlichen, sehr differenzierten Analyse hingewiesen. Aber nur genaue Einzeluntersuchungen können erweisen, wie das Verhalten und das Schaffen des jeweiligen Schriftstellers politisch einzuordnen ist. Zweifellos war das Netz der faschistischen Zensur nicht so eng, wie es sich die Machthaber, die untereinander wiederum ihre Rivalitätskämpfe ausfochten, wünschen mochten. Und zweifellos konnten auch Bücher erscheinen, denen die Naziideologie völlig wesensfremd war. Sie erschienen teilweise in ungewöhnlich hohen Auflagen, da die Leser ihnen mehr abzugewinnen vermochten als der offiziellen Naziliteratur. Werner Bergengruens „Der Großtyrann und das Gericht" (1935) und die illegal kursierende Sammlung „Dies irae", Ricarda Huchs letzter Band des Prosaepos „Der Dreißigjährige Krieg" (1937), Falladas Romane „Wer einmal aus dem Blechnapf frißt" (1934) und „Wolf unter Wölfen" (1937), Ernst Wiecherts 1937 veröffentlichte Rede an die Jugend „Der Dichter und die Zeit" oder die pointiert-treffsicheren, provozierend-moralkritischen Gedichte Erich Kästners in seinem Sammelband „Lyrische Hausapotheke" (1936) sind Beispiele persönlicher Redlichkeit, Dokumente einer kritischen Distanz gegenüber den faschistischen Praktiken. (Es gehört gewiß zur Irrationalität nationalsozialistischer „Kultur- und Literaturpolitik", daß selbst Bücher jener Autoren erscheinen konnten, die auf den „schwarzen Listen" standen. Die nazistische „Literaturpolitik" war zumindest bis zum Ausbruch des zweiten Weltkriegs gewissermaßen kein autonomer, zentralgeleiteter Bereich. Anders gesagt: trotz „Reichsschrifttumskammer" konnte – beispielsweise – der Leiter des Propagandaamtes beim Gauleiter der NSDAP in Mecklenburg anders als sein Parteigenosse in Bayern entscheiden. Nicht im Grundsätzlichen, wohl aber in wesentlichen Details. 1934 hatten vierzig NSDAP-Dienststellen ganz unterschiedliche Verbote über 4 100 Bücher und Druckschriften verfügt. Solche Widersprüchlichkeit erklärt sich – unter anderem – aus den erbittert ausgetragenen Konkurrenz- und Kompetenzstreitigkeiten der Nazigrößen untereinander, vor allem zwischen Rosenberg und Goebbels.)

Die Schriftsteller, von denen die Rede ist, waren zumeist Einzelgänger, und einige von ihnen traten die Flucht in die Innerlichkeit und in die Natur an, während andere sich dem Zugriff der Nazibehörden durch die Behandlung geschichtlicher Stoffe entzogen. Allerdings gibt es gerade auf dem Gebiet der historischen Belletristik einige der beachtenswertesten Leistungen, wie etwa Reinhold Schneiders „Las Casas vor Karl V.", ein Buch, das eine zwar historisch verschlüsselte, aber eindeutige Absage an die faschistische Unterdrükkungspolitik und den Rassenwahn bietet. – Wir führen dieses Beispiel an, nicht um es mit Welks Büchern zu parallelisieren, sondern um zu zeigen, daß der Rückgriff auf stofflich Entferntes und Zurückliegendes zugleich die beste Möglichkeit bot, antifaschistische Gesinnung zum Ausdruck zu bringen.

Ehm Welk war zwar zeit seines Lebens ein politisch interessierter Mensch, tapfer war er, aber eine Kämpfernatur war er nicht. In den Streit der Parteien wollte er – nach eigener Aussage in den zwanziger Jahren – nicht hineingezogen werden. In die politischen Kämpfe hatte Welk nach seiner

Rückkehr aus Amerika nie direkt eingegriffen. Er wußte wenig von den gesellschaftlichen Zusammenhängen, und als Außenseiter war er in gewissem Sinne in den letzten Jahren der Weimarer Republik in seiner Eigenschaft als Leitartikler und späterer „Hauptschriftleiter" der „Grünen Post" trotz vielfach treffender Einsichten zwischen die Fronten geraten. Welks politische Selbstisolation ließ keine Kontakte zur Arbeiterbewegung oder zu antifaschistischen Persönlichkeiten aufkommen. Diese Isolation, die zuvor selbstgewollt war, verstärkte sich nun noch, da sie sozusagen administrativ verhängt war. Doch hat Welk darüber nie ein Wort der Klage verloren. Er machte aus der Not eine Tugend. Der Rückzug in die Provinz fiel ihm nicht schwer, er versuchte das Leben zu leben, das er in seinen Artikeln, die vor allem in der „Grünen Post" erschienen waren, stets so gepriesen hatte.

Der Weg zum Sinn des Lebens ist so einfach und schön wie ein Wiesenpfad oder ein stiller Feldweg. Wohingegen die Kunststraßen an ihm vorbeiführen, wo sie an den Äckern vorbeiführten und nicht zu ihnen hin. Denn sie verbinden die Städte und die Menschenansammlungen, nicht die Felder und die Menschen ... (–) Der Mensch geht weiter in sein Alter hinein und weiter in sein Leben. Und da merkt er bei kleinem, wie er eigentlich immer weniger sieht und wie er immer weniger hört ..., es muß nun alles Grobe und Laute und Überflüssige fernbleiben, was Menschen in Worten und Taten an Menschen herantragen. Und es ist so, daß Ohr und Auge dennoch immer schärfer werden und vernehmen hundert und tausend feinere Dinge, welche der Mensch nicht vernimmt, solange er rennt und seine Begierden rennen in ihm. Diese Sätze aus dem Roman „Die Lebensuhr des Gottlieb Grambauer" sind eine Art Programm auch für ihren Verfasser während dieser Jahre. Offenbar war Ehm Welks Abschied von Berlin doppelt motiviert. Einmal wollte er der Stadt, in der er von den Nazis gedemütigt und verfolgt worden war, den Rücken kehren. Zum anderen aber drängte es ihn zu einer neuen Tätigkeit. Er war „pflastermüde", und er hatte schon in den voraufgegangenen Jahren den aufreibenden Journalismus als Fessel, als eine ständige Anforderung empfunden, der er auf die Dauer nicht gewachsen war. Es spricht vieles dafür, daß Welk auch unter günstigeren Bedingungen – auch ohne Faschismus und Oranienburg – in das Land seiner Väter zurückgekehrt wäre. Der Gereifte wollte seine Welt neu ordnen. Aus seinem Inwendigen heraus – wie sein Vater immer sagte – kannte er den Weg: Der Mann. der sein „Orplid" ersehnt, will nach einem Pfluge fassen, er will graben und mähen, pflanzen und ernten.

1935 war es allerdings ungewiß, wie das Leben der Welks verlaufen würde. Aufschlußreich ist ein Brief, den Welk am 13. August 1946 an Hans von Gaudecker, einen ehemaligen Mitarbeiter der „Grünen Post", schrieb: ... *Ihnen ist wirklich eine Welt zugrunde gegangen, mir nur eine Unterwelt, die allerdings die Welt war, in der ich zu leben hoffte ... Ich wußte von Anfang an, daß dieser Zusammenbruch kommen würde, ich wußte auch, daß er mich noch einmal um die Früchte meiner Arbeit bringen würde ... Wenn Sie heute zurückschauen auf die Jahre 1933–45, werden Sie nachfühlen, wie einem Manne zumute war, der zwölf Jahre lang seine deutschen Mitmenschen in ihrem Jubel mit dem Wissen betrachtete: Oh, ihr armen Toren, die ihr auf euren eigenen Gräbern tanzt.*

Trotz des Optimismus, den er in den jetzt entstehenden Büchern zur Schau stellt, war der neue Anfang nicht leicht. Den Journalisten durfte in den ersten Jahren niemand beschäftigen, und den Erzähler gab es noch nicht. Die Überwachung des politisch Unzuverlässigen hatte das NS-Ministerium für Volksaufklärung und Propaganda dem Lübbenauer Bürgermeister persönlich übertragen. Und doch: Welk war wieder zu Hause! Er arbeitete auf den Höfen der Verwandten, ging hinter dem Pflug und mähte mit der Sense das Getreide. Statt mit dem Automobil fuhr er mit einem Ackerwagen, der geschmackvolle Anzug wurde mit der derben Kordhose und dem einfachen Leinenhemd vertauscht.

In der Zeitschrift „Europäische Literatur" vom August 1942 lesen wir unter der Überschrift „Wie ich Kummerow wieder entdeckte": *Der Wechsel machte zunächst viel Freude, die Vögel sangen wieder lauter, ich prahlte mir vor, ein ferner Sproß des Antäus zu sein. Es hob mich auch kein Herakles vom Boden, keine rebellischen Gedanken, kein schmerzliches Bedauern; und der Mensch an meiner Seite, obwohl solchen Lebens ungewohnt, schlug wundersame Wurzeln. Wir feierten unsere kleinen bukolischen Feste und priesen sogar das Schicksal, das uns von den Tafeln des Geistes verwiesen und nach Böotien verbannt hatte.*

In diesem Artikel, den der damals schon bekannte Romanautor schrieb, werden die Gründe seiner Rückkehr aufs Land gewiß verharmlost. Richtig aber dürfte sein, daß die körperliche Arbeit, der Umgang mit den einfachen Leuten im Dorf und in der Kleinstadt für ihn einer Therapie gleichkamen: *Sie hatten mich, den Städter, der das seit jenen Jünglingsjahren nicht mehr getan, in die Mitte genommen und spaßten im Behagen ihrer rustikalen Überlegenheit, mich auszumähen. Es gibt keine köstlichere Mannesarbeit als Mähen, als Kornmähen. Ich weiß nicht, geht die Kraft von der Erde aus, vom reifen Korn, von der Sense, von den Armen oder doch vom Herzen: ein Rhythmus, so gewaltig und vollendet ..., schwingt beim Kornmähen auf und zieht alles in seinen Bann: die weitausholende kraftvolle Gebärde, das Klingen der fallenden Halme auf dem Sensenstahl, die Bewegung der gleichziehenden Füße, das erregte Blut und selbst noch die Gefühle der Müdigkeit ... An diesem ersten Tag des Kornmähens fand ich Kummerow wieder.* Das Heimweh nach neuer Menschlichkeit wirkt ganz selbstverständlich.

Glauben wir diesen ein wenig emphatisch geratenen Sätzen, so wurde 1935 der Romanautor geboren. Was vor einem halben Jahrhundert erlebt worden und fast schon vergessen war, kam heraus, *die strömenden Kräfte einer schönen Heimat und einer glücklichen Kindheit.* Für die Welks begann sich alles gut zu fügen: Agathe tat sich als Schriftstellerin hervor und veröffentlichte in kurzer Zeit zwei Romane. Zwischen 1935 und 1937 erschienen von ihr: „Die Madonna an der Treppe“ und „Die Stimme irgendwo“. Aber auch Ehm Welk fand eine neue Bestätigung. Er konnte sich beim „Deutschen Verlag“, bei dem in diesen Jahren Adam Kuckhoff als Lektor arbeitete, als eine Art Ghostwriter verdingen: Aus schlechten Manuskripten machte er lesbare Bücher. Eine alte Ullstein-Methode, die auch den faschistischen Nachfolgern gefiel. Für Willi Steinerts „Seebär ahoi", Karl Raifs „Kämpfe im Busch" und Luis Trenkers „Leuchtendes Land" leistete Ehm Welk die notwendige Hilfsarbeit. 1935 durfte schließlich ein voluminöses Buch ausgeliefert werden, für das Mitautor Ehm Welk auch als Herausgeber zeichnete: „Der deutsche Wald. Sein Leben und seine Schönheit. Ein Führer durch die Wälder unserer Heimat" erschien mit mehr als einjähriger Verspätung. Welk hatte bereits Anfang 1933 mit der Arbeit an diesem Buch begonnen. Auf 544 Seiten wird dem *rätselhaften Zauber, den der Wald auf den Menschen ausübt,* nachgegangen. Die Sehnsucht nach der grünen Einsamkeit ist für Welk *nur äußerlich eine Folge der Flucht aus dem Lärm der Städte mit ihren hetzenden, jagenden und quälenden Menschen.* Im Wald, so schreibt er, vergäßen sie *nicht nur den Alltag, sondern auch die Begrenztheit des Lebens.* Das sind Töne, die aus der „Grünen Post" bekannt sind: Naturliebe mit einem Beigeschmack von Zivilisationskritik. „Der deutsche Wald" war ein „harmloses" Buch und passierte die Zensorenschreibtische der „Reichsschrifttumskammer" unbeanstandet. Sein Erscheinen kam einer Art Rehabilitierung des Herausgebers gleich, auch wenn dies nicht so beabsichtigt war. Offenbar profitierte Ehm Welk in den Jahren 1935 bis 1945 von der Eitelkeit und Aktivität zweier nazistischer Kulturfunktionäre. Hans Friedrich Blunck, ein vor 1933 kaum beachteter Lyriker, Dramatiker und Romanautor, war der eine, Kuno Popp, über den später zu sprechen sein wird, hieß der andere. – Blunck, von 1933 bis 1935 Präsident der „Reichsschrifttumskammer", ist letztlich für die ersten Untaten des Naziregimes gegen die antifaschistischen Schriftsteller mitverantwortlich, auch wenn er vor der Entnazifizierungs-Sonderspruchkammer 1949 in Kiel manchen Beweis seiner „Entlastung" beisteuern konnte: Er habe sich für Gerhart Hauptmann und Ernst Barlach „eingesetzt", und dem antifaschistischen Schriftsteller Armin T. Wegner habe er durch Geldzuwendungen die Flucht zu seiner im Ausland lebenden jüdischen Frau ermöglicht. Der Verleger Peter Suhrkamp sagte damals als Zeuge aus, Blunck hätte die sofortige Ausbürgerung Thomas Manns verhindert und sich schützend vor Hermann Hesse und Alfons Paquet gestellt. Blunck selber ergänzte bei seiner Vernehmung, daß unter anderem Ehm Welk sein „Schützling" gewesen sei.

Welche Gründe Blunck immer gehabt haben mag, wichtig ist hier nur, daß er dem verfemten Journalisten und Stückeschreiber die Veröffentlichung von Büchern ermöglichte. In einem Brief vom 23. Juni 1938 gibt Welk darüber die folgende Auskunft: *Im Jahre 1937 erhielt der Schriftsteller Ehm Welk, der bis dahin Schreibverbot gehabt hatte, die durch den damaligen Präsidenten der Schrifttumskammer Hans Friedrich Blunck erwirkte Genehmigung „zum Schreiben unpolitischer Bücher" ... Der Ullstein Verlag, bei dem noch Leute beschäftigt waren, die mich von früher her kannten und schätzten ..., hat eigentlich erst die Genehmigung durch Blunck erreicht.*

Die falschen Zeitangaben (Blunck war 1937 nicht mehr Präsident der „Reichsschrifttumskammer" und der „Deutsche Wald" erschien bereits 1935) zeigen ein übriges Mal Welks Laxheit bei der Wiedergabe biographischer Daten. Das Dekret jedenfalls, Welk dürfe nun „unpolitische" Bücher veröffentlichen, gab ihm die Möglichkeit, als freier Schriftsteller zu leben. Und Welk nutzte die ihm gebotene Möglichkeit nach Kräften: Er schrieb fast viertausendfünfhundert Buchseiten in nur acht Jahren, ohne Zwang, ohne Termine und verlegerische Absprachen, ohne die Beratung eines Lektors: Seine schöne Heimat und seine glückliche Kindheit holte er in dieser Zeit ans helle Licht des Tages.

Die Gesellenjahre des Herzens beginnen nicht vor den Vierzigern und die Meisterjahre nicht vor den Fünfzigern, Obermeister aber kann keiner vor seinem sechzigsten Lebensjahr werden. Diese Sentenz Welks trifft vor allem auf ihn selbst zu, denn er schrieb seine erfolgreichsten und bedeutendsten Bücher zwischen dem fünften und sechsten Lebensjahrzehnt.

Für die „Heiden von Kummerow" notierte Welk bereits ein paar Gedanken auf dem Rand von Zeitungspapier, als er 1934 – auf dem Weg ins Konzentrationslager Oranienburg – im Berliner Polizeigefängnis einsaß. Auch nach der Freilassung ließ ihn die Idee zu diesem Buch nicht mehr los. Kuriose Zeitungsmeldungen, so die von jenen jungen Burschen, die zu einem Monat Gefängnis verurteilt wurden, „weil sie in einer Dorfkirche Tinte in das Weihwasser gegossen hatten", wurden gesammelt. Bevor er mit der Niederschrift des Manuskripts begann, beschäftigte er sich zwei Jahre mit einer Geschichte über „Martin und Johannes", die den Kristallisationspunkt des Romans bildet. Nicht einmal drei Monate dauerte es 1936, dann lag die letzte Seite vor. Im Mai 1937 erschienen „Die Heiden von Kummerow". Betrachtet man allerdings die in diesen Jahren entstandenen Bücher als einen Zyklus, wie dies mit Recht geschieht, dann gehört „Die Lebensuhr des Gottlieb Grambauer" an den Anfang. Auch wir wollen hier mit der Beschreibung des Buches beginnen, zumal es uns auf den besonderen Stellenwert dieses Werkes in der Biographie des Autors ankommt.

Im Mai 1928 bekam, mit hintergründiger Absicht, wie wir heute wissen, der einundachtzigjährige Gottfried Welk von seiner Schwiegertochter Agathe ein halbes Dutzend hübsch gebundene Notizbücher geschenkt. Zwei Monate war es gerade her, daß der Sohn den Vater zu sich nach Berlin geholt hatte. Obwohl Gottfried Welk achtzig Jahre lang auf dem Lande gelebt hatte, wurde er in der großen Stadt bald heimisch. In Biesenbrow schüttelte man freilich den Kopf, warnte mit alten Redensarten, wie: Einen alten Baum verpflanzt man nicht. Spätestens in einem halben Jahr, meinten die gewiß ein wenig Neidischen, wäre ja sowieso alles vorbei. Hoffart komme schnell zu Fall, der alte Mann werde in der Stadt „eingehen" oder reumütig zurückkehren. Im heimatlichen Dorf hatte der Achtzigjährige sich schon seit geraumer Zeit einsam gefühlt. Mudding lebte nicht mehr, und auch Ehms Geschwister waren unter zum Teil tragischen Umständen gestorben. In Gottfried Welks „Erinnerungen" findet sich die Frage: „Wenn es meinem Sohn so gut geht, warum läßt er dann seinen alten Vater allein?“ Sohn Ehm reagierte schnell. Im März 1928 zog Vater Welk – ein zweites Mal – in Berlin ein. Und es dauerte gar nicht lange, da war kein Heimweh mehr und Biesenbrow nur noch Erinnerung: „Ich wollte noch lange leben in Berlin“, lesen wir in Vater Welks „Erinnerungen“, „wollte noch viel nachholen, wozu ich früher keine Zeit gehabt hatte.“

Ausgestattet mit solchem Tatendrang, gelang nunmehr die „Eroberung von Berlin“; in einer Ehm und Agathe leicht verunsichernden Weise erwachte der Vater zu neuem Leben. Sein Nachholebedarf muß erheblich gewesen sein. In Berlin-Steglitz kannte man nach wenigen Wochen diesen Mann mit dem ausdrucksvollen faltenreichen Gesicht, indem sich die Mühen eines langen, arbeitsreichen Lebens spiegelten.

Gottfried Welk atmete Welt ein. Fast alle hauptstädtischen Zeitungen wurden gelesen und „Bücher ohne Unterlaß“; mit der naturwissenschaftlichen Himmelskunde ließ er sich ein, der „Sterngucker“ Bruno H. Bürgel wurde sein Freund und sein Lehrer, der Achtzigjährige sagte stolz von sich selber: Ich bin ein Studierter. Die Wunder der Natur verknoteten sich mit dem Wunder der Schöpfung, Gottfried Welk entdeckte die Unendlichkeit, und der Blick in die Sterne blieb nicht ohne Widerschein: In ihm selbst fingen „immer mehr Lichter an zu leuchten“.

Vater Welk war schon immer ein guter Erzähler gewesen, was konnte ihn eigentlich davon abhalten, den zurückgelegten Weg schreibend noch einmal abzuschreiten? Der Gedanke hakelte sich fest, und es dauerte nicht lange, da holten – fast gleichzeitig – Gottfried und Ehm Welk das hervor, was Jahrzehnte in der Dämmerung lag. Schwiegertochter Agathe, mit einem gesunden Erwerbssinn ausgestattet, ermunterte tüchtig. Sie übernahm beim Vater die Rolle des Anregers und des Betreuers. Sie scheint geahnt zu haben, daß hier Material zu erwarten war, das einer literarischen Auswertung harrte, und sie hat sich nicht geirrt.

Allerdings gefiel auch dem alten Welk „seine“ Idee Tag für Tag besser. Die weißen Blätter der Notizbücher füllten sich Seite um Seite. In den ersten Tagen des Jahres 1930 schrieb Gottfried Welk die ersten Sätze, Silvester 1933 die letzten: „Laßt mich die Liebe noch einmal durchfühlen, mit der ihr mich in guten und bösen Stunden getragen habt. Nehmt mit dankerfülltem Herzen mein armes Wort auf, und zwar in Liebe. Und verzeiht mir, wenn ich gefehlt habe. Bewahrt eure Liebe gegen mich im neuen Jahr. Euer Vater."

Auf neunhundert engbeschriebenen Seiten konnte Sohn Ehm nun lesen, was der Vater für mitteilenswert gehalten hatte und was in dessen Erinnerung geblieben war. Manch gescheiter Gedanke, die Geschichten und Anekdoten eines langen Lebens waren festgehalten. Das ist gewiß nicht wenig. Die Lektüre ist zudem in der Tat seltsam erregend, man kann sich dieser Mischung von Naivität und Bauernschläue, von Legende und praktischer Lebenskunde schwer entziehen. Liebenswürdiges und Wunderliches, Weises und Närrisches, Ungewöhnliches und ganz Alltägliches stehen beieinander. Der alte Mann, inzwischen sechsundachtzig geworden, konnte noch einmal tief in die eigene Vita hinabtauchen. „Nicht jedem", so lesen wir, „ist dieses hohe Glück beschieden."

In Breite und Fülle freilich brachte der Vater nicht so viel ein, wie es Welk immerfort der Öffentlichkeit weiszumachen versuchte. Beim Schreiben der „Lebensuhr des Gottlieb Grambauer" wird Ehm Welk die Aufzeichnungen des Alten zu Rate gezogen haben, vermutlich waren sie sogar das auslösende Moment für die Niederschrift des erfolgreichen Buches, aber daß beides weitgehend identisch sei, gehört ins Reich jener freundlichen Legenden, die der erfolgreiche Autor so gern wob. Vielleicht erschien es Welk unter den politischen Umständen auch ratsam, sich selbst als Autor zu verbergen und nur als Herausgeber und Redakteur der Erinnerungen eines alten Menschen vom Lande zu firmieren. So merkwürdig es heute anmutet, aber die Täuschung gelang tatsächlich. Daß sie gelang, ist nicht zuletzt der Propaganda des Verlages zuzuschreiben, der dem Publikum suggerierte, daß es sich um ein echtes Lebenszeugnis handele. Die Motive der Verlagsmanager waren allerdings weniger politischer als merkantiler Art. Denn solche „Dokumente“ waren äußerst populär und entsprechend einträglich. Wenige Jahre zuvor erst hatte Johannes Gillhoff das Buch „Jürnjakob Swehn der Amerikafahrer“ veröffentlicht, eine romanhafte Chronik eines nach Amerika ausgewanderten mecklenburgischen Dorfbewohners. Gillhoffs Buch, das sich auf Briefe des Ausgewanderten stützte, war in den zwanziger und dreißiger Jahren ein großer Erfolg, und es ist nicht ausgeschlossen, daß es Welk zusätzlich zu der „Lebensuhr“ angeregt hat.

Jedenfalls gestattete Welk dem „Deutschen Verlag“, für eine großangelegte Werbung Doppelseiten aus dem angeblichen Original der Erinnerungen jenes fiktiven Gottlieb Grambauer abzudrucken. Ein kalligraphisch gewandter Anonymus schrieb in Sütterlin mit vorgetäuschter zittriger Altershandschrift Seiten aus Ehm Welks Schreibmaschinenmanuskript ab. Die Identität zwischen den angeblichen Erinnerungen eines alten Mannes und dem vorliegenden Buch sollte von niemandem angezweifelt werden. So verknäulen sich hier geschäftliche Interessen mit politisch-taktischen. Indem Welk sein Bemühen kundtat, die *Einfachheit der ungeschminkten Darstellung zu wahren,* entging er den Nachstellungen der Nazi-Zensur, die ihn auf das Schreiben „unpolitischer Bücher“ festgelegt hatte. Denn Welk wußte sehr wohl, daß er „unpolitische“ Bücher, was immer man darunter verstehen mochte, nicht schreiben konnte und daß ihm jederzeit nachzuweisen war, wie wenig er sich an dieses Gebot gehalten habe ... Gegen die Edition der Lebenserinnerungen eines harmlosen alten Mannes aber konnte niemand Einspruch erheben. Erleichterte diese Mystifikation die Veröffentlichung, so konnte sie dem Erfolg des Buches, wie besonders das Gillhoff-Beispiel bewies, zudem keineswegs abträglich sein.

Daß die Täuschung gelang, so ist dies vor allem auch dem Umstand zuzuschreiben, daß es eine literarische Öffentlichkeit im überkommenen Sinne während der Nazizeit nicht gab. Seit Goebbels die Literaturkritik als „zersetzend“ abgeschafft hatte, gab es nur noch „Kunstbeschreibung“. Und wie sie aussah, läßt sich an einer Rundfunkbesprechung des Buches besonders sinnfällig demonstrieren. „Wäre diese Aufklärung nicht, die das Vorwort gibt“, heißt es in einer Sendung vom „Reichssender“ Hamburg am 27. Juli 1938, „so

Erste Ausgabe 1938

müßte man den Roman als Erfindung eines Schriftstellers werten, da aber hinter den Betrachtungen und Geschehnissen ein Mann steht, der alles, was hier niedergeschrieben wurde, wirklich gedacht, erlebt, erfahren hat, so bekommt das Werk ein anderes Gesicht: es wird zu einem köstlich weisen und humorvollen Lebensbuch.“ Mehr hatte man nicht zu sagen.

Bei einem solchen Niveau der Literaturbetrachtung ist es freilich auch nicht verwunderlich, daß jene kritischen und von Welk auch durchaus kritisch gemeinten Passagen des Buches, in denen sich der Held mit der Obrigkeit anlegt, gar keine Beachtung fanden. Bemerkenswert erscheint uns hingegen die Reaktion eines Schriftstellers, der wenig später seine Aufsässigkeit gegenüber den braunen Machthabern mit der Einlieferung in ein KZ bezahlte. „Ich habe dies Buch sehr gern und mit innerem Gewinn gelesen“, schreibt Ernst Wiechert im März 1938 an Ehm Welk, „was gütig und weise ist, ist selten in der Dichtung. Noch seltener, dies mit einem fröhlichen Herzen sagen zu können. Hier ist ein musterhaftes Leben aus seinem Urgrund herausgehoben, nicht verschönert, nicht billig verklärt, aber mit der Durchsichtigkeit und Gläubigkeit gestaltet, die das Einzelne erst in das Allgemeine hebt. In diesem Buch gibt es mehr ‚Geschichte‘ als in manchem Werk mancher Historiker. Und mehr von Gottes Wort als in mancher Predigt. Fritz Reuter würde sich daran gefreut haben, und wir tun es nun an seiner Stelle: an der Wahrheit, Schlichtheit, Frömmigkeit und Tapferkeit eines einfachen Menschenlebens.“

Daß gerade Wiechert das Buch gefallen hatte, ist nicht erstaunlich. Auf der einen Seite spürte er durchaus das Antifaschistische heraus, auf der anderen Seite aber mußte es ihm nahestehen, weil er hier jene Gemütswerte dargestellt fand, die er in seinen eigenen Büchern stets verklärt hatte. Denn der Titel von Wiecherts Roman „Das einfache Leben“ wurde gerade in diesen Jahren zu einem Programm des Rückzugs aus der Welt des zivilisatorischen Lärms und der schrillen Propaganda aufs Land. Dergleichen aber war, wie wir sahen, auch Ehm Welk nicht fremd, und es kam auch in der „Lebensuhr des Gottlieb Grambauer“ zum Ausdruck. Denn die Titelfigur ist ein Spreewälder Bauernsohn, der nach langer, beschwerlicher und vergeblicher Wanderung schließlich in das Land seiner Väter zurückkehrt. Der „einfache" Mensch, tätig und abeitend, ist das Maß aller Dinge. Welks Grambauer ist furchtlos, vital und stark, aber er ist zugleich wunderlich-weise und ein wenig kauzig-verschroben, ein bibelkundiger Alltagsphilosoph, der zugleich Till Eulenspiegel zu seinen Vorfahren zählt. Die zahllosen Episoden, in denen über die Lage der Bauern und Arbeiter, über kapitalistisches Handeln, über Kirche und Ämter, über Wirtschaft und Wirtschaftskrisen laut nachgedacht wird, zeigen, daß Welk die Darstellung des Lebensweges seiner Figur konsequenterweise für die Artikulation seines eigenen gesellschaftlichen Protestes benutzte. Freilich ist der Spott von Welks Grambauer nicht aggressiv, und wo er Mißstände der bürgerlichen Gesellschaft schildert, ist zugleich die Zustimmung zur Schlichtheit und Bescheidenheit ländlichen Lebens zugegen. Die Klassengegensätze, die durchaus nicht verschwiegen werden, verdeckt aber gleichzeitig wieder ein freundlich-selbstzufriedener Humor. Für Gottlieb Grambauer wird alles *klarer und runder und schöner im Leben, wenn man mal ein Auge zudrückt,* weil eben alles seine höhere Ordnung hat, auch *daß die Menschen meistens keinen Schinken zu beißen kriegen, wenn sie Zähne haben, und keine Zähne haben, wenn sie Schinken zu beißen kriegen.* Gottlieb Grambauers Gesellschaftskritik kommt also sehr leise daher. Behutsam wird nach dem Namen und dem Wert der Dinge gefragt, und die Worte kommen aus einem alten Munde, der *nicht so leicht verschrammen und blutig reißen* kann. Es ist gewiß keine Auflehnung gegen die sozialen Ungerechtigkeiten, wenn Ehm Welk den alten Grambauer sagen läßt: *Es mag freilich an dem sein, daß die Wörter aus einem alten Mund nicht alle verständlich sind. Weil sie zu leise und zu vernusselt kommen. Aber es leben ihrer viele Tausend Menschen mit feinen Ohren, die können hinwiederum nicht eine junge Schnauze verstehen.* Welk mochte zu Recht darauf vertrauen, daß es im faschistischen Deutschland des Jahres 1938 viele gab mit feinen Ohren und Augen, Menschen, die sich einen politischen Vers auf Gottlieb Grambauers freundlich-kritische Auslassungen machen konnten. Welk irrte sich nicht. Millionen hatten inzwischen gewiß auch das Lesen verlernt, aber Tausende hatten gelernt, zwischen den Zeilen zu lesen. Sie konnten umgehen mit Worten, und sie lernten tagtäglich neu den Gebrauch von Wörtern. Soviel jedenfalls scheint sicher zu sein: die Mehrheit der Leser verstand damals Ehm Welks Botschaft, ihren Sinn: Läuterung des Menschen im Geiste des Humanismus.

Wenn ich mich einmal lang ins Bruch lege und sehe den Himmel an, dann wird er sich langsam näher und näher zu mir senken ... Und wenn der Himmel dann auf mir liegt, dann werde ich, glaubt es mir, nicht das Gefühl haben, daß er mich erdrückt. Nein, dann wird er wie ein warmer Hauch mich umfangen und wird sich tiefer senken und tiefer, und er wird in die Erde sinken und nicht ich, denn ich werde durch ihn hindurchgehen und eben noch ganz von ferne hören, wie es zwölf schlägt. Dann werde ich lächelnd in meines Schöpfers gütiges Antlitz sehen und ihm das von meinem Leben, mit welchem ich den Menschen nicht mehr nützlich sein kann, zurückreichen nach seinem Sinn. Und er wird es weitergeben an die Herzen und Hände der Arbeitenden, die nach mir kommen, an das Ei des Vogels, an die Blüte eines Baumes, an das Korn auf dem Felde, an die Ewigkeit.

Das ist gewiß kein antifaschistisches Bekenntnis, aber es hat doch auch nichts mit den lauten Tönen der Blut-und-Boden-Literatur gemein. Welks Grambauer unterscheidet sich eben durch diese Empfindlichkeit – auch durch die Empfindlichkeit gegenüber der sozialen Ungerechtigkeit – von den „markigen“ Figuren der offiziösen Naziliteratur.

Ehm Welk umschrieb rückblickend auf das Jahr 1938 seine damalige Verfassung mit *Schmerzen in tausenden schlaflosen Nächten über den vorausgesehenen und zu berechnenden Todesgang meines Volkes,* Schmerzen, die *Narben an Leib und Seele* hinterließen. „Die Lebensuhr des Gottlieb Grambauer“ und die beiden anderen Romane des Kummerow-Zyklus bringen diese Schmerzen nicht direkt zum Ausdruck. Sie sind freilich durch den Humor, der über die Szenen gebreitet ist, für den Leser spürbar. Denn Humor hat für Welk nichts mit oberflächlicher Komik zu tun. In diesem Punkte folgte er so großen Schriftstellern wie Raabe, Reuter, Fontane und Jean Paul, auf den er sich besonders gern und häufig berief.

Auf eine Umfrage des Jahrbuchs der Wilhelm Raabe-Stiftung lesen wir unter der Überschrift „Wie man als Dichter ein Humorist wird oder als Humorist ein Dichter" die Äußerung: *Der Hang zum heiteren Philosophieren über Leben, Handeln und Sterben mag bei mir vom heidnischen Vater geerbt sein, das Lächelnkönnen ohne Spott sicher von der stillen, frommen Mutter. Möglich, daß diese Mischung nötig ist, dazu aber ein gerüttelt Maß bitterer Erfahrungen und Enttäuschungen, soll der unfreiwillige Humor des alltäglichen und des festtäglichen Lebens der Großen und der Kleinen, der Würdevollen und der Unbeträchtlichen eine dichterische Verwertung und Klärung finden. Nach einer mühevollen Wanderung durch die lockende und noch in ihrer Häßlichkeit funkelnde Welt muß der Mensch wohl mit Narben an seinem Leibe und an seiner Stelle still für sich auf einem abseitigen Fleck Erde stehen können, die Hand auf dem Nacken eines lieben Mitgeschöpfes, eines Weibes, eines Kindes oder Tieres, den Blick auf ein Stück Ackerland, und im Herzen neben der zornigen Empörung über die Ungerechtigkeit der Zeit die heitere Gelassenheit, die aus der Bejahung des Lebens in seiner Gesamtheit und Dauer und aus dem unverrückbaren Glauben an den Fortschritt quillt.*

Dieses wenig bekannte Dokument trägt nicht nur zum Verständnis des Menschen und Schriftstellers Welk bei. Es markiert auch die Kluft, die Welk von der damaligen staatsoffiziellen Literatur trennte. Es zeigt Welks sanfte Hartnäkkigkeit scheinbar wider die Realität, seine imperative Menschenfreundlichkeit, seinen Humor, diese brauchbare Waffe gegen das Unerträgliche. Zum Vergleich sei hier eine Äußerung eines der führenden Vertreter der Blut-und-Boden-Literatur herangezogen. Es handelt sich um Sätze aus einem programmatischen Aufsatz von Friedrich Griese vom Mai 1936: „Diejenigen Dichter, die sich um die Gestaltung bäuerlichen Lebensgefühls mühen, werden sich nie zu drücken vermögen um das eine große Thema, das hier alle Einzelgruppen beherrscht und das darum, bald stärker, bald weniger deutlich ausgeprägt, im Mittelpunkt all dieser Dichtungen steht: das Thema des Kampfes landschaftgebundener, bäuerlicher Menschen gegen den Einbruch zivilisatorischer Lebensmächte."

Bei dem so überaus anpassungsfähigen Literaturhistoriker Albrecht Soergel lesen wir, daß Friedrich Griese, Hans Franck, Friedrich Schnack, Ina Seidel, Rudolf Binding und Hans Grimm „geeint" seien durch das gleiche Blut. „Sie sind nordische Menschen, sie kommen vom Norden oder haben nordische Ahnen, ihr Geschlechtertag beginnt unter einem nordischen Himmel." In Ehm Welks Adern floß demnach ein anderes Blut, denn mit den männlich-heldischen und pangermanischen Fühl- und Gestaltungsweisen, mit dieser dummstolzen, größenwahnsinnigen „Blut-, Geist- und Schicksalsgemeinschaft" hatte er nichts im Sinn und nichts zu tun. Bescheidenheit und Ehrfurcht vor jeglichem Leben, das war seine Maxime. Sicher war dies im Vergleich zu den großen Werken der antifaschistischen Emigrationsliteratur sehr wenig, es erscheint angesichts des faschistischen Schreckens unverbindlich allgemeinmenschlich, und doch war es angesichts der Forderungen nazistischer Kulturpolitik sehr viel.

Ein von Ehm Welk am 18. Februar 1940 an Agathe Welk gerichteter Brief macht deutlich, mit welchem Realismus er die politische und literarische Szenerie beurteilte. Er schreibt: *Im übrigen ist es keine Zeit für tiefe Bücher, wer legt noch Wert auf gutes Deutsch, gemeisterten Stil, auf Gedankengut in einem Roman? Film, Rundfunk und der verlogene „Tatsachenbericht", wenn es hoch kommt noch verkitschte Vergangenheitsromantik und zweckbetriebene Gegenwarts-Heraldik – der Deutsche Verlag ist nicht anders eingestellt. Da las ich ein paar Fortsetzungen in der Illustrierten, einen „Roman" von Helene von Brockhoff, eine Frau, die in früheren Romanen schreiben konnte, wenn ich auch damals schon die Hand des Illustriertenbearbeiters spürte. Nun hat sie einen „Roman" verbrochen, sicher auf Wunsch der Re-*

daktion, „Ein Sonntag im September", in dem heute nun alles vorkommt, was im letzten Vierteljahr passierte: Mobilmachung, Polenfeldzug, Luftschutz, In Treue fest usw. In jeder Spalte ein Edeling in Taten und Worten. Siehst Du, das ist heute Literatur für den Deutschen Verlag und die Presse. Und ist doch alles nur ein Mist, der um so widerlicher ist, weil er verlogen ist, nur gemacht, um höheren Orts zu gefallen. Die, die aus meinen „Heiden" und dem „Grambauer" das Richtige herauslesen, sind allerdings auch bei mir dünn gesät. Immerhin sind sie da, und für sie schreibt man . . ., statt dessen überall die Inflation von Begriffen, dieses Hochstilisieren der armen Stümper zu „Dichtern", diese Vernebelung der Gehirne, dieser Selbstbetrug. Weil sich das einmal bitter rächen muß am Volke selbst, bin ich traurig darüber. Ich werde daneben in Neuenkirchen meinen Kohl bauen und, wenn es geht, ihn auch zu verkaufen suchen. Ich trau der Literatur nicht, aber Kohl und Bohnen werden immer gebraucht. Um diesen Betrieb in Gang setzen zu können, brauche ich hohe Auflagen. So!

Das Augenblickliche wurde von Welk als ein Übergang angesehen, das nahezu Unbegreifliche relativiert: *Meine Lieben,* so lesen wir in der „Lebensuhr"-Ausgabe des Jahres 1938, *es ist alles eitel, und die Vögel singen weiter. Aber es ist immer so gewesen. Dieses tröste euch in eurem Verdruß, so euch die Menschen welchen machen und die Mitmenschen es euch gönnen. In neunzig Jahren sieht sich alles runder an. Da hat sie alle der Kuckuck geholt. Uns auch. Amen.*

In Anbetracht der hochtönenden Reden von der germanischen Herrenrasse und der Unsterblichkeit deutschen Volkstums sind das beachtenswerte Sätze. Andererseits soll den Biographen die selbstverständliche Loyalität gegenüber seinem Gegenstand nicht dazu verführen, dessen Kompromisse und Zugeständnisse mit Schweigen zu übergehen. Deshalb wollen wir einmal einen Vergleich anstellen zwischen den in der faschistischen Zeit publizierten Ausgaben und denen, die nach 1945 wieder erschienen. Da gibt es in den Erstausgaben Formulierungen, Stellen, Textpassagen, die in späteren Ausgaben fehlen oder die verändert sind. Es entsteht zunächst der fatale Eindruck eines opportunistischen Verhaltens. Bei genauerem Hinsehen indessen verflüchtigen sich unsere Befürchtungen. Die Textunterschiede, sosehr sie auch hier und da ins Auge springen, betreffen nicht die humanistische Substanz. Gemessen am Ganzen, sind die Veränderungen sogar ziemlich belanglos.

Es kann kaum verwundern, daß ein in Deutschland gebliebener Schriftsteller, der gedruckt werden wollte, bereit sein mußte, einzelnes zuzugestehen, um das Ganze zu retten. Im Nachwort zur Neuausgabe der „Lebensuhr des Gottlieb Grambauer", 1954 im von Peter E. Erichson geleiteten Carl Hinstorff Verlag erschienen, erklärt Welk, daß die 1938 *von Lektoren des ersten Verlages für notwendig erachteten Frisuren und kleinen Einschiebsel,* da sie eben fremde Zutaten waren, nun wegfallen könnten. (An gleicher Stelle kam Welk erneut auf die Tagebücher seines Vaters zu sprechen. Er schrieb, daß nun *Abschnitte aus den Aufzeichnungen des alten Bauern* eingefügt wurden. Er blieb so dem einmal Gesagten treu, täuschte noch immer eine andere Autorenschaft vor.)

Welk war im Grunde seines Wesens kein Mann schneller Entscheidungen. Hatte er jedoch einmal etwas als falsch erkannt, dann entschied und änderte er rasch. Auch in seinen Büchern hat er dieses Verfahren nach 1945 geübt, weil seine Einsichten in das Leben der Menschen und in die gesellschaftlichen Zusammenhänge tiefer geworden waren. Er zitierte öfter Goethes Maxime, daß eine solche Notwendigkeit nicht etwa dadurch entstehe, „weil viel Geschehenes nachentdeckt worden, sondern weil neue Ansichten gegeben werden; weil der Genosse einer fortschreitenden Zeit auf Standpunkte geführt wird, von welchen sich das Vergangene auf eine neue Weise überschauen und beurteilen läßt". Was immer wir an Veränderungen bei einem Vergleich der Auflagen erfahren, es ist festzustellen, daß der Journalist, Stückeschreiber und Erzähler Ehm Welk nicht bereit war, sich jenem Ansinnen unterzuordnen, das da lautet: des Künstlers Werk gehöre ihm nicht mehr, sobald es seine Werkstatt verlassen habe. Er nannte dies *törichte, kunstfremde Redereien, geboren aus einem talmidemokratischen Gefühl.* Von den Stücken „Gewitter über Gottland“ und „Kreuzabnahme“ gibt es zahllose Versionen; Manuskripte und Bücher wurden wieder und wieder umgearbeitet. Texte, die längst gedruckt vorlagen oder über Jahrzehnte im Schrank schlummerten, wurden ohne Zögern verändert, Szenen und Kapitel gestrichen und neu hinzugegeben: Welk pochte auf das Recht des Künstlers, sein Werk zu verändern. Über die Bearbeitung eigener Bücher schrieb er einem aufmerksamen Leser am 12. Juni 1956: *Der Künstler ... hat dieses Recht, solange er lebt. Es gibt kaum einen ... Schriftsteller ..., der dieses Recht nicht ausgeübt hätte. Darum sind ja gerade die Ausgaben der letzten Hand so begehrt. Dieses Begehren ist ein Beweis für das Vertrauen der Leser (durch Generationen und Jahrhunderte hindurch) zu der im Leben und Leiden erworbenen geistigen und künstlerischen Reife des Werkherstellers. Allerdings hat kein fremder Mensch das Recht, auch nur eine Zeile des Werkes zu verändern. Der Fremde hat mitunter die Möglichkeit, es zu tun, und nutzt sie, aber niemals hat er das Recht dazu. (Sofern „Recht“ nicht in den durch das Gesetz gegebenen Möglichkeiten gesehen wird.) Selbstverständlich kann ein Künstler nach Jahren sein Werk auch den veränderten gesellschaftlichen Verhältnissen „anpassen“. Er soll nur nicht aus Gründen des Geschäfts, der Konjunktur oder aus Opportunismus solche Änderungen vornehmen. Etwas ganz anderes ist es jedoch, wenn er durch die Entwicklung, die er im Rahmen der Gesellschaft durchmacht (ganz gleich, ob diese Entwicklung in einer stärkeren Gefühlsgebundenheit mit seinem Volke oder in einer klareren politisch-ökonomischen Erkenntnis sich zeigt), seine einstige Darstellung ändert, lediglich, um gesellschaftlichen Veränderungen Rechnung zu tragen. Mit einem Wort also: er soll nicht eine in den Personen und Handlungen seines Werkes klar erkennbare Tendenz in ihr Gegenteil verkehren. Täte er das, so wäre er ein jämmerlicher Mensch. (Mit den Änderungen aus der Erkenntnis der Notwendigkeit künstlerischer Bereicherung hat das vorhin Gesagte nichts zu tun.) Gibt es denn eine klarere reinlichere menschliche Haltung als diejenige eines Künstlers, der bekennt, daß als Folge gesellschaftlicher Umwandlungen auch die literarischen Darstellungen vergangener Epochen und der Kräfte, die sie bewegten, eine Korrektur erfahren können und müssen? Nur ein beengter Mensch könnte daraus den Vorwurf der Wankelmütigkeit oder eben des Opportunismus aus trüben Gründen herleiten.*

Dies genau praktizierte Welk sein Leben lang. Der Schreiber änderte seine Stücke und Bücher nicht, weil sie ihm „fremd" geworden waren. Nein, er wollte sie vielmehr von den Schwächen und Unvollkommenheiten, die *sie aus Kindheitstagen vielleicht noch hatten,* befreien. Denn für ihn war es *reichlich oberflächlich, zu sagen, die Veränderung eines Buches geschehe mit dem einzigen Ziele, es den veränderten Zeitauffassungen anzupassen, es wieder gesellschaftsfähig zu machen ... Neue Erkenntnisse, die stark genug sind, ein Volk oder einen großen Teil der Menschheit zu bewegen, sind keine Zeitauffassungen.* Ob es Welk bewußt war, daß hinter solchen Äußerungen, die an sich nicht anfechtbar sind, auch der Wunsch einer gewissen politischen Rechtfertigung stand, muß unbeantwortet bleiben.

Wer von den Lesern nicht fühlt und nicht erkennt, schrieb er 1954, *daß der Autor in alten und neuen Büchern sich treu geblieben ist, der hat ihn auch dort nicht verstanden, wo er glaubte, mit ihm Hand in Hand gegangen zu sein.*

Obwohl die Qualität und der Umfang der Änderungen unterschiedlich ist, sollen hier einige kürzere Beispiele angeführt werden: In der ersten Auflage der „Heiden von Kummerow" sitzt der elfjährige Martin Grambauer auf einer hohen Kiefer und träumt sich als Kapitän eines Schiffes, das durch die Welt fährt, um fremde Länder *zu erobern.* In der Ausgabe letzter Hand sitzt er auf derselben Kiefer und fährt genauso in seine Traumwelt, nun aber, um fremde Länder *kennenzulernen.* Die erste Ausgabe erschien 1937, die korrigierte 1948: Für den Autor war inzwischen dieses „Erobernwollen fremder Länder" zu etwas Verderblichem geworden. In der ersten Ausgabe der „Gerechten von Kummerow", die 1943 erschien, wurde in einem sogenannten „Manöver"-Kapitel tüchtig Krieg gespielt. Nach zwei fürchterlichen Kriegen, verursacht, wie der Autor meint, *zum großen Teil aus der Soldatenfreudigkeit des Volkes, die seine Machthaber immer wieder ausnutzen konnten,* verging ihm die Lust, *soldatisches Schießen, Schlagen, Stechen und andere Triebe* fördern zu helfen. Also strich er kurzerhand das ganze Kapitel. In der Ausgabe der „Lebensuhr des Gottlieb Grambauer" von 1938 schließlich gibt es in „Die zehnte Stunde, Ziffer 2" ein Gespräch zwischen Vater und Sohn. Dort heißt es: *Aber Krieg ist Krieg, Vater, und du hast uns gelehrt, allen Dingen des Lebens in Ruhe ins Gesicht zu sehen.* 1954 heißt es: *Kriege sind von denen, die sie machen, Verbrechen! Aber Krieg ist nicht Krieg, Vater, und du hast uns gelehrt, allen Dingen des Lebens in Ruhe ins Gesicht zu sehen!* Eine *notwendige historische Revision* nannte der Autor diese Veränderungen. Zurück in das Jahr 1936, hin zu einem Roman, der an Wirkung und Reichweite alles andere beiseite fegen wird.

Es war ein entscheidender Augenblick im Leben Ehm Welks, als er die vielen engbeschriebenen Zettel hervorholte, um sie zu ordnen, auf daß mit dem ersten Kapitel des Romans „Die Heiden von Kummerow" begonnen werden konnte. Lange bevor die erste Zeile geschrieben wurde, hatte der Erzähler die Geschichte der Heiden abrufbereit in seinem Kopf. 1936 nun drängte ihn die Zeit. Sie und Welks in Familie und Kindheit geprägtes Wertsystem humanitär-christlicher Observanz ließen jetzt den Autor zur Feder greifen.

Es ist nicht zu sagen, ob sich Ehm Welk beim Beginn der Niederschrift seiner ersten großen Prosa bewußt war, welche herausragende Bedeutung „Die Heiden von Kummerow" in seinem Gesamtwerk einmal einnehmen würden. Indizien gibt es eher für das Gegenteil: das unbefangene Herangehen an den Stoff, die relativ kurze Schreibdauer. Was freilich zunächst als eine mit Farbe und Ironie erzählte Familiengeschichte erscheint, erweist sich als ein Episoden-Roman, in dem, von der autobiographischen Basis ausgehend, Geschichtliches und Zeitgeschichtliches sich verschränken, in dem nicht nur Geschichte belletristisch resümiert, sondern auch unkonventionell und auf sehr heitere Weise befragt wird. Kaum etwas haben die Welk-Freunde so beharrlich herauszufinden versucht, wie das Verhältnis zwischen dem Verfasser und Martin Grambauer, wer Johannes Bärensprung wirklich war und was aus ihm geworden ist, ob Pastors Ulrike Ehm Welks Frau wurde und ob Krischan Klammbüdel wieder nach Kummerow zurückkehrte. Der Autor, selbst befragt, gab zumeist ziemlich unromantische Auskünfte. *Sehen Sie,* schrieb Welk im November 1957, *solche Geschichten und Menschen kann man nicht gut erfinden, die muß man erlebt haben, und mit den Menschen muß man sich gefreut und geärgert haben, sonst würden sie nicht echt.* Und 1952: *Ja, Sie haben recht mit ihren Vermutungen, die ja auch schon bei Ihnen Gewißheit waren: daß ich das Material zu meinen Kummerow-Büchern aus Biesenbrow und den umliegenden Dörfern genommen habe. Dichtung und Wahrheit gehen hier ineinander. Ereignisse aus anderen Dörfern, auch aus solchen im Spreewald, habe ich mit eigenen Erlebnissen und Erzählungen meines Vaters verknüpft. Kummerow, in dem meine Bücher spielen, ist nicht nur in der Uckermark und in Pommern zu finden, sondern in manchen anderen Gegenden Norddeutschlands. Und Grambauer – nun, da hat meine Erinnerung an die Familie Grambauer den Anlaß gegeben, denn da Gottlieb Grambauer und Martin Grambauer Vater und Sohn Welk sind, wurde bei der Auswahl eines anderen Namens für sie ein dem Autor sympathischer Name aus seiner Jugendzeit genommen, und das war eben der Name Grambauer.*

Dichtung und Wahrheit fließen ineinander. Und hier muß nun auf die erste Lebensstation Welks zurückverwiesen werden, denn in jenem Kapitel wurde über vieles gesprochen, was direkt oder indirekt Eingang in dieses Buch gefunden hat. Auch gegenüber einem Literaturhistoriker bekannte Welk am 24. Juli 1957, er habe seine Kummerow-Figuren nur aus dem wirklichen Leben genommen. Als *Exponenten einer typischen Klassensituation* seien sie nicht konzipiert. Welk: *Ich bekenne mich schuldig, des öfteren so eins mit dem Leben und der gesellschaftlichen Entwicklung zu sein, daß ich ohne agitatorische Absichtlichkeit das Richtige und Wirksame fühle und erfasse und zu sagen vermag. Schrecklich unmethodisch, ich weiß es. Aber mein Johannes (zum Beispiel) hatte sich nun mal so entwickelt, und da das in jenen Lebensjahren von uns beiden geschah, in denen ich noch nichts von Don Quichote und Sancho Pansa, Till Eulenspiegel und Lamme Goodzack und vom punctus contra punctum wußte, mochte ich später, als ich darum wußte, meinen Johannes nicht literarischen oder politischen Bedürfnissen anpassen.* Es ist ehrenwert, daß Welk nachträglich, unter anderen gesellschaftlichen Bedingungen, nicht versuchte, „Die Heiden von Kummerow" zu einem absichtsvoll als gesellschaftskritisch angelegten Werk zu stilisieren, obgleich in diesem Buch Konkretes über die gesellschaftlichen Verhältnisse in einem Dorf um die Jahrhundertwende zu erfahren ist.

Welks bemerkenswerter Prosaerstling erzählt in 22 Kapiteln, was sich in einem halben Jahre, von Palmarum bis Michaelis, also vom Sonntag vor Ostern bis September, an hellen und düsteren Ereignissen, an menschlichen Handlungen der Liebe und des guten Willens, der Schwäche und der Böswilligkeit in Kummerow im Bruch hinterm Berge zuträgt. *Ein alter, von Büchern gestützter Glaube will wissen, das irdische Paradies habe in Vorpommern gelegen; dem Schulzen Christian Wendland sagte sogar eine innere Stimme, es könne nur bei Kummerow im Bruch hinterm Berge gelegen haben. Der Erzähler, auch ein Kummerower, hat beim Nachforschen zwar nicht die Wiege der Menschen gefunden, aber, wie er glaubt, ein Stückchen vom Schaukelfuß dieser Wiege.*

Der Schlüssel zum Verständnis des Menschen Welk liegt in den Erfahrungen seiner Kindheit und in den Menschen und Dingen, die sie begleitet haben. Herkunft und Landschaft hatten ihn fürs Leben geprägt und waren unvergeßlich: Kummerow war als literarischer Stoff seit mehr als dreißig Jahren präsent. Nun, da er sich in den Spreewald zurückgezogen hatte, kehrte er – auch in der Phantasie – dahin zurück, von wo er seinen Weg durch die Welt genommen hatte. Daraus wurde ein heiter-nachdenkliches Wiedersehen mit einer Epoche, die scheinbar weit zurücklag. Aber lagen die sozialen

Ungerechtigkeiten und Kabalen des Wilhelminischen Obrigkeitsstaates wirklich so weit zurück? Viele von denen, die damals „Die Heiden von Kummerow“ lasen, werden erstaunliche Ähnlichkeiten mit der Gegenwart entdeckt haben. Sie spürten, wenn auch vielleicht nur dunkel und unbewußt, die Haltung dieses Buches, die antinazistisch ist, im Grunde also das genaue Gegenteil von jenen Romanen, die eine dumpfe Blut-und-Boden-Ideologie verherrlichten.

Trotz des Humors und trotz aller komischen Episoden ist Welks Thema in den „Kummerows“ ernst: Kinder träumen von einer gerechten Welt, in der die Menschen herzensgut sind und Ehrfurcht haben vor allem, was lebt und wächst. In ihrem phantasiereichen Leben liegt das paradiesische Orplid direkt vor der Haustür: Kummerow ist sein Name. Doch irgendeinmal beginnt den Kindern die harte Erkenntnis zu dämmern, daß es einen Widerspruch zwischen Traum und Wirklichkeit, zwischen der Forderung nach mehr Menschlichkeit und Gerechtigkeit und dem tatsächlichen menschlichen Tun in ihrer (bürgerlich-kapitalistischen) Welt gibt: An der Schwelle des Übergangs vom Kindes- zum Jünglingsalter versuchen die Kummerower zwar der egoistischen und ungerechten Welt zu entkommen. Doch vergeblich, der Vorhang schließt sich, und das Stück, das da Kindheitstraum heißt, ist zu Ende. Ehm Welk schilderte keine „heile“, romantisierte, angestaubte Kinderwelt. In das „Paradies“, das fraglos in seiner Schönheit vor den Lesern aufgebaut wird, treten alle jene Probleme ein, die die bürgerliche Gesellschaft als unlösbare Widersprüche mit sich trägt. Das wird besonders deutlich an der Figur des Johannes Bärensprung. *Welch ein Lebensfremdling oder Pharisäer muß der sein, der sich verwundert oder gar entrüstet, wenn da einer, den das Leben schon bei der Geburt sozusagen auf die allerbescheidendste Seite des Daseins gelegt hat, versucht, durch Listen und Mogeleien nicht nur zu verhindern, daß zuviel Stücke aus seinem Fell geschnitten werden, wenn er sogar bestrebt ist, mit Hilfe solcher Listen und Mogeleien möglichst viele Stücke aus der Haut der anderen zu schnippeln!*

Was hier über Martin Grambauers Armenhaus-Freund

und Altersgenossen Johannes, Nachtwächter Bärensprungs Enkel, gesagt wird, verdeutlicht Welks Anliegen. Seine indirekte Kritik richtete sich gegen den antidemokratischen Charakter des Wilhelminischen wie des faschistischen Systems. Welks diesbezügliche Darstellung war unter den Herrschaftsbedingungen des deutschen Faschismus doch beinahe so etwas wie ein Aufruf zum Ungehorsam gegenüber einer Ordnung, in der *die Großen,* wie es in den „Heiden" heißt, *mit den Kleinen machen konnten, was sie wollten.* In den „Kumerows" finden wir nirgendwo die „heile Kinderwelt", das „sonnige Kinderland", keine entsozialisierten Geschichten im Dämmerzustand kleinlicher, spießbürgerlicher Enge. Wir finden aber auch keine aggressive Polarisierung von arm und reich, keine simplen Klischees über das Oben und Unten. Es agieren Kinder und Erwachsene, die nicht vollkommen gut sind, sie leben in einer Welt, die nicht vollkommen schlecht ist. Sie sind gut und böse, egoistisch und brüderlich. Pharisäische Verallgemeinerungen ließ der Autor nicht zu: Recht bleibt Recht, und eine Untat bleibt eine Untat. Aber auch wer das Gute will, kann durch Fanatismus, Großmannssucht und Hoffart das Unrechte tun.

Es gehörten schon Mut und Charakter dazu, sich so „undeutsch" – um im Faschisten-Jargon zu sprechen – zu verhalten und für Güte, unverfälschte Heimatliebe und Liebe zu den Menschen zu plädieren, als der deutsche Faschismus dem Höhepunkt seiner Macht sehr nahe war, als persönlich *Ungemach, Niedertracht und Sorge* dem Erzähler Gegenwart und Zukunft verstellen wollten. Das sollte vermerkt werden, selbst wenn, von einer höheren Erkenntniswarte aus, die von Welk geforderten menschlichen Eigenschaften abstrakt bleiben und er in der Gesamtdarstellung der Beziehungen auch nicht die Höhe der großen Realisten des 19. Jahrhunderts – Raabe, Reuter, Fontane – erreicht, auf die er – gewiß nicht ohne Legitimation – gern verwies. Denn eine enge Verwandtschaft zu den niederdeutschen Erzählern ist aus seinen Büchern herauslesbar, besonders prägende Einflüsse gingen von Theodor Fontane aus, dessen Werk Ehm Welk ungewöhnlich gut kannte: Auch die „Kummerows" durchzieht ein

Lachen, worin noch ein Schmerz und eine Größe ist. Dabei besteht der Vorzug von Welks Darstellungskunst darin, daß die Vorgänge weitgehend aus der Sicht der Kinder dargestellt werden. Damit sicherte sich der Autor jene Naivität des Blickpunktes, die eine spontane Kritik an den Mißständen des Obrigkeitsstaates glaubhaft machte, und er konnte zugleich einer damals nicht möglichen weltanschaulich tiefer lotenden Gestaltung der Konflikte aus dem Wege gehen, ohne die geschichtliche Wahrheit zu verletzen. Cesare Paveses Tagebuch der Jahre 1935–50, deutsch 1952 unter dem Titel „Das Handwerk des Lebens“ erschienen, nennt am 12. Februar 1942 andere Gründe. Pavese schreibt: „Die moderne Kunst ist – soweit sie Wert hat – eine Rückkehr zur Kindheit. Ihr ewiges Motiv ist die Entdeckung der Dinge, eine Entdeckung, die in ihrer reinsten Form, nur in der Erinnerung der Kindheit geschehen kann.“

Diese Notiz darf, nach allem was wir wissen, auch für die Welksche Position gelten. Die Geschichte von der Austreibung des Hirten Krischan Klammbüdel ist in solchem Zusammenhang eine der gewichtigen Episoden des Romans: Als der wegen seines Geizes und seiner Bosheit verhaßte Müller Düker aus Prahlsucht sein Pferd zu Tode prügelt, stellt sich ihm der Kuhhirte, der Ärmste der Armen, unterstützt von Martin Grambauer und Johannes Bärensprung, entgegen. Im letzten Augenblick verhindert das Eingreifen der Erwachsenen, daß Krischan und die Kinder zu Tode kommen. Der Krieg, den nun die Kinder gegen den Müller führen, hat *seinesgleichen nicht in der Geschichte von Pommern bis Afrika ... Weil er sich an der Ungerechtigkeit irdischer Dinge entzündet hat, und nicht um das Erringen weltlicher Vorteile, sondern aus Haß und Verachtung gegen das Böse geht.* Krischan Klammbüdel, den Ehm Welk diese Worte sagen läßt, hat ohne Papiere der Gemeinde Kummerow fast ein Vierteljahrhundert im Sommer gedient, ohne daß jemand wußte, wo und wovon er im langen Winter lebte. Der Müller klagt nun gegen die Gemeinde wegen Amtsverletzung, er oder der Kuhhirte, heißt seine ultimative Forderung. Der Hirte wird von den Erwachsenen ausgewiesen, und auch der Protest der Kinder bleibt ohne Wirkung. Welk zieht das Fazit: *Mit einem Auge voll Wohlgefallen und einem voll Besorgnis blickten die Großen von Kummerow auf diesen Krieg, die Eltern, der Kantor und der Pastor. Unterdessen arbeitete auch die Maschine der irdischen Gerechtigkeit, oder doch das, was die ganz Großen der Erde, die noch über Eltern, Lehrern und Dorfpfarrern standen, dafür hielten. Die Justizmaschine zerquetschte sieben Strafanzeigen und ein paar Gesetzbücher und versuchte, daraus ein paar Tropfen jenes unvergänglichen Saftes zu pressen, der außer dem Blut das Wertvollste ist im menschlichen Leibe: das Recht. Es kam wenig dabei heraus. Eigentlich gar nichts. Dafür aber kam Krischan Klammbüdel hinein in die furchtbare Maschine. Sie fraß ihn, der es bis zuletzt nicht glauben wollte, mit Haut und Haaren, und die meisten der Kummerower Großen erwischte sie auch beim Schlafittchen und riß ihnen die Kleider vom Leibe, dem Pastor, dem Kantor, dem Schulzen und vielen Eltern. Und denen sie die Kleider nicht abriß, die warfen sie ihr entgegen und standen dann da vor den Augen der Kinder, nackt und bloß, erkennbar in Eigennutz und Feigheit, ledig vielleicht eines armen Sünders, doch nicht der Sünde. Der größten Sünden eine hatten sie auf sich genommen, die da ist die Verleugnung des warmen Menschenherzens vor der kalten Fratze der Staatsgewalt.*

Gottlieb Grambauer und Kantor Kannegießer sind zwei der schönsten Figuren Welkscher Prägung. Der einfache, weise und gütige Gottlieb Grambauer zeigt in allen Situationen, in die er gestellt ist, Lebensvertrauen, Humor, Widerspruchsgeist und, wo nötig, die Fähigkeit zum Relativieren, stets aber Sinn für soziale Gerechtigkeit. In mancher Hinsicht gleicht Gottlieb Grambauer seinem Schöpfer.

Liebevoll wird der Lehrer der Kummerower Jungen und Mädchen gezeichnet. *Wäre Kantor Kannegießer nicht ein simpler Dorfschullehrer, sondern ein Philosoph des deutschen Idealismus, ein Lesebuch-Dichter oder auch nur ein Schulinspektor gewesen, so hätte der Kummerower Nachwuchs, anstatt ihn mit Heidengeschichten zwischen Gut und*

Böse hindurchzuführen, bewiesen, daß der Mensch durch freudige Anerkennung der Notwendigkeit eines elenden Lebens im Diesseits als Voraussetzung eines Schlaraffenlebens im Jenseits viel leichter und sicherer in den Ruf eines anständigen Menschen kommt als durch Fleiß und Rechtschaffenheit. Mit dieser Figur setzte Welk seinem Biesenbrower Lehrer ein Denkmal. Der aufgeklärte Kannegießer ist zudem eine Gestalt, an der – mit deutlicher Anspielung – gesellschaftliche Wandlungen, wie sie sich seit den siebziger Jahren des vorigen Jahrhunderts vollzogen haben, sichtbar werden. Die Organisierung und Politisierung der Arbeiterklasse im Gefolge der Industrialisierung setzte tiefe Einschnitte und trug dazu bei, daß auch andere ausgebeutete Schichten ein größeres Selbstbewußtsein gewannen.

So wie Welk den Biesenbrower Pädagogen Böttcher für seinen Kannegießer abkonterfeite, so stand der promovierte Kirchenmann Friedrich Klappenbach für den Kummerower Pastor Breithaupt Modell. Obwohl Ehm Welk kein Kirchgänger war und obwohl das Buch das „Heidnische" zentral thematisiert, versagte er diesem eigenwilligen Gottesstreiter, der sich am besten hinter dem Pflug ausnimmt, bei aller Ironie nicht die poetische Gerechtigkeit. Andererseits verfällt ein heuchlerischer Christ wie Rodewand einer satirischen Ablehnung. Die Geschichte von diesem Wanderprediger liest sich wie eine Parabel über den falschen Führer.

Welks ursprünglicher Plan, einen breitgefächerten Erziehungsroman zu schreiben, in dessen Zentrum die Entwicklung Martin Grambauers stehen sollte, wurde nicht verwirklicht. Im Nachwort der Erstausgabe der „Heiden von Kummerow" lesen wir: *Denn so verschieden später die Richtungen der beiden Jungens gingen und der Zustand ihrer Lebensstraßen war, sie rundeten sich über Länder und Meere zu Kreisen, und als der eine müde war, den Gerechten zu suchen, und der andere müde war, den Ungerechten zu finden, berührten sich ihre Wege wieder und überschnitten sich wunderlich dort, wo sie zart auseinandergestrebt hatten: in Kummerow im Bruch hinterm Berge. Vielleicht, daß das alles erzählt werden kann zu seiner Zeit.* Einiges wurde weitererzählt. Fünf Jahre später, als der zweite Weltkrieg in sein viertes Jahr ging, erschienen, nachdem andere Bücher Welks veröffentlicht waren, „Die Gerechten von Kummerow“. Auch das Nachwort zu diesem Buch läßt an eine weitere Fortführung denken. *Für Martin Grambauer und Johannes Bärensprung war die Welt riesengroß und voll bunter Wunder, und es machte weder für sie noch für einen strengen und einen sanften Herrgott etwas aus, daß ihre Augen verschieden sahen, ihre Herzen verschieden fühlten und ihre Hände unterschiedlich handelten. Die Menschen sind nun einmal so beschaffen, und es kann einer oft schwach werden und braucht doch kein Schwächling zu sein! Als sie sich wiedersahen, waren sie junge Männer, und ein Weltmeer lag zwischen ihnen und der Heimat. Die aber durchschimmerte die Ozeane, das Gewimmel ferner Hafenstädte und war stark genug, ein Leitseil zu bleiben, das sie in Fährnissen mannhaft hielt und ihre Sehnsucht, wenn auch auf verschiedenen Wegen, zurückführte nach Kummerow im Bruch hinterm Berge. Da waren sie ergraute Männer, ihre Heimat hatte sich sehr verändert, und es gab keine Grafen Runkelfritz mehr. Es kann vielleicht auch das erzählt werden, wenn die Zeit gekommen ist.* Vierzehn Jahre später dann erweist sich diese Mutmaßung als Illusion: *Es sollte dabei bleiben,* schreibt Ehm Welk am 30. März 1957, *daß auf „Die Gerechten von Kummerow“ ein dritter Band zu folgen hatte, der die Heimkehr von Martin und Johannes nach Kummerow schildert. Ja, in den Jahren des zweiten Weltkrieges beschäftigte ich mich sogar mit dem Plan, vor der Geschichte dieser Heimkehr der beiden nach Kummerow in einem besonderen Band „Martin und Johannes“ die Jugendjahre der beiden zu schildern: in Deutschland, in Europa, in Übersee. Aber wie das so mit dem Plan und dem Vollbringen ist, es mußte vertagt werden. Und damit Sie sehen, was so ein Schriftsteller alles im Kopf haben kann, wenn er es nicht zu Papier bringen muß: ein fünfter Band „Heimkehr nach Kummerow“ sollte das neue Leben im Dorfe schildern. Nun, geschrieben wird auf jeden Fall noch die „Heimkehr nach Kummerow“. Wann? Das wissen die Götter.* Weder ein dritter noch ein vierter oder gar ein fünfter Band wurde geschrieben, dafür gab es 1952 ein Wiedersehen mit dem Traumland der Kindheit: „Mein Land, das ferne leuchtet". Ein letztes Mal bezog sich Ehm Welk in „Erinnerung und Betrachtung" auf Kummerow, das nun in der gesellschaftlichen Realität nicht mehr im Bruch hinterm Berge lag. Die erzählte Begegnung mit den Schulkindern von Kummerow, die in *ihren Gesichtern die gleiche Neugier auf den Weg ins Leben trugen, die ihre Vorgänger vor sechzig Jahren getragen hatten,* fand zu dieser Zeit nicht statt, sie existierte nur in der Vorstellung des inzwischen berühmten Autors. Erst 1953 besuchte Ehm Welk das erste Mal wieder Biesenbrow.

Die Darstellung des Zusammenhangs zwischen dem Leben des Autors und seinem Schaffen veranlaßt uns, zeitlich vorauszugreifen, und wir wenden uns den „Gerechten von Kummerow" zu.

Ehm Welks Roman „Die Gerechten von Kummerow" erschien im Sommer des Jahres 1943. Er beendet den Kummerow-Zyklus. Die Leser dieses Buches mögen im voraus wissen, erläutert das Vorwort, *daß die Gerechten von Kummerow keine Gegenfüßler der Heiden von Kummerow sind, die der Verfasser vor fünf Jahren aus der Stille ihres vorpommerschen Dorfes im Bruch hinterm Berge nahm und in das heitere Licht seiner Erinnerungen stellte. Es ist aber auch nicht so, daß die Menschen in diesem Buche nun die gleichen sind, die sie in jenem waren, durchaus nicht. Sie hatten versucht, die Großen und die Kleinen, gegen den ihnen aus Mißgunst der Nachbarn seit Generationen aufgebürdeten Namen der „Heiden" von Kummerow durch Taten, die nach landläufigem Begriff gut sind, den selbstgefälligen Namen der „Gerechten" von Kummerow einzutauschen. Daß ihnen dies nicht gelang, liegt an der Unzulänglichkeit ihres Wissens von den Kräften, welche die Verhältnisse an uns üben. Was ist das auch schon: ein Heide? Was das: ein Gerechter? Kantor Kannegießer, der ein gerechter Heide ist, könnte die beiden Fragen mit einer Antwort erledigen, die er, Pastor Breithaupt zum Ärger, aus der Bibel nähme: „Ich sage euch, so ihr nicht werdet wie die Kinder, ihr werdet nicht in das Himmelreich kommen!" Kann aber ein Kind, und es braucht gar nicht aus Kummerow zu stammen, gerecht sein? Können Erwachsene auf Erden gerecht sein, wenn sie die Zustände auf Erden als vom Himmel gewollt ansehen? Nun also!*

Tatsächlich sind die „Gerechten" gegenüber den „Heiden" reifer und klüger geworden. Die Helden von ehedem sind geblieben, doch was der Autor von ihnen erzählt, hat mehr tragische denn komische Akzente. Die Proportionen haben sich verschoben, die Optik ist eine andere, der Ton verhaltener als in den „Heiden von Kummerow". Die heitere Gelassenheit ist einer strengeren Beurteilung gewichen, was nicht zuletzt auf die bedrohliche Situation der Kriegsjahre, während derer das Buch entstand, zurückzuführen ist. In 25 Kapiteln berichtete Welk, was sich im Herbst und im Winter und Frühling ereignete, nachdem der alte Kuhhirte Krischan Klammbüdel zu Michaelis aus Kummerow verjagt worden war, was sich an *Handlungen der Heuchelei und des Bekennens, des himmelnden Zauderns und des erdhaften Zufassens, des düsteren Schreckens und des fröhlichen Gelächters ereignete.* Mit diesen Worten nehmen wir Abschied von Orplid. Es ist ein etwas melancholischer Abschied. Das Tor zum Paradies wird geschlossen. Welk fand dafür noch einmal ein schönes Bild: *Tiefer sank das breite Urstromtal zurück, wurde undeutlicher und löste sich endlich in einen undurchsichtigen Schleier auf. Dann schoben sich die Hügel rechts und links immer mehr gegen den Weg, und mit einemmal lag Kummerow im Bruch hinterm Berge.*

Für Martin Grambauer und Johannes Bärensprung öffneten sich nach dem Willen ihres literarischen Schöpfers die Tore der Welt, nachdem sich die Pforten des Paradieses geschlossen hatten. Wohl wissen wir nun, woher beide kamen, nicht aber, wohin sie gehen werden. Anfang und Ende dieses neuen Lebens in einer Welt, die *größer und schöner ist als das Paradies,* wurden ja niemals erzählt.

Doch es gibt kein Ende: *Das Ende eines Buches umschließt nicht immer das Ende der Menschen, die in einem Buch handelten oder litten. Wie erst könnte das sein, wenn diese Menschen jung sind wie Martin und Johannes. Die beiden gingen auch, gleichsam auf der Straße der letzten Teile, weiter und nahmen ihren Weg über die weiße Fläche des letzten Blattes, die vor ihren jungen Füßen lag und ihren Augen grenzenlos schien wie das Leben ... Weil sie aber jeder ein anderes trugen in ihrem Fühlen und Wollen, mußte auch so der Tag kommen, der die Freunde auseinanderzwang. Kein noch so fester Bucheinband konnte die Herzen auf die Dauer zusammenhalten. Freilich bekümmerte sie das nicht in den Tagen der Knabenschicksale, zwischen die der Verfasser das Wort ENDE stellte. Was ist das? würde Pastor Breithaupt fragen und auf eine Antwort warten, welche an das diesseitige Leben ein jenseitiges bindet. Kantor Kannegießer aber vermochte wohl zu sagen, daß er das Ende verschlungen sehe im Anfang, die Frucht in der Blüte, das Alter in der Jugend. Da könnte Martin Grambauer wohl nur eine liegende Acht malen, wie sie als Zeichen gilt für das Unendliche.*

Damit endet der Kummerow-Zyklus, an dessen Anfang der bibelfeste Vater Grambauer gesagt hatte: *Unser Leben währet siebenzig Jahre, und wenn es hoch kommt, so sind es achtzig Jahre, und wenn es köstlich gewesen ist, so ist es Mühe und Arbeit gewesen ... Siehe, es ist hoch gekommen, denn heute, da ich mit Gottes Gnade dieses Blatt beschreibe, bin ich neunzig Jahre alt.* Als Ehm Welks Vater neunzig Jahre alt wurde, am 13. Mai 1937, erschienen zunächst einmal „Die Heiden von Kummerow". Der Sohn, nun dreiundfünfzig, war stolz, dem Vater seinen Prosaerstling auf den Geburtstagstisch legen zu können: Vom Journalisten Thomas Trimm durfte von nun an im Perfekt gesprochen werden. Man hatte guten Grund zum Feiern. Verständlicherweise wurden nur ein paar verläßliche Freunde in Moshakes berühmtes „Gasthaus zum grünen Strand der Spree" eingeladen. Aus Berlin nach Lübbenau kamen Bruno H. Bürgel, Wilhelm Schmidtsdorff und der Zeichner Hermann Wilke. Aus Biesenbrow die engsten Verwandten. Ehm Welk und seine Freunde haben diesem Tag, über den eigentlichen Anlaß hinaus, große Bedeutung beigemessen. Gewiß trafen sich in Vater Welks Geburtstagsrunde keine Verschwörer zu konspirativem Tun. Aber jeder von ihnen stand dem Regime ablehnend gegenüber. Möglicherweise fühlte Ehm Welk doch so etwas wie ein persönliches Versagen. Den neunzigjährigen Vater an seiner Seite, verpflichtete er sich jedenfalls, wie Agathe Welk im Januar 1965 an den in Rom lebenden Antifaschisten Armin T. Wegner schrieb, „nach Beendigung dieser furchtbaren Zeit ohne Rücksicht auf eigenes Vorankommen dafür zu arbeiten, daß wieder ein besseres Deutschland werde“. Er wird dieses Versprechen getreulich erfüllen.

Ein Jahr später erschien „Die Lebensuhr des Gottlieb Grambauer“. Vermutlich hat Ehm Welks Liebe zu seinem Vater dabei ein wenig „Regie“ geführt. Gottfried Welk, der sich einige Monate nach dem Geburtstag einen Schenkelhals gebrochen hatte, konnte „sein“ Buch noch in die Hand nehmen. Kurz danach, am 5. Dezember 1938, starb er im zweiundneunzigsten Lebensjahr einen friedlichen Tod.

Hier gilt es nun einen Blick auf die Umstände zu werfen, unter denen Ehm Welk seine Bücher damals schrieb, wobei es nicht darum geht, den Faschismus und seine Terrormethoden zu analysieren. Es soll wiederholt werden, daß Welk, der sich als Einzelgänger verstand, bei aller Ablehnung des Nazismus und seiner Vollstrecker offenbar keinen Kontakt zu Widerstandsgruppen im „Reich“ hatte, und es ist zweifelhaft, ob er überhaupt Kenntnis von den vielfachen Aktivitäten deutscher Antifaschisten in der Emigration hatte. Nach eigenen Aussagen gab es für ihn in jenen Jahren *so gut wie gar keine Beziehungen* zur Außenwelt. *Ganz gelegentlich erhielt ich,* schrieb Welk 1965 an Armin T. Wegner, *ein anonymes antifaschistisches Blättchen, das, wie wir später erfuhren von Adam Kuckhoff stammte.* Welk und Wegner hatten sich Ende 1933 bei einer Lesung im Hause von Adam Kuckhoff kennengelernt. Welks Besuch bei den Kuckhoffs blieb jedoch politisch folgenlos.

Andererseits meinte es Welk mit seinem Rückzug aufs Land auch insofern ernst, als er offizielle Verlautbarungen insbesondere zu kulturpolitischen Fragen ebenso ignorierte wie die staatlicherseits geförderte Literatur. Deshalb sind seine Bücher (mit Ausnahme des „Hohen Befehls", über den noch zu sprechen sein wird) auch nicht als bewußte oder gar programmatische Gegenentwürfe zur Blut-und-Boden-Literatur zu betrachten. Wenn sie es ihrem Wesen nach trotzdem sind, so ist dies eben der Tatsache zuzuschreiben, daß ihr Autor unbeirrbar an seinen Idealen festhielt und mit Charakterstärke und Mut unbefangen den von ihm gewählten Lebensabschnitt beschrieb.

Wenn auch in erster Linie Bücher, die eine eindeutige profaschistische Tendenz trugen, verbreitet wurden, so wurden doch auch, wie schon erwähnt, Bücher in hoher Auflage veröffentlicht, die als nicht-nazistisch zu betrachten sind. Das konnte auch deshalb geschehen, weil die Bedürfnisse breiter Leserschichten von der offiziell geförderten Literatur nicht gedeckt wurden und die privatkapitalistisch betriebenen Verlage auf Profit angewiesen waren. Es fällt uns Heutigen schwer, dies alles nachzuvollziehen.

Von den „Heiden von Kummerow" verkaufte der „Deutsche Verlag" zwischen 1937 und 1944 739 500 Exemplare, von der „Lebensuhr des Gottlieb Grambauer" im gleichen Zeitraum 130 000 Exemplare; „Der deutsche Wald" erschien bis 1945 in 25 000, „Der hohe Befehl" in 75 000, „Die wundersame Freundschaft" in 12 000, „Die Fanfare im Pariser Einzugsmarsch" in 22 000, „Die stillen Gefährten" in 62 000 und „Die Gerechten von Kummerow" in 130 000 Exemplaren. Ehm Welk war mithin schon damals ein Auflagenmillionär und ein gutbetuchter Autor. Seine Bücher erschienen sogar in Schweden, Holland und Italien. Seltsam zwielichtig erscheinen uns heute diese Verkaufserfolge. Irren wir uns? Es scheint so.

Alfred Durus hatte bereits 1932 im Zentralorgan der KPD die Schwankungen einer obskur-schizophrenen faschistischen „Kulturpolitik" vorausgesagt: „Die Nazis täuschen von Fall zu Fall zwar Sympathien für Künstler ... vor. Dies ist jedoch nur eine demagogische Schaumschlägerei ..., typisch für die Haltlosigkeit ... einer kunstfeindlichen Kunstpolitik." So gesehen und aus den oben angeführten Gründen sagen die hohen Auflagen nichts über die Sympathien der faschistischen Gewalthaber für Welk aus. Man kann sicher sein, daß sie ihm seinen Protest im Jahre 1934 nicht vergessen hatten. Auch wenn Welk zu einem erfolgreichen, ja, wie man sagen kann, populären Autor wurde, so darf nicht vergessen werden, daß er kein vom faschistischen Staat geförderter Autor war. Welks Bücher wurden niemandem verordnet, sie waren weder Pflichtliteratur an Schulen oder anderen Ausbildungsstätten, noch fanden sie Eingang in die auflagenstarken Buchgemeinschaften. Dies gilt es nachdrücklich festzustellen, um nicht Interpretationen und Mißdeutungen aller Art Tür und Tor zu öffnen.

Dabei ist es eine Tatsache, daß in diesen Jahren gerade solche Menschen nach Welks Büchern griffen, die dem Nazismus ablehnend oder feindlich gegenüberstanden, weil Welk zu den damals raren Autoren zählte, die weder offen noch verhüllt faschistische Propaganda trieben noch jenen Kitsch produzierten, den der Faschismus zur Verdummung und Manipulation der Massen förderte oder nur allzugern duldete. Der Antifaschist Hermann Glander schreibt am 24. August 1974 an den Biographen: „In den letzten Zuchthausjahren kam ich in die Bibliothek. Wir waren zwei Politische unter den vielen, die für Gefangene Bücher auswählten und deren Wünsche erfüllten. Ehm Welks ‚Kummerower' waren damals Literatur für ‚Illegale'. Sie richteten den auf, der bedrückt war, gaben ihm Mut, wenn er verzweifeln wollte, und lehrten ihn, die Heiterkeit zu gewinnen, die Menschen auszeichnen sollte, die eine neue Ordnung erstrebten."

Immerhin mag man annehmen, daß die Nazis einen zurückgezogen lebenden, populären Autor in Ruhe gewähren ließen. Das war jedoch mitnichten der Fall. Und es macht dem Verfasser der „Heiden von Kummerow" alle Ehre, wenn die Lübbenauer Ortsleitung der NSDAP den ins öffentliche Gespräch Gekommenen wieder stärker kontrollierte. Tat sie dies aus eigenem Antrieb? Kaum. Vielleicht hatten die fleißigen Spitzel des faschistischen Regimes herausbekommen, daß Ehm Welk seiner in Braunschweig lebenden geschiedenen halbjüdischen Frau regelmäßig Geld überwies und daß er sie häufig einlud. Dabei ist nicht auszuschließen, daß Ehm

Welk, um seine frühere Frau Käthe zu schützen, den Nationalsozialisten kleine Konzessionen gemacht hat: Nach der „Kristallnacht" im Jahre 1938 las er einige Male in öffentlichen Veranstaltungen, auch vor der „Hitlerjugend" und während des Krieges in Lazaretten.

In den Tagen, als Hitlers Truppen Polen überfielen, erhielt Welk einen Brief eines ihm bis dahin unbekannten Mannes namens Popp, der ehedem Kunsthändler gewesen war und nun als Landeskulturverwalter und Leiter des Reichspropagandaamtes beim Gauleiter der NSDAP für Pommern fungierte. Wir sind über diesen Vorgang und das, was sich anschloß, nur indirekt unterrichtet. Denn Popp, um Entlastungszeugnisse für das gegen ihn nach 1945 in Gang gesetzte Entnazifizierungsverfahren bemüht, schreibt am 14. Dezember 1947 nach Coburg an Marga Kaemmerer, Mutter des damals ebenfalls von Goebbels entlassenen Leiters des Reclam-Verlages: „Durch Zufall kam ich in den Besitz (des) Romans ‚Die Heiden von Kummerow' ... Ich war begeistert. Kaufte mir alle erreichbaren Bücher, ... und setzte mich mit Ehm Welk brieflich in Verbindung, der in Lübbenau/Spreewald seinen Wohnsitz hatte. Ich lud ihn nach Pommern ein. Ehm Welk besuchte mich und war bereit, mein Anerbieten, nach Pommern überzusiedeln, dann anzunehmen, wenn ich ihm einen Landsitz mit vier Morgen Gartenland beschaffen würde. Dies gelang mir. W. hat wiederholt Versuche unternommen, im Reichsministerium (für „Volksaufklärung und Propaganda") die Aufhebung der gegen ihn getroffenen Maßnahmen zu erwirken. Es war deshalb vergeblich, weil (alle) nicht den Mut fanden, die Angelegenheit dem Minister vorzutragen, wohl aus Furcht, beim beleidigten Minister deshalb in Ungnade zu fallen. Ich schrieb daher einen persönlichen Brief ..., bekannte, daß ich (Welk) auf das höchste verehre ... Daraufhin wurden die Maßnahmen gegen Ehm Welk sofort aufgehoben. Ehm Welk wurde *kein* Nationalsozialist. Er übte auch fernerhin scharfe Kritik gegenüber beobachteten Mißständen und hatte daher einen schweren Stand im Orts- und Kreisgebiet. Ich mußte ihn wiederholt schützen, denn sein kosmopolitisches Denken drängte immer wieder ..."

Welk seinerseits schreibt an Marga Kaemmerer am 10. Dezember 1948: *Dies ist nun der Zwiespalt meiner Gefühle: Ich bin nach allem, was ich in den zwölf Jahren des Hitler-Reiches an persönlichen Demütigungen, Erniedrigungen und Entbehrungen ... erduldet habe, nicht geneigt, die Haltung ehemaliger Nazigrößen zu entschuldigen ... Ich bin kein wilder Hasser, ich wollte mich darauf beschränken, für keinen einen Finger zu rühren, auch dann nicht, wenn ihm in einzelnen Dingen ein Unrecht geschehe. (Das furchtbare Unrecht, das Millionen Unschuldigen zugefügt worden ist, unter denen auch viele mir persönlich nahestehende Menschen sich befanden, konnte eine solche vielleicht unchristliche Haltung rechtfertigen.)*

Andererseits aber kann ich auch nicht übersehen, daß es ja gerade meine Auflehnung gegen das Unrecht war, die mich in meine Lage gebracht hatte, und daß ich, soll mein Gerechtigkeitsverlangen echt sein, nun selbst auch nicht ungerecht sein darf und aussagen muß, was ist. So will ich Ihnen also auch sagen, welchen Eindruck ich von Kuno Popp gewann ... Ich muß der Wahrheit gemäß sagen, daß Popp sein Versprechen, mich vor Belästigungen zu schützen, gehalten hat, jedenfalls soweit das in seinen Kräften stand. Daß im Kriege die Beaufsichtigung durch Gestapo und SD wieder schärfer wurde, konnte er nicht verhindern. Popp hat auch versucht, mich dadurch zu schützen, daß er mir vorschlug, in die Partei einzutreten, er würde meine Aufnahme durchsetzen auch gegen den Willen von Goebbels. Ich lehnte einen Eintritt in die NSDAP ab, worüber Popp sehr ärgerlich war, doch ließ er es mich nicht entgelten. Auch nicht, als ich nach zwei Jahren ein neues Angebot wieder ablehnte. Er hat mich sogar gegen die Denunziationen höherer Parteibeamter – eines seiner Mitarbeiter, Träger des goldenen Ehrenzeichens, und meines Kreisleiters, die mich wegen Beleidigung der Partei angezeigt hatten – geschützt ... (Popp) ist ein Musterbeleg für jenes deutsche Rätsel, über das sich deutsche und ausländische Psychologen und Juristen die

Köpfe zerbrechen: Wie ist es möglich, daß persönlich und in ihrem bürgerlichen Leben ehrliche, saubere und anständige Menschen blind und taub werden konnten in ihrem politischen Gebiet und kritik- und bedenkenlos einem Scharlatan und Verbrecher bis an die Pforten der Hölle folgen. Viele meiner politischen Freunde werden aus grundsätzlicher Haltung meine das Menschliche auch hier suchenden Feststellungen nicht billigen; mein ehemaliger Nachbar im Lager Oranienburg, Erich Mühsam, den die SS später erhängte, forderte es jedoch schon damals von uns.

Wie immer man Welks Reaktion auf den „Fall Popp" beurteilt, gewiß ist, daß er am Anfang des Krieges gute Gründe hatte, dem Drängen nachzugeben und den Schutz eines „Mäzens" zu suchen, der ihn vor Drangsalierungen abzuschirmen vermochte. Popp hat sein Versprechen gehalten: Am 1. April 1940 konnte Welk Haus und Gartenland in Neuenkirchen, einem Dorf 20 Kilometer südwestlich von Stettin, kaufen. Zwei Jahre später schrieb das „Reichsministerium für Volksaufklärung und Propaganda" (16. Januar 1942) an den „Herrn Schriftsteller Ehm Welk": „Auf Grund einer Veröffentlichung in der Nummer der Wochenzeitung ‚Die Grüne Post' am 29. April 1934 erhob ich gegen Ihre Eintragung in die Berufsliste gemäß § 8 des Schriftleitergesetzes Einspruch. Ihre Eintragung wurde daher abgelehnt. Auf Antrag des Leiters des Reichspropagandaamtes Pommern habe ich nunmehr in Ansehung Ihrer einwandfreien Haltung in den vergangenen Jahren den Einspruch zurückgenommen, so daß nach Erfüllung der Erfordernisse des § 5 des Gesetzes Ihrer Wiedereintragung nichts im Wege steht. Es wird Ihnen anheimgestellt, beim zuständigen Landesverband im Reichsverband der deutschen Presse einen entsprechenden Antrag zu stellen. Ich erwarte jedoch, daß Sie sich die gegen Sie im Jahre 1934 ergriffenen Maßnahmen als Warnung dienen lassen und daß Ihre zukünftige Tätigkeit als Schriftsteller keinen Anlaß zum Einschreiten bieten wird. Der Reichsverband der deutschen Presse hat Abschrift des vorstehenden Schreibens erhalten. In Vertretung gez. Dr. Dietrich."

Kuno Popps politische Zudringlichkeiten blieben allerdings ohne Erfolg. Es gelang ihm nicht, den von ihm „auf das höchste verehrten" Schriftsteller in die NSDAP zu pressen. Was Popps politisches Werben um Ehm Welk anging, so hatte er nur in einem Punkt Erfolg, sofern davon überhaupt gesprochen werden kann und nicht eher von einem taktischen Zugeständnis des Autors. Drei Monate, von April bis Juni 1940, beriet er die Redaktion der Zeitschrift „Das Bollwerk", die „Kultur- und Heimatpflege" für Pommern treiben wollte und etwa den bekannteren „Mecklenburgischen Monatsheften", die im Oktober 1936 von den Faschisten „gleichgeschaltet" worden waren, entsprach. Die Geste Welks wird es dem Nazi Popp leichter gemacht haben, den Beschützer zu spielen. Aber Welk widerstand allen Angeboten und Verlockungen, die Redaktion der Zeitschrift zu übernehmen. Welk ging auch nach der „offiziellen Rehabilitierung" im Jahre 1942 nicht auf das Angebot ein, sich beim „Reichsverband der deutschen Presse" eintragen zu lassen.

Am 22. Juli 1941 begann der faschistische Krieg gegen die UdSSR. Zwei Jahre zuvor waren die ersten Exemplare von „Der hohe Befehl" ausgeliefert worden. Befragt vom „Spiegel", einer Zeitschrift für „Neue Bücher des Deutschen Verlages", gab Welk im Januar 1940 auf die Frage: „Muß Humor angeboren sein oder ist er erlernbar, kann ein Mensch ihn bewußt erwerben?" die folgende Antwort: *Ich kam zu der Überzeugung, er kann es, wenn er ein energischer Mensch ist, der weiß, was Selbstdisziplin vermag; daß aber ein so erworbener Humor nur dann echt ist, wenn sein Träger sein früheres Selbst aufgegeben, ja, es zerstört hat! Dies einmal an einer Gestalt darzustellen lockte und beunruhigte mich. Darzustellen an einem lebendigen Menschen in einem echten, großen Erlebnis, nicht an einer Schreibtischfigur in einer konstruierten Handlung.*

Jahre waren vergangen, seit mich die Idee befiel, längst hatte ich die Suche nach dem Stoff aufgegeben, da brachte ihn mir: das Leben. Mein Freund Wilhelm Vogel erwähnte einmal im Erzählen von seiner sechsjährigen Gefangenschaft in Sibirien, daß sie all das Schwere und Furchtbare nur durchgehalten hätten, weil einige von ihnen Gottvertrauen und Humor besaßen, andere damit ansteckten, einer schließlich sein ernstes Wesen ganz fortwarf und sich den Kameraden opferte, indem er den Narren spielte. Selbstaufopferungen gibt es viele, aber es ist leichter, sein Leben hinzugeben, als vorher seinen Geist und seine Seele zu zerstören, allein aus der Erkenntnis, nur mit einem neuen und ganz veränderten Wesen die große Tat der Rettung der anderen bestehen zu können.

Sehr oft haben wir zusammengesessen und es besprochen. Bis der geheimnisvoll lächelnde Mann mich nicht mehr verließ. Und so entstand aus den Erzählungen und Berichten der ehemaligen Kameraden und aus hinterlassenen Aufzeichnungen der Gebliebenen dieses Buch, das über authentische Erlebnisberichte hinausgreift und den künstlerischen Versuch unternimmt, darzustellen, wie ein nüchterner, sachlicher Mann, ein Staatsanwaltschafts-Assessor, es wagte, einen Feldzug gegen den Tod allein mit dem Leben zu bestreiten, wissend, daß es für ihn selbst kein Zurück mehr geben würde.

Diese göttliche Heiterkeit in den erregenden und aufwühlenden Begebenheiten im Buche festzuhalten, damit ihre Kraft auch den Leser erfasse, war die Aufgabe des Autors, der, so wahr seine Schilderungen sind, kein „Kriegsbuch" geschrieben haben will, sondern ein Buch des sieghaften Lebens, der heiteren Gelassenheit auch im Leid.

Mit diesen Sätzen beschreibt Welk das humanistische Anliegen dieses Buches vom „Hohen Befehl", das tatsächlich ein für die Zeit erstaunlich „unkriegerisches" Thema hat: die Bewahrung menschlicher Integrität, ja Größe auch hinter Stacheldraht und die Rückführung von Kriegsgefangenen nach dem ersten Weltkrieg in ihre Heimat. Dies also der Vorsatz. Schauen wir, wie Welk die *Aufzeichnungen* dramatisierte, stilisierte und literarisierte, blicken wir auf einige Probleme, die in Beziehung zur damaligen zeitgeschichtlichen Situation stehen.

Erzählt wird vor allem von einem Mann namens Werner Voß, den Welk, ein wenig hochgreifend, in der Nachfolge des armen Yorick und des Don Quijote sieht. Er nennt ihn einen *himmlichen Spaßmacher des irdischen Lebens,* der das Elend zum Lachen bringen wolle. Der sich und seine Zweifel überwindet, sich seines Stolzes entäußert, den ein *widriges Geschick zwingt, sich an allen Kanten der Menschen und an allen Ecken des Lebens blutig zu stoßen und dazu noch die meisten Prügel zu bekommen und andere lachen zu machen.* Der anfängt, die Menschen wirklich zu lieben, und der beginnt, aus *Liebe zu kämpfen.* Welk beschreibt den Humor des Werner Voß als eine *sittliche Verpflichtung,* die dieser auf sich nimmt. Wie immer es sich nun mit den Tatsachen verhält, auf die sich Welk hier wie stets beruft, sicher ist nur, daß sich angesichts des weltgeschichtlichen Umbruchs, der sich während der Handlungszeit des Romans zwischen 1916 und 1919 vollzieht, die individuelle „sittliche Verpflichtung" des Helden, der den Narren spielt, um seine Kameraden zu retten, doch ein wenig weltfremd ausnimmt. Fraglos kommt aber in dieser Haltung, die von Welk kräftig verklärt wird, auch des Autors eigene Anschauung zum Ausdruck: die Überwindung äußerer Zwänge durch eine starke „Innerlichkeit", deren Zentrum er in einem „überwindenden" Humor sieht. Damit ist aber zugleich das bedenkliche Thema „innere Emigration" angesprochen, wie es eingangs dieser Lebensstation Welks erläutert wurde. Es versteht sich mithin auch von selbst, daß von einem solchen Standpunkt aus wenig für das Verständnis der Epoche geleistet werden konnte. Dabei ist freilich in Rechnung zu stellen, daß unter den Bedingungen des Jahres 1939 in Deutschland ein solcher Stoff, wollte der Autor sich nicht auf das höchste gefährden, mit einem tieferen Geschichtsverständnis gar nicht zu behandeln war.

Dem zurückschauenden Betrachter kommt allein die Leistung Welks erst recht zu Bewußtsein, wenn er bedenkt, daß das Bild der Ereignisse, die Welk behandelt oder die den Hintergrund seines Buches bilden, in jenen Jahren im wesentlichen von Erich Edwin Dwingers chauvinistischer, ausgesprochen sowjetfeindlicher Trilogie „Die deutsche Passion" („Die Armee hinter Stacheldraht", „Zwischen Weiß und Rot", „Wir rufen Deutschland") bestimmt wurde. – Wenngleich Welk sich darüber nie hat vernehmen lassen, ist es nicht ausgeschlossen, daß der „Hohe Befehl" auch als eine Art „Anti-Dwinger" konzipiert war. Jedenfalls war die Wirkung so. Welks Roman trägt keine antirussischen und auch keine antisowjetischen Züge. Dies sollte gewürdigt werden, auch wenn man zu dem Schluß kommt, daß es Welk nicht gelang und objektiv wie subjektiv auch nicht gelingen konnte, den Stoff in die richtige historische Dimension zu bringen. Trotz oder gerade wegen des Humors, den Welk hier zum Lebenselixier bestellt, ist das Buch von einer im Grunde geschichtsfremden Lebensauffassung geprägt. Und sieht man einmal ab von bestimmten Zügen, die nicht nazistisch, wohl aber preußischen Ursprungs sind, so wird das Buch gedanklich, wie schon der Titel verrät, von metaphysischen Ideen bestimmt, die nicht ohne Sentimentalität vorgetragen werden. Charakteristisch dafür ist das Ende des Romans. Der sterbende Werner Voß wird schon auf dem Schiff, das die Kriegsgefangenen von Wladiwostok in die Heimat bringt, zum „Heiligen": die Schilderung seines Todes hat alle Attribute der Legende mit dem obligaten Wunder. Werner Voß, „zum General" geworden, zum anerkannten, unumstrittenen Führer seiner Gefährten, hat den sich selbst gegebenen hohen Befehl erfüllt: der da starb, ging lächelnd von dieser Erde, *im Frieden einer sieghaften Vollendung.* Seine Kameraden wiederholen, als sie den Leichnam dem Meer übergeben, die letzten Worte von Voß: *Es ist getan!,* und sie fragen sich, als er sie verlassen hat, wer er wirklich war. Und sie stimmen zu, als einer von ihnen sagt: *Er war ein Lächeln, das aus dem fernen Antlitz eines Gottes der Güte auf die blutende Erde fiel!*

Was immer man gegen dieses Buch, eines der umfangreichsten aus Ehm Welks Feder, einwenden mag, ein inhumanes Werk ist es nicht, auch wenn ihm die Spuren der Zeit aufgeprägt sind, in der es entstand. (Noch heute wird erzählt, wie unter deutschen Soldaten des zweiten Weltkrieges an der sogenannten Ostfront zerlesene Exemplare des „Hohen Befehls" von Hand zu Hand gingen: Das immer wiederkehrende Motiv einer Pflicht, moralisch intakt den Krieg zu überstehen und in die Heimat zurückkehren zu wol-

1934, nach der Entlassung

Ehm und Gottfried Welk
vor der Übersiedlung nach Lübbenau

Der bibelfeste
Gottlieb Grambauer

Ehm Welk, etwa um 1932 in seiner Berliner Wohnung

1937, Agathe und Ehm Welk

Mit Willi Steinert

1937, Lübbenau
90. Geburtstag Gottfried Welks.
Erster von links:
Bruno H. Bürgel

Erste Ausgabe 1937

*Ehm Welk
im Kreise der Familie*

Kirmes-Kuchen
Welkscher Hof in Groß-Klessow

Max, Paul, Pauline, Hilde Welk
bei „Hecht mit Spreewald-Sauce"

Lübbenau 1935, selbstgebackenes Brot, auch dies gehörte damals zum „einfachen" Leben.

Biesenbrow 1935:
an diesem ersten Tag des Kornmähens
fand ich Kummerow wieder

Ich, Edler Bücksa von Distelbruch, genannt Stups, Sohn des Racker vom Kirchberg und der Adda vom Fuchsberg, habe mich verlobt mit

Schnüter von Distelbruch, Tochter des Strolch vom Distelbruch und der Schnüter vom Dachsberg, Enkelin des Racker vom Kirchberg

Obwohl meine Braut erst drei Monate alt ist, sind wir zusammengezogen. Von der späteren Vermählung werden wir unsere Freunde in Kenntnis setzen. Die neue Familie führt im Zucht-Register den Namen: Die Gerechten von „Kummerow." Glückwünsche u.s.w. an unsere Bücksa

Ehm u. Scotti Welk

Ehm Welk mit Stups

Vor dem Haus
in Neuenkirchen

Um 1940
in Neuenkirchen

Ehm Welk und Bruno H. Bürgel

Zeichnung von Hermann Wilke

Um 1947 in Schwerin

1954, Tagung mit Johannes R. Becher in Heiligendamm.
Am Tisch sitzend, von rechts:
Ehm Welk, Paul Rilla, Hertha Quandt,
Alexander Abusch, Johannes R. Becher

Ehm Welk bei den heutigen „Heiden"

70. Geburtstag. Mit Hans Warncke

Porträt von Reinhard Schmidt

Wohn- und Arbeitsstätte Bad Doberan

1964, im Arbeitszimmer des Hauses in Bad Doberan

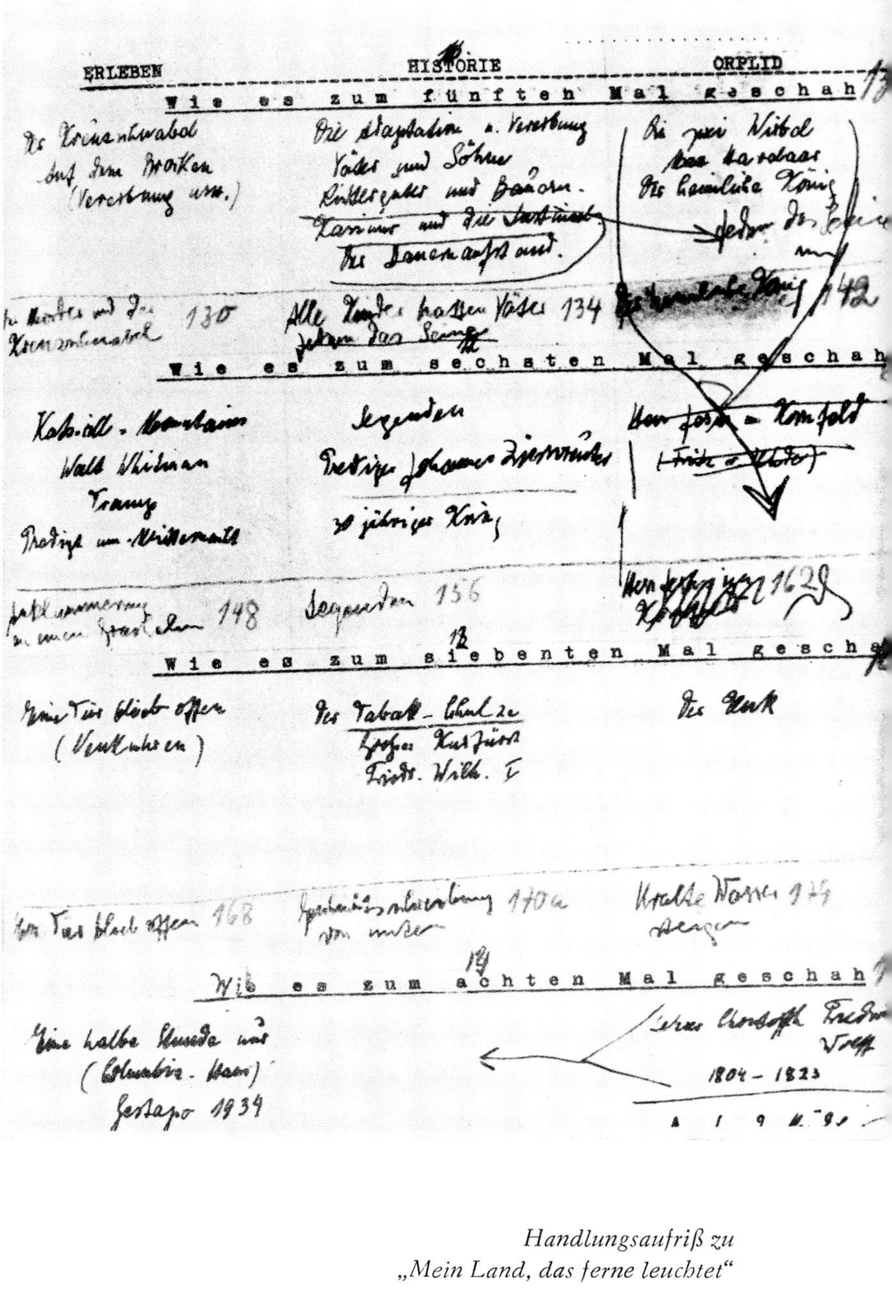

ERLEBEN HISTORIE ORPLID

Wie es zum fünften Mal geschah

Väter und Söhne

130 134

Wie es zum sechsten Mal geschah

Walt Whitman

148 156 162

Wie es zum siebenten Mal geschah

168 174

Wie es zum achten Mal geschah

Gestapo 1934

1804 – 1823

Handlungsaufriß zu
„Mein Land, das ferne leuchtet"

1963, in der Arbeitsbibliothek

Freund und Verleger Peter E. Erichson

Relief mit Motiven aus den „Heiden von Kummerow" von Reinhard Schmidt, Kunsthalle Rostock

Am 23. Dezember 1966,
Waldfriedhof Bad Doberan

EHM WELK
29·8·1884 – 19·12·1966

len, scheint inmitten einer tödlichen Welt des Krieges seine Wirkung nicht verfehlt zu haben.) Wie sehr jedoch Ehm Welk damals bei der Konzeption des Romans von abstrakthumanistischen Ideen ausging, vergegenwärtigt eine spätere Äußerung. *Die Frage der Milde,* schrieb Welk an Edith Krull im Februar 1957, *ist nun mal für mein Leben ebenso bestimmend gewesen wie für mein Werk. „Der hohe Befehl" wäre ohne dieses Bekenntnis, richtiger ohne den Zwang zur Milde überhaupt nicht entstanden.*

Zwiespältige Eindrücke hinterläßt ein anderes Buch. Die Rede ist von der „preußischen Novelle", wie der Untertitel der Erzählung „Die Fanfare im Pariser Einzugsmarsch" aus dem Jahre 1942 lautet. Wenige Sätze genügen für die Beschreibung dessen, was hier erzählt wird: Einer aus dem Geschlecht derer von Brinckow, Hauptmann bei der preußischen Gesandtschaft in Paris, hatte 1790, zur Zeit der Französischen Revolution also, auf dem Grève-Platz, dem alten Pariser Richtplatz für Räuber und Mörder, selbst die Guillotine besteigen müssen. Welk dazu: *Während es nun aber in den Akten und Auskünften der preußischen Gesandtschaft hieß, er habe sich allzu eifrig in die französische innere Politik gemischt und sei daher nicht zu retten gewesen, glaubten sie in der Familie Brinckow in Brinkenhagen Grund zu der Annahme zu haben, ein allzu bänglicher Gesandter eines neuen preußischen Königs sei nicht energisch genug um das Leben eines Untergebenen besorgt gewesen, denn das Vergehen des Geopferten habe lediglich darin bestanden, auf einer Pariser Gesellschaft eine das Königreich Preußen, seinen Hof und seinen Adel herabsetzende Bemerkung eines der neuen Gewalthaber richtigzustellen. Der Hauptmann von Brinckow war einige Tage später unter der Beschuldigung, an einer Verschwörung gegen das französische Volk beteiligt zu sein, verhaftet worden, und seine Gesandtschaft hatte ihn nach einigen matten Protesten preisgegeben.*

Von nun an ziehen Generationen der Brinckows über den Rhein gen Westen, um den Hauptmann von Brinckow zu rächen. Ein Enkel mit dem Yorckschen Korps im März 1814.

Auf dem Grève-Platz will er ein Gelage ausrichten und damit vor aller Welt kundtun, daß die seinem Großvater angetane Schmach vom Schild der Familie abgewaschen sei. Weil aber das Yorcksche Korps nicht in Paris einziehen darf – Friedrich Wilhelm III. fand, daß seine Montur zu schlecht war –, kann der Brinckow-Enkel das Versprechen nicht einlösen. Er schreibt dem *König: Wenn die Soldaten des Yorckschen Korps so proper in der Montur geblieben wären wie Euer Majestät und die anderen Hohen Herren, dann wäre wohl kein Preuße in Paris einmarschiert.* Danach bestimmt er in seinem letzten Willen, daß keiner seiner Söhne und wiederum deren Söhne die Stadt je anders betreten dürfe, *denn als Feind mit der Waffe in der Hand.* Dann zieht er den Freitod der ihm wegen seiner Insubordination drohenden Haft vor. Den Nachfahren ist dies erneut Vermächtnis. Einer von ihnen sucht es 1871 einzulösen, er fällt im Kampf um die Pariser Vorstädte. Andere, die 1914 sich auf den Weg machen, erreichen bekanntlich das Ziel auch nicht, bis schließlich 1940 Unteroffizier von Brinckow das leidige Kapitel zum Abschluß bringt. Er nimmt am Einmarsch deutscher Truppen in Paris teil: Die erhobenen Schwerter klingen und die Ketten fallen, symbolisch natürlich, und es hebt an *ein jubelndes Begrüßen derer, die einziehen in ein erkämpftes Paradies.*

Der zurückhaltende, leise Ton, in dem diese melodramatische Geschichte erzählt wird, vermag zunächst unseren Unmut über die herben „Fanfaren"-Mißklänge zu dämpfen. Doch nur für einen Augenblick. Dann fragen wir befremdet: Was mag Ehm Welk, der von den Nazis gedemütigt und verhaftet worden war, bewogen haben, diese Novelle zu schreiben? Und dies in einer Zeit, die gekennzeichnet war von einem grundlegenden Umschwung im zweiten Weltkrieg, als Ernüchterung einsetzte und die Zahl derer, die am „Endsieg" des faschistischen Deutschlands zu zweifeln begannen, größer wurde. Wir finden keine andere Erklärung als jene, daß Welk offenbar unter dem Eindruck von Erfolgen des Nazistaates, denen auch er sich – einen Augenblick lang – nicht zu entziehen vermochte, diese Novelle geschrieben hat.

Welk ist auf diesen Text kaum je zu sprechen gekommen. Die Novelle hat es auch nicht verdient, da sie literarisch irrelevant ist und hier nur erwähnt wird, weil es die objektive Darstellung seines Lebens gebietet. Es soll allerdings auch vermerkt werden, daß es sich im Verständnis Welks bei der „Fanfare im Pariser Einzugsmarsch" nicht um eine Rechtfertigung faschistischer Machtpolitik handelt, sondern um die Darstellung eines Familienschicksals, das ihn schriftstellerisch interessieren mochte. Trotzdem muß ohne Beschönigung festgestellt werden, daß er sich mit dieser Erzählung den offiziellen Forderungen an die Literatur stark annäherte. Eine einzige kritische Selbstreflexion der „Fanfare im Pariser Einzugsmarsch" findet sich. Nach dem 8. Mai 1945 schrieb Ehm Welk in „Meine Stellung zum Nazistaat" (einem bislang unveröffentlichten Manuskript): *Die Novelle schildert das Schicksal einer pommerschen Familie von 1789–1940. Wegen der Kriegsepisoden gebe ich sie heute preis, obwohl sie keineswegs militaristisch ist.* Nüchterne Distanzierung von einem Text, der nicht zu rechtfertigen ist.

Die Welks lebten in Neuenkirchen abgeschieden von der Welt. Agathe Welk schrieb ihren dritten Roman („Veronika und ihr Sohn"), der 1943 unter ihrem Mädchennamen Lindner in der Steyrischen Verlagsanstalt Graz erschien. Beide arbeiteten viel im großen, gepflegten Garten, man hatte in der Einsamkeit Ruhe und Muße dazu. Mit ihnen lebte eine ganze Schar von Rauhhaarteckeln. In der kinderlosen Ehe wurden sie tüchtig verwöhnt. Davon berichten beispielsweise handschriftliche „Verlobungsanzeigen", als der „Edle vom Distelbruch" sich mit Fräulein „Schnüter" vereinte: *Obwohl meine Braut erst drei Monate alt ist, sind wir zusammengezogen. Von der ... Vermählung werden wir unsere Freunde in Kenntnis setzen. Die neue Familie führt im Zuchtregister den Namen „Die Aufrechten von Kummerow". Glückwünsche usw. an unsere Beschützer Ehm und Agathe Welk.*

Ein halbes Jahrhundert zuvor hatte der junge Welk mit den Tieren des Biesenbrower Bruchs Freundschaft geschlossen. Dort nahm seine Liebe zu den Tieren und zur Natur ihren Anfang, dort entwickelte sich ein wahrhaft kameradschaftliches Verhältnis zum Tier, ein Verhältnis, das alle Romane und Erzählungen auf eine freundliche, manchmal etwas wundersame Weise durchzieht: Da ist Martin Grambauers Hund Flock und Nachbar Kienbaums Katze, da wird erzählt von einem Pferd, das sein Besitzer, der dummbrutale Müller Düker, zu Tode prügelt, von den Kühen Krischan Klammbüdels, dem Hunde Schill, vom Schicksal der Martinsgänse, von Krebsen, Regenpfeifern und vom Wiedehopf in den „Heiden von Kummerow"; da leben in den „Gerechten von Kummerow" bedeutungsvoll die Störche auf Wilhelm Trebbins Scheune, und das Kaninchen Männe begleitet Martin und Johannes auf der Flucht; Pferde, Kraniche, Nachtigallen, Mücken und Möwen, Haifische und Bullen, Ziegenböcke und Tauben und immer wieder Hunde geben sich in allen Büchern Welks ein Stelldichein. Der Biesenbrower hatte vor allem einen Hund nicht vergessen. Im Blick auf die ersten Lebensjahre erklärte der erwachsene Mann: *Am Anfang meiner Tage steht ein Tier.*

Der das verkündete, war in der Tat ein profunder Tierkenner, ein Freund der „Stillen Gefährten". Geschichten über Tiere hat Welk sein Leben lang gesammelt. Es gibt zwei Bücher, in denen sich Ehm Welk ganz dem Verhältnis Mensch-Tier widmete: „Die wundersame Freundschaft" (1949) und die 1943 enrschienenen „Stillen Gefährten" (eine Auswahl aus beiden Büchern wurde 1971 unter dem Titel „Der Pudel Simson – Geschichten und Anekdoten von Menschen und Tieren" ediert). Sicher haben diese Texte im Oeuvre Welks keine große literarische Bedeutung. Trotzdem gehören sie zu seinem Werk und vermögen es unter bestimmten Aspekten zu ergänzen. Ohne sie würden wir nicht den ganzen Welk kennen, und gern wollen wir dem Autor aufs Wort glauben, wenn er einmal sagte: *Keine Geschichten habe ich lieber geschrieben als diese.*

In der „Wundersamen Freundschaft" ging Welk vergnüglich der Tierliebe von Dichtern, Musikern, Philosophen, Gelehrten, Politikern und Feldherren nach. Indem er mit Fleiß und Sachkunde sammelte, was Bruder Franz von Assisi,

Newton, Lessing, Schiller, Jean Paul, Luther, Leibniz, Wilhelm Busch, Nietzsche, Bismarck, Mozart, Wallenstein und andere über ihre Tierfreundschaften sagten, entstand ein erstaunlich vielseitiges Buch, das uns so ganz nebenbei auch manche historische Figur von einer neuen Seite zeigt. Welk kam es freilich nur auf einen Punkt an: auf das Lehren, Verbreiten und Festigen einer Tierliebe, die ohne menschliche Überheblichkeit ausgeübt wird, auf eine natürliche, selbstverständliche Verbundenheit mit dem Mitgeschöpf, ohne Heuchelei und unaufrichtige Rührung.

Mit welchen Augen wir auch auf unseren Ursprung zurücksehen, immer finden wir uns als die gattungsmäßig Spätergekommenen. Jenseits der unbestrittenen Menschwerdung des Affen durch die Arbeit gibt es Zusammenhänge zwischen Mensch und Tier, Gemeinsamkeiten und Berührungspunkte, um deren Aufhellung gerade neuere Wissenschaftszweige bemüht sind. Welk leistete da ein wenig Vorarbeit, indem er differenziert Gemeinsamkeiten beschrieb und Unterschiede zu erkunden versuchte. Es wäre ihm allerdings niemals in den Sinn gekommen, zu sagen, das Tier sei im Wesen besser als der Mensch. Seine Absicht war es, so scheint es zunächst, das Tier vor der unverdienten Rolle des Gefühlsableiters und des Kompensators menschlicher Komplexe zu schützen. Deshalb sein Appell, nicht in *verschwommener Glückseligkeit neben dem Leben einherzugehen und die Sorge um das Tier höher zu stellen als die Sorge um den Mitmenschen ... Das hat somit auch das Wesentlichste für alle zu sein, die über das Tier reden und schreiben. Denn die Menschen gütig zu machen zum Heile der Tiere heißt nicht nur, wie Lemaître meint, die Menschen besser zu machen gegen ihresgleichen, es heißt auch, sie glücklicher zu machen. Dies zu erstreben hat aber oberstes Gesetz für jenes Handeln zu sein, das ein Mensch für andere Menschen übernimmt.*

Es ist hier nicht der Ort, über Welks Tierpsychologie zu urteilen oder seine Thesen im einzelnen an neuesten Forschungsergebnissen zu messen. Er selbst neigte ein wenig dazu, anerkannte Fachleute nicht ganz ernst zu nehmen. So heißt es im Schlußwort seines Buches: *Ihr Herren, es soll durchaus die Möglichkeit zugegeben werden, daß der bekannte Zoologe A. von wesentlich anderen Voraussetzungen ausgegangen ist als sein Kollege B.; daß der berühmte Psychologe C. zu wesentlich anderen Folgerungen gekommen ist als sein Fachgenosse D.; daß der ... Tierfachmann E. wesentlich andere Beobachtungen gemacht hat als alle anderen Fachleute vor ihm. Was aber liegt daran? Nichts liegt daran!*

Weil es gar nicht darauf ankommt, ob die Beobachtungen richtig sind bis in alle Einzelheiten; ob die gewonnenen Erkenntnisse vom Tier widerlegbar oder auch nur ausdeutbar sind; ob die Streitereien zwischen den beruflichen Tierkennern, soweit sie über das Anatomische und Biologische hinausgehen, notwendig oder überflüssig sind, da sie ja doch nur immer menschliche Deutungsversuche darstellen, welche, wie alle Reflexionen, von der Einstellung des Reflektors abhängen. Es kommt allerdings auch nicht darauf an, ob die Menschen, die lediglich Tierfreunde sind, die Motive kennen, die sie zum Tier führten.

Ehm Welk hatte also, wie wir sehen, wieder einmal seinen eigenen Kopf. Und unbefangen ordnete er die Menschen nach jenen Motiven, die für ihr Verhältnis zum Tier bestimmend waren. Seine Klassifizierungsmerkmale heißen: Die Brüderlichen, Lehrhaften, Einsamen, Mitleidigen, Kameradschaftlichen, Zwiespältigen, die Ästheten und Entarteten. Wissenschaftlich ist diese mechanistische Einordnung natürlich fragwürdig. Als subjektive Äußerung eines Schriftstellers mag es hingehen, zumal wenig bekannter Stoff mit viel Fleiß zusammengetragen war. Auch der Belesenste wird Wenigbekanntes oder gar Unbekanntes gefunden haben: Die Geschichte vom Kater des Johann Karl August Musäus, der die Märchen mitspann, mag manchem bekannt sein, was von Jean Pauls Hund Ponto schon nicht zu sagen wäre, die Anekdote um den Philosophen Leibniz, der den hannöverschen Hunden ihr Recht auf die Suppenknochen gegen einen geizigen Herzog erstritt oder Martin Luthers väterlich-mahnende Briefe an einen alten vogelstellerischen Diener sind dagegen kaum bekannt. Auch berühmte Tiere läßt Welk in seinem Buch agieren: den Hund Barry, Lebensretter auf dem

St. Bernhard, und solche, die in die Dichtung eingingen, wie die komisch-tragische Rosinante oder die Grane der Walküre. Lange Zitate aus der lyrischen und epischen Weltliteratur, dazu eigene Kommentare in klaren und einfachen Formulierungen, das Ganze ist wohl geordnet und mit Bildern und Graphiken reich versehen.

Als schmucklose Broschur erschienen 1943 die „Stillen Gefährten". Das Buch, das Welk aus Anlaß des zehnjährigen „Tierschutzgesetzes" schrieb (oder richtiger gesagt: zusammenstellte), will, wie es im Vorwort heißt, *das Herz für die Tiere noch mehr aufschließen.* Ehm Welk läßt in Geschichten und Gedichten noch einmal die „stillen Gefährten" des Menschen preisen, so wie er es selbst bereits in der „Wundersamen Freundschaft" getan hatte.

Nach den beiden Tierbüchern schrieb Welk den Roman „Die Gerechten von Kummerow", und mit diesem Buch endete eine Schaffensphase, die durch seine politischen Feinde erzwungen worden war und die ganz im Gegensatz zu deren Wünschen zu beachtlichen Resultaten geführt hatte. Wider Willen hatten sie dazu beigetragen, daß aus dem Journalisten Thomas Trimm der weithin bekannte Schriftsteller Ehm Welk wurde. Das Fazit? In der hinter uns liegenden Lebensstation profilierte sich ein Prosaist, dessen Erzählhaltung und Sprache, wenn auch auf unterschiedliche Weise und mit Ausnahmen, ganz unmittelbarer Ausdruck von Menschenwürde und Freundlichkeit, von Lust und Heiterkeit sind. Ehm Welk war ein begeisterter Naiver, ja oftmals ein Weiser, aber immer ein Romantiker der Realität. Er war nie, und er wird es auch nicht werden, ein Mann mit vielverästelten internationalen einflußreichen Verbindungen, ein renommierter Romancier einer von Entfremdung und Krisen geprägten spätbürgerlichen Dichtung. Er blieb ein Mann seiner Herkunft. Engagierte Notation des Realen und die Wiedergabe seiner Ich-Erfahrung in den Bezügen zur natürlichen und gesellschaftlichen Umwelt zeichnen seine Geschichten aus. Sie sind durchschaubar und verwendbar für alle, die daran teilnehmen. Das ist ihr Vorzug, das macht ihre Redlichkeit aus. Dieser Mann hatte zeitlebens in seiner Prosa und als Mitmensch den Mut, sich zur Vernunft, zur sozialen Gerechtigkeit und zur Aufklärung zu bekennen. Warum ein Mann solcher Konfession, Herkunft und solchen Lebens beim Schreiben bleiben mußte und warum seine Bücher zu keinen Utopien verführten, hat er uns – im Rückblick auf Leben und Werk – viel später, im August 1959, vermittelt: *Das Buch ist der Dichter, der Dichter ist das Buch, er bekommt seinen Auftrag vom Leben, von der Liebe zu seinem Volke, von seiner Sorge um die Entwicklung der Menschheit! Nicht einer vielköpfigen Zahl von zufällig angerührten Lesern ist ein Künstler verpflichtet, sondern seinem Volke. Kehrt sich dieses Volk ..., kehrt sich die „Menschheit" von seinem Buche ab, so muß er eben still beiseite treten; oder er wird gegen seinen Willen vergessen. Das ist der Lauf der Welt.*

Diese Sätze sollten wir uns merken. In dem wohl aufschlußreichsten Selbstzeugnis des Alters mischen sich Ideal und Wirklichkeit, Weisheit und authentisches Erlebnis, Selbstironie und Souveränität auf eindrucksvolle Weise. Daß der Dichter *seinen Auftrag vom Leben* bekommt (oder sein Wirken doch wenigstens so verstehen sollte), ist zudem ein gutes Bild.

Der Literat Ehm Welk, so können wir schon jetzt anfügen, war sich dieses Auftrages immer bewußt. Aus Moralität, aus Vernunft. Und weil er von seinen ersten Lebenstagen an mit den Menschen, den Tieren und der Natur, also *mit dem Leben in seiner Ganzheit,* innig verbunden war. Weil er mithelfen wollte, Gerechtigkeit in die irdischen Dinge zu bringen.

Die Niederlage des faschistischen deutschen Imperialismus kam mit Gesetzmäßigkeit. Sie war spätestens seit der großen Schlacht an der Wolga Gewißheit. Während der antifaschistische Widerstand zunahm, die Rote Armee im September 1944 die ostpreußische Grenze überschritt und damit erstmals deutsches Territorium erreichte, Goebbels am 25. Juli 1944 die „totale Mobilmachung" verkündete, verschärfte sich im Lande der faschistische Terror weiter: Nach dem mißglückten antinazistischen Putsch vom 20. Juli fielen ihm ungezählte deutsche und ausländische Antifaschisten zum

Opfer, unter ihnen Ernst Thälmann und Rudolf Breitscheid. Der moralische Tiefpunkt des deutschen Faschismus war erreicht.

Am 29. August 1944 wurde Ehm Welk sechzig Jahre alt. Es war nur eine kleine Geburtstagsrunde, keiner der alten Freunde war dabei. Nachts färbte Feuer den Himmel rot: Stettin brannte nach einem schweren Luftangriff. Am Tage hatte faschistische Prominenz in Neuenkirchen aufgewartet. Kuno Popp bekräftigte noch einmal seine „Beschützer“-Rolle: Welk erhielt als dritter Autor nach Ulrich Sander und Max Dreyer den Ernst-Moritz-Arndt-Preis Pommerns. Welk konnte in der Zeit schlimmster faschistischer Hysterie den Preis nicht ablehnen. Die Beigabe zum Preis: eine Granitbüste des Gottlieb Grambauer mit dem Gesicht Gottfried Welks von Joachim Utech. Sie machte den Vorgang erträglich.

Ein paar Wochen später erreichten die Kriegshandlungen auch Neuenkirchen. Im Januar 1945 nahmen die Welks Flüchtlinge auf, auch Militär und Polizei quartierte sich ein. Am 24. April gehörten sie selber zu den Flüchtlingen: morgens um 4 Uhr verließen sie Neuenkirchen, die gesamte Habe, etwa 6 000 Bücher und alle Manuskripte blieben zurück, die Hunde wurden schon Tage zuvor erschossen.

Elf Wochen verbrachten Ehm und Agathe Welk auf der Landstraße. Am 30. April wurden sie von der Roten Armee in Grimmen überholt. Anklam nahm die Flüchtenden am 7. Mai für ein paar Tage auf, am 15. Mai erreichten sie Wamlitz, am 4. Juni 1945 durften sie vorübergehend nach Neuenkirchen zurück. Völlig entkräftet lebten sie dort einen Monat bei einem befreundeten Bauern, der ihnen ein Zimmer abtrat, da das eigene Haus bis auf die Grundmauern abgebrannt war. Dann fuhren sie auf einem Ackerwagen mit den spärlichen Resten ihrer Habe durch die Wälder nach Ueckermünde. Am 8. Juli ist diese Odyssee zu Ende.

In einer ersten öffentlichen Rede sagte Ehm Welk im Oktober des Jahres 1945: *Wir werden diese Zeit unserer größten Not noch einmal als die Geburtsstunde unseres höchsten Glückes preisen.*

Da man die Menschen mit Gewalt unglücklich gemacht hat gegen ihren Willen, muß man sie auch gegen ihren Willen glücklich machen, und sei es mit Gewalt.

Siebente Station
Der neue Anfang

Am 6. Juni 1945 schrieb der Landrat von Ueckermünde an Ehm Welk: „Ich bitte Sie, dessen Werke ich kenne und hoch schätze, doch baldmöglichst zu mir nach Ueckermünde zu kommen. Es wäre mir möglich, Ihnen hier im Landratsamt eine Ihnen zusagende Stellung zu verschaffen, in der auch Sie sicherlich innere Befriedigung finden würden.“ Und einen Monat später heißt es: „Ich habe nur einen Wunsch, Sie so bald wie möglich aus dieser Lage zu befreien . . . Möge diese schwere Prüfung für Sie einmal später künstlerisch so fruchtbar werden, daß Sie die ausgestandenen Leiden darüber vergessen können. Ihren tapferen Willen zur Mitarbeit begrüße ich mit Freude und freue mich darauf, Sie bald bei uns zu haben.“

Welk hat nicht lange gezögert, diesem Ruf zu folgen. Bereits am 12. Juli arbeitet er als Sachbearbeiter im Landratsamt Ueckermünde. Zwei Wochen später wird er zum Leiter des Volksbildungsamtes im Kreise berufen. Im August 1945 tritt der Mann, der einst von seinem *Ekel vor dem Parteigetriebe* gesprochen hatte, der Kommunistischen Partei Deutschlands bei.

Der Sieg der Sowjetunion und der Völker der Antihitlerkoalition über den deutschen, italienischen und japanischen Imperialismus wurde auch für den Schriftsteller Ehm Welk zu einem Wendepunkt. Die Zeche des furchtbaren Krieges, mit dem die deutschen Faschisten Europa überzogen hatten, mußten die Völker bezahlen. In Schutt und Asche lagen die Städte, ganze Länder waren verwüstet. Angesichts des schlimmen Erbes, das der faschistische deutsche Imperialismus hinterlassen hatte, muß Welk, der über seine Erlebnisse und Erfahrungen im Krieg und in den ersten Nachkriegsjahren nur wenig verlauten ließ, innerhalb eines relativ kurzen Zeitraumes zu der Überzeugung gekommen sein, daß die Kommunistische Partei am wirkungsvollsten einen neuen Anfang setzen konnte, daß nur die Vorhut der Arbeiterklasse die Überwindung von Hoffnungslosigkeit und Resignation, von Not und Chaos garantierte. Die von der sowjetischen Besatzungsmacht gleich in den ersten Wochen des Friedens begonnene radikale Vernichtung faschistischer Institutionen und des imperialistischen Staatsapparates erfüllte ihn mit großer Genugtuung. Wenige Wochen nachdem am 10. Juni 1945 die SMAD im Auftrage der Regierung der UdSSR den Befehl Nr. 2 verkündet hatte, mit dem die Tätigkeit antifaschistisch-demokratischer Parteien und freier Gewerkschaften erlaubt wurde, organisierte sich Ehm Welk in jener Partei, deren wissenschaftliche Weltanschauung der Marxismus-Leninismus ist. Diese klare und entschiedene Parteinahme muß auch befördert worden sein vom Text des Aufrufes des Zentralkomitees der KPD vom 11. Juni. Ohne jede Phrase und mit einer nüchternen Analyse der Tatbestände hatte die KPD darin ihre Politik dargelegt: die Überwindung des Imperialismus und die Errichtung einer antifaschistisch-demokratischen Ordnung wurden zur vorrangigen Hauptaufgabe erklärt. Konzipiert wurden bereits damals auch schon Lösungen für die sozialen und nationalen Probleme der neuen Epoche. Welk war gewillt, die kommunistischen Ziele mit durchsetzen zu helfen. Das erste Mal sind nun die objektiven Voraussetzungen vorhanden, daß Orplid Wirklichkeit werden kann. Diese einzigartige historische Chance, die Ehm Welk schnell erkannte, ließ ihn den Verlust von Haus, Hof und Gut bald verwinden. Materielle Einschränkungen bedeuteten wenig angesichts der Möglichkeit, im Frieden für eine Ordnung sozialer Gerechtigkeit zu arbeiten, mitzuhelfen, daß sie zur Größe einer neuen Gesellschaftsordnung wird. Wir wollen auch nicht vergessen, daß Ehm Welk dem Vater an dessen 90. Geburtstag versprochen hatte, sich nach der Beendigung des Krieges einige Jahre

„dem Wiederaufbau eines neuen Deutschland“ zu widmen, und zwar nicht nur mit der Feder.

Als Ehm Welk seine Tätigkeit im Landratsamt Ueckermünde begann, lagen auf dem Tisch schon mehr als ein halbes Dutzend Angebote bedeutender Verlage, die nicht an die Adresse des Erzählers gerichtet waren. Kurt Grote, früherer Ullstein-Mitarbeiter, bestätigte Anfang 1946: „Ein Verlag benötigt als Verleger nur Sie. Darüber dürfte es in Fachkreisen wohl nur eine Meinung geben.“ Bereits am 13. Juli 1945 hatte sich Heinz Ullstein gemeldet: „Nach Ihnen habe ich wiederholt gefragt. Es scheint mir ein großes Glück zu sein für uns, daß Sie so wohl erhalten sind. Es war ja nicht leicht, durch diese Zeit zu kommen ... Teilen Sie mir bitte so schnell als möglich mit, welche Möglichkeiten Sie haben, nach Berlin zu kommen ...“ Die Ullsteins hatten den erfolgreichen Journalisten nicht aus dem Auge verloren. Darüber heißt es in einem Brief, den am 14. November 1945 Ullstein-Direktor Willner an Welk schrieb: „Wir haben die Hoffnung, daß unsere Bemühungen, eine Verlagsgenehmigung zu erhalten, in Erfüllung gehen. Möglich ist allerdings, daß die amerikanische Militärbehörde nicht dem Verlag selbst die Lizenz zur Herausgabe einer neuen ‚Grünen Post‘ erteilt, sondern daß sie die Lizenz nur Einzelpersonen geben möchte. Wir würden für diesen Fall als einen der Lizenznehmer Sie selbst vorschlagen, weil Sie ja auch voraussichtlich als der verantwortliche Schriftleiter akzeptiert werden, zumal Sie durch die Nazis Ihren Posten seinerzeit verloren haben ...“ Hier wird recht deutlich, daß die Ullstein-Leute in diesen Nachkriegsmonaten einen „Unbelasteten“ brauchten, und Welk schien da schon der geeignete Mann zu sein. Auch Richard Katz, Walter Kiaulehn, Günter Weisenborn und der Kritiker Manfred Georg, die sich 1945 schriftlich in Erinnerung brachten, ermunterten Welk, zu seinem alten Metier zurückzukehren. Dieser freilich hatte sich entschieden. Er machte die Thesen des Manifestes, die der „Kulturbund zur demokratischen Erneuerung Deutschlands“ bei seiner Konstituierung am 3. und 4. Juli 1945 verkündete, zu seiner eigenen Maxime: „... eine Wiedergeburt der deutschen Kultur im Zeichen der

Wahrheit und des freiheitlich-demokratischen Geistes zu vollziehen, die große deutsche Kultur, den Stolz unseres Vaterlandes, wiederzuerwecken und ein neues deutsches Geistesleben zu begründen".

Welk schlug alle verlockenden Angebote aus, weil er erkannt hatte, daß nur in der sowjetischen Besatzungszone die Voraussetzungen für den Aufbau einer konsequent antifaschistischen Ordnung geschaffen wurden. Darüber geben mehrere Briefe aus dieser Zeit Auskunft, vor allem die an zwei ehemalige Mitarbeiter der „Grünen Post". An Kurt Grote schrieb er: *Ich bin Sozialist, und wenn ich es mit diesem Bekenntnis ernst meine, so ist damit auch meiner politischen Einstellung zu den einzelnen Mächten die Richtung gewiesen. Darüber hinaus aber muß sich der einzelne entscheiden, ob er ein Anhänger der kapitalistischen Wirtschaftsform oder ein Anhänger des Sozialismus sein will. Das ist die Frage, die heute die Welt bewegt . . .* Und in einem Brief an Hans Ahrens lesen wir: *Neofaschismus ist nicht die Wiederkehr nazistischer Generale und Generaldirektoren, sondern die Infizierung ehemals freisinniger demokratischer Menschen mit Angstbazillen vor einer vermeintlichen kommunistischen Gefährdung ihrer Existenz. Daß dabei auch Tausende und aber Tausende kleinbürgerliche Angestellte und geistige Arbeiter mitmachen, ist das Bedauerlichste an der Geschichte. Ich habe nicht die Absicht, Ihnen einen politischen Vortrag zu halten. Ich wollte nur deutlich machen, warum ich bei der Liebe zu meinem Volk und Vaterland gerade die amerikanischen Beeinflussungsversuche besonders hartnäckig ablehne.*

Ehm Welk blieb in Ueckermünde. 1952 schrieb er rückblickend: *Zu Ullstein bin ich unter anderem deshalb nicht zurückgekehrt, weil ich meine politische Überzeugung hätte verkaufen müssen . . ., die grundsätzliche ideologische und politische Trennung ist es, die es einem so schwer macht, den anderen Deutschen noch zu verstehen.*

Der schmale, fast zerbrechlich wirkende Leiter des Volksbildungsamtes in Ueckermünde übernahm die verschiedensten Aufgaben, und er hatte ein gewaltiges Pensum zu bewältigen: die Organisierung der ersten Nachkriegsrente, die Bildung von antifaschistischen Frauenkomitees (13 Nähstuben, 9 Kindergärten, 4 Hilfskrankenhäuser, 2 Frauenberatungsstellen) und des antifaschistischen Jugendausschusses. Seine wichtigste Tätigkeit in diesen Monaten war jedoch die Leitung der Kreiskommission für die Bodenreform. Am 19. Oktober 1945 steht lakonisch in seinem Abschlußbericht: *Im großen und ganzen ist die Bodenreform im Kreise Ueckermünde zu Ende geführt.* Welk, der Enkel von Bauern, hatte sich dieser Jahrhundertaufgabe mit ganz besonderem Engagement gestellt.

Wir wollen die Initiativen Welks 1945 bis Anfang 1946 in Ueckermünde nicht im einzelnen verfolgen. Wichtig ist nur, daß er wie viele andere Antifaschisten, die wir Aktivisten der ersten Stunde nennen, auf seine Weise Wesentliches zur Errichtung einer antifaschistisch-demokratischen Ordnung beigetragen hat. Daß dabei sein eigentliches „Handwerk" nicht ganz aus dem Blickfeld geriet, verrät die Tatsache, daß er während der „ersten Kulturwoche" der Universität Greifswald im Jahre 1945 vor einem dichtgedrängten Publikum in der ungeheizten Aula aus seinen Werken las. Zudem gründete er im Dezember 1945 die Kreisgruppe des Kulturbundes in Ueckermünde, deren erster Leiter er wurde. Und er reiste von Stadt zu Stadt und erläuterte vielen Zuhörern den Sinn der Nürnberger Kriegsverbrecherprozesse. „In seiner lebendigen und eindrucksvollen Art", so berichtete die mecklenburgische „Volkszeitung" am 8. Februar 1946, „gab er einen Bericht der Verbrechen jener Männer auf der Anklagebank in Nürnberg. Er sagte: Über diese erledigten Kreaturen könnte man leicht zur Tagesordnung übergehen, aber es gilt, den Geist zu bekämpfen, der durch sie verkörpert wird und der mit Stumpf und Stiel ausgerottet werden muß." Welk sprach häufig zu Lehrern, und er sagte ihnen, daß *der deutsche Lehrer vor eine große Aufgabe gestellt ist, er wird sie nur lösen können, wenn er bereit ist, sich vorbehaltlos in den Dienst der demokratischen Erneuerung zu stellen.* Er diskutierte mit alten und jungen Menschen über das Woher und Wohin, über Literatur und Kunst,

Gesellschaft und Politik. Von Oktober 1945 bis April 1949 sind allein in Kulturbundveranstaltungen Mecklenburgs achtzig Referate zu registrieren. Nur in seltenen Augenblicken der Ruhe griff Welk zur Feder: ab 1946 wurden die Theaterkritiken Theodor Fontanes gesammelt, für den „Nachtmann" und die Erzählung „Der Bulle von Klebbow" wurden Vorarbeiten geleistet. Das ist nicht viel, gemessen an Welks tatsächlicher schöpferischer Ungeduld. Zwei Briefe an seine Frau, geschrieben im Februar und März 1946, sprechen vor allem davon. Wir lesen: *Ich stecke nicht nur voller Pläne, ich fließe schon über, und alles ist wesentlich und aktuell. Etwa: Martin und Johannes in der heutigen Zeit! Ich meine, als Jüngling von 17, 18 Jahren. Oder ein anderes: Heimkehr nach Kummerow! Der alte Martin kehrt 1945 im Herbst nach Kummerow zurück. Besser noch, er ist zur Nazizeit zurückgekehrt, wie es einmal vorgesehen war, und nun kehrt sein heimat- und berufslos gewordener Sohn heim zu ihm und wird – Bauer. Der Ring schließt sich: Die Tragikomödie des doppelt heimatlos gewordenen geistigen Menschen, der ein Gegner Hitlers war und nun nicht nur alles verloren hat, sondern sich auch noch zu einer Mitschuld an den Verbrechen bekennen muß, die andere verübt und gebilligt haben.* Und in dem anderen Brief heißt es: *Mein Kopf ist eine einzige Feuerkugel. Nicht vom Fieber, nein, nur von der Fülle und der Glut der Gedanken und Pläne, die sich jagen und mich oft um den Schlaf bringen. Ich glaube, ich muß noch vierzig Jahre leben, um auch nur die Hälfte verwirklichen zu können.*

Zunächst aber, schrieb Welk am 8. Juni 1946, *habe ich eine Aufgabe zu erfüllen, die in der direkten Arbeit an der geistigen und demokratischen Erneuerung unseres Volkes liegt. Die Volkshochschule gibt mir dazu die beste Möglichkeit.*

Dieser Erklärung war eine Berufung der Landesregierung Mecklenburg/Vorpommern vorausgegangen. Welk wurde am 6. Februar 1946 die Aufgabe gestellt, das Volkshochschulwesen im Lande aufzubauen. Im Bewußtsein seiner politischen Verantwortung sagte er sofort zu. Seine Wirkungsstätte war nun die mecklenburgische Landeshauptstadt Schwerin. Gemäß eines gemeinsamen Aufrufes der KPD und SPD vom 18. Oktober 1945 trug er vier Jahre lang dazu bei, daß die Jugend „frei von nazistischen und militaristischen Gedanken, in einem neuen Geist, im Geist einer kämpferischen Demokratie“ erzogen und daß das Bildungsprivileg der bürgerlichen Klasse gebrochen wurde. Als am 21. März 1946 Willi Bredel Ehm Welk bat, die Chefredaktion der neuen „Weltbühne“ zu übernehmen, deren Lizenz Frau von Ossietzky erhalten hatte, lehnte er ab. Er blieb im Lande, und er gründete in kurzer Zeit die Volkshochschulen in Schwerin, Wismar, Rostock, Stralsund, Greifswald und Güstrow, er war ihr Inspekteur und Leiter. Und er muß ein vortrefflicher Leiter gewesen sein. Dabei muß man berücksichtigen, daß den Volkshochschulen im neuen demokratischen Bildungssystem eine besonders wichtige Aufgabe zufiel: Sie haben in den Nachkriegsjahren maßgeblich dazu beigetragen, daß die faschistische Ideologie aus den Köpfen der Erwachsenen verbannt wurde. Während der Jahre, als Welk die Schweriner Volkshochschule leitete, wurde sie von fast 20 000 Männern und Frauen besucht. Welk selbst referierte damals vor allem über folgende Themen: „Begriffe und Schlagworte, Lehrgang für nachdenkliche Zeitungsleser“; „Weltanschauung und Standpunkt“; „Der Mensch und das Tier“; „Existentialismus – eine Philosophie, eine Mode oder eine politische Aktion“; „Geschichte der deutschen Literatur. Von der Gotenbibel bis zu Goethes Faust I“; „Weltanschauung und Lebensgestaltung“; „Geschichte der deutschen Literatur II. Von der Romantik bis zur Gegenwart“; „Die Zeitung, das andere tägliche Brot“; „Die Technik der geistigen Arbeit“. Seine Vorlesungen waren stets überbelegt. Als Welk sich am 12. April 1949 mit einer Vorlesung über „Frühling, Friede, Freiheit. Zum Weltfriedenskongreß in Paris“ verabschiedete, hatte nicht nur die Erwachsenenqualifizierung der antifaschistisch-demokratischen Ordnung neue Impulse bekommen. Die Volkshochschule Schwerin und ihr Leiter hatten Zeichen gesetzt für ein sozialistisches Bildungssystem, das die Deutsche Demokratische Republik umfassend und beispielhaft verwirklichen wird. Abend für Abend hatten eintausendzweihundert Hörer die Unterrichtsräume gefüllt, sie und die Dozenten schieden von ihrem Leiter und Lehrer in Dankbarkeit. Der Abschiednehmende wird Genugtuung empfunden haben, als er im Vorwort des Arbeitsplanes der Volkshochschule Schwerin lesen konnte: „Mit dem Abschluß des II. Lehrabschnittes 1948/49 ist der Leiter der Volkshochschule Schwerin, Ehm Welk, der sie im Jahre 1946 aus der Taufe hob und sie in neun Lehrabschnitten in die vordersten Reihen der Volkshochschulen unserer Zone geführt hat, aus dem Amt geschieden, um sich ganz seinen schriftstellerischen Aufgaben zu widmen. Der hohe Sinn, mit dem er seines Amtes waltete, durchdrang Dozenten und Hörer: nichts Kleinliches, Schiefes, Falsches konnte im Bannkreis seiner Persönlichkeit aufkommen. Nie wurde eine Arbeit in idealerem Geiste und zugleich mit kräftigerem Realismus geleistet als die der Volkshochschule Schwerin unter seiner Leitung. Viele seiner Hörer kannten seine Werke und erlebten das schöne Beispiel eines Schriftsteller, der die Ideale, die er in seinen Büchern verkündete, seinen Mitarbeitern und Schülern durch sein eigenes Walten und Wirken praktisch vorlebte."

Willi Bredel, Hans Franck, Adam Scharrer und Ehm Welk waren die vier prominentesten Autoren, die in Schwerin lebten. Bredel und Scharrer hatten in der Sowjetunion vor den Nazis Zuflucht gefunden, Franck und Welk waren im faschistischen Deutschland geblieben. Bredel, gleich nach der Befreiung zusammen mit Gustav Sobottka und Kurt Bürger einer der Beauftragten des Zentralkomitees der KPD für Mecklenburg, gründete 1947 die kulturpolitische Zeitschrift „Heute und Morgen", deren Chefredakteur und Mitherausgeber er viele Jahre war, und er rief den Petermänken-Verlag ins Leben. Adam Scharrer konzipierte einen Roman über die Bodenreform mit dem Titel „Der Mann mit der Kugel im Rücken", der unvollendet blieb. Welk wirkte als Lehrer und Kulturpolitiker, und Franck lebte zurückgezogen in Frankenhorst am Ziegelsee unweit von Schwerin.

Bredel, Scharrer und Welk gingen damals oft zu den Arbeitern in Stadt und Land, sie lasen aus ihren Werken und diskutierten mit ihnen über Politik und Literatur. Ihr kulturpolitisches Hauptbetätigungsfeld war indessen jene Vereinigung, die alle fortschrittlichen Intellektuellen um sich sammelte: Schwerin war eines der wichtigsten Zentren des von Johannes R. Becher präsidierten „Kulturbundes zur demokratischen Erneuerung Deutschlands". Willi Bredel, Ehm Welk und der von den Faschisten gemaßregelte Schweriner Domprediger Karl Kleinschmidt waren die Initiatoren und Mentoren der Schweriner Ortsgruppe: mit viertausend aktiven Mitgliedern war sie eine der stärksten Gruppen in der damaligen sowjetischen Besatzungszone. Es konnte in diesen Jahren der Neubestimmung einer antifaschistischen Literatur nicht ausbleiben, daß es zu Kontroversen kam. Hier ist allerdings von einem Ereignis zu berichten, das Welks Schweriner Jahre überschattete, weil es ein Disput ohne Versöhnung, ein Streit mit tragischem Ausgang war. Es handelt sich um die Auseinandersetzung zwischen Welk und Scharrer.

Scharrers Entwicklung weist beträchtliche Unterschiede zu derjenigen Welks auf. Scharrer gehörte in den Jahren 1920 bis 1933 der sektiererischen KAP (Kommunistischen Arbeiterpartei Deutschlands) an. Gleichwohl mied er die offene Propagierung eines Linksradikalismus in der Literatur. Die energisch betriebene Aufarbeitung seiner Jugend- und Wanderjahre jedenfalls zeigt, daß er dem Literaturverständnis des Bundes proletarisch-revolutionärer Schriftsteller nahestand. Die Gemeinsamkeiten, die Scharrer und Welk verbinden mochten – ihre ländliche Herkunft und die Darstellung des Dorflebens –, konnten nur schwer die Gegensätze verdecken, die sich in der unterschiedlichen Behandlung des Stoffes aussprachen. Bei Scharrer dominierte die direkte Darstellung des Klassenkampfes, weil er sich von Anbeginn seiner schriftstellerischen Laufbahn als revolutionärer Autor verstand. Organisierter, kollektiver Kampf der Arbeiterklasse, die Entwicklung von Menschen zu Revolutionären, nichts von all dem fand Scharrer in den Welkschen Büchern. Natürliche Volksverbundenheit und humanistische, antifaschistisch-demokratische Gesinnung, das allein mochte dem ehemaligen Vagabunden, der später zum klassenbewußten Metallarbeiter und organisierten Spartakisten wurde, nicht genügen. Skeptisch und nicht ohne Argwohn sah Adam Scharrer, wie Ehm Welk sich im kulturellen Leben Schwerins und des Landes Mecklenburg/Vorpommern immer stärker profilierte. Vielleicht mochte er auch fürchten, daß Welk in seinen vielen kulturellen und kulturpolitischen Vorträgen bürgerliches Gedankengut propagierte. Es ist kennzeichnend, daß eine Ricarda-Huch-Laudatio Welks zum Stein des Anstoßes wurde.

Ehm Welk, Delegierter des ersten deutschen Schriftstellerkongresses, der vom 4. bis 8. Oktober 1947 in Berlin unter dem Ehrenpräsidium von Ricarda Huch tagte, hatte vier Wochen später, als die Huch im 84. Lebensjahr gestorben war, in Schwerin eine mit Reminiszenzen an den Kongreß durchsetzte Gedenkrede gehalten, die Willi Bredel in seiner Zeitschrift abdruckte.

Als auf dem Kongreß der deutschen Schriftsteller Ricarda Huch die Bühne betrat, erhoben sich spontan alle. Sie ehrten solchermaßen nicht nur die 83jährige Nestorin der deutschen Literatur, sie grüßten in Ehrfurcht einen universellen menschlichen Geist, der in der Gestalt dieser einzigartigen Frau wirkte, der größten eine, welche die deutsche Erde trug ... Und als dann die Wahrnehmung, da oben steht nicht nur eine Greisin, steht, sich mühsam am Rednerpult haltend, eine fast schon Abgeschiedene, als dieses Bild tiefe Trauer um die Vergänglichkeit des menschlichen Leibes in die Herzen senkte und beklemmendes Schweigen die Befürchtung deutlicher werden ließ, der Versuch, die hinfällige alte Dame noch einmal ins mitleidlose Licht der Scheinwerfer zu stellen, könne peinlich enden, da geschah das Wunder ... In demselben Maße, in dem sich die Worte der alten Frau, weich, klar und hell gesprochen, aus den herkömmlichen Formen der Begrüßung und des Dankes für die vermeintliche Ehrung hoben und sich dem Thema zuwandten, das diesem Kongreß zugrunde lag: das deutsche Schicksal, in demselben Maße nahm der Geist der Sprecherin Besitz von ihrem Körper. Und es war nicht mehr der persönliche Geist der Ricarda

Huch, der Historikerin und Dichterin, es war jene allgemeine schöpferische geistige Kraft schlechthin, welche die Griechen den schaffenden Ursprung nannten. Starr, ohne den nach oben gekehrten Blick zu verändern, frei sprechend, stand die Greisin da, und der schöpferische Geist formte aus einem gewaltigen Wissen und aus philosophischer Erkenntniskraft mühelos in gemeisterten Sätzen ein Bild der deutschen Geschichte, in welchem der himmelstürmende Drang des Deutschen ebenso gemalt war wie seine furchtbaren Höllenstürze. Ohne Pathos, ohne Beschönigung und Haß wurden die Ursachen unserer Not offenbart, und mit Worten der Liebe zum deutschen Volke wurde der Ausweg gewiesen ...

Was sich dort sichtbar vor aller Augen vollzog – die wunderwirkende Kraft des Geistes –, war allerdings schon aus dem Werk Ricarda Huchs zu erkennen: Historisches Wissen, philosophisches Denken, Phantasie, dichterische Gestaltungskraft, eine leidenschaftliche Liebes- und Leidensfähigkeit hatten zusammengewirkt, wie in keinem anderen Menschen unserer Tage. Ein wahrhaft universeller Geist hatte sechzig Jahre einen gütigen Menschen zur Aussage, zum Bekennen der Wahrheit gezwungen. Wir müssen in der Literatur schon bis zu Goethe zurückgehen, um einen ähnlichen Fall zu schauen ...

Ricarda Huch besaß die gewaltige, bewundernswerte geistige Kraft, das Leben als Ganzheit zu erkennen ... Darum auch fehlt in ihren Werken alles Heroisierende, Moralisierende, alles Individualisierende, jedes Pathos, ist der Held immer das Leben selbst ... Der an das Zeitliche gebundene beengte Mensch sieht alle Lebensvorgänge, sieht Liebe, Genuß, Behagen, sieht Trauer, Erschauern, Entsetzen, sieht Glück und Freiheit und Gebundenheit nur immer im zeitlich begrenzten Gefühl und Blick. Das Leben selbst aber ist ewig und grenzenlos und steht im Auge des Ewigen – wie wir ihn auch nennen, sie nennt ihn Gott – anders als im menschlichen Auge.

Aus dieser Verpflichtung zur Ganzheit des Lebens hat diese Frau, die philosophisch dem deutschen Idealismus zugehörte, den Weg gefunden auch zum Verstehen des ge-

schichtlichen Materialismus, zum Verständnis des wissenschaftlichen Sozialismus. In ihrem großen Werke „Alte und neue Götter" malt sie das Heraufkommende, gesehen mit der Erkenntniskraft der Historikerin und gestaltet mit der Begnadung der großen Dichterin. Darum eben blieb sie bis zu ihrem letzten Lebenstag dem Volke und seiner Not verbunden.

Das waren große Worte, die einer von Welk sehr verehrten Schriftstellerin galten, aber sie waren wenig konkret und ließen, vor allem in den Augen Adam Scharrers, eine geschichtliche Einordnung der Leistungen der Schriftstellerin vermissen. Er konterte in der Nummer 1 des Jahres 1948 in der gleichen Zeitschrift hart. Dabei ging er davon aus, daß die „Hitler-Kultur" das Bewußtsein der Menschen vernebelt habe und daß es nun darauf ankomme, Literatur in Beziehung zu den historischen Triebkräften zu sehen. „Diese grundlegende Erkenntnis ist als Ausgangspunkt auch für die Würdigung eines Werkes wie das der Ricarda Huch, das aus dieser schicksalsschwangeren Epoche herauswuchs, die einzig mögliche Position, die uns vor verhängnisvollen Irrtümern zu bewahren vermag.

Ehm Welk jedoch unterließ es, das Werk der Ricarda Huch dem Schmelztiegel dieser häßlichen Welt auszusetzen, um so zu verdeutlichen, inwieweit sich diese Erkenntnis auch in dem Werk der Ricarda Huch abzeichnet; was nur als Stütze zu soliderem Beginnen zu werten ist und in diesem Sinne wohl zum Werk, zum Ganzen gehört, daß aber nur der große, unter Irrungen und Wirrungen errungene Gewinn die befruchtende Kraft ausstrahlt, die in die Ferne und in die Tiefe wirkt. An Stelle kritischer, positiver Würdigung des Lebenswerkes der Ricarda Huch gibt Welk eine billige Heldenverehrung ... Das Erhebende und Bleibende des Erscheinens und Wirkens der Ricarda Huch auf dem Kongreß war dies, daß sie mit einfachen und durch diese Einfachheit zu Herzen gehenden Worten ein offenes und eindeutiges Bekenntnis zum neuen Deutschland ablegte.

Literatur in ihrer Eigenschaft als gesellschaftliches Phänomen, als vorwärtstreibende und befruchtende Kraft auf die geistige Entwicklung der Menschheit muß sich erproben an den Problemen ihrer Zeit. Welchen von unseren Meistern der erste oder der zweite oder der dritte Platz gebührt und welche unter den Schriftstellern unter ‚ferner liefen' einzureihen sind, das möchten wir nicht voreilig entscheiden ... Die Dialektik des materiellen Lebens ist es, die den Tempel unserer Künder und Kämpfer heizt, und damit ist auch das ‚Geheimnis' ihrer ‚schöpferischen' Methode enthüllt. Bekenne! heißt die unerbittliche Alternative. Auch Ricarda Huch hat sich durchgerungen zu jenen großen Bekennern. Welcher Weltanschauung ein Künstler außerdem noch verhaftet sein mag, bleibt von sekundärer Bedeutung. Ernst Wiechert wird wohl schwerlich auf die Philosophie Lenins schwören, aber als der große Bekenner und Ankläger im Kampf für Wahrheit und Gerechtigkeit bagatellisiert er den Kampf gegen die Barbarei nicht als Kindergezänk, sondern er kämpft mit in der ersten Reihe, und darauf kommt es an ...

Das schon hundertmal totgerittene Steckenpferd von der ‚Kunst um der Kunst willen' wird hier von neuem aufgezäumt. Einer Kunst, die neben dem Grauen der Katastrophe im lebensleeren Raum des Elfenbeinturmes blüht und gedeiht. Der ‚Theorie', die sich ihrem Wesen nach gegen jede wirklich kämpferisch-fortschrittliche Literatur richtet, und die von eh und je eine der heimtückischen Waffen in den Händen demokratisch maskierter Dunkelmänner war, und die ihre Logik auch da hat, wo die Verfechter einer solchen Theorie sie nicht haben ... Wir müssen zu einer klaren Frontstellung der fortschrittlichen Literatur und Literaturkritik gegenüber der ‚reinen Kunst' kommen. Das ist das Gebot der Stunde."

Dieser imperative Schluß gibt die Richtung der politischen Auseinandersetzung zwischen Welk und Scharrer zutreffend wieder. Wie Scharrers Text zeigt, richtete sich seine Polemik nicht so sehr gegen Ricarda Huchs Werk als vielmehr gegen dessen Deutung durch Welk. Und auch wenn er sich dazu hinreißen ließ, Welk in die Nähe von l'art pour l'art zu rücken, was sich nur aus Scharrers Vergangenheit und seiner

Eberhard Binder:
Illustration zu den
„Gerechten von Kummerow“

damaligen Erregung erklären läßt, wird man seinen Ausführungen die Berechtigung nicht ganz absprechen können. Scharrer verstand sich als Hüter und Vollstrecker einer proletarischen Literaturtradition, und er wandte sich scharf gegen eine allgemein-humanistische Interpretation literarischer Werke.

Am 6. Januar 1948, nach einem Vortrag von Hans Franck über Ernst Barlach, hatte er an Ehm Welk geschrieben: „Der ‚einmalige' Barlach als armer Lazarus, das wäre im höchsten Fall eine Museumsangelegenheit. Von Hans Franck konnte man jedoch nichts anderes erwarten." Als Scharrer dann Welks vollmundige Huch-Gedenkrede las, schienen sich seine Vermutungen zu bestätigen. Adam Scharrers Polemik gegen Welk ist durchdrungen von den Erfahrungen eines Menschen, der die tragischen und heroischen Ereignisse in der ersten Hälfte des Jahrhunderts bewußt durchlebt hatte. Angesichts der imperialistischen Restaurationspolitik, einer sich zuspitzenden weltweiten Auseinandersetzung zwischen dem Imperialismus und Sozialismus und des öffentlichen Hervortretens der Reaktion in den westlichen Besatzungszonen wollte Scharrer so auf die Gefahren aufmerksam machen, die von der Bourgeoisie drohten, „das arbeitende Volk als Träger der zukunftsträchtigen Idee des Sozialismus neu zu verwirren und zu versklaven". In diesem Satz sind gewissermaßen in nuce Scharrers politische Befürchtungen enthalten. Welk hielt sie für Kassandra-Rufe, für maßlos übertrieben. Nicht ganz zu Unrecht, wie wir meinen. Daß deutsche Antifaschisten und die sowjetische Militär-Administration ein Wiederaufleben des deutschen Militarismus und Imperialismus zugelassen hätten, stand wohl außerhalb jeder Möglichkeit. Scharrers Worte haben jedenfalls, wie Briefe, Erklärungen und Gegenerklärungen, die bis zu einer gründlicheren Aufarbeitung im Welk-Archiv verwahrt sind, beweisen, Welk damals äußerst verunsichert. Er bezog jedes Wort auf seine Person, nur er fühlte sich angegriffen, und er war schließlich persönlich gekränkter, als er es je in seinem Leben gewesen war, die „Gewitter über Gottland"-Nachwehen einbegriffen.

Tatsächlich standen sich in Welk und Scharrer zwei unterschiedliche Literaturkonzeptionen gegenüber, die freilich allein aus ihren verschiedenen Lebenswegen zu erklären zu einfach wäre. Welk betonte innerhalb einer neu zu schaffenden demokratischen Literatur fraglos stärker deren bürgerlich-humanistische Traditionen, während Scharrer vor allem auf die proletarisch-revolutionären Wurzeln verwies. Dabei handelte es sich nicht um Gegensätze, sondern um andere Akzentsetzungen, wie sie aus der damaligen Situation heraus verständlich werden.

Scharrer seinerseits hat Welks empfindliche Reaktion überhaupt nicht verstanden. Unbefangen schreibt er in dem bereits erwähnten Brief: „Du solltest mich eigentlich so weit kennen, daß mir persönliche Absichten gegen Dich fernliegen ... Wo diese Gerüchte herkommen, weiß ich nicht. Ich habe den Artikel der Redaktion übergeben, und damit war für mich die Sache erledigt, alles andere ist Angelegenheit einer sachlichen Diskussion." Dazu ist es nie gekommen.

Es wäre für die Literaturentwicklung nützlich gewesen, wenn hier jene dialektische Synthese gefunden worden wäre, die schon durch die Volksfrontpolitik der KPD in den dreißiger Jahren zu einem antifaschistischen Bündnis geführt hatte. Statt dessen kam es am 2. März 1948 im Kulturbundhaus zu einer Diskussion über „Realismus in der Literatur", bei der Welk und Scharrer die Hauptkontrahenten waren. Im Verlauf der Debatte sagte Scharrer, daß alle 1933 in Deutschland gebliebenen Schriftsteller „Parasiten Hitlers" gewesen seien. Er distanzierte sich damit von Bechers Feststellung auf dem 1. Deutschen Schriftstellerkongreß: „... kein deutscher Schriftsteller von Rang hat sich dem Naziregime verschrieben; einen deutschen Knut Hamsun hat es nicht gegeben".

Die Erregung der mehreren Hundert Menschen war groß, Meinungen und Haltungen hatten sich versteift. Kein Weg führte in diesem Augenblick mehr zueinander. Wenige Minuten nach einem abrupten Abbruch der Diskussion erlag Adam Scharrer noch im Hause des Kulturbundes einem Herzanfall. Ehm Welk sollte viele Jahre brauchen, den Tod dieses Mannes zu verwinden.

Im August 1948 erschien als erstes Buch Welks nach dem Kriege „Die Heiden von Kummerow" wieder. Der Buchdrucker, Journalist und Verleger Peter E. Erichson, Inhaber des Carl Hinstorff Verlages in Rostock, von allen nur Peter E. genannt, wurde von diesem Zeitpunkt an ein Freund und Vertrauter des Hauses Welk.

Ein nächstes Buch, das Welk wieder einmal als Herausgeber betreute, erschien ein Jahr später: „Parkettplatz 23 – Theodor Fontane über Theaterkunst, Dichtung und Wahrheit". Es mutet ein wenig merkwürdig an, daß gerade Welk, der von der Theaterkritik einst so heftig gezaust worden war und seither ein gebrochenes Verhältnis zu ihr hatte, die Theaterrezensionen Fontanes edierte. Gewiß war dies nur eine der Gelegenheitsarbeiten, die Welk von Zeit zu Zeit gern übernahm. Aber noch in seinem kenntnisreichen und gescheiten Kommentar läßt der Autor der Stücke „Gewitter über Gottland" und „Kreuzabnahme" erkennen, worum es ihm ging: *Wenn also heute angehende Theaterkritiker von diesem Meister lernen wollen, so müssen sie beachten, daß er ihnen kein fertiges Rezept hinterließ, von jedem anzuwenden; daß die Subjektivität Fontanes und seine mit Vergleichen und Gleichnissen operierende Plauderform auch die Fontaneschen Eigenschaften voraussetzen: seine Empfindungsfähigkeit, sein Verantwortungsbewußtsein, seine dichterische Begabung und sein Stilgefühl. Die dergleichen nicht mitbringen, sollen doch lieber Theaterwissenschaft studieren.*

Auch wenn der Band nicht eigentlich Neues ans Licht brachte, war es doch nach den Jahren der Naziherrschaft, in denen die Kritik schweigen mußte, kulturpolitisch höchst verdienstvoll, an einen großen Theaterkritiker zu erinnern. Dabei spielte allerdings auch Welks lebenslange Bewunderung für den Autor der „Effi Briest", in dem er – ein wenig einseitig – den *gütigen Belächler menschlicher Unzulänglichkeit und kritischen Beurteiler der Zeitwerte verehrte,* eine gewichtige Rolle. Diese Sammlung, die im Verlag seines zweiten Verleger-Freundes Bruno Henschel erschien, war jedenfalls eine Huldigung für Fontane anläßlich dessen 50. Todestages im Jahre 1949.

1950 widmete Welk sich dann das erste Mal dem Film: „Familie Benthin". Becher, Dudow, Kuba und Welk schrieben gemeinsam das Drehbuch. Regie führten Slatan Dudow und Kurt Maetzig. Kritiker und Zuschauer waren bei der Uraufführung, die noch im gleichen Jahr stattfand, des Lobes voll. „Der neue DEFA-Film ist nach dem ‚Rat der Götter' ein politisch wie künstlerisch gleich großer zweiter Wurf, ein zweiter überzeugend gelungener Versuch, die aktuellen brennenden Fragen unserer unmittelbaren Gegenwart im Film zu gestalten", schrieb „Der Sonntag", und der Kritiker setzte euphorisch hinzu: „Der deutsche Film hat seine Kinderschuhe abgestreift!"

Der Film „Familie Benthin" reflektiert die Zeit von der Londoner Außenministerkonferenz im November und Dezember des Jahres 1947, auf der die Sowjetunion, im Gegensatz zu den Westmächten, für eine strikte Einhaltung der Beschlüsse der Potsdamer Konferenz plädierte und im Interesse einer friedlichen und demokratischen Entwicklung in Europa erneut eine Friedensvertragsregelung mit Deutschland forderte, bis zur Gründung der Deutschen Demokratischen Republik im Oktober 1949. Jene Zeit also, die einerseits von der allgemeinen Festigung der antifaschistisch-demokratischen Ordnung im Osten Deutschlands und vom Kampf aller demokratischen Kräfte um die Wiederherstellung der Einheit Deutschlands gekennzeichnet war, andererseits von den separatistischen Bestrebungen der drei westlichen Besatzungsmächte und der westdeutschen Monopolbourgeoisie geprägt wurde, die Westzonen politisch, ökonomisch – und später auch militärisch – in den imperialistischen Block zu integrieren. Es hätte nahe gelegen und es wäre verständlich gewesen, bei diesem nationalen Thema mit undifferenzierten filmischen Kontrasten zu arbeiten. Autoren und Regisseure haben es nicht getan. Ihr Film zielt im besonderen Maße auf eine Widerlegung dessen ab, was die Ideologen des Imperialismus jahrzehntelang verbreitet hatten: Die Arbeiterbewegung sei eine alles zerstörende Kraft, unfähig zu konstruktiven Leistungen. Der Film zeigt am Schicksal zweier Familien, was dieser Antikommunismus und was imperialistische Kriegshysterie bewirken können, wie die aggressive Strategie einer Politik des „kalten Krieges“ in diesen Jahren nicht ohne Wirkung auf jene Menschen war, die Vorbehalte gegen die führende Rolle der Arbeiterklasse und gegen den Sozialismus hatten. Insofern ist der Film „Familie Benthin“ der Autoren Becher, Dudow, Kuba und Welk eine Studie über die historische Wahrheit. Die Filmemacher entgingen in ihrem offenbaren Verlangen nach Parteilichkeit und Volksverbundenheit, nach politischer und künstlerischer Klarheit und Differenziertheit den sich anbietenden Vereinfachungen. Angesichts der imperialistischen Spaltungspolitik half ihr Film antikommunistische und antisowjetische Gesinnungen zu überwinden.

Es scheint, daß Welk am Filmemachen selbst Geschmack gefunden hatte. Das Unbekannte, bisher erst einmal Ausprobierte mochte ihn reizen. Die Verfilmung eigener Werke freilich zog er damals nicht in Erwägung, wenngleich es viele Angebote speziell für eine Verfilmung der „Heiden von Kummerow“ gab. Bei der DEFA bestand lebhaftes Interesse, die Zusammenarbeit mit dem einfühlsamen und disziplinierten Autor fortzusetzen. Welk seinerseits, inzwischen wieder ein Mann, der ganz seiner schriftstellerischen Arbeit leben konnte, war nicht abgeneigt. „Wir freuen uns über Deine Zustimmung“, schrieb die DEFA im September 1951, „die filmische Gestaltung von Fritz Reuters ‚Kein Hüsung‘ zu übernehmen. Es kommt unseren Wünschen entgegen, wir hatten deswegen sowieso nur an Dich gedacht.“ Tatsächlich gab es damals keinen DDR-Autor, der dafür bessere Voraussetzungen hatte. Welk war, wie wir wissen, mit ländlichen Stoffen vertraut, und schließlich gehörte der niederdeutsche Realist Reuter seit eh zu seinen literarischen Vorbildern.

Welk ging mit Feuereifer an die Arbeit. Er sah in der „Kein Hüsung“-Verfilmung (ursprünglicher Titel: „Die Geschichte einer armen Liebe“) eine Möglichkeit, kulturelles Erbe für das Verständnis der Gegenwart nutzbar zu machen. In Konzeptionsberatungen mit der DEFA-Dramaturgie wies Welk auf diese Chance hin, mit einer Adaption von Reuters Werk die Notwendigkeit gesellschaftlicher Veränderungen

auf dem Lande zu begründen. Bedenken, Reuter würde auf solche Weise unhistorisch aktualisiert, ließ er nicht gelten: *Wer die Materie kennt und die Zeit, wird diese gehässigen Versuche aufgeben müssen ... Es gibt zwar immer noch Menschen jenseits der Elbe, die oft die Bodenreform in der DDR lästern und von Verhetzung sprechen. Wären sie redlicher, würden sie die Notwendigkeit anerkennen und begreifen, daß alles, was zu ihrer Begründung gesagt wurde, auch nicht annähernd die Zustände schildern kann, die einmal auf dem Lande herrschten und noch bis 1945 nachwirkten. Es bedarf somit keiner Übertreibung im Film, es genügt vollauf die Dichtung eines Reuter oder Brinckman, um die Menschen aufzurütteln.*

Welk hielt sich im wesentlichen an die Reutersche Dichtung, Erkenntnisse und Ansichten der Gegenwart wurden nicht „aufgesetzt". (Eins mußte freilich geopfert werden: die plattdeutsche Mundart.) Die Versuchung war sicher groß, und es wird auch nicht an Stimmen gefehlt haben, die dazu rieten, jene Konsequenzen eines geschichtlich-revolutionären Handelns zu zeigen, die bei Reuter fehlen und fehlen mußten. Welk hielt es da beizeiten mit Kurt Batt, der in seiner 1967 erschienenen Reuter-Biographie schreibt: „... mit ‚Kein Hüsung' (war Reuter) zum Kern der sozialen Frage vorgedrungen, aber zweifellos blieb die entschiedene Parteinahme für die Landarbeiter vorwiegend gefühlsmäßig. Da es ihm nicht gelang und auch nicht gelingen konnte, sein Engagement über das Moralische hinaus historisch-gesellschaftlich zu begründen ..."

Dabei mußte Welk nicht nur die streckenweise rein lyrische Versdichtung in eine zusammenhängende Handlung bringen, er mußte auch eine dem Plattdeutschen adäquate Sprache finden, Ausdrücke und Dialoge, welche die Grundelemente des Niederdeutschen wenigstens im Klang erkennbar machten. Daraus ergibt sich, daß *der Film,* so schrieb Welk in der „Neuen Film-Welt" 1952, *wie er geschrieben und gutgeheißen wurde, eine ganz einfache, getragene Melodie aufweisen, eine Art Pastoralsymphonie sein muß, auch dort, wo er ländliche Heiterkeit zeigt. Außer geschichtlicher Treue und ideologischer Festigkeit muß er folkloristische Echtheit haben und eine warme, simple Gemütstiefe. Der Film „Kein Hüsung" kann auf die Menschen wirken wie ein Volkslied oder eine Volksballade. Um das zu erreichen, muß er seine schönsten und tiefsten Wirkungsmöglichkeiten im stillen inneren Ablauf des Geschehens suchen ... Der Drehbuchautor nahm also zu Grundlagen seines Films: die Reutersche Dichtung; die geschichtliche Wahrheit; die Härte der sozialen Gegensätze; die Tragik einer armen Liebe; die Zuversicht der Jugend auf den Anbruch einer neuen Zeit und ihren Willen, diese Zeit herbeiführen zu helfen; die schöne, unverfälschte Natur.*

Doch bis zur Realisierung im filmischen Kunstwerk war es noch ein langer Weg. Im Juli 1952 gratulierte zwar die

DEFA dem Autor „zu seiner hervorragenden Filmarbeit", das Filmmanuskript sei „eine ausgezeichnete literarische und filmische Arbeit", nicht nur die Liebe zu Fritz Reuter spreche „aus dem Filmmanuskript, sondern auch das Einfühlungsvermögen eines Dichters, der die Welt und das Land Fritz Reuters wie seine eigene Sache" beherrsche. Aber dieses so prädikatisierte Szenarium blieb vorerst in irgendeiner Schublade liegen. Es muß dies kein Einzelfall gewesen sein. Die II. Parteikonferenz der SED im Juli 1952 beschloß die Richtlinien für die Schaffung der Grundlagen des Sozialismus in der DDR, und sie beschäftigte sich auch mit der DEFA-Direktion, der „mangelnde Zusammenarbeit zwischen der DEFA-Dramaturgie und den bedeutenden Schriftstellern der DDR" angelastet wurde: ein sehr deutlicher Hinweis darauf, daß Drehbücher etwas mit Literatur zu tun haben und daß Filme – in der Regel – so gut und so schlecht sind wie ihre Vorlagen.

Noch einmal zwei Jahre gingen ins Land. Erst am 29. April 1954 wurde Welks Film „Kein Hüsung" in der Regie von Arthur Pohl (Mariken: Eva Kotthaus; Johann: Rudolf H. Krieg; Baron: Hanns Anselm Perten; Oll Daniel: Willi A. Kleinau) in Berlin und am 7. Mai in Stavenhagen uraufgeführt. Er hatte eine durchweg freundliche Presse: „Ein Film voller Lebensnähe, voll Menschliebe und Humor, voller Zorn gegen das Unrecht und auch voll volksliedhaftem Sehnen", schrieb das Zentralorgan der SED „Neues Deutschland". Und die „Tägliche Rundschau" kommentierte: „... Vor allem Ehm Welk als Drehbuchautor ist es zu danken, daß der revolutionäre-demokratische Ideengehalt künstlerisch zur vollen Wirkung gelangt ..." Wenn auch bei einem heutigen Wiedersehen auf so mancher Film-Sequenz der Staub zweier Jahrzehnte liegt, so ist dies doch ein Glücksfall verfilmter Literatur: Reuter hielt „Kein Hüsung" für sein bestes Werk, und es war ihm vor allem sein liebstes. Fast hundert Jahre nach dem Erscheinen des Reuterschen Poems schrieb Ehm Welk an den DEFA-Direktor Hans Rodenberg: *Wie liebe ich diesen Stoff, Zeit und Arbeit, die für Bücher gedacht waren, würde ich ihm opfern.*

„Kein Hüsung" hat Welk auch in den folgenden Jahren nicht „losgelassen". Fast am Schluß seiner schriftstellerischen Tätigkeit erzählte Welk das niederdeutsche Versepos für hochdeutsche Leser (unter Einfügung niederdeutscher Sprachelemente) nach. „Die Geschichte einer armen Liebe", 1960 erschienen, folgt wiederum der von Reuter vorgegebenen Fabel, die Welk allerdings innerhalb eines gegenwartsbezogenen Rahmens ablaufen läßt. Zudem änderte er den Schluß: Johann geht nicht, wie bei Reuter, nach Amerika, sondern er bleibt in Deutschland, um in der Heimat für eine Wandlung der gesellschaftlichen Verhältnisse zu wirken. Solche Aktualisierungen haben, wie wir wissen, immer etwas Fragwürdiges an sich. Doch Welks Veränderung überzeugt wegen ihres politisch-moralischen Ernstes. Reuter wollte ja auch die Notwendigkeit zeigen, den Bauern zu befreien, ihm Haus und Land zu geben, ein „Hüsung". Für ihn gab es allerdings „auch objektiv in den fünfziger Jahren keinen Anlaß und keine Möglichkeit, eine revolutionäre Aktion oder auch nur eine Rebellion zu schildern" (Kurt Batt). Welk dagegen, beim Film von bemerkenswerter Werktreue, zeigte nun in seiner „Kein Hüsung"-Nacherzählung die revolutionären Potenzen und die solidarischen Aktionen der Bauern mit einem der ihren, der es unternahm, ernsthaft zu rebellieren wider den Herrn und dessen Klasse. Er verletzte mithin keineswegs das Prinzip des historisch Möglichen. Diese Grenzen wurden nicht überschritten. Welks Altersarbeit legt Zeugnis ab für seine ständige politisch-moralische Arbeit an sich selbst, sein Bemühen, neue historisch-politische Einsichten zu gewinnen, sie literarisch fruchtbar zu machen und das Erbe schöpferisch mit dem sozialistischen Humanismus zu verbinden.

Wir sind der Zeit weit vorausgeeilt. Kehren wir noch einmal in die Jahre zwischen 1949 und 1952 zurück ... *ich habe eine Arbeitsfreudigkeit wie nie,* schrieb Ehm Welk im März 1949 seiner Frau, *sie wird nur leicht beschattet durch die Gedanken an die schwindenden Jahre* ... In welcher tatsächlichen körperlichen und geistigen Hochform Welk damals war, veranschaulichen vor allem die Arbeitsergebnisse und Aktivitäten: „Parkettplatz 23", „Der Nachtmann", „Familie Benthin" und das Szenarium für den Film „Kein Hüsung", Arbeit am „Morgennebel" und an „Mein Land, das ferne leuchtet", erste Fassung des Novellen-Bandes „Trümmerziegel"; Essayistisches für die Zeitschriften „Heute und Morgen" und „Neue Deutsche Literatur". Und noch immer war er auch aktiver Kulturpolitiker: Lesereisen führen ihn in die BRD. Doch er liest nicht nur, sondern er setzt sich mit der antikommunistischen und nationalistischen Hetze der bürgerlichen Parteien und der SPD-Führung auseinander, er erläutert das Programm der Nationalen Front des demokratischen Deutschland und appelliert an seine Zuhörer, den auf der Stockholmer Apriltagung des Jahres 1950 vom Weltfriedensrat gefaßten Beschluß, ein Verbot der Atomwaffen zu erreichen, zu unterstützen. Die reaktionäre bürgerliche Presse der BRD nennt ihn alsbald „einen besonders scharfen Roten", einen „Heiden, der mit einer roten Trommel durch das Land zieht". Mit diesem Etikett versehen, stellt er sich im November/Dezember 1950 etwa in zwanzig Veranstaltungen in Düsseldorf, Frankfurt, Gießen, Eßlingen, Tuttlingen, Hannover, Braunschweig und Hamburg vielen hundert Menschen. Am 16. November schreibt er aus Bochum seiner Frau: *Diese Menschen hier, ihre Ansichten – nein, wir passen nicht in die Gegend. Krieg wollen sie zwar nicht, aber in sozialer Hinsicht sind sie von einer kleinbürgerlichen Eigensucht, die einen erschauern lassen könnte. Und dazu verhetzt, wie Goebbels es auch nicht hätte besser fertiggebracht haben können ... Die Pommern sind eine ganz reaktionäre Gesellschaft, ich habe ihnen tüchtig die Wahrheit gesagt. Darüber werde ich bei uns berichten ...* Die Erlebnisse und Erfahrungen im Umgang mit den reaktionären Kräften des westdeutschen Imperialismus wurden zum Thema von ungezählten Vorträgen, die Ehm Welk in diesen Jahren bei Kulturbundtagungen, in Betrieben der Städte und des Landes hielt. Parallel dazu las und begutachtete er die Prosa anderer, vor allem junger Autoren. Er schrieb Lieder für die III. Weltfestspiele der Jugend und Studenten. Das Lied „Mit vollen

Segeln hinaus aufs Meer, mit vollen Segeln hinein ins Leben ..." widmete er den jungen Seeleuten des Schulschiffes „Wilhelm Pieck". Außerdem gab es Gespräche und Korrespondenzen mit Paul Rilla, Maximilian Scheer und Walther Victor. Allerdings strebte Welk auch in diesem Lebensabschnitt enge Freundschaftsbeziehungen nicht an. Insgesamt will uns scheinen, daß dieser Einblick in seine Arbeitswochen einer lakonischen Feststellung Gewicht gibt. *Es dürfte hinreichen,* so lautet die letzte Zeile der Selbstbilanz am Silvester-Tag des Jahres 1951, *das Privatleben zu verschieben.*

Zu den gewichtigen Nachkriegswerken Welks zählt vor allem „Der Nachtmann", mit dem Untertitel „Geschichte einer Fahrt zwischen hüben und drüben: kein Roman", erschienen 1950 im Berliner Aufbau Verlag. Es war in den ersten Nachkriegsjahren ein politisch verdienstvolles Unternehmen, eine so gar nicht populäre Beweisführung anzutreten, daß die „Neue Welt" des Kapitalismus menschliche und soziale Gerechtigkeit nicht bieten kann. Daß die Geschichte, die hier erzählt wurde, fünfundzwanzig Jahre zurücklag, tat der beabsichtigten Wirkung des Buches keinen Abbruch.

In den „Nachtmann" ist zweifellos Selbsterlebtes eingeflossen. Andererseits aber ist dieses Buch kein authentischer Bericht über Ehm Welk und seinen 1927 auferstandenen „Weg- und Schicksalsgenossen" Thomas Trimm, wie uns der Autor auf freundlich-irreführende Weise glauben machen will: *Keine Person und auch kein Geschehen ist erfunden, nur einige Namen wurden verändert,* so steht es 1950 im Buch. Entstanden, also geschrieben sei es nach einem *Tagebuch, das Thomas Trimm auf seinen großen Reisen führte.* Was hier wie eine flinke Ausrede klingt, ist in Wirklichkeit pure Mystifikation. In Wahrheit berichtet Welk von einer Überfahrt, wie sie hätte gewesen sein können, doch nicht von seiner im Jahre 1923. Siebenundzwanzig Jahre später lebt diese Zeit allerdings so wieder auf, daß jene Leser, die nach dem zweiten Weltkrieg abermals von der kapitalistischen US-orientierten Zivilisation Erfüllung des Lebens erwarteten, mit Nachdenklichkeit und etwas weniger Sympathie für das

„Land der unbegrenzten Möglichkeiten" das Buch aus der Hand gelegt haben dürften.

Ein Schiff ist kein vaterlandsloses Gebilde, ein Schiff ist der prägnanteste Ausdruck eines Landes ... Und somit spiegelt ein Schiff auch am besten alle Merkmale des Landes wider, dem es gehört. Der Autor Ehm Welk hält sich an diesen seinen Satz, und so ist alles während der Überfahrt zwischen der alten und der „Neuen Welt" da, was für das Land Amerika und seine Menschen charakteristisch war und noch ist: das Leben auf der „President Wilson" mit ihren Offizieren und der Mannschaft, mit Zwischendeckpassagieren und Reisenden erster Klasse, mit Alkohol- und Rauschgiftschmuggel ist ein scharf belichtetes Abbild en miniature der amerikanischen Klassengesellschaft vom Anfang der zwanziger Jahre. Und Welk konzentrierte seine Aufmerksamkeit beim Schreiben auf die Herausstellung dieser Klassengegensätze, die auf der „President Wilson" den Charakter von Kastengegensätzen annehmen: *Ein Steward der ersten Klasse kann daher auch auf einem amerikanischen Schiff unmöglich einen Steward der dritten Klasse als gleichstehend ansehen; ein Maschinist darf keinen Umgang mit einem Heizer haben; ein Heizer nicht mit einem Trimmer oder Schlepp.*

Es läßt sich gegen Ehm Welks zweite Buchveröffentlichung nach dem Kriege einiges ins Feld führen. Angemerkt sei vor allem dies: Im ersten Kapitel des „Nachtmanns" erscheint ein Mann namens Dahlberg, auch „Preester" genannt, ein verkrachter „Freund der Weisheit", der das Geschehen nahezu bis zur letzten Seite des Buches begleitet. Und da nach dem Willen des Autors ein Philosoph unentwegt philosophieren muß, ist das Buch mit pseudointellektuellen Diskussionen überladen, Diskussionen, bei denen *nie zur Sache, aber eher viel drum herum geredet wird.* Im Dunstkreis dieser Diskussionen gehen Welks Intentionen, Wahrheiten über das typisch amerikanische Leben auf einem typisch amerikanischen Schiff vorzuführen, beinahe unter. Insbesondere in dem Kapitel „Der bestirnte Himmel und das moralische Gesetz" hat der „Preester" viel Raum für seine antidemokratischen Argumente. Trimms Gegenargumente nehmen sich dabei sehr bescheiden aus. *Ich brauche nicht zu versichern,* schreibt Ehm Welk im Juni 1949 an seinen Lektor Max Schroeder, *daß der Preester nicht geschaffen wurde, damit Gegenargumente angebracht werden können, daß er vielmehr nur der Wirklichkeit entnommen worden ist, wo er in vielen Schattierungen umhergeistert. Ich gebe aber zu, daß seine Tiraden durch ihre Länge auf harmlose Gemüter den Eindruck, nicht gut widerlegbar zu sein, hervorrufen können, zumal der Gegenspieler wirklich wegen der miserablen Lage des Preesters sich zurückhält. Diese Wirkung will ich jedoch beim Leser nicht erzielen.* Schroeder und Welk einigten sich. Einige Abschnitte wurden *etwas ausbalanciert, Abschnitte,* ja Kapitel wurden verändert oder ganz gestrichen. Dennoch blieb Dahlberg eine wichtige Figur im Ensemble der Romangestalten, und die Vermutung liegt nahe, daß Welk an dieser Figur die Problematik des räsonierenden Intellektuellen schlechthin demonstrieren wollte. Eine Passage im „Nachtmann" jedenfalls gibt unseren Mutmaßungen ein Zeichen. Es heißt dort über Dahlberg: *Es war mir klargeworden, daß hier kein Aristokrat oder Bürger das Volk lästerte, sondern daß ein abgewiesener, verschmähter Liebhaber der Masse versuchte, sich zu befreien, einer, der sich wahrscheinlich brünstig angeboten, der geworben und der nun schwankte, ob er die Unerreichbaren erdolchen oder sich vor ihren Brautwagen werfen und sich überfahren lassen sollte.*

Wenn Welk zudem in seinem Vorwort zum „Nachtmann" schreibt, daß er mit seiner Geschichte aus *den zwanziger Jahren über mehr und Wesentliches berichtet als über einige abenteuerliche Erlebnisse in der christlichen Seefahrt,* so wäre zu ergänzen, daß die Anteilnahme Welks am Schicksal seiner Kunstfigur Dahlberg im Licht eigener Lebenserfahrungen verständlich wird. Historisch und persönlich Versunkenes taucht im siebten Lebensjahrzehnt wieder auf. Der Autor weiß, wovon er sich ideologisch distanzieren will. Er kennt diese Dahlberg-Figuren, die bürgerliche Welt, in der sie zu Hause waren. Es ist deshalb gewiß kein Zufall, wenn Welks erste Prosa nach dem zweiten Weltkrieg vom „Nightman" Thomas Trimm erzählt, jenem „links-bürgerlichen Intellektuellen", der als Konsequenz auf die Restauration der alten Mächte 1923 das inflationsgeschüttelte Deutschland verließ. 1949 stellte sich Welk die Aufgabe, den vom American way of life wiederum Verblendeten wenigstens einen Zipfel der Wahrheit zu zeigen.

Für den nun knapp Siebzigjährigen ging 1952 die letzte Periode gesteigerter Aktivität ihrem Ende entgegen. Dankbare Genugtuung empfand Welk darüber, schreibend alt werden zu können. Die letzten Jahre hatten zweifellos an seinen Kräften gezehrt. Die Spannkraft ließ nach, zerfaserte. Nun mußten immer mehr Ruhestunden eingelegt werden, längere Pausen waren unumgänglich. Jedoch ertrug Ehm Welk die Stille nicht nur, er genoß sie: Kuraufenthalte, erholsame Reisen, lange Spaziergänge, Lesen, eine Flasche Wein und ein gutes Essen, Fisch vor allem, ab und zu ein paar Vertraute des Hauses zum freundlichen Umtrunk: Ehm Welk und Frau Agathe beherrschten die Kunst, sinnvoll und harmonisch zu leben.

Obgleich Welk ein Jahrzehnt in Berlin gelebt hatte und dort auch jetzt wieder manchen Verpflichtungen nachkommen mußte, trug er sich nicht mehr mit dem Gedanken, in die Hauptstadt überzusiedeln. In Mecklenburg, das seiner Herkunftslandschaft so ähnlich war, fand er eine neue Heimat, und ihr wollte er treu bleiben. Hinzu kommt, daß er sowohl im persönlichen Leben wie literarisch stets dem Kleinstädtischen und Dörflichen mehr abzugewinnen vermochte als der industriellen städtischen Welt. Auch in Welks späterem Wirken, in seinen Werken, Reden und Aufsätzen, in denen er sich als Schriftsteller und Kulturpolitiker den Problemen der Nachkriegsentwicklung und des sozialistischen Aufbaus zuwandte, ist dies deutlich abzulesen. Und wie schon in den voraufgegangenen Kapiteln gezeigt wurde, fand Welk wenig Gefallen an größeren literarischen Debatten und suchte sich seine Freunde nur ausnahmsweise unter Schriftstellern. Deshalb amüsierte ihn die hauptstädtische Überheblichkeit mancher Kollegen, aber sie störte ihn nicht. Hansgeorg Stengel reimte damals: „Provinzautoren sollte man belehren: / Berliner Luft ist ein besonderer Saft! / Mit Welk und Kuba zu verkehren / ist, wenn nicht strafbar, so doch ketzerhaft!" Der „Provinzautor" Welk schrieb daraufhin mit liebenswürdigem Spott an den „Eulenspiegel": *Nun wissen einige Autoren des Mit- und Nachwuchses nicht, ob der Umgang mit den beiden genannten Autoren des Vorwuchses nur ketzerhaft sei, weil es sich um Provinzautoren aus Not handele und nicht am Ende um bewußte Abweichung vom Berliner Kurs, die zweifellos zu einem Verirren im ideologischen Provinzmorgennebel und schließlich zur Strandung an den überrealistischen mecklenburgischen Kartoffelland- und Haferbaugestaden führen könne. Wir wurden uns selbstkritisch einig, daß der Umgang mit solchen Provinzautoren, wie wir sie verkörpern, für den literarischen Nachwuchs zukunftgefährdend, weil produktionshemmend sein könne, da der Verdacht des wenn auch noch nicht politischen Schiefliegens, so doch eines ungewöhnlichen Geneigtseins den unmusischen Werkmenschen gegenüber nicht zu übersehen sei.*

Das war keine Selbstgefälligkeit. Welk wollte in einer Umwelt und in einer Landschaft leben, die ihn an das Traumland seiner Kindheit erinnerte. Das alles fand er in Bad Doberan. Für die letzten Jahre seines Lebens zog es ihn in diese Kleinstadt, ein Städtchen unweit der Ostsee. Am Doberaner Stadtrand, vier Kilometer von Heiligendamm entfernt, steht das Haus, das den beiden Welks bis zu ihrem Tode eine ideale Wohn- und Arbeitstätte war. Hier fanden sie den Frieden des Alters.

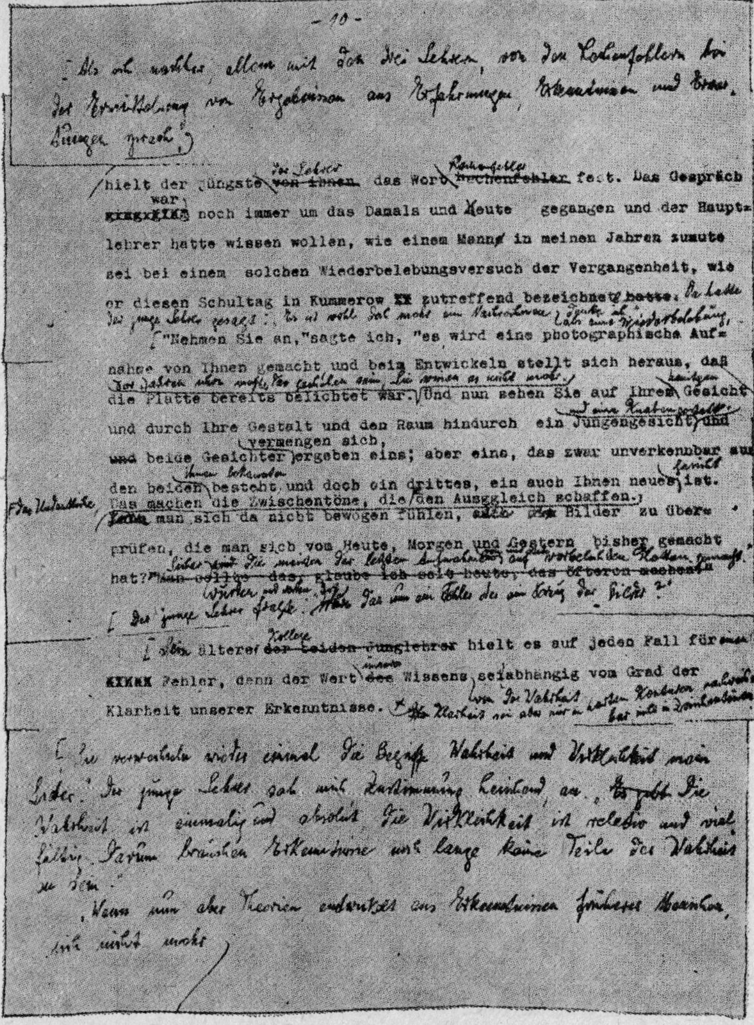

- 10 -

Als ich wieder allein mit den drei Lehrern, von den Hohenzollern bis zur Ermittlung von Ergebnissen aus Erfahrungen, Erkenntnissen und Erinnerungen sprach,

hielt der jüngste ~~von ihnen~~ das Wort ~~Rechenfehler~~ fest. Das Gespräch war ~~ging~~ noch immer um das Damals und Heute gegangen und der Hauptlehrer hatte wissen wollen, wie einem Mann in meinen Jahren zumute sei bei einem solchen Wiederbelebungsversuch der Vergangenheit, wie er diesen Schultag in Kummerow zutreffend bezeichnet ~~hatte~~.

„Nehmen Sie an," sagte ich, „es wird eine photographische Aufnahme von Ihnen gemacht und beim Entwickeln stellt sich heraus, daß die Platte bereits belichtet war. Und nun sehen Sie auf Ihrem Gesicht und durch Ihre Gestalt und den Raum hindurch ein Jungengesicht, und beide Gesichter vermengen sich, ergeben eins; aber eins, das zwar unverkennbar aus den beiden besteht und doch ein drittes, ein auch Ihnen neues ist. ~~Das machen die Zwischentöne, die den Ausgleich schaffen.~~ Sollte man sich da nicht bewogen fühlen, alle Bilder zu überprüfen, die man sich vom Heute, Morgen und Gestern bisher gemacht hat? ~~Man sollte das, glaube ich seit heute, das Älteren machen~~"

Der junge Lehrer fragte: ...

Der ältere ~~der beiden Junglehrer~~ hielt es auf jeden Fall für einen Fehler, denn der Wert des Wissens sei abhängig vom Grad der Klarheit unserer Erkenntnisse.

„Sie verwechseln wieder einmal die Begriffe Wahrheit und Wirklichkeit, mein Lieber." Der junge Lehrer sah mich Zustimmung heischend an. „Die Wahrheit ist einmalig und absolut. Die Wirklichkeit ist relativ und vielfältig. Darum brauchen Erkenntnisse noch lange keine Teile der Wahrheit zu sein."

„Wenn nun aber Theorien entwickelt aus Erkenntnissen früherer Menschen, sich nicht mehr

Manuskriptseite „Mein Land, das ferne leuchtet"

Die Menschen haben den Sonnenschein lieber als den Regen, sie sind lieber heiter und vergnügt als ernst und traurig. Dennoch vermögen sie menschliche Würde nicht in einem fröhlichen Gesicht zu sehen, die menschliche Würde muß sturer Ernst sein. Ich sah es oft: ein beschränkter Spießer, der seine Tage in brutalem Ernst umbringt wie seine Hammel, ist ihnen lieber als ein fröhlicher Bursche, der seine Tage in heiterer Gelassenheit fängt wie ein Angler seine Fische. Sie meinen immer, die Toren, eine heitere Seele sei nicht zuverlässig, sie fälschen das Leben um in einen allgemeinen Kampf ums Dasein und übersehen, wenn sie dabei auf die Natur verweisen, daß jedes Geschöpf die Lust am Spiel bis ins hohe Alter behält. Nur der Mensch nicht.

Letzte Station Bad Doberan

Ein ruhiger und trotz mancher Altersbeschwernisse auch vergnüglicher Lebensabend begann. Die Heiterkeit der späten Werke zeugt davon. Aber dies war keine Flucht vor den Aufgaben, die der Staat und die sozialistische Gesellschaft stellten. Ehm Welk hat sich im Gegenteil bis an sein Ende bemüht, den Problemen auf der Spur zu bleiben, die durch den Aufbau der antifaschistisch-demokratischen und später der sozialistischen Ordnung aufgeworfen wurden, und er ist diesen Problemen mit der Weisheit eines langen Lebens begegnet, indem er zugleich Zeugnis von diesem Leben ablegte. Dies gilt vor allem für „Mein Land, das ferne leuchtet. Ein deutsches Erzählbuch aus Erinnerung und Betrachtung", das der Siebzigjährige 1952 veröffentlichte und das seitdem in hohen Auflagen verbreitet wird. In diesem Buch findet Welks wirkliche Natur, die liebenswürdig, unaufdringlich und humorvoll war, ihren ursprünglichsten Ausdruck. Er hat an diesem Buch lange gearbeitet. Die konzeptionellen Vorbereitungen, mit Reißbrett-Akkuratesse betrieben, waren ungewöhnlich sorgfältig. Es ist nicht auszuschließen, daß der Autor beim Schreiben Goethes „Dichtung und Wahrheit" vor Augen hatte; aber er hatte sicher ebensowenig wie Goethe die Absicht, eine im Detail korrekte Selbstbiographie zu schreiben. Ein Bild der Zeitläufe, durch die der Autor geprägt wurde, Wandlungen und Wendungen sollten beschrieben werden, insoweit er *Zeuge davon gewesen, mit Billigkeit und Heiterkeit.*

Welks „Erzählbuch" ist ein Buch der Rechenschaft. Deshalb knüpft er auch an seine wichtigsten Romane – den

Kummerow-Zyklus – an und ruft die dort agierenden Figuren wieder herauf. Es verschränken sich Gegenwart und Vergangenheit wechselseitig: Orplid kann sich erzählerisch konkretisieren, weil Ehm Welk in der DDR seine Heimat gefunden hat. Von diesem neuen Heimatgefühl aus arbeitet der Autor in 22 Kapiteln sinnbildhaft seine Erinnerungen an Orplid auf, und er berichtet, wie ihn dieses naturmystische Leitmotiv bis in die Jahre nach 1945 begleitet hat. Welk erzählt vor allem von jenen Lebensstationen, die ihn am nachhaltigsten geprägt haben. So gesehen hat dieses Werk ohne Zweifel autobiographische Qualität, es besitzt einen Reichtum an Fakten, wie wir ihn in keinem anderen Stück oder Buch Welks finden. – Zu Beginn seiner „Erinnerung und Betrachtung" läßt der Siebzigjährige jenen *Knaben zwischen Orplid und Bimini* auferstehen, dem wir bereits in der ersten Lebensstation begegnet sind. Welk resümiert nach mehr als einem halben Jahrhundert das uns bekannte erste Zusammentreffen mit Mörikes Gedicht wie folgt: *Nun ich hier sitze und es bedenke, war es bei mir ein Vers, der, ungerufen und unerwartet, aufklang, fünfzig Jahre lang. Er stand in diesem besungenen und beklagten Leben wohl zehnmal da, Mädchenlachen, Vogelgesang, Todesgestöhn und Orgelklang in einem, und brachte stets ein einfaches Landschaftsbild herauf, vor dem alle geschauten Bilder der herrlichen Erde entwichen und alle häßlichen und gefährlichen Umgrenzungen des Lebens auch. Ein Gedicht, in der Schule gelernt und von einem verträumten Knaben in glücklicher Kinderzeit mit einer geheimnisvollen Niederung unweit seines Dorfes verbunden, folgte dem Jüngling und dem Manne, in welchem Erdteil er sich auch befand. Und tauchte, viele Jahre wieder vergessen, seltsamerweise immer dann auf, wenn das Leben ganz verdunkelt oder auf das äußerste bedroht war. Damals, als der Zehnjährige es auf Geheiß eines wunderlichen Schulmeisters für eine Feierstunde der Dorfschule lernte, wußte er das nicht und legte auch keinen Wert darauf, es mit einem Dichter zu verbinden, denn es war für den Knaben ein Gruß wie die Botschaften zu Weihnachten, Ostern und Pfingsten: Friede auf Erden! Er ist auferstanden! Gehet hin in alle*

Welt und lehret! Für den *verträumten Knaben in glücklicher Kinderzeit* spielte es keine Rolle, daß damals das wirkliche Land *keinen so schönen Namen hatte wie Orplid, sondern nüchtern düster Schwarzer See hieß.* Es genügte schon der Glaube, es müßte ein Name für ein Paradies sein. Andererseits wurden in dieser Zeit, wie Welk bekennt, die Biesenbrower Jungen und Mädchen *statt ins wirkliche Leben in eine mystische Welt eingeführt.* Daran und an vieles mehr erinnert sich Welk in „Mein Land, das ferne leuchtet". Zehnmal geschah es, daß sich der Erzähler aus dem Dschungel mythisch-mystischer Vorstellungen auf der Suche nach irdischer Gerechtigkeit den Weg in das Leben bahnen mußte. Dann brach aus jahrelang vergessenen Quellen ein *Gedicht in sein Gedächtnis, ein heller Schein fiel in den Widertanz des roten und weißen Lichtes, und in dem fernen Leuchten stand jenes Stück Erde, das ihm in seiner Kindheit Heimat und Glück gewesen war. Und mit dem Leuchten traten aus Erinnerung, Betrachtung und Hoffnung helle und dunkle Abschnitte der Geschichte seines Volkes und die heiteren Morgen seiner jungen sorglosen Tage. Und dieses jähe Aufbrechen von Bild und Wort und Klang in tiefem Ungemach geschah zu vielen Malen. Und alles Zerrissene wurde wieder ganz, und alles Vielfältige wurde wieder eins.*

An diesem Zitat soll nicht übersehen werden, daß die Bindung an die Natur den Autor bisweilen dazu verführt, einem ins Symbolische gerückten Naturglauben zu huldigen, besonders in den Abschnitten „Alle Kinder hatten Väter"; „Jedem das Seine"; „Uralte Wasser steigen". Hier tritt dann an die Stelle eines historisch-materialistischen Herangehens die Verehrung der Natur, die alles nach ihrem Willen lenkt. Wir wissen aus dem Vorhergehenden, daß Welk häufig geneigt war, Ethisches als „Natürliches" zu sehen und dabei die gesellschaftlichen Bedingtheiten zu unterschätzen. Solche Züge finden sich auch in „Mein Land", aber sie treten zurück gegenüber einer stärker historisch akzentuierten Darstellung. Wir können hier um so eher darauf verzichten, den Inhalt des Buches wiederzugeben, weil das, was Welk berichtet, weitgehend mit den hier bereits geschilderten Stationen seines

Lebens übereinstimmt, auch wenn die Phantasie des Dichters in seinem Werk überall zugegen ist und er die Tatsachen nach einem ihm literarisch wirkungsvoll erscheinenden Gesichtspunkt formiert. Und dieser Gesichtspunkt ist ganz allein die Suche nach dem Traumland Orplid. Sie wird in einem eindeutigen Sinn nach 1945, genau 1952, beendet. Nachdem *es zum ersten Mal geschah,* als eine ungetreue Geliebte dem Liebenden das Herz zu brechen drohte, scheitern beim zweiten Mal des Erzählers Versuche, soziale Ungerechtigkeiten beseitigen zu helfen. In Mazedonien dann lauerten 1916 *mit fast hundert Prozent Wahrscheinlichkeit Gefangenschaft oder Tod,* während beim vierten Mal der Sterbensmüde dort wieder gesundete, wo Biesenbrow war. Einmal brachte der Gesang eines Kreuzschnabels das schon erlöschende Lebensgefühl zurück, und beim sechsten Mal kam selbst im *hastgezagten und lärmdurchtosten* Amerika Orplid herauf. Später rettete eine nicht loslassende Hand den Erzähler vor dem Ertrinken, und im Mai des Jahres 1934 konnte er den Faschisten entrinnen. Nachdem es 1939 Krieg aus den Lautsprechern hallte, aber das furchtbare Wort keinen Schrecken für die Menschen zu haben schien, begann beim zehnten Mal im Mai 1945 ein vom faschistischen Terror befreites Volk wieder zu hoffen.

Der Kreis schließt sich für den Suchenden beim *letzten Mal:* Anfang der fünfziger Jahre trat das Land Orplid noch einmal in des Erzählers Tage. Ein Brief der Schulkinder von Kummerow/Biesenbrow mit der Einladung, sie zu besuchen, ihnen etwas vorzulesen, zu erzählen, wie es gewesen sei, und selbst zu sehen, was sich geändert habe, *brachte es herauf.* Der Erzähler, kein Martin Grambauer mehr, sondern nun ein alter Mann mit zerfaltetem Gesicht, sieht bei seinem ersten Besuch nach langen Jahren bei aller Ähnlichkeit nicht die gleichen Gesichter wie vor sechzig Jahren vor sich, *weil das weiße Licht geschützter als früher und somit heller in den jungen Köpfen brennen konnte.* Er sieht, wie die neue Gesellschaft Lebens-, Arbeits- und Besitzverhältnisse verändert. Am Ende des Buches aus „Erinnerung und Betrachtung“ finden wir lapidar formuliert den Gedanken: Kummerow liegt nicht mehr im Bruch hinterm Berge. Ein scheinbar nebensächlicher Satz, versteckt im Text zwischen anderen.

Welks „Erzählbuch“ erschien in dem Jahr, als in der Deutschen Demokratischen Republik mit dem Aufbau des Sozialismus begonnen wurde. Dem zurückschauenden Betrachter scheint es, als ob dem Erscheinungstermin sozusagen eine innere Notwendigkeit, die sich aus Welks Biographie ergibt, innewohnt. Denn hier erzählt ein Mann, der immer nach einer wirklichen Menschenheimat gesucht hat, der sie auf das Traumland von Orplid projizierte. Nach vielen Umwegen, nach Verstrickungen und Irrtümern hat er diese Heimat nun in einem sozialistischen Vaterland gefunden. Und so endet Welks Orplid-Suche, über die „Mein Land, das ferne leuchtet“ Auskunft gibt, literarisch und ganz persönlich ohne jede Enttäuschung in der Wirklichkeit dieser Jahre. Was den humanistischen Sinn des Mannes Ehm Welk ein Leben lang bewegt hatte, ist nun sinnlich greifbar. Vielleicht hielt Ehm Welk deshalb „Mein Land, das ferne leuchtet“ für sein schönstes Buch.

Es lohnt sich, bei dieser Frage einen Augenblick zu verweilen. Aus der Betrachtung der bisherigen Lebensstationen des Autors geht hervor, daß seine Persönlichkeit von vielschichtigen Wechselbeziehungen geprägt wurde: auf die früheren Abhängigkeiten von familiären Konstitutionen sei hier noch einmal verwiesen. Nun, nach dem zweiten Weltkrieg, ist ein neuer Sachverhalt zu konstatieren. Anders gesagt: der konstruktive Charakter von Welks Prosa zeigt an, daß der Autor sich inzwischen weitgehend mit der Gesellschaftstheorie des Marxismus befaßt hatte. Dies formiert sich dort am überzeugendsten, wo der Marxsche Gedanke von einer „Gesamtheit der Verhältnisse“ wie ein Raster auf die eigenen Lebenserfahrungen gelegt, wenn der Zusammenhang von Lebensweise und Lebensbedingungen in der antagonistischen bürgerlichen Klassengesellschaft literarisch vorgeführt wird. Dann sind Moralbegriffe nicht mehr das geschichtliche Vehikel. Das Fazit der Welkschen Alterserkenntnis: Moralisten vermögen den tatsächlichen Zustand der Gesellschaft nicht zu verändern, und materielle Gegebenheiten lassen sich nicht durch Ideen aufheben. Wir wollen diese Gesichtspunkte nicht im Detail ausführen, freilich aber auch nicht versäumen, wenigstens an einem Beispiel zu belegen, was soeben formuliert wurde. In dem Kapitel „Navigare necesse est ..." gibt es, wie wir gesehen haben, wenig Übereinstimmung mit den biographischen Tatsachen. Die ganze Geschichte hatte sich ja anders abgespielt, als Welk sie ein halbes Jahrhundert später erzählt. Aber nicht daran wollen wir uns erinnern. Lesen wir, was Welk über das Leben und Streben der organisierten Seeleute sagt, jenes Jens Madsen also, der *behutsam die sentimentalen Wurzeln* bloßlegte und den Erzähler lehrte, die Menschen *als Produkt eines Systems* zu sehen. Hier und in anderen Kapiteln sind nun die Arbeiter und Bauern Träger des Geschichtsprozesses. Das ist der Augenblick eines unwiderruflichen Abschieds von Orplid. So nah war der Heide von Kummerow niemals zuvor dem philosophischen Materialismus und seiner Grundfrage, dem Verhältnis von Materie und Bewußtsein.

Angesichts der Entwicklung, die sich in diesen Jahren in der DDR vollzog, wandte sich Ehm Welk Anfang der fünfziger Jahre einem Stoff zu, den er früher schon einmal literarisch gestaltet hatte: Jahrzehnte, nachdem die revolutionären Arbeiter- und Soldatenräte im November 1918 einen Rat der Volkskommissare einsetzten, begann Welk erneut die Geschichte der mißlungenen Braunschweiger Räterepublik in einem Roman zu schildern.

Zieht man Ausmaß und Dauer der Arbeit in Betracht, so kann man den Roman „Im Morgennebel" ein Buch der Superlative nennen, ein Buch, mit einem ganz eigenen Schicksal: Quellenstudium und notwendige Archivarbeiten unternahm Agathe Welk in Braunschweig bereits 1931. Eine erste Niederschrift, immer wieder von langen Pausen unterbrochen, weil an anderen Büchern gearbeitet wurde, entstand zwischen 1933 und 1940. Die damals über eintausendzweihundert Manuskriptseiten blieben als Kopie, da eine Veröffentlichung damals unmöglich war, bei Freunden, als Welks 1940 von Lübbenau nach Neuenkirchen übersiedelten. Zweiundzwanzig Jahre nach dem zweiten Weltkrieg erhielt Agathe

Welk diese Manuskriptfassung, nach abenteuerlicher Sucharbeit, zurück. Eine zweite Kopie der ersten Niederschrift wurde in den letzten Kriegsjahren bei anderen Freunden in Schwerin deponiert, das Original verbrennt 1945 im Hause der Welks in Neuenkirchen. 1946 bekommt Ehm Welk, inzwischen selbst in Schwerin lebend, die dort hinterlegte Kopie wieder. Zwei Jahre lang, 1951 und 1952, wird konzentriert überarbeitet und neu geschrieben: nach mehr als fünfhundert Arbeitstagen konnten neunhundertvierunddreißig Seiten dem Berliner Verlag Volk und Welt übergeben werden. Das umfangreichste Buch des Schriftstellers Ehm Welk erscheint 1953 und 1954 in zwei Auflagen. Nach einer kurzen, öffentlich geführten Debatte, die von den literarischen Vorstellungen der fünfziger Jahre geprägt ist, gerät der „Morgennebel" bald in Vergessenheit. 1958, acht Jahre vor seinem Tod, beginnt der Autor, nun da seine Einsichten in das Leben und die gesellschaftlichen Zusammenhänge noch tiefer geworden waren, erneut mit einer Überarbeitung, die bis 1961 dauert. Es wird die Fassung letzter Hand, Druckvorlage der Ausgabe des Jahres 1983.

„Bedrückt und erregt von den Ereignissen", so heißt es im Vorwort, „welche dem ersten Weltkrieg folgten und Menschen, Anschauungen und Einrichtungen ihrer Gewohnheiten und Hüllen beraubten, unternahm ich es, einen deutschen Roman aus dieser Zeit zu schreiben. In seinem Mittelpunkt sollten, gewissermaßen als Vertreter ihrer Klasse oder Schicht, einige jener Intellektuellen stehen, die, im Besitz von gediegenem Wissen, echten Gefühlen und redlichem Wollen immer wieder versuchen, von ihren vermeintlichen Höhen der Kultur in die Täler des Volkslebens zu gelangen und dabei die Wanderung der Massen ins Freie – wenn möglich beratend – mitzumachen. Daß es für viele von ihnen eine Wanderung im Nebel wurde, liegt nicht allein in ihrer Unkenntnis der Wege begründet: auch Männer aus der Arbeiterklasse, welche selbstverständlich glaubten, die Talwege am besten und genau zu kennen, irrten sich und verirrten sich im oft rechthaberischen Streit über den allein richtigen Weg.

Das Buch ist mehr eine Chronik als ein Roman. Ich schrieb

die Geschehnisse seinerzeit auf, um denen, die Neunzehnhundertachtzehn eine Revolution machten, und ebenso denen, die diese Revolution zu verhindern trachteten, das spätere Heroisieren ihrer Unterlassungen und ihrer Taten zu erschweren und den Kommenden das Erkennen zu erleichtern. Die Revolution in dem deutschen Zwergstaat, der mir Ereignisse, Personen und Dokumente im Miterleben bot, dauerte nur sechs Monate; die deutsche Republik währte vierzehn Jahre, und ihre Führer wähnten vierzehn Jahre lang, Errungenschaften der Revolution bewahrt zu haben. In Wirklichkeit haben sie vierzehn Jahre nur gebraucht, um mit den gleichen Fehlern zu dem gleichen Ergebnis zu gelangen, das mein kleiner Staat in sechs Monaten erreichte.

Der Roman schildert nur wirkliche Vorgänge. Gelegentliche Veränderungen bei neuen Auflagen bezweckten lediglich, Irrtümer und Lücken zu beseitigen. Und wenn manches auch weiterhin unglaubwürdig erscheint: Die Konzentrierung der Ereignisse und die politische Unzulänglichkeit einer noch im Gegensätzlichen nachbarlich empfindenden Bevölkerung wandelten in meinem Lande das allgemeine Versagen bis zu Eulenspiegeleien und erklären das mitunter burleske Reden und Tun mancher Personen dieses Buches. Was bei ihnen in Einzelheiten oft unter Gelächter und im ganzen rascher geschah als bei den langweiligen und traurigen Handlungen im übrigen Deutschland, ist dennoch nicht weniger schmerzlich gewesen. Es sollte darum auch als nicht weniger lehrhaft angesehen werden. Besonders nicht in jenen Teilen des Vaterlandes und in jenen Köpfen, in denen der Nebel der politischen Selbstgefälligkeit liegengeblieben ist."

Es ist das Jahr 1918. Der Dorfschullehrer Michael Dreikant, die Hauptfigur des Romans, ist vor Jahren verwundet aus dem Krieg heimgekehrt. Die Ereignisse haben seine sozialdemokratisch inspirierte Gedankenwelt verfestigt, er sinnt auf eine Veränderung der bürgerlichen Gesellschaft. Bei den Dorfbewohnern stößt er auf Mißtrauen und Skepsis, unter anderem auch deshalb, weil er ein Verhältnis mit einer jungen und betulichen Gastwirtsfrau hat, deren Mann den Krieg über im Felde war. Dreikant steht sich auch mit dem

Pastor und anderen dörflichen Honoratioren nicht gut, da er seine Gedanken nicht verschweigt. Schließlich fühlt er sich so mißverstanden, daß er um seine Beurlaubung vom Schuldienst einkommt. Er verläßt das Dorf Germanshausen mit dem Vorsatz, der aufkeimenden revolutionären Bewegung in der Landeshauptstadt Braunschweig zu dienen und sich, wenn's nötig ist, für die Revolution zu schlagen. Aber schon die erste Begegnung mit einem ihrer Führer bringt die große Enttäuschung. Die überaus ordinäre Ausdrucksweise des August Karges, dem er auf einer Kundgebung begegnet, stößt ihn ab. Trotzdem bietet er den Führern der rechten Sozialdemokratie seine Mitarbeit an, doch diese verzichten zunächst. Sie empfehlen ihn einer Zeitungsredaktion, aber hier lernt er vor allem den Mief und Muff des sozialdemokratischen Opportunismus kennen und verachten. In diesen Tagen begegnet er auch dem jungen Assessor Winter, dessen Zynismus ihn anwidert. In seinem Quartier – Dreikant wohnt bei einer Braunschweiger Offizierswitwe zur Untermiete – hat er zudem die verkommenen Repräsentanten der Großbourgeoisie im Blick. Bald aber trifft er mit dem linkssozialdemokratischen Matrosen Karl Fischgrave, der wie er aus Germanshausen kommt, zusammen. Fischgrave schätzt den Dorfschullehrer als einen lauteren Charakter, er nimmt ihn deshalb zu einer Zusammenkunft der Revolutionäre mit. Allerdings entspinnt sich um Dreikant, dem nicht sogleich vertraut wird, eine heftige Diskussion. Man kann sich trotz des denkbar größten Eifers nicht einigen, und schließlich fliegt die Versammlung auf, weil Polizei und Soldaten kommen, um den Deserteur Fischgrave zu verhaften, der freilich noch rechtzeitig fliehen kann. Fast zur gleichen Zeit entwaffnen revolutionäre Soldaten aus Wilhelmshaven die Braunschweiger Polizei, besetzen die Kasernen und das Gefängnis und halten bald alle Macht in den Händen. Doch den Arbeitern und Soldaten fehlt es an theoretischem Wissen, an Einsicht in das Politisch-Notwendige – und schließlich auch an Lebensmitteln. Sie können sich nicht über das Einfachste einigen, geschweige denn über Grundsätzliches. Währenddessen arbeitet die Konterrevolution fieberhaft, sie kann einige

Führer der Revolution bestechen, und sie verunglimpft mit beißendem Spott die Diktatur der Arbeiter und revolutionären Soldaten. Der Epilog beschreibt das scheinbar einzig mögliche Ende: Als der konterrevolutionäre General Maercker im Namen der sozialdemokratischen Reichsregierung die Braunschweiger Revolutionäre zur Übergabe auffordert, fügt sich August Karges, Präsident des Freistaates Braunschweig, beinahe widerspruchslos. Die regierungsamtliche Kapitulation ist seine letzte Handlung, bevor er selbst in unbekannte Richtung davonfliegt. Theatralischer Ausdruck dafür, daß die Revolution der Vergangenheit angehört. Michael Dreikant gibt dem Ende die letzte Deutung: Er geht dorthin, von wo er gekommen war.

Was Welk mit seinem Roman indes wirklich sagen will, dafür ein Zitat, die Wiedergabe eines Realereignisses, der Besuch führender Mitarbeiter des Arbeiter- und Soldatenrates bei Scheidemann und Noske. Fischgrave fragt Scheidemann: *„Was hältst du von der Gegenrevolution, Genosse Philipp? Ist dir Näheres über die Rüstung der Gegner bekannt, wie? Wo befindet sich das Zentrum der Bewegung, was?“*

Es war, als hätte einer mit einem Muschkotenstiefel auf den dicken Teppich gestampft, so flogen politische Staubwolken hoch. Philipp Scheidemann lehnte sich auch ganz unfeierlich rasch zurück, doch dann hatte er seine Diplomatenruhe wieder und auch seinen Bart: „Das sind nun zwar Staatsgeheimnisse, aber immerhin –“, er machte eine Pause, bis die Finger am Ende des Bartes angelangt waren und dort wieder die Spitzen festhielten: „Das Hauptzentrum der Gegner ist Berlin.“

„Ist Berlin?“ fragte Dreikant erstaunt. „Ja, warum duldet man denn das?“

Philipp Scheidemann blinzelte fein: „Die Dinge sind noch nicht reif zum Zugreifen.“ Dann ging sein Blick zu der roten Armbinde des Matrosen, und nun klang es leicht spöttisch: „Sie dürfen überzeugt sein, Genossen“ – das Wort „liebe“ ließ er diesmal fort –, „die Bolschewisten mögen noch so gegen uns hetzen, wir werden ihnen im entscheidenden Moment schon die Faust an die Kehle legen.“

„Was denn? Was denn?" Karl Fischgrave erhob sich verbiestert: „Ja, was quatschst du denn da?"

„Bitte!!" Das klang aber keineswegs wie eine Bitte, es klang wie eine Warnung.

Fischgrave erhob sich: „Wir sind hierhergekommen – wir wollten was wissen von der Gegenrevolution –"

„Ja, meine Herren" – Scheidemann sagte jetzt Herren und nicht Genossen –, „man sollte doch auch bei Ihnen wissen, daß die Feinde der neuen Republik heute links von uns stehen und nicht rechts!" Ein paar Augenblicke war Stille und Bewegungslosigkeit im Zimmer, es war die Zeit, welche Männer, die sich nicht trauen, nötig haben, um unauffällig nachzufühlen, ob sie die Waffe bei sich haben.

Fischgrave zog als erster. Er sagte: „Ich glaube, Genosse Dreikant, wir haben uns in der Hausnummer geirrt. Hier haben wir wohl nichts mehr zu suchen."

Dreikant blickte zögernd auf den Kanzler. Der wartete noch ein wenig, dann stellte er sachlich fest: „Wie die Herren denken." Da stand Michael Dreikant auf, und auch Philipp Scheidemann erhob sich.

„Wir sind hierhergekommen, um Klarheit zu erhalten", fing Dreikant nun doch an, und seine Augen funkelten.

„Haben Sie die nicht erhalten?" Es klang ironisch.

„Was will die Reichsregierung?" Es klang wie eine Drohung. Da lag auch in der Antwort ein drohender Ton: „Sie will die sozialistische Republik auf demokratischer Grundlage. Deshalb schreibt sie Wahlen zur Nationalversammlung aus. Deshalb ist Spartakus dagegen. Deshalb werden wir ihn vernichten müssen!"

Karl Fischgrave fuhr wütend herum: „Deshalb gestattet ihr den Bürgerlichen, daß sie militärische Formationen gründen?"

Philipp Scheidemann lächelte wieder überlegen. „Ihr könnt überzeugt sein, der Genosse Noske hat die Fäden dieser Dinge fest in der Hand."

„Aber die reaktionären Brüder werden euch doch eines Tages an den Hals springen. Sie werden euch abwürgen, bevor ihr's glaubt. Jawohl, ihr armen Arschlöcher!" Es klang *aus Fischgraves groben Worten ein ehrliches Bedauern mit diesen Gegnern, wie er sie hier angetroffen hatte.*

Philipp Scheidemann sah sich um, als befürchtete er, es könnte jemand draußen hören, daß hier geschrien wurde. Seine Stimme wurde schrill: „Die uns an den Hals wollen – muß ich euch wirklich sagen, wer diejenigen sind?" Er machte eine Pause und sah den Matrosen durchbohrend an. „Und um das zu verhindern, brauchen wir eben die anderen!"

Dies Zitat reflektiert eindrucksvoll die reaktionäre Denkweise von Ebert, Landsberg, Scheidemann, Barth, Dittmann und Haase, jenen Vertretern der SPD und USPD also, die sich zur Irreführung der Massen den Namen „Rat der Volksbeauftragten" gegeben hatten. Ihr demagogisches Spiel mit den revolutionären Energien und Bestrebungen der Arbeiterklasse kam denjenigen zugute, die auf dem Boden kapitalistischer Ordnung und bürgerlicher Staatsmacht standen. In „Im Morgennebel" werden an dieser Stelle Grundfragen aufgeworfen und der Streit zweier Philosophien, der Antagonismus zwischen zwei Grundhaltungen widergespiegelt. Hier der Versuch antikommunistischer Ideologen, die Revolution in eine für die herrschende Klasse gefahrlose bürgerlich-parlamentarische Bahn zu lenken, dort die Forderung nach einem sozialistischen Deutschland, einem von Ausbeutung und Unterdrückung freien. Doch die Mehrheit der Arbeiter und der Räte, so beschreibt es Welk historisch durchaus richtig, durchschauten die Politik der rechten Führer der SPD und der USPD nicht. Sie begnügten sich, der politischen „Moral" auch dieser ihrer Feinde vertrauend, mit Bruchteilen des Möglichen, mit der Ausrufung der Republik und der Proklamation des allgemeinen Wahlrechts. Doch was konnte das schon besagen, angesichts der realen historischen Chance, die Machtgrundlagen des deutschen Imperialismus zu zerschlagen? Aber auch Ehm Welks Helden ändern im Gang der Dinge nichts. Sie unterstützen vielmehr allgemeine Wahlen, die freilich nur den Übergang zu bürgerlich-demokratischen Verhältnissen signalisieren. Politische Begebenheiten, die, im Reich wie in Berlin, ihren Schatten werfen. Hier wie dort rufen Spartakisten und linke Kräfte der USPD zum Generalstreik auf. Aber auch hier antwortet die Konterrevolution, indem sie nach dem Generalstreik der Arbeiter und Räte nun die Ärzte, Apotheker und andere zum Streik bewegt. Unter diesen Umständen beenden die Arbeiter ihren Streik selbst, freiwillig lassen sie sich entwaffnen. Das genügt. Der Weg der Reaktion zurück an die Macht ist frei. Die Proletarier sind noch einmal von der Bühne der Geschichte verwiesen.

Ehm Welks Roman „Im Morgennebel“ enthält eine Fülle von Fragen und Problemen, die hier im einzelnen nur andeutungsweise behandelt werden können. Was wir indessen prüfend zur Kenntnis nehmen wollen, ist eben Welks Absicht. Wir werden also auch hier der Frage nachgehen müssen, wie Welk seine persönlichen zeitgeschichtlichen Erfahrungen im literarischen Werk reflektierte.

Da es bis 1953 in der Literatur der DDR – mit Ausnahme von Anna Seghers' „Die Toten bleiben jung“ – kaum gelungen war, die Traditionen des großen und weiträumigen Gesellschaftsromans aufzunehmen und bedeutende Ereignisse der jüngeren Vergangenheit darzustellen, waren die Erwartungen sehr hoch, als der Verlag Volk und Welt am 1. August 1953 den Roman mit den Worten ankündigte: „Mit der ihm eigenen Unerschrockenheit und Frische ist Ehm Welk an die große und schwierige Aufgabe herangegangen, Ausbruch und Verlauf der Revolution von 1918 in einem Roman zu schildern.“

Unrichtig ist gewiß die Behauptung, hier würden „Ausbruch und Verlauf der Revolution von 1918“ geschildert. Welk hatte diese Zielsetzung nicht. Er wollte – und konnte – nicht die Revolution darstellen, er wollte vielmehr jene Kräfte zeigen, die für das Scheitern der Revolution verantwortlich oder wenigstens mitverantwortlich waren. Schon bei der Behandlung des „Nachtmanns“ sahen wir, daß Welk die Gestalt des bürgerlich-demokratischen Intellektuellen besonders interessierte. Dies gilt verstärkt für den „Morgennebel“, für dessen zweite Niederschrift Welk sehr genaue Quellenstudien betrieb. Er las unter anderem die Materialien des Parteivorstandes der SED aus dem Jahre 1948 über die Lehren der Novemberrevolution und Otto Grotewohls

Buch „Dreißig Jahre später". Zu diesem Buch findet sich folgende Notiz von Welks Hand: *Die Revolution von 1918 blieb sehr bald in ihren Anfängen stecken und ist nicht über einige Reformen hinausgekommen, die bürgerlich-liberalistischen Zielsetzungen zwar alle Ehren machten, mit Sozialismus aber nicht das geringste zu tun hatten. In zahllosen Fällen gelangten Leute ohne jedes Verständnis und Interesse für politische Fragen lediglich deshalb in die Räte, weil sie am lautesten über die Schieber und Kriegsgewinnler oder über mißliebige Vorgesetzte gewettert hatten. Das gilt in noch höherem Maße für die Soldatenräte. So waren in den aus der Revolution geborenen Organen nicht die Vorkämpfer der Revolution, sondern die Feinde der Revolution, die Freunde der Reform in der Überzahl. Es war unausbleiblich, daß die Räte von solchen Parteiführern beraten wurden, die politisch meist sehr unklare und unreife Elemente waren. Die Räte verloren sich in kleinliche lächerliche Plackereien und Streitigkeiten und trugen oft mehr zur Hemmung und Diskreditierung der Revolution als zu deren Weiterführung bei.*

Auf diese Notiz hinzuweisen ist deshalb wichtig, weil Welk – ein wenig einseitig – der Analyse Grotewohls nur jene Gesichtspunkte entnahm, die seiner zuvor gefaßten Absicht entgegenkamen. Und damit sind wir bei der Hauptfigur des Werkes angelangt, dem Dorfschulmeister Michael Dreikant. Obgleich der Roman in einem Zeitraum von nur einem halben Jahr spielt und damit im Gegensatz zum herkömmlichen Entwicklungsroman – in der Art des „Wilhelm Meister", des „Grünen Heinrich", vor allem aber des „Hungerpastors" von Wilhelm Raabe – steht, ist „Im Morgennebel" seinem Wesen nach ein Entwicklungsroman, der den Versuch eines jungen Intellektuellen, in einer neu zu formierenden Gesellschaft Fuß zu fassen, zum Inhalt hat. Obgleich nichts falscher wäre, als in der Figur seines Helden Michael Dreikant Züge und Haltungen des Autors entdecken zu wollen, muß doch gesagt werden, daß Michael Dreikants monologisierendes Resümee über Vergangenheit und Gegenwart das moralisch-politische Postskriptum des Schriftstellers Ehm Welk über seine eigene Bewußtseinslage in den entscheidenden Monaten nach dem ersten Weltkrieg ist. Welk läßt seinen Helden empfinden, was er damals empfunden hatte. Gewaltige revolutionäre Ereignisse sah er herankommen, fähig, ihn mitzureißen, und er fühlte auch wieder die bürgerlichen Gewichte an seinen Füßen, die ihn hinderten, sich mitreißen zu lassen. Wohin so viel Unentschiedenheit führt, hatte Welk selbst durchlebt. Deshalb behandelte er im „Morgennebel“ eine Problematik, die ihm in diesen Jahren besonders am Herzen lag: das Verhältnis der Intellektuellen zur Revolution. Es war dies ein Thema, das schon in den Stücken „Gewitter über Gottland“ und „Kreuzabnahme“ anklang. Dabei kann nicht übersehen werden, daß Ehm Welk, indem er den Weg des aus dem Kriege verwundet heimgekehrten Dorfschullehrers Michael Dreikant an die Seite der Revolutionäre beschreibt, auch eine Art Selbstabrechnung betrieb. Dreikant versucht bei den verschiedenen Richtungen, die Reform oder Revolution angeblich oder tatsächlich anstreben, mitzumachen oder sich mit ihnen zu solidarisieren. Es gelingt ihm nicht. Auf der einen Seite hat er gegen einen konsequenten Revolutionär wie den intelligenten Schlosser Albert Bergfeld oder den plebejisch-vitalen Matrosen Karl Fischgrave Vorbehalte, auf der anderen Seite verachtet er das halbherzige, unentschlossene und in Wahrheit verräterische Tun der sozialdemokratischen Reformisten vom Schlage eines August Karges oder eines Sepp Modlers, der als geschickter Taktierer und grenzenloser Opportunist den rechten Sozialdemokraten personifiziert. Am Ende ist Dreikant – ehrlich bemüht, der revolutionären Bewegung zu dienen – enttäuscht. Das „Ethos der Masse“ und die „Seele des Sozialismus“ hat er nicht gefunden, und in einer politisch besonders schwierigen Situation läßt ihn der Autor sagen: *Gewalt ist jedenfalls Blut – ich jedenfalls will nicht mehr* ... Als ein Soldat der Freiheit war Dreikant aufgebrochen, als ihr Invalide hinkt er in sein Dorf zurück.

Unschwer kann man im Schicksal des Michael Dreikant Vorgänge erkennen, die, freilich in anderer Weise, auch die Biographie des Autors prägten, bis er 1945 an die Seite der revolutionären Arbeiterbewegung trat. Tatsächlich vollzieht sich Dreikants Entwicklung vor dem Hintergrund des revolutionären Geschehens in einer deutschen Provinzstadt, und Welk ist daran gelegen, die Ursache des Scheiterns sichtbar zu machen. Dabei übersieht er nicht das Komische und Kuriose. Es werden besonders diejenigen, die Bürgertum und Offizierskamarilla repräsentieren, exakt und stimmig gezeichnet und karikiert. Welk stattet sie, derb und deftig, mit den typischen Eigenschaften einer untergehenden Klasse aus. Demgegenüber bleiben die eigentlichen revolutionären Kräfte, die Arbeiter und Soldaten, die Spartakisten, literarisch unprofilierter.

Heute wissen wir, daß Ehm Welks Roman über die revolutionären Ereignisse in Braunschweig zwischen dem November 1918 und dem Januar 1919 ein bedeutendes Zeugnis der DDR-Literatur ist. Es gibt unzählige Stellen in diesem umfänglichen Werk, die uns entdecken lassen, daß es der Possenreißer mit der Revolution und mit seinem Helden andererseits tief ernst gemeint haben muß. Stellvertretend dafür stehen jene Worte, die die Arbeiterin Darge dem Intellektuellen Dreikant zuruft: *Wenn deine Freunde, die uns helfen wollen, nicht wie du im Kreise wandern sollen . . ., dann müssen sie bei aller Menschenliebe bereit sein, auch zu kämpfen! Weil die Feinde uns und ihnen den Weg ins Leben mit Gewalt versperren werden. Immer, immer wieder. Glaubst du, Albert Bergfeld hat gern zum Gewehr gegriffen? Nur, er konnte auch das! Auf dieses auch kommt es an, und das auch als eine Selbstverständlichkeit.* Auch das sehr schöne, wenngleich etwas pathetische Schlußbild verdeutlicht noch einmal, was Ehm Welk mit seinem Roman „Im Morgennebel“, hier zitiert aus der Fassung letzter Hand, sagen wollte: *Als Michael Dreikant und Karl Fischgrave am anderen Morgen Fischgraves Haus verließen, um zum Bahnhof abzusteigen, lagen die Ebene und das Gebirge bis fast herauf nach Germanshausen in dichtem Nebel, so daß Bäume, Felsen und Berge ohne Umrisse waren und einer, der die Richtung nicht wußte, vom Wege abkommen konnte. Der ehemalige Schullehrer von Germanshausen blickte umher und lächelte beglückt, denn obwohl die Morgensonne noch* immer hinter dem Nebel stand, hatte ihr Licht sein Gesicht getroffen.

Karl Fischgrave hatte das alles auch gesehen und, obwohl er nur ein einfacher Arbeiter war, doch Dreikants Gedanken und Gefühle richtig gedeutet. Sonst hätte er nicht so ohne weiteres sagen können: „Weißt du noch, das mit dem Licht hinter dem Nebel, was Albert damals so schön geschrieben hat in seinem ersten Brief? Ich glaub, wenn einer weiter muß und will, der kann den richtigen Weg sogar bei stockdusterer Nebelnacht und noch soviel Hindernissen finden, was?"

Verwundert sah Dreikant auf und gewahrte nun erst das ungewöhnlich ernste Gesicht des alten Gefährten, der heute noch gar nicht gesprochen hatte. Sicher lag ihm etwas auf dem Herzen, das er zu Hause nicht hatte sagen wollen. Da kam es auch schon: „Es ist man bloß, weil die Martha diesmal nicht gegnötert hat wegen Politik und so. Sie hat sogar so getan, als wär' das selbstverständlich mit dem Wiederhingehen in den Kampf!"

Dreikant verstand ihn sofort, aber zum Sprechen kam er nicht gleich, denn Karl Fischgrave war nicht nur Waldarbeiter und Maurer, sondern auch Seemann, und da hatte er eben schon die Segel gesetzt gehabt: „Sieh mal, Mädchen, hab ich bloß zu ihr gesagt, das ist doch klar, wie? Wenn da einer sein Schipp überholt hat und neue Fracht genommen und seinen Kurs kennt, was soll er da im Hafen rumliegen, was? Sieh mal, wo wir grad jetzt doch Fahrensleut brauchen. Oder nicht? Soll da einer wie ich am End warten, bis überhaupt kein Nebel mehr zu sehen ist, wie?"

Er blieb stehen, blickte umher, und es sah aus, als überprüfe er noch einmal die Richtung.

Als Dreikant die heftig schwingenden Hände des Gefährten ergriff und herzlich drückte, lachte Karl Fischgrave vergnügt auf. Dann gab er dem Genossen einen Schubs: „Mensch, ist das schön, wenn ein Mann sein Ziel klar erkannt hat, wie?" Worauf er sofort wieder losmarschierte.

Dreikant blieb eine kleine Weile stehen und sah ihm nach. Noch lag weiterhin Nebel auf dem Lande, aber die Gestalt, die ihn durchschritt, konnte der Nebel nicht verdecken: Dem *ehemaligen Lehrer war, als gehe sie bereits mitten im hellen Morgenlicht. Festen Schrittes folgte er ihr.*

Nun, in unseren Tagen, können wir wieder nachlesen, was der revolutionäre November bei Welk ausgelöst hat. Mit schier rationaler Sicherheit vermochte er noch Jahrzehnte später jene Monate abzurufen, über die im „Morgennebel“ erzählt wird. Nun ergibt das pure Nachschreiben von wirklich Erlebtem noch keine Literatur. Von ihr erwarten wir mehr als das, was wir schon kennen. Es ist gewiß Ehm Welks Verdienst, daß er genau dies mit dem „Morgennebel“ geleistet hat: geschrieben mit der Wahrheit der Subjektivität, die freilich wiederum nur aus der Wahrheit eines erfüllten, politisch und menschlich mit Anstand und Würde geführten Lebens kommen kann.

Wie schon der Roman „Im Morgennebel“ beweist, zeigt sich beim späten Welk (im Unterschied zu dem Autor der Kummerow-Bücher) eine Neigung zum Grotesk-Komischen, auch wenn dies ganz unterschiedliche Ausprägung erfuhr und sich an höchst unterschiedlichen Gegenständen erprobte. „Im Morgennebel“ war noch einmal der Versuch, mit neugewonnenen Erkenntnissen den eigenen Erfahrungen zu begegnen. Das nächste Buch wird von solchen Erfahrungen weit wegführen oder sie doch zumindest stark „verfremden“. Zwar beansprucht es innerhalb des Oeuvres keinen sehr hohen Rang, aber es beweist ein übriges Mal, mit welcher Lust der Autor zuweilen seiner Neigung zum Fabulieren „freien“ Lauf ließ. Und die neugewonnene Freiheit des Schaffens, die Möglichkeit, in tiefer Übereinstimmung mit den gesellschaftlichen Verhältnissen, unter denen er lebte, zu arbeiten, setzte in ihm neue Kräfte frei. 1954 kam das Buch auf den Markt, an dem fast alles sonderbar ist. Es fängt bereits mit dem Titel an: „Mutafo. Das ist: Das Ding, das durch den Wind geht“. Und der Untertitel lautet: „Die unglaublichen Geschichten der rühmlichen christlichen Seefahrer Thomas Trimm und William Steinert. Aufgezeichnet von Topy Swagger. Aus dem Slangamischen übertragen, bearbeitet und neu an den Tag gebracht von Ehm Welk.“

Aber noch sonderbarer sind die Geschichten selbst, wirklich-wahre und erfunden-wahre, wie der Autor behauptet: Die See-, Hafen- und Matrosengeschichten zweier Seefahrer interessieren einen geschäftstüchtigen Verleger, der daraus ein Buch machen will, nicht ohne vorher die beiden Garnspinner zu einer Autorengestalt, eben dem Toby Swagger, zu verschmelzen. Was dieser nun an hanebüchenen Schatz- und und Goldgräberstories zum besten gibt, was er erzählt von Seemannslieben und Seemannsleiden, vom Kampf mit Eisbären und -bergen, von steinernen schwanzlosen Eidechsen, von australischen Wüstenrennen und von den Hintergründen der Weinherstellung, strotzt förmlich von Phantasie und Fabulierfreude.

Doch im Unsinn liegt Sinn. Und der Zweck heiligt hier einmal die Mittel. Verspottet werden kapitalistische Unkultur und ein paar heimische Platitüden: Phrasendreschen und Schlagwortmanie beispielsweise. Der scheinbare Unsinn hat immer einen – manchmal auf der Hand liegenden, manchmal verborgenen – Sinn, wie ein Brief an Fritz Trogisch 1958 bestätigt: *Also: Ehm Welk und Willi Steinert sind zwei Personen, dicke Freunde und beide ehemalige Seefahrer. Ehm Welk ist Schriftsteller; Willi Steinert ist Maler, der gelegentlich schriftlich Seemannsgarn spann. Als Willi Steinert 1930 schwer krank und in seiner Tätigkeit sehr behindert war, gab ich Geschichten von ihm und von mir heraus, zu denen Willi Steinert die Zeichnungen geliefert hatte. Das Buch im Ullstein Verlag hieß „Seebär ahoi". Dieses Buch hatte einen guten Erfolg, ging dann aber mit dem Ullstein Verlag den Weg in die Vergangenheit. Als Steinert und ich vor vier Jahren mal bei einem guten Trunk mit Freunden beisammensaßen, wurde das Verschwinden dieses Buches „Seebär ahoi" bedauert, gleichzeitig aber auch die Ansicht ganz allgemein vertreten, es müßte bei einer Neuauflage vertieft werden; das heißt also, aus den Döntgens müßten zeitbezogene Geschichten gemacht werden. Ich setzte mich darauf mit meinem Freund Steinert einige Male zusammen, und wir fuhren mit Volldampf zurück in die Vergangenheit und von ihr wieder durch die Gegenwart. Das heißt also, ich schrieb das Buch neu, vermehrte seinen Inhalt um hundert Prozent, und Steinert zeichnete die Bilder dazu.*

Was Welk da „vermehrte" und ersann, führte ihn vom Hundertsten ins Tausendste und vom Tausendsten zum – Harzer Käse. Ihm, dem Käse, verdanken wir es demnach, daß sogar bei den Kannibalen auf Neuguinea Greuelmärchen über Missionare verbreitet werden. Das liest sich so: *Dort hatten sie angeblich einen schön durchwachsenen deutschen Missionar gefangen und alles zum Schlachtfest vorbereitet. Da bat das Opfer, ihm noch eine letzte Lebensfreude zu gönnen. Als der Häuptling es gestattete, holte der Mann aus seiner Hosentasche einen in einer blechernen Tabaksdose seit drei Monaten aufbewahrten Harzer Käse hervor, um ihn als Henkersmahlzeit zu verspeisen. Er hatte ihn noch im Mund, da warfen alle Menschenfresser vor Entsetzen Messer und Gabeln weg und verschwanden im Urwald. Sie fürchteten, sich an dem Missionar zu vergiften. Der Missionar war gerettet. Seit der Zeit essen die Kannibalen in Neuguinea keine deutschen Missionare mehr.*

Gebrauchsanweisungen zu geben, hatte der Autor gewiß nicht im Sinn. Doch daß seine skurrilen Geschichten auch ganz ernst genommen wurden, bereitete ihm besonderes Vergnügen. In „Mutafo" erzählt Welk:

Ai-Ai, die schöne, schlitzäugige Tochter des Zeltes, in dem wir Gastfreundschaft genossen, hatte etwas für Bill übrig, der im Nachbarzelt wohnte. Na ja, damals war er aber auch ein Kerl – – sooo – – mit goldenen Locken in natürlichen Wellen bis auf die Schultern. Eine Pracht, sage ich.

Diese Locken hatten der schönen Ai-Ai wahrscheinlich in die Augen gestochen. Sie schnippte ihm, wenn er kam, verliebt die Wanzen vom Rockärmel, machte die besten Bissen zurecht, außerdem sah sie nett und schnuddelig aus – – – na ja, schließlich ist ein Seemann kein Unmensch.

Das Schäferstündchen war auf den nächsten Abend festgesetzt worden, das hatte Bill mir verraten. Ich hatte es aber auch so gemerkt, denn Ai-Ai war wie aus dem Häuschen. Ihre Vorkehrungen bestanden darin, daß sie sich das lange schwarze Haar wusch. Und womit? Jawohl: mit dem, was

zur Erde rinnt, wenn man vor dem Schlafengehen noch mal nach den Sternen guckt: Andere Länder, andere Sitten!

Im Jahre 1956 erhielt der Autor den folgenden Brief: „Sehr geehrter Herr Dichter! Dank für Ihr Rezept! Wir verwenden jetzt nur noch ‚Ai-Ai's Haarwäsche' (siehe ‚Mutafo' S. 141) mit bestem Erfolg. Das Haar wird wundervoll weich und locker davon. Zwei Seemannsbräute."

Den intelligenten Nonsens und leicht irritierenden Tiefsinn, die Grenzenlosigkeit der Einfälle haben also manche Leser wortwörtlich genommen. Viele Menschen mit Sinn für Humor, insonderheit für diese Spielart von philosophischer Spaßhaftigkeit, die an Morgenstern und Ringelnatz erinnert, finden Gefallen an den „unglaublichen Geschichten der rühmlichen christlichen Seefahrer Thomas Trimm und William Steinert".

Ehrungen, Auszeichnungen, Berufungen, Ehm Welk nahm sie dankbar und voller Stolz entgegen. Im Jahr des 70. Geburtstages erreichte die Würdigung von Leben und Werk einen Höhepunkt: Die Deutsche Demokratische Republik verlieh ihm den Nationalpreis. Er wurde Ehrenbürger der

Städte Bad Doberan und Angermünde; die Akademie der Künste berief ihn zum ordentlichen Mitglied; in Rostock und Berlin feierten Verband und Kollegen, Kulturbund und Öffentlichkeit den Menschen und sein Werk. In Rostock gratulierte auch Peter E. Erichson: „Ehm Welk – ungetrübtes, wachendes Auge – meisterlicher Gestalter der Sprache und ebenso gestaltend durch sie, – Pfleger künstlerischer Kultur in unermüdlich tätigem Sinn, reich und bereichernd, – überall mit ganzem Herzen beteiligt, – sich durch andere und andere durch sich fördernd: – wie können wir anders, als dir huldigen, – und wie kann es anders geschehen als mit wahrer Freude?" Ehm Welk antwortete bescheiden: *Ich danke allen, die gekommen sind, mich zu ehren ... Ich danke euch, die ihr meine Liebe haben werdet, solange ich bin: ihr Jungen, die ihr unsere Irrtümer noch vor euch habt! Ein wenig verwirrt stehe ich hier. Verwirrt nicht durch die schönen Worte, die ich hörte, sondern durch die Aufrichtigkeit der Gefühle, die ich spürte. Ich weiß aus vielen Briefen, daß ich in stillen Stunden geliebt werde, aber gefeiert wurde ich bisher nicht! Ich weiß daher auch nicht, ob es der Brauch verlangt, jedem Redner persönlich, das heißt einzeln zu danken. Macht es mir leicht, liebe Freunde! Es war des Rühmens soviel in den Worten, von Vielseitigkeit wurde gesprochen, daß ich selbst bei einer Zusammenfassung meiner Dankesworte nicht wüßte, was anders zu sagen wäre als dies: diese Stunde macht mir Freude ...* Zu einer anderen Stunde reisten Kinder aus Biesenbrow nach Doberan: die Kummerower Heiden von heute, die in ihren Gesichtern die *gleiche Neugier auf den Weg ins Leben trugen, die ihre Vorgänger vor sechzig Jahren getragen hatten ...* Dieser Besuch wurde für Welk zu einem Erlebnis, an das er sich bis an sein Lebensende erinnerte: es war sein schönstes Geburtstagsgeschenk.

„Die Geschichte einer armen Liebe" und zwei weitere Bücher zwischen dem siebten und achten Jahrzehnt beschließen Welks literarisches Leben. Seinen Platz innerhalb unserer Literatur haben sie nicht mehr wesentlich beeinflussen können. Das anhaltende Interesse an Welk und seinem Werk gleicht freilich einem Phänomen, das sich von Generation zu Generation zu „vererben“ scheint. Es konzentriert sich auf die „Heiden“ und „Gerechten von Kummerow“, auf die „Lebensuhr des Gottlieb Grambauer“, auf „Mein Land, das ferne leuchtet“, auf den „Nachtmann“, die Tiergeschichten und auf „Das Ding, das durch den Wind geht“. Diese Bücher genießen liebevolle und dankbare Bewunderung, sie zeigt sich in ungezählten Briefen, die der Autor nach 1945 erhielt. Die umfangreiche Korrespondenz, die Welk geführt hat, gehört zu seinem Schaffen, zu seinem Werk: als ein Teil der Wirkungsgeschichte seiner Bücher. Nicht wenige Menschen, die sich in seelischer Not sahen, haben – nach eigenen Worten – im Werk Welks einen Teil ihrer Probleme wiedergefunden, vom Autor erlebt und beschrieben. Sätze, vor vierzig Jahren formuliert, vermögen noch immer gültige Antworten auf viele Fragen zu geben. Die „Kummerows“ beispielsweise, in einer Zeit spielend, die scheinbar unendlich weit von uns weg ist, bieten, wie wir wissen, zwar keine Lösungen an und geben keine Rezepte, aber sie erleichtern das Erkennen und Begreifen von Lebensrealität: die Bewältigung der Wirklichkeit ist ohne schöpferisches Vorausdenken nicht möglich, der Weg von der Utopie zur Wirklichkeit führt über die Phantasien des Möglichen. Eine junge Frau schrieb dem Autor 1950: „So wollte ich denn im Namen all meiner Bekannten, denen das heidnische Volk von Kummerow ans Herz gewachsen ist, und auch in meinem eigenen Namen wenigstens ein herzliches Dankeswort für viele heiter-besinnliche Stunden sagen, die wir Ihren Büchern verdanken. Humor ist eine Lebensnotwendigkeit und allein deshalb eigentlich eine ernste Sache. Doch wird echter Humor nie ein harmlos-fröhliches Herumplätschern auf der Oberfläche sein, sondern auch das unbekümmertste Lachen wird zur Nachdenklichkeit führen. So haben Sie uns mit Ihren Büchern manche trübe Stunde wieder hell und freundlich gemacht und manche Saite angeschlagen, die noch lange nachklang. Aus jeder Zeile spricht so viel gütige Nachsicht und so viel Liebe zu diesem Menschenvölkchen, daß alle Nachdenklichkeit nie traurig stimmt ...“

Solcherart Wirkung läßt sich natürlich nicht einfach dadurch erklären, daß wir sagen, Ehm Welk sei eben ein hervorragender Geschichtenerzähler, einer, der tief aus dem Brunnen der Menschheitsgeschichte schöpfe. Obschon dies nicht falsch ist – die Frage, was Ehm Welks Prosa, als Produkt seines Lebens und seiner dichterischen Phantasie, im ganzen so wirkungsvoll und für die Leser so anziehend macht, wäre damit nicht beantwortet. Wir haben nicht verschwiegen, daß Welk mit seinem literarischen Angebot vielfach hinter den großen kritischen und sozialistischen Realisten des 19. und 20. Jahrhunderts zurückbleibt. Wir haben miterlebt, wie dem realistischen Schreiber der Idealist – in einer Person gebündelt – oftmals den Fuß in den Nacken setzte. Leben und schreiben frei nach Kant: der gestirnte Himmel über mir und das moralische Gesetz in mir, wie es in „Der Nachtmann" heißt. Mit dem Unterschied, daß – von den bekannten Ausnahmen abgesehen – Welks literarische Helden sich gegen die Gesetze einer untergehenden bürgerlichen Welt und ihre überkommenen Wertvorstellungen auflehnen. Bei Welk sind Leben und Welt mithin auf Vernunft und Liebe aufgebaut. Die Mächtigen sind grausam, böse und dumm. Aber die Zukunft gehört ihnen nicht. In Ehm Welks literarisch und gesellschaftlich bedeutsamen Büchern siegen immer Tugend und Verstand. Die Helden haben Wesenszüge, die dem Erzähler selbst eigen waren. Humor, eine gescheite Heiterkeit und Tapferkeit, Sinn für die einfachen Dinge des Lebens, Respekt vor der Vielfalt der Welt und Mut zum Eigensinn. Der Heide von Kummerow dachte – um ein Wort Fontanes zu zitieren – mit dem Herzen und fühlte mit dem Geist.

Welks Sprache ist ein weiterer Grund für seine erstaunliche Wirkung. In ihrer scheinbaren Einfachheit entspricht sie der Sprache des lebenserfahrenen und echt empfindenden Volkes. Sein personaler Stil reicht von den „Heiden von Kummerow" über die Kabinettstückchen in „Mutafo" bis hin zu der Altersprosa, den Erzählungen und dem Roman über den „Wackeren Kühnemann". Überall finden wir Sätze, die harmonisch gleiten, die sinnliche Anmut und Eindrücklichkeit bekunden. Verhältnismäßig selten sind sentimentalverschwommene, schöngeisternde Wortwendungen und andere sprachliche Entgleisungen. Der Autor liebte Sätze, die uns heute wie schöne Volkslieder klingen, anspielungsreich, das Einfache und Menschliche beschwörend, in einem eindringlichen, anrührenden Stil, Menschen und Landschaften mit wenigen Strichen skizzierend. *Mehr hatte er nicht zu vergeben.* Dieser wunderschöne Satz über Johannes Bärensprung steht in den „Heiden von Kummerow".

Für die Literatursoziologie bietet das Beispiel Welk ein weites Betätigungsfeld; sie allein könnte das Verhalten und die Reaktion der Millionen Leser analysieren. Wir müssen hier auf die Herausarbeitung solcher Befunde, empirisch erfaßt und theoretisch eingeordnet, verzichten, auch darauf, den Beweis für unsere Behauptung anzutreten, daß die so ungemein positive Korrelation zwischen Welk und seinen Lesern vor allem aus einer fehlenden Diskrepanz zwischen Leben und Werk des Autors zu erklären ist. Mit anderen Worten: der Leser empfindet stets die Aufrichtigkeit und das Verantwortungsbewußtsein Welks; dieses Gefühl, daß die Aussage seiner Werke mit seiner Person erlebnismäßig verknüpft und mit seiner Überzeugung identisch ist, begünstigt den immerwährenden Erfolg. Zwischen Ehm Welk und seinen Lesern herrscht eine fröhliche, jedoch immer nachdenkliche, manchmal gar wehmütige Intimität. Vielleicht mögen die Leser auch spüren, daß für Welk, in freier Abwandlung eines Brecht-Gedankens, Literatur die Abbildung von selbsterlebten, überlieferten oder erdachten Geschehnissen zwischen Menschen war, zum Nutz und Frommen einer genußvollen, vergnüglichen Unterhaltung.

Von diesem Literaturverständnis zeugen auch Welks Altersarbeiten. So die „Sieben Geschichten und eine halbe" des Erzählungsbandes „Der Hammer will gehandhabt sein", die 1958 – der Autor ist fast fünfundsiebzig Jahre alt – im Berliner Verlag Volk und Welt erscheinen.

In der DDR hatten im zurückliegenden Jahrzehnt die sozialistischen Produktionsverhältnisse gesiegt. Die wesentlichen Aufgaben beim Übergang vom Kapitalismus zum Sozialismus waren in einem revolutionären Prozeß gelöst worden. Die Weltanschauung der Arbeiterklasse hatte jenen Platz inne, der ihr historisch zukommt. Die Beeinträchtigungen und Verstümmelungen, die Faschismus und Krieg dem Leben zugefügt hatten, waren Anfang der sechziger Jahre endgültig überwunden. Gewiß gab es bereits zu Beginn der fünfziger Jahre keine extremen Gegenpositionen mehr, wohl aber doch noch überkommene Denk- und Verhaltensweisen, wie elitäre Auffassungen und Überheblichkeit gegenüber der Arbeiterklasse. Besonders unter der alten Intelligenz wurde die führende Rolle der Arbeiterklasse immer wieder angezweifelt. Selbst dann noch, als die Fakten längst die Fiktionen überholt hatten. Unser Blick zurück zeigt, wie klug auch in bezug auf diesen kritischen Punkt die Führung der Partei der Arbeiterklasse und des sozialistischen Staates reagierte. Mit Augenmaß für das „Notwendige und mit Rücksicht auf das Mögliche" stellte sie sich das Ziel, alle Angehörigen dieser Schicht für eine aktive Mitarbeit zu gewinnen. Dieser Prozeß hat Ehm Welk, der sich damals wie viele Schriftsteller und Künstler bemühte, die neue Ordnung und den neuen Menschen künstlerisch zu gestalten, offenbar dazu bewegt, erneut „Selbsterlebtes" und „Erdachtes" einzubringen. Fraglos sind Welks Erzählungen keine maßstabsetzenden Leistungen des sozialistischen Realismus, an dessen theoretischer Begründung Anfang der fünfziger Jahre Paul Rilla – der zeitweilige Doberaner Nachbar Welks – wesentlichen Anteil hatte. Sie demonstrieren vielmehr eindrucksvoll des alternden Schriftstellers Bereitschaft, auf seine Weise die sozialistisch-realistische Literatur der DDR zu bereichern. Auch jetzt war der Schriftsteller Ehm Welk ein Mann des eigenen Maßes. Er setzte sich als einer der ersten mit den Gestalten der untergehenden bürgerlichen Welt künstlerisch, das heißt ernsthaft und verantwortungsbewußt, die Schwarzweiß-Simplifizierung vermeidend, auseinander. So begegnen wir in den Erzählungen, die unter dem sinnbildhaften Titel „Der Hammer will gehandhabt sein" erschienen, einem sozialen Querschnitt gescheiterter Existenzen, wie sie für das Nachkriegsdeutschland typisch waren – Aktiven und Mitläufern des deutschen Faschismus.

Mit der „halben Geschichte“ hat es eine besondere Bewandtnis. Eigentlich ist sie eine etwas breit geratene Anekdote, die von zwei Antifaschisten berichtet, die wenige Wochen nach dem 8. Mai 1945 Ohrenzeugen eines Gesprächs zwischen Berliner Trümmerfrauen sind, Frauen, die sich skeptisch über den Sinn ihrer Arbeit auslassen. Ist es möglich, aus den Schutthaufen Ziegelsteine zu gewinnen, brauchbar für den Wiederaufbau zerstörter Häuser? Die Vorarbeiterin, aus dick mit altem Mörtel behafteten Brocken saubere Ziegelsteine zaubernd, spricht jenen Satz aus, der leitmotivisch-symbolhaft das Thema für alle sieben Geschichten des Bandes anschlägt: *Es sind viel mehr Trümmerziegel brauchbar und zum Wiederaufbau zu verwenden, als man glaubt. Aber – der Hammer will gehandhabt sein!*

Brauchbar „zum Wiederaufbau“ ist auch Werner Behnke, der sich in Welks Erzählung „Die Straße nach vorn“ (die den gleichsam kommentierenden Untertitel „Wie aus einem Lehrer ein Schüler und aus dem Schüler ein Lehrer wurde“ trägt) von einem Propagandaleiter der NSDAP *(... denn ich sah in der Bewegung die Möglichkeit, mein Vaterland vorwärtszubringen)* zum Straßenarbeiter und schließlich zum Direktor einer Gewerbeschule wandelt. Einen ähnlichen Weg geht die wohlbehütete Generalstochter Brigitte Falckenberg in der Geschichte mit dem beziehungsreichen Titel „Aus Alt mach Neu“. Niemals zuvor hatte Welk eine in sich so makellos geschlossene Erzählung geschrieben. Deutsche Vergangenheit, Nachkriegsgegenwart und sozialistische Perspektive sind miteinander verwoben. Welk läßt seine Heldin Stück für Stück die Illusionen durchschauen, in denen sie lebte, läßt sie das Netz der Vorbehalte und Vorurteile dümmlich-monarchistischer Offizierstraditionen zerreißen. Die schönste und am tiefsten empfundene Erzählung aber ist wohl der „Bulle von Klebbow“, in der vom Schicksal eines Mannes berichtet wird, der offenbar aus dem Geschlecht der dickköpfigen Heiden von Kummerow kommt: ein Michael Kohlhaas, der seinen Wunsch nach eigenem Grund und Boden mit Eulenspiegeleien und kauzigem Rebellentum durchsetzen will. Ehm Welk erzählt, wie Weimarer Republik und Nazistaat

Heinrich Graumann in die Rolle des Außenseiters und Sonderlings drängten, wie erst unsere Zeit den alten Willen, ja den Zwang zum Besitz aufhebt, wie Graumann vom Ich-Bauern zum überzeugten Wir-Bauern wird. Der Träumer Heinrich Graumann begreift die neue Fülle des Lebens, und er wird, wenngleich nicht ohne inneren Widerstand, erst Meisterbauer und dann Vorsitzender einer landwirtschaftlichen Produktionsgenossenschaft. Man merkt dieser Geschichte die Freude an, mit der sie geschrieben wurde. Sie enthält reife Erkenntnisse, die ganz heiter und locker vermittelt werden, wenn auch hier und da mit schweren Säbeln gefochten wird. Adam Scharrer, Erwin Strittmatter, Benno Voelkner, Helmut Sakowski und andere haben vor und nach Ehm Welk „dem Bauern und dem Dorf ihr Heimatrecht in der Literatur" zurückgegeben. 1958 entdeckte und gestaltete auch Welk den werktätigen Bauern in seiner Historizität und menschlichen Größe. Was die „Kummerows" vorgegeben hatten, wurde hier weitergeführt. Der neuen Klasse der Genossenschaftsbauern, die sich in komplizierten sozialistischen Prozessen nach 1960 festigte, wurde in der Figur des Heinrich Graumann eine frühzeitige Reverenz erwiesen.

Die sieben Lebenswege, denen Ehm Welk in „Der Hammer will gehandhabt sein" nachgeht, stehen für Hunderttausende. Darin liegt – damals wie heute – ihre kulturpolitische Bedeutung. Der Weg kleinbürgerlicher und bürgerlicher, mit dem Faschismus sympathisierender Schichten zum Sozialismus hin war bis 1958 literarisch kaum gültig gestaltet worden. Welks Erzählungen haben dazu beigetragen, die Entwicklungsprobleme jener Menschen zu verdeutlichen, die der Imperialismus zwölf Jahre umklammert hielt. Vielleicht fand der eine oder andere von ihnen mit Hilfe dieser literarischen Dokumente leichter den Weg zum realen Humanismus und zu den Idealen des Sozialismus.

Im Januar 1959 schrieb Ehm Welk seine letzten Prosazeilen. Am 23. Februar übergab er dem Eulenspiegel Verlag ein Manuskript von über vierhundert Seiten, an dem er, mit vielen Unterbrechungen, nahezu drei Jahre gearbeitet hatte.

Sein Titel: „Der wackere Kühnemann aus Puttelfingen. Ein Roman aus Zwischendeutschland". Es ist der Versuch, in satirischer Form die Frage der Wiedervereinigung Deutschlands zu behandeln. Gewiß wählte Welk diese Form nicht nur, weil es seiner besonderen Begabung gemäß war, Menschen, Zustände und Einrichtungen, die der sogenannte tierische Ernst Tag und Nacht wie ein Schutzwall umgibt, ein wenig ironisch ins Licht zu stellen, sondern auch, weil er in dieser Gestaltungsform eine Möglichkeit sah, literarisch wirkungsvoll und kritisch die Geschichte eines westdeutschen Kleinbürgers aus der Stadt Puttelfingen in Schwaben zu erzählen. Es ist die Geschichte eines Schuhfabrikanten, eines Kapitalisten also, aber eines Mannes, dessen biedere Redlichkeit und Pfiffigkeit ihn davor bewahrt, alles zu glauben, was die Politiker und Zeitungen seines Landes über die „Ostzone" und ihre Menschen sagen und schreiben. Trotz einer Wette – wer in die „Ostzone" fahre, ende in sibirischen Straflagern – wagt der wackere Kühnemann die Reise: von, wie er meint, Deutschland zu Deutschland. Der Anfang des Buches – der Erzähler berichtet aus der Sicht des Jahres 2000 – führt den Leser nach Puttelfingen, dorthin, wo des Tobias Kühnemann Reise in die deutsche Geschichte beginnt. Am Ende steht die Gewißheit, daß eines Tages beide deutsche Staaten zu einem Ganzen wiedervereinigt sein werden. Doch Welks utopische Satire, zu Beginn der fünfziger Jahre spielend, erschien mit Verspätung. Die Wiedervereinigung auf demokratischer Grundlage, die die Sozialistische Einheitspartei Deutschlands und die Regierung der Deutschen Demokratischen Republik jahrelang angestrebt hatten, stand historisch nicht mehr auf der Tagesordnung. Die Wiederherstellung imperialistischer Machtverhältnisse in der BRD und ihre Einbeziehung in das antisozialistische Paktsystem hatten die deutsche Nation gespalten. Der von Ehm Welk im „Wackeren Kühnemann" modifizierte Konföderations- und Wiedervereinigungsgedanke – ein hoch bedeutsames Thema – war angesichts dieser Tatsachen fragwürdig geworden: Hier war ein an sich richtiges Thema zum falschen Zeitpunkt aufgegriffen worden. Eine generelle

Eberhard Binder:
Ehm Welk zum 80. Geburtstag –
Die Heiden von Kummerow gratulieren

Instabilität des politisch-weltanschaulichen und intellektuell-psychologischen Gefüges des Romans ist die Folge. Die Figuren zeigen anachronistische Verhaltensweisen, etwas, was auch durch Welks offensichtliche Freude, facettiert die sozialistische Wirklichkeit der DDR vorführen zu können, nicht ausgeglichen werden kann. Kühnemann ist, bei aller schwäbischen Hinterhältigkeit, ein Träumer und Schwärmer, den der Autor an Idealen sich orientieren läßt, die wiederum mit der gesellschaftspolitischen Wirklichkeit der Zeit nicht übereinstimmen. Politische Realität und idealistische Gefühle stehen sich gegenüber, Wirklichkeit und Phantasie. Ehm Welks literarische Wiedervereinigungsvorstellungen münden in einer großen Umarmungsgeste, in einem Bekenntnis zu Deutschland, das es, wie wir wissen, schon damals nicht mehr gab.

Dieses Thema korrespondiert in dem Roman mit einem anderen, das wie ein roter Faden auch das Gesamtwerk Ehm Welks durchzieht: eine typologische Beschreibung des Kleinbürgers. Hier nun, im „Wackeren Kühnemann aus Puttelfingen“, faszinieren noch einmal jene Passagen, die differenziert und ironisch unseren Blick auf die Paradoxien und Widersprüche dieser Schicht richten. Ihre Eigenschaften werden direkter und dialektischer vorgeführt, als dies in früheren Büchern geschah, als Großaufnahme und in langen Einstellungen. Welk notierte im Mai 1960: *Der Autor hat auf seinen vielen Reisen in Westdeutschland feststellen müssen, daß die sozialdemokratische Arbeiterschaft sich immer willenloser ihren Wortführern gefügt hat und daß die Ablehnung einer Aussprache mit ihren ostdeutschen Kollegen immer brüsker erfolgte. Wohl gibt es westdeutsche Arbeiter-Delegationen, die in die DDR kommen und in brüderlicher Weise sich aussprechen. Ihr Einfluß in Westdeutschland ist jedoch noch gering, es hat daher keinen politischen Wert, sich in Büchern in Illusionen zu wiegen. Hitler konnte groß werden durch die Uneinigkeit der deutschen Arbeiterschaft – Adenauer ist im Begriff, aus den gleichen Ursachen groß und größer zu werden. Das deutsche Kleinbürgertum ist heute genau wie in den zwanziger Jahren das Element, das dem*

Kapitalismus oder, sagen wir, unverändert dem Imperialismus und Militarismus die Kraft zum Leben gibt.

Auch Ehm Welks Abschied von der Literatur war begleitet von produktiven Kontroversen. Manche, wie der Rezensent des „Vorankündigungsdienstes" für die Bibliotheken der DDR sahen in der „Kühnemann"-Satire eine subtile Provokation, eine „Verniedlichung der Arbeiterklasse als führende politische Kraft". Es gab aber auch andere Stimmen; Walter Victor zum Beispiel schrieb in der „BZ am Abend" vom 27. 2. 1960: „Die Karikatur, die dabei unter den Händen Ehm Welks aus der Kleinstadtbürgerwelt Puttelfingens entsteht, ist eines deutschen Daumiers würdig. Der große Zauberer von Kummerow entlädt eine ganze Menagerie von Spießern und Trotteln und den ganzen Einfallsreichtum eines gesegnet humorigen Köpfchens über den pausenlos amüsierten Leser, der sich zuletzt freilich nur überlegt, wem ‚drüben' er dieses höchst lehrreiche Buch alsbald senden wird, um ihn an der Lektion teilnehmen zu lassen, die hier erteilt wird ..."

Wir meinen, daß die Wahrheit dazwischen zu finden ist. Fraglos hat es der Autor und Zeitgenosse seinen Kritikern nie sehr leicht gemacht. Das spricht für ihn. Ehm Welk war kein Mann flüchtiger Anpassung: feinfühlig, urteilsfähig, interessiert und hellwach, tapfer durch Intelligenz und Lebenserfahrung, mit dem Mut, sich Gefühlen hinzugeben, und einem Sinn für das Komische kam es, wie wir gesehen haben, mehr als einmal vor, daß er gegen den Strich lebte und schrieb. Aber das Bild von einem, der mutwillig den berüchtigten Stein ins Wasser wirft und beobachtet, welche Kreise er zieht, stimmt, auf Welk bezogen, nicht. Ehm Welk begegnete dem Geist der Zeit zwar immer auf eine eigenwillige und selbstbewußte Weise, ohne jedoch seine moralischen Standards zu vernachlässigen. So sehr sich dieser Mann gewandelt, über seine Anfänge hinaus entwickelt hat, unzerstörbar war seine Geradheit, blieb die Zuneigung zu den Menschen, blieb seine neugierige Lust zu leben. *Ich war nicht immer sehr bequem – ich will es auch in Zukunft nicht sein, denn erst die Reibung ergibt den Funken und die Flamme.*

Wesentlicher noch und bewegender ein anderer Gedanke, der wie ein Prolog auf das erfüllte Leben klingt. *Dadurch, daß ich mich ständig im Leben versäume, halte ich meinen Tod auf.* Beide Sentenzen, 1954 und 1959 ausgesprochen, formulieren zurückhaltend, fast scheu und auf ganz engem Raum Lebenswahrheit. Auf diese Wahrheit können wir uns einlassen.

Neues wurde im letzten Lebensjahrzehnt nicht geschrieben, vieles aber erdacht und durchdacht. An Ideen fehlte es Ehm Welk nicht: *Ich glaube, ich muß noch vierzig Jahre leben, um auch nur die Hälfte verwirklichen zu können,* hatte Welk einmal mit zweiundsechzig Jahren gesagt. Er hatte noch Vorarbeiten zu einem Roman über den Begründer der klassischen Archäologie, Johann Joachim Winckelmann, geleistet, einen großen autobiographischen Roman und die Fortsetzung der „Kummerows" erwogen. Er wußte, dies würde er nicht mehr bewältigen können. Ausgeführt wurde lediglich eine gründliche Überarbeitung des Schauspiels „Kreuzabnahme", nun ganz auf Tolstoi gestellt, ohne den Lenin-Teil. Am 11. März 1962 ging die Neufassung unter der Regie von Hanns Anselm Perten über die Bühne des Volkstheaters Rostock.

Zu den Geburtstagen wurden Welk noch einmal hohe Ehrungen zuteil: Er wurde Ehrendoktor der Universität Greifswald, 1959 erhielt er den Vaterländischen Verdienstorden, zum 80. Geburtstag im Jahre 1964 den Titel eines Professors. Von physiologischem Wohlbefinden kann freilich im Blick auf diese Jahre nicht mehr gesprochen werden. Ehm Welk lebte ganz zurückgezogen. Eine noch immer umfängliche Korrespondenz mit den Lesern, mit den Pionier- und FDJ-Gruppen, Schulen und landwirtschaftlichen Produktionsgenossenschaften, die sich den Namen Ehm Welk gegeben hatten, führte Frau Agathe allein. Wenige Menschen – enge Freunde wie Maximilian Scheer, Bruno Henschel, Reinhard Schmidt und Gisela Reich – durften immer und unangemeldet ins Doberaner Haus kommen. Unauffällig und bescheiden zog sich der große Autor aus der Öffentlichkeit zurück. In dieser Bescheidenheit war Würde, auch die Erkenntnis des Endes und das Bekenntnis zum Ende. Und doch kam sein Tod unerwartet, wenngleich eine Angina pectoris und Kreislaufstörungen ihn seit Jahren quälten. Am 13. Dezember 1966 saß der Verfasser dieses Buches ein letztes Mal an Ehm Welks Krankenbett, wie so oft in den letzten Monaten. Das ausdrucksstarke Gesicht war gezeichnet von langer Krankheit. Die sprichwörtliche Heiterkeit war verschwunden, der Tod nahe. Ehm Welk blieb auch an jenem Abend ein aufmerksamer Zuhörer, er reagierte dann und wann, fragte manchmal scheinbar Unzusammenhängendes: Wo sein Vater, seine Geschwister seien. Er wünschte in Kummerow zu sein, bei den Heiden, in Grambauers Nähe . . .

Am 19. Dezember 1966 starb in den ersten Stunden eines sturmdurchwehten neuen Tages der Heide von Kummerow. Sein Tod war friedlich und sanft.

Agathe Welk hat diesen Tod nie verwunden. Trotz der tröstenden Versuche der Freunde und ihrer eigenen tapferen Bemühungen – der Verlust war nicht zu ertragen. Tatmensch, der sie war, eher in der Gegenwart und Zukunft denkend und fühlend als in der Vergangenheit, konnte sie keinen Trost in der Erinnerung finden. So erlosch langsam ihr Lebenswille. Am 8. November 1974, acht Jahre nach dem Tod Ehm Welks, folgte sie dem geliebten Mann.

Zeittafel

1884 29. August: Ehm Welk in Biesenbrow (Kreis Angermünde) geboren

1890 Schulbeginn

1900 Eintritt als kaufmännischer Lehrling in die Weinhandlung P. Puchstein in Stettin

1904 Stettin
Hilfsredakteur bei der „Stettiner Abendpost“, danach bei den „Stettiner Neuesten Nachrichten“

1905 Bremerhaven-Geestemünde
Chefredakteur der „Provinzial-Zeitung Geestemünde-Bremerhaven“

1906 Wremen an der Weser
E. W. beginnt dort seine erste große literarische Arbeit, das Schauspiel „Störtebeker“; Grundlage des späteren Schauspiels „Gewitter über Gottland“

Gardelegen
Redakteur am „Kreisanzeiger“

1907 Stendal
Chefredakteur des „Altmärker“

1908 E. W. heiratet Käthe Levy in Geestemünde

1909 Stolp in Pommern
Chefredakteur der „Stolper Neuesten Nachrichten“

1910 Braunschweig
Chefredakteur des „Braunschweiger Allgemeinen Anzeigers“

1912 Reise nach Belgien

1913 Das „Belgische Skizzenbuch“ erscheint im Verlag Wilh. Scholz, Braunschweig

1915 Zum Kriegsdienst als Sanitätshundeführer bei der 101. Inf. Div., San. Komp. 101 eingezogen

Soldat in Mazedonien

1916 Lazarett Bad Saarow
Erste Niederschrift der Antikriegsgeschichten

1917 E. W. wird als „aussichtsloser Fall“ aus dem Lazarett und vom Militärdienst entlassen

1918 Braunschweig
Chefredakteur des „Braunschweiger Allgemeinen Anzeigers“

1919 Braunschweig
Chefredakteur der „Braunschweigischen Morgenzeitung“

1920 Leipzig
Leitartikler am „Leipziger Tageblatt und Handelszeitung“

1921 Die Ehe mit Käthe Welk wird geschieden

1922 Ausschluß aus dem Reichsverband der Deutschen Presse

1923 Beginn der Arbeiten am Roman in Versen „Der Wundervogel Buribin“

Reise von Bremerhaven aus nach Amerika (New York, Buenos Aires, Rio de Janeiro, Bermudas, New York)

Rückkehr aus Amerika nach Hamburg

1924 Eheschließung Ehm Welk und Agathe verw. Hofmeister, geb. Lindner (geb. am 27. 4. 1892 in Berlin)

Hochzeitsreise nach Italien

Wohnung in Berlin-Friedenau

1926 E. W. hält vier Rundfunk-Vorträge in Leipzig: „Schwarzbrot. Vier Kapitel aus der arbeitenden Großstadt“

Das Schauspiel „Gewitter über Gottland“ erscheint als Bühnenmanuskript im Verlag S. Fischer Berlin

1927 Journalist bei der Zeitung „Die Grüne Post“ des Ullstein Verlages Berlin

Uraufführung des Schauspiels „Gewitter über Gottland“ in der Volksbühne Berlin

Uraufführung des Schauspiels „Kreuzabnahme“ im National-Theater Mannheim und im Stadttheater Altona

Erster Autoren-Abend in Berlin, Lesung aus „Ich sah Amerika“ und „Grand mit Vieren“

1928 Umzug von Berlin-Friedenau nach Berlin-Steglitz

Premiere des Schauspiels „Kreuzabnahme“ im Braunschweigischen Landestheater

1929 Premiere des Schauspiels „Kreuzabnahme“ in der Volksbühne Berlin

1933 Im Ullstein Verlag Berlin erscheint „Die schwarze Sonne“

1934 Das Schauspiel „Schwarzbrot“ kommt als Bühnenmanuskript im Verlag S. Fischer Berlin heraus

„Die Grüne Post“ druckt den Artikel „Herr Reichsminister, ein Wort, bitte!“ ab, der zu E. W.s Verhaftung führt

Verbot der „Grünen Post“ für drei Monate

Verhaftung, Einlieferung ins Konzentrationslager Oranienburg

1935 Übersiedlung von Berlin nach Lübbenau im Spreewald

Der Sammelband „Der deutsche Wald“ erscheint

1937 Feier des neunzigsten Geburtstages von Vater Gottfried Welk in Lübbenau

Der Roman „Die Heiden von Kummerow“ erscheint

1938 „Die Lebensuhr des Gottlieb Grambauer“ erscheint

1939 Der Roman „Der hohe Befehl“ erscheint

1940 Übersiedlung von Lübbenau nach Neuenkirchen bei Stettin
Es erscheint das Tierbuch „Die wundersame Freundschaft“

1942 Es erscheint die Novelle „Die Fanfare im Pariser Einzugsmarsch“

1943 Der Roman „Die Gerechten von Kummerow“ und „Die stillen Gefährten“ erscheinen

1945 Umsiedlung nach Ueckermünde

Aufnahme einer Tätigkeit als Sachbearbeiter im Landratsamt Ueckermünde

Eintritt in die KPD

E. W. gründet den Kulturbund im Kreis Ueckermünde

1946 Übersiedlung nach Schwerin

E. W. gründet sechs Volkshochschulen in Mecklenburg

Ernennung zum Direktor der Volkshochschule Schwerin

1948 Neuauflage der „Heiden von Kummerow" im Carl Hinstorff Verlag Rostock

1949 Abschiedsvorlesung in der Volkshochschule „Frühling, Friede, Freiheit". Rede zum Weltfriedenskongreß in Paris

„Parkettplatz 23 – Theodor Fontane über Theaterkunst, Dichtung und Wahrheit" erscheint im Henschelverlag Berlin

Wiederberufung in den PEN-Club

1950 „Der Nachtmann" erscheint im Aufbau-Verlag Berlin

Bad Saarow

Arbeit am Filmmanuskript „Familie Benthin"

Übersiedlung nach Bad Doberan

Uraufführung des Films „Familie Benthin" in Schwerin

1950 Lesungen in Westdeutschland

Die Pionierfreundschaften der Lessingschule Bad Doberan und der Wilhelm-Pieck-Schule Schwerin erhalten den Namen Ehm Welk

1951 Ehrenmitglied der Deutschen Volksbühne Greifswald

Die Pionierfreundschaft der Zentralschule Proseken b. Wismar erhält den Namen Ehm Welk

Teilnahme an der PEN-Tagung in Düsseldorf

1952 Im Henschelverlag Berlin erscheint „Mein Land, das ferne leuchtet. Ein deutsches Erzählbuch aus Erinnerung und Betrachtung" und im Petermänken-Verlag Schwerin von Johannes Sieber das Jugendbuch „Tiere, Wälder, junge Menschen", herausgegeben von E. W.

Lesungen in Westdeutschland

1953 Der Roman „Im Morgennebel" kommt im Verlag Volk und Welt Berlin heraus

Neuauflage der „Gerechten von Kummerow" im Carl Hinstorff Verlag Rostock

1954 Uraufführung des Films „Kein Hüsung" in Berlinn

Die Biesenbrower Schulkinder besuchen E. W. in Bad Doberan

Neuauflage des Romans „Die Lebensuhr des Gottlieb Grambauer" im Carl Hinstorff Verlag Rostock

Siebzigster Geburtstag. Ehrenbürger der Städte Bad Doberan und Angermünde

Feier zum 70. Geburtstag im Rathaussaal Rostock

Mitglied der Akademie der Künste

Verleihung des Nationalpreises II. Klasse

Der Eulenspiegel Verlag Berlin bringt „Mutafo. Das ist: Das Ding, das durch den Wind geht"

1955 Verleihung der Deutschen Friedensmedaille in Silber

Die LPG Biesenbrow, Kreis Angermünde, gibt sich den Namen Ehm Welk

1956 Verleihung der Ehrendoktorwürde durch die Universität Greifswald anläßlich der 500-Jahr-Feier der Universität

1957 Neuauflage des Romans „Der hohe Befehl" im Carl Hinstorff Verlag Rostock

1958 Der Erzählungsband „Der Hammer will gehandhabt sein" erscheint im Verlag Volk und Welt

1959 Fertigstellung des Romanmanuskripts „Der wackere Kühnemann aus Puttelfingen"

Feier zum 75. Geburtstag im Festsaal des Rathauses Bad Doberan

Verleihung des Vaterländischen Verdienstordens in Silber

Im VEB Hinstorff Verlag Rostock erscheint „Geliebtes Leben. Gedanken und Gedichte von Ehm Welk", herausgegeben von Agathe Lindner-Welk

1960 „Die Geschichte einer armen Liebe", die hochdeutsche Nacherzählung von Fritz Reuters „Kein Hüsung", erscheint im VEB Hinstorff Verlag Rostock

1962 Aufführung der Neufassung des Schauspiels „Kreuzabnahme" im Volkstheater Rostock

Verleihung der Johannes-R.-Becher-Medaille in Gold

1964 Achtzigster Geburtstag. Verleihung des Professoren-Titels

Im VEB Hinstorff Verlag Rostock erscheint zum 80. Geburtstag eine neunbändige Werkausgabe

Festschrift des Verlages: Ehm Welk 80 Jahre

1966 19. Dezember: Ehm Welk stirbt in Bad Doberan

23. Dezember: Trauerfeier und Beerdigung

Literaturverzeichnis
(Eine Auswahl)

Belgisches Skizzenbuch. Reiseberichte
Kommissionsverlag von Wilhelm Scholz, Braunschweig 1913

Ich sah Amerika. Skizzenbuch, 1923–1926
Unveröffentlicht. Nachlaß

Schwarzbrot. Vier Kapitel aus der arbeitenden Großstadt.
Leipziger Rundfunk, Dezember 1926
Unveröffentlicht. Nachlaß

Gewitter über Gottland. Schauspiel
S. Fischer Verlag AG, Berlin 1926

Kreuzabnahme. Tragödie in zwei Teilen
Volksbühnen-Verlags- und Vertriebs-GmbH, Berlin 1927

Michael Knobbe oder Das Loch im Gesicht. Komödie
Volksbühnen-Verlags- und Vertriebs-GmbH, Berlin 1931

Die schwarze Sonne. Leben, Schaffen und Sterben deutscher Kolonialhelden
Verlag Ullstein, Berlin 1933

Schwarzbrot. Schauspiel in drei Aufzügen
S. Fischer Verlag AG, Berlin 1934

Mündlicher Bericht Ehm Welks vom 15. 6. 1934 nach der Entlassung aus dem KZ Oranienburg, mitstenografiert von Dr. Hedwig Robitschek
Unveröffentlicht. Nachlaß

Der deutsche Wald. Sein Leben und seine Schönheit. Ein Führer durch die Wälder unserer Heimat. Herausgegeben von Ehm Welk
Verlag Ullstein, Berlin 1935

Die Heiden von Kummerow
Verlag Ullstein, Berlin 1937

Die Lebensuhr des Gottlieb Grambauer. Beichte eines einfältigen Herzens
Deutscher Verlag, Berlin 1938

Der hohe Befehl. Opfergang und Bekenntnis des Werner Voß
Deutscher Verlag, Berlin 1939

Die wundersame Freundschaft. Das Buch von Tier und Mensch
Verlag Philipp Reclam jun., Leipzig 1940

Die Fanfare im Pariser Einzugsmarsch. Eine preußische Novelle
Deutscher Verlag, Berlin 1942
Die Gerechten von Kummerow
Deutscher Verlag, Berlin 1943
Die stillen Gefährten. Gedanken über das Leben mit Tieren
Wilhelm Limpert Verlag, Berlin 1943
Die Heiden von Kummerow
Carl Hinstorff Verlag, Rostock 1948
Parkettplatz 23 – Theodor Fontane über Theaterkunst, Dichtung und Wahrheit
Verlag Bruno Henschel, Berlin 1949
Der Nachtmann. Geschichte einer Fahrt zwischen hüben und drüben
Aufbau-Verlag, Berlin 1950
Familie Benthin. Filmmanuskript in Gemeinschaftsarbeit mit Johannes R. Becher, Slatan Dudow und Kurt Barthel (Kuba)
Filmuraufführung September 1950
Mein Land, das ferne leuchtet. Ein deutsches Erzählbuch aus Erinnerung und Betrachtung
Henschelverlag Kunst und Gesellschaft GmbH, Berlin 1952
Tiere, Wälder, Junge Menschen, ein lebensfrohes Buch von Johannes Sieber, herausgegeben von Ehm Welk
Petermänken Verlag, Schwerin 1952
Die Gerechten von Kummerow
Carl Hinstorff Verlag, Rostock 1953
Im Morgennebel
Verlag Volk und Welt, Berlin 1953
Kein Hüsung. Filmmanuskript nach „Kein Hüsung" von Fritz Reuter
Filmuraufführung am 29. 4. 1954
Die Lebensuhr des Gottlieb Grambauer. Beichte eines einfältigen Herzens
Carl Hinstorff Verlag, Rostock 1954
Mutafo. Das ist: Das Ding, das durch den Wind geht. Die unglaublichen Geschichten der rühmlichen christlichen Seefahrer Thomas Trimm und William Steinert
Eulenspiegel Verlag, Berlin 1954
Lieber Mitautor im Hinstorff Verlag! In: Autoren geben einen Verleger heraus. Peter E. Erichson 75 Jahre. Herausgegeben von Ehm Welk
Rat des Bezirkes Rostock, 1955
Der hohe Befehl, Opfergang und Bekenntnis des Werner Voß
Carl Hinstorff Verlag, Rostock 1957
Der Hammer will gehandhabt sein. Sieben Geschichten und eine halbe
Verlag Volk und Welt, Berlin 1958
Feldpostbrief. Original im Nachlaß, veröffentlicht in: Geliebtes Leben
VEB Hinstorff Verlag, Rostock 1959

Der wackere Kühnemann aus Puttelfingen. Ein Roman aus Zwischendeutschland
Eulenspiegel Verlag, Berlin 1959
Geliebtes Leben. Gedanken und Gedichte von Ehm Welk. Gesammelt und herausgegeben von Agathe Lindner-Welk
VEB Hinstorff Verlag, Rostock 1959
Die Geschichte einer armen Liebe. Freie hochdeutsche Nachgestaltung der Verserzählung „Kein Hüsung" von Fritz Reuter
VEB Hinstorff Verlag, Rostock 1960
Stücke. Gewitter über Gottland. Kreuzabnahme
VEB Hinstorff Verlag, Rostock 1964
Grand oder das große Spiel. Der Wundervogel Buribin und anderes. Herausgegeben von Konrad Reich
VEB Hinstorff Verlag, Rostock 1971
Der Pudel Simson. Geschichten und Anekdoten von Menschen und Tieren. Gesammelt und neu vorgelegt von Konrad Reich
VEB Hinstorff Verlag, Rostock 1971

Albrecht, Günter Ehm Welk, Wahrer und Verfechter einer humanistischen Literatur
In: Deutschunterricht, 1954, Heft 12
Aram, Kurt Bolschewistische Hetzpropaganda in der „Volksbühne"
In: Tägliche Rundschau, 24. 3. 1927
Bab, B. Ehm Welk „Gewitter über Gottland". Verlag S. Fischer Berlin
In: Dramaturgische Blätter des Volksbühnen-Verbandes, Juni 1926
Balte, Alfred Die Heiden von Kummerow
In: Heute und Morgen, 1949, Heft 1
Behl, C. F. W. Ehm Welk „Gewitter über Gottland"
In: Braunschweigische Landeszeitung, 29. 3. 1927
Bernhard, Hans-Joachim Das Festspiel von Ralswiek
In: Neue Deutsche Literatur 1960, Heft 8
Bolschewismus in der Volksbühne
In: Der Westen, 26. 3. 1927
Bormann, H. H. Ehm Welk „Gewitter über Gottland"
In: Germania, 24. 3. 1927
Ebert, Wolfgang Seemannsgarn
In: Die Zeit, 19. 4. 1956
Erichson, Peter E. En lütten Blomenstruz för Ehm Welk. Zu seinem 70. Geburtstag
In: Neue Deutsche Literatur, 1954, Heft 8
Falk, Norbert Gewitter über Gottland
In BZ am Mittag, Nr. 81, 1927, Erstes Beiblatt

Falk, Norbert „Kreuzabnahme“ Ehm Welks Tragödie in der Volksbühne
In: BZ am Mittag, 23. 2. 1929, Erstes Beiblatt
Fechter, Paul Ehm Welk „Gewitter über Gottland“
In: Deutsche Allgemeine Zeitung, 24. 3. 1927
Fiebach, Joachim E. Piscators „Politisches Theater“
In: Weimarer Beiträge, 1967, Heft 2
Fischer, Hans W. Theater und Musik
In: Welt am Montag, 28. 3. 1927
Fradkin, I. Stimmen des anderen Deutschlands
In: Kunst und Literatur, 1973, Heft 5
Georg, Manfred Gewitter über Gottland
In: Berliner Volkszeitung, 27. 3. 1927
Gorki, Maxim Der proletarische Schriftsteller
In: Rote Fahne, 25. 4. 1928
Grossmann, Walter Die Kummerow-Romane von Ehm Welk
In: The German Quarterly, Cambridge, Volume XXX, Nr. 1, 1957
Hochdorf, Max „Gewitter über Gottland“ von Ehm Welk
In: Vorwärts, 24. 3. 1927
Ihering, Herbert Die Volksbühnenjugend rührt sich
In: Berliner Börsen-Courier, 25. 2. 1927
Ihering, Herbert Gewitter über Gottland
In: Berliner Börsen-Courier, 24. 3. 1927
Ihering, Herbert Volksbühnengewitter
In: Hamburger Fremdenblatt, 2. 4. 1927
Ihering, Herbert Die Zukunft der Volksbühne
In: Berliner Börsen-Courier, 27. 12.1927
Ihering, Herbert Kreuzabnahme
In: Berliner Börsen-Courier, 23. 2. 1929
Jacoby, Monty Gewitter über Gottland
In: Vossische Zeitung, 24. 3. 1927
Der Kampf um die Volksbühne
In: Welt am Abend, 26. 3. 1927
Der Kampf um Piscator
In: Berliner Tageblatt, 27. 3. 1927
Kayser, Rudolf Einführung – Gewitter über Gottland
In: Maske Magdeburg 1927
Deutsche Theater-Ausstellung
Kerr, Alfred Ehm Welk „Gewitter über Gottland“
In: Berliner Tageblatt, 24. 3. 1927
Kerr, Alfred Ehm Welk „Kreuzabnahme“
In: Berliner Tageblatt, 23. 2. 1929

Kiaulehn, Walter Auf ein Wort, Herr Minister
In: Die Neue Zeitung, 23. 11. 1945
Koehler, Otto Die wundersame Freundschaft
In: Zeitschrift für Tierpsychologie, Band 4, 1941, Heft 1
Loeb, Moritz Gewitter über Gottland
In: Berliner Morgenpost, Nr. 72, 25. 3. 1927
Mühr, Alfred Deutscher Kulturbolschewismus. Ehm Welk „Gewitter über Gottland"
In: Deutsche Zeitung, 24. 3. 1927
Nestriepke, S. Volksbühnenkonflikt in Berlin
In: Die Volksbühne, 1. 4. 1927
Der neue Dramatiker Ehm Welk. Zur bevorstehenden Uraufführung des „Gewitter über Gottland" in der Berliner Volksbühne
In: Die Volksbühne, 15. 3. 1927
Neue moskowitische Hetze
In: Der Reichsbote, 25. 3. 1927
Piltz, Georg Die Revolution einer Komödie
In: Berliner Zeitung, Nr. 270, 28. 11. 1953
Pinthus, Kurt Piscators Kolossalregie gegen den Dichter Ehm Welk
In: 8 Uhr Abendblatt der Nationalzeitung, 24. 3. 1927
Piscator, Erwin Weltanschauungs- oder Geschäftstheater
In: Die Welt am Abend, 31. 12. 1926
Piscator, Erwin Zwei Briefe
In: Berliner Börsen-Courier, 17. 4. 1927
Protest-Kundgebung gegen den Volksbühnen-Vorstand
In: BZ am Mittag, 31. 3. 1927
Scharrer, Adam Über den Realismus in der Literatur
In: Heute und Morgen, 1948, Heft 1
Schellenberger, Johannes Unglaubliche Seefahrergeschichten. Ehm Welk „Mutafo"
In: Die Buchbesprechung, Juli 1956
Schmidtsdorff, Wilhelm Gottland. Ein deutscher Kommunistenstaat im 14. Jahrhundert
In: Der Volksfreund, 24. 3. 1927
Schmidtsdorff, Wilhelm Gewitter über Gottland
In: Der Volksfreund, 26. 3. 1927
Sterbeszene Tolstois aus dem Drama „Kreuzabnahme" von Ehm Welk
In: Die Volksbühne, 1. 3. 1927
Sternaux, Ludwig Gewitter über Gottland
In: Berliner Lokal-Anzeiger, 24. 3. 1927
Sukennikow, M. Tolstois Tod
In: Die Volksbühne, 1. 4. 1929
Welk, Ehm Hungergespenster oder gegen die Jammerapostel und Schwarzseher
In: Braunschweiger Allgemeiner Anzeiger, 12. 3. 1915

Welk, Ehm Tanz ums gußeiserne Pferd
In: Die Volksbühne, 1. 1. 1927
Welk, Ehm Kreuzabnahme. Der Dichter über sein Werk
In: Stadt-Anzeiger Mannheim, 10. 9. 1927
Welk, Ehm Die Politik und der Dichter
In: Braunschweigische Landeszeitung, 13. 3. 1928
Welk, Ehm Ein Manifest
In: Die Volksbühne, August 1928
Welk, Ehm Regie-Selbstbetrieb
In: Die Volksbühne, Juli 1930
Welk, Ehm Das Werk der Ricarda Huch
In: Heute und Morgen, 1947, Heft 8
Welk, Ehm Über die Reellität in der Literatur
In: Heute und Morgen, 1948, Heft 2
Welk, Ehm Probleme der zeitgenössischen Buchkritik, Bemerkungen zu den Bemerkungen von Christa Wolf zu dem Roman „Im Morgennebel" von Ehm Welk
Manuskript im Nachlaß
Welk, Ehm Ehm Welk über sich selbst
In: Börsenblatt für den Deutschen Buchhandel, 22. 8. 1959
Wolf, Christa Probleme des zeitgenössischen Gesellschaftsromans. Bemerkungen zu dem Roman „Im Morgennebel" von Ehm Welk
In: Neue Deutsche Literatur, 1954, Heft 1
Zimmering, Max Ehm Welk: „Im Morgennebel"
In: Börsenblatt für den Deutschen Buchhandel, Nr. 50, 12. 12. 1953

Allen, Gay Wilson Walt Whitman in Selbstzeugnissen und Bilddokumenten. Hamburg 1961
Anderle, Peter Eine Studie mit Proben und Porträts: Ehm Welk
In: Mitteldeutsche Erzähler. Köln 1965
Autorenkollektiv Die Sorben. Bautzen 1964
Autorenkollektiv Geschichte der deutschen Arbeiterbewegung, Band 1 bis 8. Berlin 1966
Autorenkollektiv Klassenkampf, Tradition, Sozialismus. Berlin 1974
Barlach, Ernst Briefe. Rostock 1972
Batt, Kurt Fritz Reuter, Leben und Werk. Rostock 1967
Becher, Johannes R. Partei und Intellektuelle, 1928.
In: Zur Tradition der sozialistischen Literatur in Deutschland. Berlin und Weimar 1969
Becher, Johannes R. Verteidigung der Poesie. Berlin 1952
Becher, Johannes R. Macht der Poesie. Poetische Konfession. Berlin 1955

Bebo, Herrmann Die Goldenen Zwanziger Jahre. Hamburg 1964

Bericht des Polizeipräsidenten von Stettin an den Herrn Regierungspräsidenten, 12. 9. 1904, Sammelbericht „Stand der sozialdemokratischen Bewegung“.
Archiv Szczecin

Ebenda. 11. 9. 1905. Abschnitt: Organisation und Entwicklung der Gewerkschaften

Brecht, Bertolt Tagebücher 1920–1922. Frankfurt/M. 1975

Brenner, H. Die Kunstpolitik des Nationalsozialismus. Hamburg 1963

Delarue, Jacques Geschichte der Gestapo. Düsseldorf 1964

Diebold, Bernhard Anarchie im Drama. Berlin 1929

Dokumente zum Verfahren gegen Hans Friedrich Blunck, Sonderspruchkammer Kiel, 15.–17. 3. 1949
Zusammengestellt von Freunden des Dichters, Nachlaß

Dostojewskij, F. M. Die Brüder Karamasow. Berlin 1962

Erichson, Peter E. Rede zum 70. Geburtstag von Ehm Welk, 1954. Nachlaß

Erlebte Geschichte. Erster Teil. Vom Kaiserreich zur Weimarer Republik. Berlin 1967

Ewen, Frederic Brecht. Sein Leben – sein Werk – seine Zeit. Hamburg/Düsseldorf 1970

Fähnders, Walter / Rector, Martin Linksradikalismus und Literatur. Untersuchungen zur Geschichte der sozialistischen Literatur in der Weimarer Republik. Band 2. Reinbek bei Hamburg 1974

Geerdts, Hans Jürgen Trauerrede zum Tode Ehm Welks. Manuskript im Nachlaß

Haas, Alfred Klaus Störtebeker in der pommerschen Volksüberlieferung. Stettin 1932

Herz, Emil Denk ich an Deutschland in der Nacht. Berlin 1953

Hoffmann, Ludwig/Hoffmann-Ostwald, Daniel Deutsches Arbeitertheater 1918–1933. Band 1., 2. Berlin 1972

Holthusen, Hans Egon Eduard Mörike. Reinbek bei Hamburg 1971

Ihering, Herbert Von Reinhard bis Brecht. Reinbek bei Hamburg 1967

Katz, Richard Gruß aus der Hängematte. Heitere Erinnerungen. Rüschlikon/Zürich 1958

Kaufmann, Hans Krisen und Wandlungen der deutschen Literatur von Wedekind bis Feuchtwanger. Berlin und Weimar 1966

Klappenbach, Friedrich Seiner Hoheit, dem regierenden Herzog Leopold Friedrich von Anhalt als dem Gutsherrn und Patron von Biesenbrow zu Höchst seinem 25jährigen Regierungsjubiläum, 1896. Maschinengeschriebene Abschrift der Chronik von Biesenbrow, zwischen 1914–1918. Nachlaß

Koch, Hans Marxismus und Ästhetik. Berlin 1961

Kohn, Hans Wege und Irrwege. Vom Geist des deutschen Bürgertums. Düsseldorf 1961
Koszyk, Kurt Deutsche Presse im 19. Jahrhundert (Geschichte der deutschen Presse Teil II). Berlin 1966
Koszyk, Kurt Deutsche Presse 1914–1945 (Geschichte der deutschen Presse Teil III). Berlin 1972
Kreuzer, Helmut Die Boheme. Analyse und Dokumentation der intellektuellen Subkultur vom 19. Jahrhundert bis zur Gegenwart. Stuttgart 1971
Krull, Edith Auf der Suche nach Orplid. Studie zum Romanschaffen Ehm Welks. Berlin 1959
Kuba (Kurt Barthel) Die Legende vom Klaus Störtebeker. Rostock 1960
Lavrin, Janko Lev Tolstoij. Reinbek bei Hamburg 1961
Linz, Gertrud Literarische Prominenz in der Bundesrepublik. Oltau und Freiburg 1965
Lunatscharski, Anatoli Die Revolution und die Kunst. Dresden 1962
Mendelssohn, Peter de S. Fischer und sein Verlag. Frankfurt/M. 1970
Münster, Hans A. Geschichte der Deutschen Presse. Leipzig 1941
Das Neue Tage-Buch; Paris – Amsterdam, 2. Jg., Nr. 24, 16. 6. 1934
Oppenheimer Wilhelm Raabe. Reinbek bei Hamburg 1970
Piscator, Erwin Schriften. Band 1 und 2. Berlin 1968
Plesske, Hans-Martin Ernst Wiechert. Berlin 1969
Protokoll über die Sitzung des Obersten Ehrengerichts des Reichsverbandes der Deutschen Presse vom 7. 4. 1922
Reuter, Hans-Heinrich Theodor Fontane, Berlin 1968
Richter, Dieter Das politische Kinderbuch. Darmstadt und Neuwied 1973
Rühle, Günter Theater für die Republik, 1917–1933. Frankfurt/M. 1967
Rühle, Günter Zeit und Theater 1925–1933. Frankfurt/M.–Berlin–Wien 1972
Schmidt, Reinhard Trauerrede zum Tod Agathe Welks. Dezember 1974. Unveröffentlichtes Manuskript.
Schmidtsdorff, Wilhelm Ein Gedenkruf an Thomas Trimm. Geschrieben etwa Ende 1945
Wahrscheinlich unveröffentlicht. Nachlaß
Schröter, Klaus Thomas Mann. Reinbek bei Hamburg 1964
Schumacher, Ernst Die dramatischen Versuche Bertolt Brechts 1918 bis 1933. Neue Beiträge zur Literaturwissenschaft, Band 3. Berlin 1955
Soergel, Albrecht Dichtung und Dichter der Zeit 3. Folge. Leipzig 1934
Stettiner Neueste Nachrichten
Mai – August 1904
Januar – April 1905
September – Dezember 1905

Stöcklein, Paul Joseph von Eichendorff. Reinbek bei Hamburg 1963
Ein Streitgespräch über die äußere und innere Emigration. Herausgegeben mit Genehmigung der Nr. 1 I. C. U. Publication Sub Section, Oelde. Alleinvertrieb: „Druckschriften Vertriebsdienst", Dortmund, Töllnerstraße 9 (1945)
Ullstein, Heinz Spielplatz meines Lebens. München 1961
Vol. 5 Act. des Königlichen Regierungspräsidiums zu Stettin. Sammelberichte „Stand der sozialdemokratischen Bewegung", Verfg. v. 18. 2. 1887. III. 379., 17. 8. 1893, J. 81., Januar 1903 bis Dezember 1906. Archiv Szczecin
Walter, Hans-Albert Bedrohung und Verfolgung bis 1933. Deutsche Exilliteratur 1933–1950. Band 1. Darmstadt und Neuwied 1972
Ehm Welk zum 80. Geburtstag. Mit Beiträgen von Hans Jürgen Geerdts, Edith Krull, Maximilian Scheer, Walther Victor und Ehm Welk. Rostock 1964
Der Weg eines Schriftstellers, ein Gespräch mit Ehm Welk. Schweriner Rundfunk 28. 7. 1959. Nachlaß
Welk, Gottfried Die Lebenswege eines alten Praktikus. Handschriftlicher Bericht. 4 Notizbücher. Niederschrift begonnen am 4. 1. 1930. Nachlaß
Whitmann, Walt Grashalme: Song of Myself. Gesang von mir selbst. Hamburg 1968
Wulf, Joseph Literatur und Dichtung im Dritten Reich. Hamburg 1963
Zur Tradition der sozialistischen Literatur in Deutschland. Berlin und Weimar 1967